Exercícios espirituais de Inácio de Loyola

Dados Internacionais de Catalogação na Publicação (CIP)
(Câmara Brasileira do Livro, SP, Brasil)

Jung, C.G., 1875-1961
Exercícios espirituais de Inácio de Loyola : seminários no ETH de Zurique : volume 7 : junho de 1939 : março de 1940 e novembro de 1940 / C.G. Jung ; tradução de Nélio Schneider ; edição e introdução de Martin Liebscher. – Petrópolis, RJ : Vozes, 2025.

Título original: Jung on ignatius of Loyola's spiritual exercises
ISBN 978-85-326-7278-0

1. Cristianismo – Psicologia 2. Exercícios espirituais 3. Inácio, de Loiola, Santo, 1491-1556. Exercícios espirituais 4. Jung, C.G. (Carl Gustav), 1875-1961 5. Seminários I. Schneider, Nélio. II. Liebscher, Martin. III. Título.

25-282030 CDD-150.195

Índices para catálogo sistemático:
1. Psicanálise e religião 150.195

Cibele Maria Dias – Bibliotecária – CRB-8/9427

C.G. JUNG

Exercícios espirituais de Inácio de Loyola

SEMINÁRIOS NO ETH DE ZURIQUE
VOLUME 7
JUNHO DE 1939 – MARÇO DE 1940 E NOVEMBRO DE 1940
EDIÇÃO E INTRODUÇÃO
DE MARTIN LIEBSCHER

Tradução de Nélio Schneider

EDITORA
VOZES

Petrópolis

Edição original publicada em 2018 com o apoio da Fundação Philemon. Este livro pertence às Philemon Series da Fundação Philemon.

PHILEMON SERIES

Tradução do original em inglês intitulado *Jung on Ignatius of Loyola's Spiritual Exercises – Lectures Delivered at ETH Zurich* – Volume 7: 1939 -1940.

Direitos de publicação em língua portuguesa – Brasil:
2025, Editora Vozes Ltda.
Rua Frei Luís, 100
25689-900 Petrópolis, RJ
www.vozes.com.br
Brasil

Editoração: Natália Machado
Diagramação: Editora Vozes
Revisão gráfica: Fernando Sergio Olivetti da Rocha
Capa: Editora Vozes

ISBN 978-85-326-7278-0 (Brasil)
ISBN 978-0-691-24416-7 (Estados Unidos)

Este livro foi composto e impresso pela Editora Vozes Ltda.

Sumário

Os seminários sobre os *Exercitia spiritualia* de Inácio de Loyola (anunciados como *O processo de individuação*), proferidos na segunda metade do semestre de verão de 1939 e no semestre de inverno de 1939/1940, bem como o seminário 3 do semestre de inverno de 1940/1941:

Introdução geral

Ernst Falzeder
Martin Liebscher
Sonu Shamdasani

Entre 1933 e 1941 C.G. Jung palestrou no Instituto Federal Suíço de Tecnologia (ETH), no qual foi nomeado professor titular em 1935. Isso representou uma retomada de sua carreira universitária após um longo hiato, já que pedira demissão do cargo de professor na Faculdade de Medicina da Universidade de Zurique em 1914. Nesse período intermediário, a atividade docente de Jung consistiu principalmente em uma série de seminários no Clube de Psicologia de Zurique, que eram restritos a um grupo de membros composto por seus próprios alunos ou seguidores. Os seminários no ETH eram abertos e sua plateia formada por alunos da própria instituição, pelo público em geral e seguidores de Jung. O público a cada seminário afluía às centenas: Josef Lang, em uma carta a Hermann Hesse, falou de 600 participantes no fim de 1933 (Hesse, 2006, p. 299), Jung contou quatrocentos em outubro de 1935 (Jung, 1977, p. 87). Kurt Binswanger (comunicação pessoal)[1], que assistiu aos seminários, lembrava-se que as pessoas muitas vezes não encontravam assento e que os ouvintes "eram de todas as idades e de todas as classes sociais: estudantes [...]; indivíduos

1. Entrevista com Gene Nameche [Countway Library of Medicine, Boston], p. 6.

de meia-idade; bem como muitos idosos; muitas senhoras que já haviam estado em análise com Jung". O próprio Jung atribuiu tamanho sucesso à novidade de seus seminários e esperava um declínio gradual nos números: "Devido à grande plateia, meus seminários têm que ser realizados no *auditorium maximum.* É sem dúvida sua natureza sensacional que fascina as pessoas para que venham. Assim que perceberem que esses seminários tratam de assuntos sérios, os números se tornarão mais modestos".

Devido a esse contexto, a linguagem dos seminários é muito mais acessível do que a das obras publicadas de Jung nesse período. Binswanger também observou que "Jung preparou cada uma dessas apresentações com extremo cuidado. Após os seminários, uma parte da plateia sempre permanecia para fazer perguntas, numa atmosfera totalmente natural e descontraída. Também era simpático o fato de Jung nunca aparecer apenas no último minuto, como faziam tantos outros palestrantes. Ele, ao contrário, já estava presente antes do seminário, acomodado em um dos bancos do corredor; e as pessoas podiam sentar-se com ele. Ele era comunicativo e aberto"[2].

Os seminários geralmente aconteciam às sextas-feiras, entre 18 e 19h. O público era formado por alunos regulares de disciplinas técnicas, que deveriam cursar matérias complementares da área das ciências humanas. Mas, como era possível se inscrever como ouvinte, muitos dos que tinham ido a Zurique para estudar com Jung ou fazer terapia assistiam aos seminários como uma introdução à Psicologia Analítica. Jung também realizou seminários no ETH com número restrito de participantes, nos quais aprofundava os tópicos dos seminários. Ao longo dos oito anos deles – que só foram interrompidos em 1937, quando Jung viajou para a Índia –, ele cobriu uma ampla gama

2. Entrevista com Gene Nameche [Countway Library of Medicine, Boston], p. 6.

de temas. Tais seminários estão no centro da atividade intelectual de Jung na década de 1930 e, além disso, fornecem a base de seu trabalho nas décadas de 1940 e 1950. Assim, compõem uma parte essencial da obra de Jung que ainda não recebeu a atenção e o estudo que merece. Os temas que Jung abordou nos seminários no ETH são provavelmente ainda mais significativos para os estudiosos, psicólogos, psicoterapeutas e o público em geral de hoje do que eram quando foram apresentados pela primeira vez. Com o passar dos anos houve um crescente interesse pelo pensamento oriental, o hermetismo ocidental e as tradições místicas, a ascensão da teoria dos tipos psicológicos e o movimento de interpretação dos sonhos, e o nascimento da disciplina de História da Psicologia.

CONTEÚDO DOS SEMINÁRIOS

Volume 1: História da psicologia moderna (semestre de inverno de 1933/1934)

O primeiro semestre, de 20 de outubro de 1933 a 23 de fevereiro de 1934, consiste em dezesseis seminários sobre o que Jung chamou de história da "psicologia moderna", em que se referiu à psicologia como "uma ciência consciente", não aquela que projeta a psique nas estrelas ou em processos alquímicos, por exemplo. Seu relato tem início no alvorecer do Iluminismo e apresenta um estudo comparativo dos movimentos do pensamento francês, alemão e britânico. Jung colocou particular ênfase no desenvolvimento dos conceitos do inconsciente no Idealismo alemão do século XIX. Voltando-se para a Inglaterra e a França, traçou o despontar da tradição empírica e da pesquisa psicofísica, e como estas, por sua vez, foram retomadas na Alemanha e levaram ao surgimento da psicologia experimental. Ele reconstruiu o avanço da psicologia científica na França e nos Estados Unidos. Então, discorreu sobre a importância do espiritualismo e da pesquisa psíquica no nascimento da psicologia, conferindo especial atenção ao trabalho de Justinus Kerner e Théodore Flournoy. Jung dedicou cinco seminários a um estudo detalhado de *A vidente de Prevorst* (Kerner, 1829) e dois seminários a um estudo igualmente detalhado de *Da Índia ao Planeta Marte* (Flournoy, 1990 [1899]). Essas obras tiveram inicialmente um impacto considerável em Jung. Além de elucidar seu significado histórico, sua consideração sobre elas nos permite compreender o papel que a leitura desses materiais desempenhou em seus primeiros trabalhos. Excepcionalmente nesta seção Jung evitou uma abordagem convencional da história das ideias e deu especial ênfase ao papel dos pacientes e sujeitos na constituição da psicologia. Ao longo de sua leitura dessas obras, Jung desenvolveu uma taxonomia detalhada do âmbito da consciência humana, que apresentou em uma série de diagramas. Ele então expôs uma série adicional de estudos de caso ilustrativos de indivíduos históricos em termos desse modelo: Nicolau de Flüe, Goethe, Nietzsche, Freud, John D. Rockefeller e o "chamado homem normal".

Dos principais vultos da psicologia do século XX, Jung foi indiscutivelmente o de espírito mais histórico e filosófico. Esses seminários têm, portanto, um duplo valor. Por um lado, apresentam uma contribuição seminal para a história da psicologia e, portanto, para a atual historiografia da psicologia. Por outro lado, é evidente que os desenvolvimentos que Jung reconstruiu teleologicamente culminam em sua própria "psicologia complexa" (como Jung preferia designar seu trabalho), e assim apresentam sua própria compreensão do surgimento [dessa psicologia]. Este relato fornece uma correção crítica às interpretações freudocêntricas predominantes sobre o desenvolvimento da obra de Jung, que já estavam em circulação nessa época. A taxonomia detalhada da consciência que ele expôs na segunda parte desse semestre não foi documentada em nenhum de seus trabalhos publicados. Ao apresentá-la, Jung observou que as dificuldades que encontrara com seu projeto de tipologia psicológica o levaram a empreendê-la. Assim, esses seminários apresentam aspectos críticos do pensamento maduro de Jung que não estão disponíveis em outros lugares.

Volume 2: Consciência e o inconsciente (semestre de verão de 1934)

Este volume apresenta doze seminários de 20 de abril de 1934 a 13 de julho de 1934. Jung começou com seminários sobre o *status* problemático da psicologia e tentou oferecer uma explicação de como as várias percepções da psicologia ao longo de sua história, que ele havia apresentado no primeiro semestre, tinham sido geradas. Isso o levou a expor as diferenças nacionais de ideias e perspectivas e a refletir sobre as diferentes características e dificuldades das línguas inglesa, francesa e alemã quando se tratava de expressar materiais psicológicos. Refletir sobre o significado da ambiguidade linguística levou Jung a relatar o *status* do conceito de inconsciente, que ilustrou com vários casos. Seguindo essas reflexões gerais, apresentou sua concepção das funções e tipos psicológicos, ilustrada por exemplos práticos de sua interação. Então, expôs seu conceito de inconsciente coletivo. Preenchendo uma lacuna em suas exposições anteriores, forneceu um mapa detalhado da diferenciação e estratificação de seus conteúdos, em particular no que diz respeito às diferenças culturais e "raciais". Jung, em seguida, passou a descrever métodos para tornar acessíveis os conteúdos do inconsciente: o experimento de associação, o método psicogalvânico e a análise dos sonhos. Em sua exposição de tais métodos, Jung revisou seu trabalho anterior à luz de sua compreensão atual. Em particular, ofereceu um relato detalhado de como a análise das associações nas famílias permitiu estudar a estrutura psíquica dessas famílias e o funcionamento dos complexos. O semestre terminou com uma visão geral do tópico sonhos e o estudo de vários sonhos.

Com base em sua reconstrução da história da psicologia, Jung então dedicou o restante desse semestre e os seguintes a uma exposição de sua "psicologia complexa". Como nos demais semestres, Jung viu-se diante de um público leigo, contexto que lhe proporcionou a oportunidade única de apresentar um relato completo e amplamente acessível de seu trabalho, já que não poderia pressupor conhecimentos prévios de psicologia. Dessa forma, encontramos aqui a introdução mais detalhada – e talvez a mais acessível – à sua própria teoria. Não é de modo algum, entretanto, uma mera introdução ao trabalho anterior, mas uma reformulação em grande escala de seus primeiros trabalhos em termos de sua compreensão naquele momento, e apresenta modelos da personalidade que não podem ser encontrados em nenhum outro lugar em sua obra. Assim, este volume representa a exposição mais atualizada de Jung sobre sua teoria dos complexos, experimentos de associação, compreensão dos sonhos, estrutura da personalidade e natureza da psicologia.

Volume 3: Psicologia moderna e sonhos (semestre de inverno de 1934/1935 e semestre de verão de 1935)

O terceiro volume apresenta seminários de dois semestres consecutivos: dezessete seminários de 26 de outubro de 1934 a 8 de março de 1935 e onze seminários de 3 de maio de 1935 a 12 de julho de 1935, aqui reunidos em um volume, pois todos tratam principalmente de métodos possíveis para acessar e tentar determinar o conteúdo do inconsciente. Jung começa com uma descrição detalhada da teoria e do método de análise dos sonhos de Freud e, em menor grau, de Adler, e então prossegue para seus próprios pontos de vista (os sonhos são "pura natureza" e têm caráter complementar/compensatório) e técnica (contexto, amplificação). Ele se concentra particularmente em três curtas séries de sonhos: a primeira, do ganhador do Prêmio Nobel, Wolfgang Pauli; a segunda, de um jovem homossexual; e a terceira, de uma pessoa psicótica, usando-as para descrever e interpretar simbolismos especiais. No semestre seguinte, ele conclui a discussão sobre o mecanismo, a função e o uso dos sonhos como método para nos esclarecer e fazer conhecer o inconsciente e depois chama a atenção para os "paralelos orientais", como a ioga, alertando contra seu uso indiscriminado pelos ocidentais. Em vez disso, dedica o restante do semestre a um exemplo detalhado de "imaginação ativa", ou "fantasiar ativo", como ele chama aqui, com a ajuda do caso de uma senhora americana de 55 anos, o mesmo que ele discutiu longamente no seminário alemão de 1931.

Este volume fornece uma descrição detalhada da compreensão de Jung sobre as teorias dos sonhos de Freud e Adler, lançando uma luz interessante sobre os pontos com os quais concordava e dos quais divergia, e como ele desenvolveu sua própria teoria e método em contraste com eles. Como tinha aguda consciência de estar falando para um público leigo, Jung procurou manter-se em um nível o mais básico possível – o que também é de grande ajuda para o leitor contemporâneo não especializado. Isso também é verdade para seu método de imaginação ativa, demonstrado em um longo exemplo. Embora ele tenha usado material também apresentado em outros lugares, a exposição em questão é altamente interessante precisamente porque é feita sob medida para um público leigo bastante variado e difere das apresentações para participantes escolhidos a dedo em seus seminários "privados" ou em livros especializados.

Volume 4: Tipologia psicológica (semestre de inverno de 1935/1936 e semestre de verão de 1936)

O quarto volume também combina seminários de dois semestres: quinze seminários de 25 de outubro de 1935 a 6 de março de 1936 e treze seminários de 1º de maio de 1936 a 10 de julho de 1936. O semestre de inverno dá uma introdução geral à história das tipologias e à tipologia na história intelectual e religiosa, da Antiguidade ao gnosticismo e cristianismo, da filosofia chinesa (*yin/yang*) à religião e filosofia persas (Arimã/Lúcifer), da Revolução Francesa ("déesse Raison") às *Cartas sobre a educação estética do homem*, de Schiller. Jung apresenta e descreve em detalhes as duas atitudes (introversão e extroversão) e as quatro funções (pensamento e sentimento como funções racionais, sensação e intuição como funções irracionais). No semestre de verão, ele se concentra na interação entre as atitudes e as várias funções, detalhando as combinações possíveis (sentimento, pensamento, sensação e intuição extrovertidos e introvertidos) com a ajuda de muitos exemplos.

O volume oferece uma excelente introdução de primeira mão à tipologia de Jung e é *a* alternativa para os leitores contemporâneos que buscam um texto básico, mas autêntico, em vez da obra-prima *Tipos psicológicos*, que, por assim dizer, esconde a Bela Adormecida por trás de uma espessa muralha de arbustos espinhosos, ou seja, suas mais de 400 páginas de "introdução", somente depois das quais Jung aborda sua tipologia propriamente dita. Como nos volumes anteriores, os leitores se beneficiarão do fato de Jung ter sido compelido a dar uma introdução básica e uma visão geral de seus pontos de vista.

Volume 5: Psicologia do inconsciente (semestre de verão de 1937 e semestre de verão de 1938)

Jung dedicou seus seminários do verão de 1937 (23 de abril a 9 de julho: onze seminários) e do verão de 1938 (29 de abril a 8 de julho: dez seminários) à psicologia do inconsciente. A compreensão da dependência sociológica e histórica da psique e da relatividade da consciência forma a base para familiarizar o público com diferentes manifestações do inconsciente relacionadas a estados hipnóticos e criptomnésia, afetos e motivações inconscientes, memória e esquecimento. Jung mostra as formas normais e patológicas de invasões de conteúdos inconscientes na consciência e delineia as metodologias para trazer à superfície o material inconsciente. Isso inclui métodos como o experimento de associação, análise de sonhos, imaginação ativa, bem como diferentes formas de expressão criativa, mas também ferramentas divinatórias antigas, incluindo astrologia e *I Ching*. O semestre de verão de 1938 voltou à série de sonhos do jovem homossexual discutido em detalhes nos seminários de 1935, desta vez destacando o método de Jung de interpretação de sonhos em nível individual e simbólico.

Jung ilustra seus seminários com vários diagramas e casos clínicos para torná-los mais acessíveis a não psicólogos. Em alguns casos, os seminários fornecem bem-vindas informações adicionais a artigos publicados, uma vez que Jung não era obrigado a restringir seu material a um espaço limitado. Por exemplo, Jung explicou melhor o famoso caso da chamada paciente da lua, tão importante para sua compreensão da realidade psíquica e da psicose, ou fez uma introdução muito pessoal ao uso do *I Ching*. Os seminários também lançam uma nova luz histórica sobre suas viagens à África, à Índia e ao Novo México e sobre sua abordagem quanto à psicologia, à filosofia e à literatura.

Volume 6: Psicologia da ioga e meditação (semestre de inverno de 1938/1939 e semestre de verão de 1939; além dos dois primeiros seminários do semestre de inverno de 1940/1941)

A série de seminários do semestre de inverno de 1938/1939 (28 de outubro a 3 de março: quinze seminários) e a primeira metade do semestre de verão de 1939 (28 de abril a 9 de junho: seis seminários) trata da espiritualidade oriental. Partindo do conceito psicológico de imaginação ativa, Jung procura encontrar paralelos nas práticas meditativas orientais. Seu foco é direcionado à meditação ensinada por diferentes tradições iogues e na prática budista. Os textos para a interpretação de Jung são os *Yoga Sûtra* de Patañjali, de acordo com a última pesquisa escrita por volta de 400 d.C. (Mass, 2006) e considerados uma das fontes mais importantes para o nosso conhecimento de ioga hoje, o *Amitâyur-Dhyâna-Sûtra* da tradição budista chinesa Terra Pura, traduzido do sânscrito para o chinês por Kâlayasas em 424 d.C. (Müller, 1894, p. xx-xxi), e o *Shrî-chakra-sambhâra Tantra*, um manuscrito relacionado à ioga tântrica, traduzido e publicado em inglês por Arthur Avalon (Sir John Woodroffe) em 1919 (Avalon, 1919).

Em nenhum outro lugar nas obras de Jung é possível encontrar interpretações psicológicas tão detalhadas desses três textos espirituais. Em termos de sua importância para a compreensão da visão de Jung sobre o misticismo oriental, os seminários de 1938/1939 só podem ser comparados à sua leitura de *O segredo da flor de ouro* ou aos seminários sobre ioga kundalini.

No semestre de inverno de 1940/1941, Jung resume os argumentos de seus seminários sobre meditação oriental. O resumo é publicado como um adendo no fim do volume.

Volume 7: Exercícios espirituais de Inácio de Loyola (semestre de verão de 1939 e semestre de inverno de 1939/1940; além disso: seminário 3, semestre de inverno de 1940/1941)

A segunda metade do semestre de verão de 1939 (16 de junho a 7 de julho: quatro seminários) e o semestre de inverno de 1939/1940 (3 de outubro a 8 de março: dezesseis seminários) foram dedicados aos *Exercitia Spiritualia,* de Inácio de Loyola (1996 [1522-1524]), o fundador e primeiro superior-geral da Companhia de Jesus (jesuítas). Cavaleiro e soldado, Inácio foi ferido na Batalha de Pamplona (1521), na sequência da qual experimentou uma conversão espiritual. Posteriormente, renunciou à sua vida mundana e se dedicou ao serviço de Deus. Em março de 1522, a Virgem Maria e o Menino Jesus apareceram a ele no Santuário de Montserrat, o que o levou a procurar a solidão em uma caverna perto de Manresa. Lá, rezava sete horas por dia e escrevia suas experiências para que outros as seguissem. Esta coleção de orações, meditações e exercícios mentais constituíram a base dos *Exercitia Spiritualia* (1522-1524). No texto, Jung viu o equivalente à prática meditativa da tradição espiritual oriental. Ele oferece uma leitura psicológica da obra, comparando-a com a compreensão jesuíta moderna de teólogos como Erich Przywara.

As considerações de Jung sobre os *Exercitia Spiritualia* seguem os seminários sobre meditação oriental do ano anterior. Em nenhuma parte dos escritos de Jung se encontra uma comparação igualmente intensa entre o espiritualismo oriental e o ocidental. A sua abordagem corresponde ao objetivo da conferência anual de Eranos, ou seja, abrir um diálogo entre o Oriente e o Ocidente. As observações críticas de Jung sobre a adoção do misticismo oriental pelos europeus modernos e sua sugestão para que estes voltem às suas próprias tradições são esclarecidas por esses seminários.

No semestre do inverno de 1940/1941, Jung dedicou o terceiro seminário a um resumo dos anteriores sobre os *Exercitia Spiritualia*. Este resumo é adicionado como um adendo ao volume 7.

Volume 8: A psicologia da alquimia (semestre de inverno de 1940/1941 e semestre de verão de 1941)

Os seminários do semestre de inverno de 1940/1941 (do seminário 4 em diante; 29 de novembro a 28 de fevereiro: doze seminários) e do semestre de verão de 1941 (2 de maio a 11 de julho: onze seminários) fornecem uma introdução à compreensão psicológica de Jung sobre a alquimia. Ele explicou a teoria da alquimia, delineou os conceitos básicos e fez uma explanação sobre a pesquisa psicológica na alquimia. Mostrou a relevância da alquimia para a compreensão do processo psicológico de individuação. Os textos alquímicos sobre os quais Jung falou incluíram, ao lado de exemplos famosos como a *Tabula Smaragdina* e o *Rosarium Philosophorum*, muitos tratados alquímicos menos conhecidos.

Os seminários sobre alquimia foram a pedra angular no desenvolvimento da teoria psicológica de Jung. Suas conferências de Eranos de 1935 e 1936 versaram sobre o significado psicológico da alquimia e mais tarde foram fundidas em *Psicologia e alquimia* (1944). Os seminários no ETH a respeito do tema destacam a maneira como as ideias de Jung sobre a alquimia se desenvolveram ao longo daqueles anos. Como introdução à alquimia, fornecem uma ferramenta indispensável para se entender a complexidade de suas últimas obras, como o *Mysterium Coniunctionis*.

Referências

Avalon, A. [Sir John Woodroffe] (Ed.). (1919). *Shrî-chakra-sambhara Tantra*. Luzac; Thacker, Spink.

Flournoy, T. (1900 [1899]). *Des Indes à la planète Mars: Étude sur un cas de somnambulisme com glossolalie*. F. Alcan; C. Eggimann.

Flournoy, T. (1994). *From India to planet Mars: A case of multiple personality with imaginary languages*. Princeton University Press.

Hesse, H. (2006 [1916-1944]). *"Die dunkle und wilde Seite der Seele": Briefwechsel mit seinem psychoanalytiker Josef Bernhard Lang 1916-1944* (T. Feitknecht, ed.). Suhrkamp.

Inácio de Loyola (1996 [1522-1524]). The spiritual exercises. In *Personal writings: Reminiscences, spiritual diary, selected letters including the text of the spiritual exercises* (p. 281-328). Penguin.

Jung, C.G. (1996). *The psychology of kundalini yoga: Notes of the seminar given in 1932 by C.G. Jung* (S. Shamdasani, ed.). Princeton University Press [trad. Jung, 2022].

Jung, C.G. (2022). *A psicologia da ioga kundalini: Notas do seminário realizado em 1932 por C.G. Jung* (S. Shamdasani, ed.). Editora Vozes.

Kerner, J.A.C. (2011). *The seeress of Prevorst: Being revelations concerning the inner-life of man, and the inter-diffusion of a world of spirits in the one we habit*. Cambridge University Press.

Kerner, J.A.C. (2012). *Die seherin von Prevorst: Eröffnungen über das innere leben und über das hineinragen einer geisterwelt in die unsere* (Trabalho original publicado em 1829).

Maas, P.A. (2006). *Samâdhipâda: Das erste kapitel des pâtañjalayogaśâstra zum ersten mal kritisch ediert*. Shaker.

Müller, M. (1894). Introduction to Buddhist Mahâyâna texts. In M. Müller (Ed.), *The sacred books of the East* (Vol. 49). Clarendon.

Diretrizes editoriais

Com exceção de algumas notas preparatórias, não há nenhum texto escrito por Jung nesta obra. O presente material foi reconstruído pelos editores por meio de diversos registros de participantes dos seminários. Através do uso de taquigrafia, as anotações tomadas por Eduard Sidler, um engenheiro suíço, e Rivkah Schärf – que mais tarde se tornou uma conhecida historiadora das religiões, psicoterapeuta e colaboradora de Jung – fornecem uma primeira base bastante precisa para a compilação dos seminários. (O método de taquigrafia usado está desatualizado e teve que ser transcrito por especialistas da área.)

Juntamente com os escritos recém-descobertos de Otto Karthaus, que fez carreira como um dos primeiros conselheiros vocacionais científicos na Suíça, Bertha Bleuler, e Lucie Stutz-Meyer, professora de ginástica da família Jung, essas anotações nos permitem não apenas recuperar acesso ao conteúdo dos seminários ministrados oralmente pelo fundador da psicologia analítica, mas também sentir o fascínio do público pelo orador Jung.

Existe também um conjunto de notas em inglês mimeografadas que foram publicadas de maneira privada e circularam em número limitado. Elas foram editadas e traduzidas por um grupo de falantes da língua inglesa em Zurique encabeçado por Barbara Hannah e Elizabeth Welsh e constituem mais um resumo do que uma tentativa de reprodução literal do conteúdo dos seminários. Em relação aos primeiros anos, a edição de Hannah se baseou apenas nas notas de Marie-Jeanne Schmid, a secretária de Jung na época; para os seminários posteriores, as anotações de Rivkah Schärf forneceram a única fonte para a maior parte do texto. A edição foi difundida em impressões privadas de 1938 a 1968.

A edição de Hannah se desvia do texto falado original de Jung conforme registrado nos outros apontamentos. Hannah e Welsh declararam em sua "Nota introdutória" que sua compilação "não pretende ser uma reprodução textual nem uma tradução literal". Hannah estava interessada principalmente na criação de um texto legível e coerente e não se esquivou de acrescentar ou omitir passagens para esse fim. Como sua edição foi baseada apenas em um conjunto de notas, ela não conseguiu corrigir trechos em que Schmid ou Schärf registraram o texto de Jung de forma errada. Mas como Hannah contava com a vantagem de conversar pessoalmente com Jung, quando não tinha certeza sobre o conteúdo de uma determinada passagem, sua compilação em inglês às vezes é útil para fornecer informações adicionais aos leitores de nossa edição.

Diferente de uma edição crítica, esta não se destina a fornecer as diferentes variações em um aparato crítico separado. Se tivéssemos listado fielmente todas as variações menores ou maiores nos registros, o texto teria se tornado virtualmente ilegível e, assim, teria perdido a acessibilidade que é a marca registrada da apresentação de Jung. Na maior parte, no entanto, podemos ter razoável certeza de que a compilação reflete com precisão o que Jung disse, embora ele possa ter usado palavras ou formulações diferentes. Além disso, em várias passagens-chave foi possível reconstruir o conteúdo literal como, por exemplo, quando diferentes anotadores identificaram certas passagens como citações diretas. As variações muitas vezes não agregam conteúdo e inteligibilidade e em muitos casos têm origem em erros ou na falta de compreensão por parte do participante que faz a anotação. Em sua compilação, os editores trabalharam de acordo com o princípio de que o máximo possível de informação deve ser extraído dos manuscritos. Se houver contradições óbvias que não possam ser decididas pelo editor, ou, como pode ser o caso, erros claros por parte de Jung ou do ouvinte, isso será esclarecido pela anotação do editor.

Dos anotadores, Eduard Sidler, cuja formação era em engenharia, tinha o menor entendimento da psicologia junguiana no início, embora naturalmente tenha se tornado mais familiarizado com ela ao longo do tempo. De qualquer forma, ele tentou registrar o mais fielmente que pôde, fazendo as anotações mais detalhadas dentre todas. Às vezes, porém, ele não conseguia mais acompanhar ou visivelmente entendia mal o que era dito. Por outro lado, temos a versão de Welsh e Hannah, que em si já constitui uma compilação, obviamente muito editada, mas que é (pelo menos nos primeiros semestres) o manuscrito mais coerente, além de também conter coisas que faltam em outras notas. Além disso, elas afirmam que "o próprio Prof. Jung [...] teve a gentileza de nos ajudar com certas passagens", embora não saibamos quais são. Ademais, ao longo dos anos, e também em seminários individuais, a qualidade, precisão e confiabilidade dos registros dos diferentes anotadores variam, como é natural. Em suma, o melhor que podemos fazer é tentar encontrar uma aproximação do que Jung realmente disse. Em essência, a escolha de como reunir essas anotações sempre será arbitrária, na ausência de qualquer medida objetiva.

Assim, é impossível estabelecer princípios editoriais exatos para cada situação, de modo que editores diferentes inevitavelmente chegassem exatamente às mesmas formulações. Só pudemos aderir a algumas diretrizes gerais, como "Interferir o mínimo possível e o quanto for necessário" ou "Tente estabelecer qual a coisa mais provável que Jung poderia ter dito, com base em todas as fontes disponíveis" (incluindo a *Obra completa*, obras autobiográficas ou entrevistas, outros seminários etc.). Se duas transcrições coincidirem e a terceira for diferente, geralmente é seguro optar pelas duas primeiras. Em alguns casos, no entanto, fica claro pelo contexto que as duas estão erradas e a terceira está correta. Ou, se as três não estiverem claras, às vezes é possível "limar" o texto recorrendo à literatura; por exemplo, quando Jung resume a história de Kerner, *A vidente de Prevorst*. Como acontece com todos os trabalhos acadêmicos desse tipo, não há uma receita explícita que forneça os mínimos detalhes: é preciso confiar em seu julgamento acadêmico.

Essas dificuldades não dizem respeito apenas à apuração do texto dos seminários de Jung no ETH, mas também às notas de seus seminários em geral, muitos dos quais já foram publicados sem abordar esse problema. Por exemplo, a introdução ao *Seminários sobre análise de sonhos* menciona o número de pessoas envolvidas na preparação das notas, mas não há relato sobre a forma como trabalharam ou como apuraram o texto (Jung, 1984, p. x-xi). Algumas notas manuscritas na biblioteca do Clube de Psicologia Analítica em Los Angeles indicam que a compilação das anotações envolveu um significativo "processamento em comitê". A este respeito é interessante comparar a estrutura das frases do *Seminários sobre análise de sonhos* com o seminário de 1925, que foi conferido por Jung. Em 19 de outubro de 1925 Jung escreveu a Cary Baynes, depois de verificar as anotações da psicóloga e tradutora e reconhecer sua contribuição literária: "Trabalhei fielmente nas anotações, como você verá. Acho que elas como um todo são muito precisas. Certos seminários são até fluentes, ou seja, aqueles em que você não pôde impedir sua libido de entrar" (arquivo pessoal de Cary Baynes, Contemporary Medical Archives, Wellcome Library, Londres).

Nossa situação específica parece ser um problema de "abundância", por assim dizer, porque temos várias transcrições, o que muitas vezes não acontecia em outros seminários. Temos também a desvantagem de não podermos mais perguntar ao próprio Jung, como, por exemplo, Cary Baynes, Barbara Hannah, Marie-Jeanne Schmid ou Mary Foote podiam fazer. Só podemos trabalhar da melhor maneira possível e advertir o leitor de que não há garantia de que isto seja "textualmente Jung", embora tenhamos tentado chegar o mais próximo possível do que ele realmente disse.

Nota editorial para este volume

O texto das palestras a seguir é uma reconstrução baseada nas notas taquigráficas originais de Eduard Sidler e Rivkah Kluger-Schärf, que ambos escreveram em alemão, bem como na compilação de Barbara Hannah em inglês (Hannah, 1959 [= Hannah])[3] , sobre a qual ela comenta em seu prefácio: "Elizabeth Welsh, Una Thomas e eu registramos [as palestras] com o máximo de nossa capacidade em inglês [...]. Tínhamos nossas próprias notas para trabalhar, e o apoio dos estenogramas alemães de Frau Dra. Marie-Jeanne Boller-Schmid e Frau Dra. Riwkah Kluger-Schärf" (Hannah, p. 7; as notas originais de Schmid para este volume não existem mais e não puderam ser usadas para fins de comparação). Hannah também observa que "nenhuma de [suas] edições foi revisada pelo próprio Prof. Jung" (Hannah, p. 7), embora "ele tenha tido a gentileza de nos ajudar com certas passagens" (Hannah, p. 6).

Posto que o texto de Hannah tenha como objetivo "fornecer um esboço claro do conteúdo principal de cada palestra", ele "não pretende ser uma reprodução textual nem uma tradução literal" (Hannah, p. 6). O processo de condensação – e também de tradução – às vezes perde *nuances*, pontos mais sutis ou digressões de Jung. Em geral, as notas alemãs, especialmente as de Sidler, são mais detalhadas e procuram seguir a palavra falada o mais próximo possível. Em alguns casos, Sidler

3. As notas foram impressas de forma privada e "destinadas estritamente ao uso particular" (p. 7). Elas serão citadas daqui em diante simplesmente como "Hannah, [número da página]".

e Schärf até colocaram frases entre aspas para indicar que essas eram realmente as palavras de Jung. Por outro lado, no entanto, elas também são às vezes incompletas ou fragmentadas – por exemplo, quando eles não conseguiram acompanhar o ritmo ou claramente não compreenderam/ouviram mal Jung – ou mesmo faltantes. Nesses casos, tive que recorrer à versão de Hannah e, sempre que se trata de um ponto mais significativo, ou de uma passagem um pouco mais longa, isso é indicado em nota de rodapé.

Agradeço a Sonu Shamdasani, Martin Liebscher e Chris Wagner pelo contínuo intercâmbio colegiado e auxílio. Obrigado a Thomas Fischer por seu apoio do começo ao fim e por sua ajuda em pontos específicos. Agradecimentos especiais são devidos a Ulrich Hoerni, que, com seu conhecimento íntimo das anotações das palestras desde sua redescoberta e da específica variante suíça do alto-alemão que Jung falava, revisou o manuscrito alemão com um pente muito fino e fez várias sugestões valiosas.

Ernst Falzeder

Agradecimentos

A preparação desses seminários para publicação, a partir de milhares de páginas de notas dos ouvintes, teve uma longa gestação. Como um quebra-cabeça complexo montado por inúmeras mãos ao longo de muitos anos, este trabalho não teria sido possível sem as contribuições de várias pessoas, às quais são devidos agradecimentos. A Fundação Philemon, sob seus ex-presidentes Steve Martin, Judith Harris e Richard Skues, ex-copresidente Nancy Furlotti e atual presidente, Caterina Vezzoli, é responsável por este projeto desde 2004. Sem as contribuições de seus doadores, nada do trabalho editorial teria sido possível ou concretizado. De 2012 a 2020 o projeto foi apoiado por Judith Harris na UCL. De 2004 a 2011 o projeto foi apoiado principalmente por Carolyn Fay, pelo Centro Educacional C.G. Jung de Houston, pela Fundação MSST e pela Furlotti Family Foundation. O projeto também foi apoiado por bolsas de pesquisa da Associação Internacional de Psicologia Analítica em 2006, 2007, 2008 e 2009.

Este projeto de publicação foi iniciado pela antiga Sociedade dos Herdeiros de C.G. Jung (agora Fundação das Obras de C.G. Jung), entre 1993 e 1998. Desde o início, Ulrich Hoerni esteve envolvido em quase todas as fases do projeto, apoiado ativamente entre 1993 e 1998 por Peter Jung. O comitê executivo da Sociedade dos Herdeiros de C.G. Jung liberou os textos para publicação. No ETH de Zurique, o ex-responsável pelos arquivos, Beat Glaus, disponibilizou registros e supervisionou as transcrições. Ida Baumgartner e Silvia Bandel transcreveram notas taquigráficas dos seminários; C.A. Meier forneceu informações gerais sobre os seminários; Marie-Louise von Franz forneceu informações sobre a edição dos textos de Barbara Hannah; Helga Egner e Sonu Shamdasani deram orientação editorial; nos Arquivos da Família Jung, Franz Jung e Andreas Jung disponibilizaram textos e materiais relacionados; nos Arquivos do Clube Psicológico, o ex-presidente, Alfred Ribi, e a bibliotecária, Gudrun Seel, disponibilizaram apontamentos dos seminários; e Sonu Shamdasani encontrou anotações feitas por Lucie Stutz-Meyer. Rolf Auf der Maur e Leo La Rosa prestaram assessoria jurídica e administraram contratos.

Em 2004 a Fundação Philemon assumiu o projeto em colaboração com a Sociedade dos Herdeiros de C.G. Jung e, desde 2007, com sua organização sucessora, a Fundação das Obras de C.G. Jung e os Arquivos do ETH de Zurique. Na Fundação das Obras de C.G. Jung, Ulrich Hoerni, antigo presidente e diretor-executivo, Daniel Niehus, presidente, e Thomas Fischer, diretor-executivo, supervisionaram o projeto, e Ulrich Hoerni, Thomas Fischer e Bettina Kaufmann, assistentes editoriais, revisaram o manuscrito. Desde 2007, Peter Fritz da Agência Paul & Peter Fritz é responsável pela gestão de contratos. Nos Arquivos do ETH de Zurique, Rudolf Mumenthaler e Michael Gasser, ex-diretores, Christian Huber, diretor, e Yvonne Voegeli disponibilizaram textos e documentos relacionados. Nomi Kluger-Nash forneceu notas taquigráficas de Rivkah Schärf de alguns seminários, que foram então transcritos por Silvia Bandel. Steve Martin forneceu notas taquigráficas de Bertha Bleuler de alguns dos seminários.

O trabalho editorial foi supervisionado por Sonu Shamdasani, editor-geral da Fundação Philemon. Entre 2004 e 2011 a fase preparatória da compilação dos textos e do trabalho editorial foi realizada por Angela Graf-Nold. A partir de 2012 a compilação e o trabalho editorial foram realizados por

Ernst Falzeder, Martin Liebscher e (desde dezembro de 2018) Christopher Wagner no Health Humanities Centre e no departamento de alemão da UCL.

O editor deste volume, Ernst Falzeder, gostaria de expressar sua profunda gratidão à diretoria da Fundação Philemon e, em particular, a Judith Harris por seu apoio inestimável ao longo do trabalho neste projeto; a Sonu Shamdasani, Martin Liebscher e Chris Wagner da UCL pela excepcional colaboração, orientação e ajuda; a Ulrich Hoerni e Thomas Fischer da Fundação das Obras de C.G. Jung; à equipe da Princeton University Press, em particular Fred Appel, Karen Carter e Jay Boggis; aos integrantes do Grupo Phanês; à comunidade do fórum de tradutores em https://dict.leo.org/englisch-deutsch/; e a um grande número de amigos, parentes e simpatizantes ao longo dos anos, numerosos demais para serem mencionados aqui, em particular Eva Eckmair, Eva Erhart, Florian Falzeder, Gemmo Kosumi, Gerhard Laber, Martin Liebscher, Tommaso Priviero, Christian Schacht, Sonu Shamdasani, e Hale Usak. Agradecimentos especiais a Marina Leitner – como não poderia deixar de ser.

Cronologia 1933-1941

Compilada por Ernst Falzeder, Martin Liebscher e Sonu Shamdasani

Data	Eventos na carreira de Jung	Eventos mundiais
	1933	
Janeiro	Jung continua seu seminário em inglês sobre as visões de Christiana Morgan, nas manhãs de quarta-feira.	
30 de janeiro		Na Alemanha, Hitler é nomeado chanceler do Reich pelo Presidente Paul von Hindenburg.
Fevereiro	Jung faz palestras na Alemanha (Colônia e Essen) sobre "A importância da psicologia para a época atual" (OC 10/3).	
27 de fevereiro		Incêndio do Reichstag em Berlim. O incêndio, possivelmente uma "operação de bandeira falsa", foi usado como evidência pelos nazistas de que os comunistas estavam conspirando contra o governo alemão, e o evento é visto como fundamental no estabelecimento da Alemanha nazista. Muitas prisões de esquerdistas. Em 28 de fevereiro, os direitos básicos mais importantes da República de Weimar foram suspensos.
4 de março		"Autodissolução" do parlamento austríaco e regime autoritário do Chanceler Engelbert Dollfuss.

Data	Eventos na carreira de Jung	Eventos mundiais
5 de março		Nas eleições federais alemãs, os Nacional-socialistas tornam-se o partido mais forte com 43,9% dos votos.
13 de março a 6 de abril	Jung aceita o convite de Hans Eduard Fierz para acompanhá-lo em um cruzeiro pelo Mediterrâneo, incluindo uma visita à Palestina.	
18/19 de março	Atenas. Visita ao Partenon e ao teatro de Dionísio.	
23 de março		O parlamento alemão aprova a *Ermächtigungsgesetz* (Lei de Concessão de Plenos Poderes), segundo a qual o governo tem o poder de promulgar leis sem o consentimento do parlamento ou do presidente do Reich – [isto é, o parlamento se desativou, anulando o próprio poder].
25 a 27 de março	Jung e Fierz visitam Jerusalém, Belém e o Mar Morto.	
28 a 31 de março	Egito, com visitas a Gizé e Luxor.	
Março a junho		Franklin D. Roosevelt inicia o New Deal.
1º de abril		Boicote nacional a lojas judaicas na Alemanha.
5 de abril	Via Corfu e Ragusa o *General von Steuben* aporta em Veneza, de onde Jung e Fierz pegam o trem para Zurique.	
6 de abril	Ernst Kretschmer renuncia à presidência da Sociedade Médica Geral para a Psicoterapia (SMGP) em protesto contra "influências políticas". Jung, como vice-presidente, aceita a presidência interina e o cargo de editor da revista da entidade, a *Zentralblatt für Psychotherapie*.	

Data	Eventos na carreira de Jung	Eventos mundiais
7 de abril		O parlamento alemão aprova uma lei que exclui judeus e dissidentes do serviço público.
22 de abril		Professores "não arianos" são excluídos de suas organizações profissionais, médicos "não arianos" e "marxistas" perdem seu credenciamento no seguro nacional de saúde.
26 de abril		Formação da Gestapo.
1º a 10 de maio		Proibição de sindicatos na Alemanha.
10 de maio		Queima pública de livros em Berlim e outras cidades, inclusive livros de Freud.
14 de maio	O *Berliner Börsen-Zeitung* publica "Contra a psicanálise" e descreve Jung como o reformador da psicoterapia.	
22 de maio		Sándor Ferenczi morre em Budapeste.
27 de maio/1º de junho		O governo alemão impõe a chamada taxa de mil marcos, uma sanção econômica contra a Áustria. Os cidadãos alemães tinham que pagar uma taxa de 1.000 Reichsmark (ou o equivalente a U$ 5.000 em 2015) para entrar na Áustria.
21 de junho	Jung aceita a presidência da SMGP.	
26 de junho	Entrevista com Jung na Rádio Berlim, conduzida por Adolf Weizsäcker.	
26 de junho a 1º de julho	Jung ministra o "Seminário de Berlim", aberto por uma palestra de Heinrich Zimmer em 25 de junho.	

Data	Eventos na carreira de Jung	Eventos mundiais
14 de julho		"Lei de prevenção de doenças hereditárias" na Alemanha, que permite a esterilização compulsória de qualquer cidadão supostamente portador de doenças hereditárias.
14 de julho		Na Alemanha, todos os partidos, com exceção do NSDAP, são banidos ou se dissolvem.
Agosto	Primeira participação de Jung no encontro do Círculo de Eranos em Ascona, onde ministra uma conferência "Sobre o conhecimento empírico do processo de individuação" (com novo título, OC 9/1).	
15 de setembro	Fundação de um novo capítulo alemão da SMGP, cujos estatutos exigem lealdade incondicional a Hitler. Matthias H. Göring, primo de Hermann Göring, é nomeado seu presidente.	
22 de setembro		Lei sobre a "câmara de cultura do Reich" na Alemanha reforçou a conformidade [*Gleichschaltung*] da cultura em geral, equivalente a uma proibição profissional de judeus e artistas que produzem arte "degenerada".
7/8 de outubro	Encontro da Academia Suíça de Ciências Médicas em Prangins. Jung apresenta uma contribuição sobre alucinação (OC 18/2).	
20 de outubro	Primeiro seminário de Jung sobre "Psicologia Moderna" no ETH.	
5 de dezembro		Revogação da Lei Seca nos Estados Unidos com a aprovação da Vigésima Primeira Emenda.

Data	Eventos na carreira de Jung	Eventos mundiais
10 de dezembro		Prêmio Nobel de Física para Erwin Schrödinger e Paul A.M. Dirac "pela descoberta de novas formas produtivas da teoria atômica".
Dezembro	Jung publica um editorial no *Zentralblatt* da SMGP, no qual contrasta a psicologia "germânica" com a "judaica" (OC 10). A mesma edição contém um manifesto de princípios nazistas de Matthias Göring que, seja por descuido ou de propósito, também aparece na edição internacional, não apenas na alemã, contra a vontade de Jung, que ameaça renunciar à presidência, mas acaba permanecendo.	

Outras publicações em 1933

- "Um exame da psique do criminoso". OC 18/1
- "Sobre a psicologia". Versão revisada em OC 8
- "Bruder Klaus" OC 11/6
- Prefácio a Esther Harding. *The way of all women*. OC 18/2
- Resenha do livro de Gustav Richard Heyer, *Der Organismus der Seele*. OC 18/2

	1934	
20 de janeiro		A "Lei sobre a Ordem do Trabalho" e do "Princípio Führer" na economia da Alemanha.
12 a 16 de fevereiro		Guerra civil na Áustria, resultando na proibição de todos os partidos e organizações social-democratas, prisões em massa e execuções sumárias.
23 de fevereiro	Último seminário de Jung no ETH no semestre do inverno de 1933/1934.	

Data	Eventos na carreira de Jung	Eventos mundiais
27 de fevereiro	Gustav Bally publica uma carta ao editor em *Neue Zürcher Zeitung* ("Psicoterapia de origem alemã?"), na qual critica fortemente Jung por suas supostas tendências nazistas e visões antissemitas.	
Primavera	Início do estudo sério e detalhado da alquimia por Jung, auxiliado por Marie-Louise von Franz.	
13 a 14 de março	Jung publica uma réplica a Bally no *NZZ* ("Atualidades", OC 11/6).	
16 de março	Publicação de B. Cohen, "Is C.G. Jung 'Conformed'?" no *Israelitisches Wochenblatt für die Schweiz.*	
21 de março	Último seminário de Jung sobre as visões de Christiana Morgan. Os participantes optam por continuar os seminários em inglês das quartas-feiras pela manhã, tendo agora por tema o *Zaratustra* de Nietzsche.	
Março/abril	C.G. Jung publica *The reality of the soul:* Applications and advances of modern psychology. Com contribuições de Hugo Rosenthal, Emma Jung e W. Müller Kranefeldt.	
Abril	Jung publica "A alma e a morte" (OC 8/2).	
Abril	Entrevista com Jung, "O mundo está à beira do renascimento espiritual?" (*Hearst's International-Cosmopolitan*, Nova York).	
Meados de abril	Jung publica "A situação atual da psicoterapia" no *Zentralblatt* (OC 10/3).	

Data	Eventos na carreira de Jung	Eventos mundiais
20 de abril	Primeiro seminário de Jung no ETH no semestre de verão.	
2 de maio	Jung inicia o seminário em inglês sobre o *Zaratustra* de Nietzsche (até 15 de fevereiro de 1939).	
5 de maio	Aula inaugural de Jung no ETH: "Considerações gerais sobre a teoria dos complexos" (OC 8/2).	
10 a 13 de maio	Jung preside o 7º Congresso de Psicoterapia em Bad Nauheim, Alemanha, organizado pela SMGP, e repete sua palestra sobre a Teoria dos Complexos. Fundação de uma sociedade internacional guarda-chuva, a IGMSP, organizada em grupos nacionais que são livres para fazer seus próprios regulamentos. De acordo com a proposição de Jung, são aprovados estatutos que (1) estabelecem que nenhuma sociedade nacional isolada pode reunir mais de 40% dos votos, e (2) permitem que indivíduos (isto é, judeus, que são banidos da sociedade alemã) possam se juntar à Sociedade Internacional como "membros individuais". Jung é confirmado como presidente e editor do *Zentralblatt*.	
29 de maio	James Kirsch, "The jewish question in psychotherapy: A few remarks on an essay by C.G. Jung", no jornal *Jüdische Rundschau*.	

Data	Eventos na carreira de Jung	Eventos mundiais
31 de maio		A "Declaração Teológica de Barmen", instigada principalmente por Karl Barth, repudia abertamente a ideologia nazista. Torna-se um dos documentos fundadores da Igreja Confessante, a resistência espiritual contra o nacional-socialismo.
15 de junho	Erich Neumann, carta ao *Jüdische Rundschau* sobre "The jewish question in psychotherapy" de Kirsch.	
30 de junho/1º de julho		O chamado golpe de Röhm. O líder da SA, Ernst Röhm, outros membros de alto-escalão da SA e supostos oponentes políticos são executados por ordem direta de Hitler, entre eles o médico pessoal de Röhm, Karl-Günther Heimsoth, um membro de longa data do IGMSP e um conhecido pessoal de Jung.
13 de julho	Seminário final de Jung no ETH do semestre de verão.	
25 de julho		Na Áustria, tentativa de golpe fracassada pelos nazistas, na qual o chanceler austríaco Engelbert Dollfuss acabou assassinado.
29 de julho		Novo governo na Áustria sob o Chanceler Kurt Schuschnigg, que tenta controlar o movimento nazista com seu próprio regime autoritário de direita.
2 de agosto		Morte do presidente do Reich, Paul Von Hindenburg. Hitler assume a chancelaria e presidência em união pessoal, bem como o comando supremo da Wehrmacht.

Data	Eventos na carreira de Jung	Eventos mundiais
3 de agosto	Gerhard Adler, "Is Jung Antisemite?", no *Jüdische Rundschau*.	
Agosto	Conferência de Eranos em Ascona. Jung fala sobre "Os arquétipos e o inconsciente coletivo" (OC 9/1).	
1 a 7 de outubro	Jung ministra um seminário na Société de Psychologie em Basileia.	
26 de outubro	Primeiro seminário no ETH do semestre do inverno 1934/1935.	

Outras publicações em 1934:

Com M.H. Göring, "Geheimrat Sommer on his 70th birthday", *Zentralblatt* VII

Carta circular, *Zentralblatt*. OC 11/6

"Um aditamento" a "Atualidades" [réplica a Bally]. OC 11/6

Prefácio para *Die Wunder der Seele*, de Carl Ludwig Schleich. OC 18/2

Prefácio para *Entdeckung der Seele*, de Gerhard Adler. OC 18/2

Resenha de *La Révolution Mondiale*, de Hermann Keyserling. OC 10/2

	1935	
	Jung torna-se professor titular do ETH.	
	Jung conclui sua torre em Bollingen, acrescentando um pátio e uma *loggia*.	
19 de janeiro	Jung aceita um convite para uma palestra na Holanda.	
22 de janeiro	Fundação do capítulo suíço do IGMSP.	
24 de fevereiro		A Suíça estende o período de treinamento militar.
1º de março		Reunião do Sarre com a Alemanha, marcando o início da expansão alemã sob os nacional-socialistas.
8 de março	Seminário final no ETH do semestre do inverno de 1934/1935.	

Data	Eventos na carreira de Jung	Eventos mundiais
16 de março		O governo alemão desrespeita seu compromisso de futura adesão às cláusulas de desarmamento do Tratado de Versalhes.
26 de março		A Suíça proíbe críticas caluniosas às instituições estatais na imprensa.
27 a 30 de março	VIII Congresso da IGMSP em Bad Nauheim (OC 11/6).	
2 de maio		Aliança Franco-Russa.
3 de maio	Primeiro seminário no ETH do semestre do verão de 1935.	
Maio	Jung participa e palestra em um simpósio da IGMSP sobre a psicoterapia na Suíça.	
5 de junho		O governo suíço apresenta um extenso programa de expansão armamentista.
11 de junho		A conferência de desarmamento em Genebra termina em fracasso.
28 de junho	Publicação da contribuição de Jung no simpósio da IGMSP de maio, "O que é psicoterapia?", na *Schweizerische Ärztezeitung für Standesfragen* (OC 16/1).	
12 de julho	Último seminário de Jung no ETH do semestre de verão.	
Agosto	Conferência de Eranos "Símbolos oníricos do processo de individuação" (OC 12).	
15 de setembro		Promulgação das chamadas Leis de Nuremberg na Alemanha. Essas leis impõem restrições aos judeus (definidos como todos aqueles um quarto judeu ou mais) e outros não "arianos" de cidadania alemã e proíbem relações sexuais e casamentos entre alemães e judeus.

Data	Eventos na carreira de Jung	Eventos mundiais
30 de setembro a 4 de outubro	Jung ministra cinco palestras no Instituto de Psicologia Médica em Londres, para uma audiência de cerca de cem pessoas (OC 18/1).	
Outubro		Conclusão da "Grande Marcha" na China.
2 de outubro	Publicação de "A psicologia da morte" de Jung (uma versão abreviada de "A alma e a morte") no *Münchner Neueste Nachrichten* (OC 8/2).	
2 a 3 de outubro		Invasão italiana da Etiópia.
6 de outubro	Entrevista com Jung, "A mente imortal do homem", *The Observer*.	
15 de outubro	O grupo nacional holandês da IGMSP retira seu convite para sediar seu próximo congresso internacional, por causa dos acontecimentos na Alemanha nazista. Em sua resposta, Jung afirma que isso "compromete o propósito final de nossa associação internacional" e declara que renunciará ao cargo de presidente, o que ele não cumpre, no entanto.	
25 de outubro	Primeiro seminário no ETH do semestre do inverno de 1935/1936.	
8 de novembro		A Suíça endurece as leis de sigilo bancário (levando às contas bancárias numeradas).
Dezembro		Prêmio Nobel da Paz para o jornalista e editor alemão de esquerda Carl von Ossietzky. Hitler proíbe os alemães de aceitarem o Prêmio Nobel.

Data	Eventos na carreira de Jung	Eventos mundiais

Outras publicações em 1935:

- *O eu e o inconsciente*, 7ª edição. OC 7/2
- Introdução e comentário psicológico sobre *O livro tibetano dos mortos*. OC 11/5
- "Votum C.G. Jung". OC 11/6
- "Editorial" (*Zentralblatt* VIII). OC 11/6
- "Nota do editor" (*Zentralblatt* VIII). OC 11/6
- "Princípios básicos da prática da psicoterapia". OC 16/1
- Prefácio para *Wandlungen des Traumproblems von der Romantik bis zur Gegenwart*, de Olga von Koenig-Fachsenfeld. OC 18/2
- Prefácio para *J.H. Fichtes Seelenlehre und ihre Beziehung zur Gegenwart*, de Rose Mehlich. OC 18/2

	1936	
Fevereiro	"A ioga e o Ocidente" (OC 11/5).	
Fevereiro	"Tipologia psicológica" (anexo em OC 6).	
27 de fevereiro		Morte de Ivan Pavlov.
Primavera	Formação do Clube Psicológico em Nova York.	
Março	Jung publica "Wotan" na *Neue Schweizer Rundschau* (OC 10/2).	
6 de março	Seminário final no ETH do semestre de inverno de 1935/1936.	
7 de março		As forças militares alemãs entram na Renânia violando os termos do Tratado de Versalhes e os Tratados de Locarno. Esta remilitarização muda o equilíbrio de poder na Europa, da França para a Alemanha.
28 de março		A propriedade da Editora Internationaler Psychoanalytischer, bem como todo o seu estoque de livros e periódicos são confiscados.

Data	Eventos na carreira de Jung	Eventos mundiais
Maio		Fundação do Deutsches Institut für psychologische Forschung und Psychotherapie em Berlim, dirigido por M.H. Göring ("Instituto Göring"), com grupos de trabalho de orientação junguiana, adleriana e freudiana. A psicanálise foi tolerada, mas com a condição de que sua terminologia fosse alterada.
Maio	"O arquétipo com referência especial ao conceito de anima", no *Zentralblatt* (OC 9/1).	
1º de maio	Primeiro seminário no ETH do semestre de verão de 1936.	
Julho		Início da guerra civil espanhola.
10 de julho	Seminário final no ETH do semestre de verão de 1936.	
19 de julho	Jung e Göring participam de uma reunião de psicoterapeutas em Basileia, com representantes de diferentes escolas de psicologia profunda (entre outros, Ernest Jones, pela International Psycho-Analytical Association – IPA).	
Agosto	Conferência de Eranos; Jung fala sobre "As ideias de salvação na alquimia" (OC 12).	
1 a 16 de agosto		Jogos Olímpicos de Verão em Berlim. Alemães que são judeus ou ciganos são praticamente impedidos de participar.
21 a 30 de agosto	Jung viaja a bordo do Georgia de Le Havre para Nova York. Ao chegar a Nova York divulga um "Comunicado à imprensa sobre visita aos Estados Unidos", expondo sua posição política – ou não política, como fez questão de enfatizar.	

Data	Eventos na carreira de Jung	Eventos mundiais
Setembro	Jung ministra seminários sobre "Determinantes psicológicas do comportamento humano" (OC 8/2) nas Conferências sobre Artes e Ciências do Tricentenário de Harvard e recebe um diploma honorário. Seu convite causou controvérsia.	
12 a 15 de setembro	Jung é convidado do bispo anglicano James de Wolf Perry em Providence, Rhode Island, onde discursa para a organização "The American Way", e depois parte para Milton, Massachusetts, onde é convidado de G. Stanley Cobb.	
Por volta de 19 de setembro	Jung inicia um seminário na Ilha Bailey, baseado nos sonhos de Wolfgang Pauli.	
2 de outubro	Jung ministra uma conferência no Plaza Hotel em Nova York. A palestra é publicada privadamente pelo Clube de Psicologia Analítica de Nova York sob o título "O conceito de inconsciente coletivo" (OC 9/1).	
3 de outubro	Jung deixa a cidade de Nova York.	
4 de outubro	Entrevista com Jung, "'Roosevelt é notável', é a análise de Jung", *New York Times* (mais tarde, publicado sob o título, "O homem de 2 milhões de anos").	
14 de outubro	Jung ministra palestras no Instituto de Psicologia Médica, em Londres, sobre "Psicologia e problemas nacionais" (OC 18/2).	

Data	Eventos na carreira de Jung	Eventos mundiais
15 de outubro	Entrevista com Jung, "Por que o mundo está uma bagunça. O Dr. Jung nos conta como a natureza está mudando a mulher moderna", *Daily Sketch*.	
18 de outubro	Entrevista com Jung, "A psicologia da ditadura", *The Observer*.	
19 de outubro	Jung faz uma palestra perante a Sociedade Abernethiana, no Hospital São Bartolomeu, em Londres, sobre o conceito de inconsciente coletivo (OC 9/1).	
25 de outubro		Tratado de paz secreto entre a Alemanha e a Itália.
27 de outubro	Jung inicia seus seminários no ETH sobre sonhos de crianças com livros antigos sobre interpretação de sonhos.	
3 de novembro		Franklin D. Roosevelt é reeleito para seu segundo mandato.
25 de novembro		Pacto Anticomintern entre a Alemanha e o Império do Japão, dirigido contra a Terceira Internacional (Comunista).
10 de dezembro		Abdicação de Eduardo VIII na Inglaterra.
Outras publicações em 1936:		
• Crítica à *Praktische Seelenheilkunde*, de Gustav Richard Heyer. OC 18/2		
1937		
3 a 5 de janeiro	Jung participa do *workshop* do Köngener Kreis (1º a 6 de janeiro) em Königsfeld (Floresta Negra, Alemanha), sobre "Grundfragen der Seelenkunde und Seelenführung" [Questões fundamentais do estudo e orientação da alma].	

Data	Eventos na carreira de Jung	Eventos mundiais
30 de janeiro		Hitler retira formalmente a Alemanha do Tratado de Versalhes. Isso inclui a Alemanha não fazer mais pagamentos de reparação. Ele exige a devolução das colônias da Alemanha.
23 de abril	Após uma pausa no semestre de inverno, os seminários de Jung no ETH têm início.	
26 de abril		A Alemanha e a Itália são aliadas de Franco e dos fascistas na Espanha. Aviões alemães e italianos bombardeiam a cidade de Guernica, matando mais de 1.600 pessoas.
23 de maio		Morte de John D. Rockefeller.
28 de maio		Morte de Alfred Adler em Aberdeen, Escócia.
9 de julho	Seminário final no ETH do semestre do verão de 1937.	
19 de julho		A exposição nacional-socialista organizada pelo Partido Nazista sobre "Arte degenerada" é inaugurada no Instituto de Arqueologia de Munique.
Agosto	Conferência de Eranos sobre "As visões de Zósimo" (OC 13).	
2 a 4 de outubro	9º Congresso Médico Internacional de Psicoterapia em Copenhague, sob a presidência de Jung (OC 11/6).	
Outubro	Jung é convidado pela Universidade de Yale para ministrar a 15ª série de "Palestras sobre religião à luz da ciência e da filosofia" sob os auspícios da Fundação Dwight Harrington Terry (publicada como "Psicologia e religião", OC 11/1). Seminários sobre sonhos (continuação dos seminários de Bailey Island), Clube de Psicologia Analítica, Nova York.	

Data	Eventos na carreira de Jung	Eventos mundiais
Dezembro	Jung é convidado pelo governo britânico a participar das comemorações do 25º aniversário de fundação da Indian Science Congress Association na Universidade de Calcutá. Ele é acompanhado por Harold Fowler McCormick Jr. (1898-1973) e viaja pela Índia por três meses.	
13 de dezembro		Nanquim é tomada de assalto pelos japoneses. Nas seis semanas seguintes, as tropas japonesas cometem crimes de guerra contra a população civil, o que fica conhecido como o Massacre de Nanquim.
17 de dezembro	Chega a Mumbai (Bombaim) pelo P&O Cathay.	
19 de dezembro	Jung chega a Hyderabad, onde recebe o título de Doutor *Honoris Causa* pela Universidade de Osmania em Hyderabad; trem noturno para Aurangabad.	
20 de dezembro	Aurangabad: visita ao Templo Kailash em Ellora, e Daulatabad.	
21 de dezembro	Visita às grutas de Ajanta.	
22 de dezembro	Sanchi, Bopal, visita a Grande Estupa.	
23 de dezembro	Taj Mahal, Agra.	
27 de dezembro	Benares; Jung visita Sarnath.	
28 de dezembro	Jung é premiado com o D. Litt. (Doutor em Letras) *Honoris Causa* pela Universidade Hindu de Benares; apresentação no Departamento de Filosofia: "Concepções fundamentais da psicologia analítica"; convidado da intérprete suíça de arte indiana Alice Boner; visita o Templo Vishvanatha Śiva.	

Data	Eventos na carreira de Jung	Eventos mundiais
29 de dezembro	Calcutá.	
31 de dezembro	Jung viaja para Darjeeling.	
Outras publicações em 1937: “Sobre o diagnóstico psicológico da ocorrência: O experimento da ocorrência no processo do caso Näf no tribunal do júri”. OC 2		
1938		
1º de janeiro	Conversa de três horas com Rimpotche Lingdam Gomchen no Mosteiro Bhutia Busty.	
3 de janeiro	Abertura do 25º aniversário da fundação da Indian Science Congress Association na Universidade de Calcutá. Jung é tratado no hospital em Calcutá.	
7 de janeiro	Jung recebe (*in absentia*) o título de Doutor em Direito (*Honoris Causa*) pela Universidade de Calcutá.	
10 de janeiro	Palestra na Faculdade de Ciências da Universidade de Calcutá: “Arquétipos do inconsciente coletivo”.	
11 de janeiro	Palestra na Ashutosh College, Universidade de Calcutá: “As concepções da psicologia analítica”.	
13 de janeiro	Visita ao templo de Konark (“Pagode Negro”).	
21 de janeiro	Visita ao Templo Chennakesava (também chamado de templo Kesava) e ao templo de Somanathapur (Mysore).	
26 de janeiro	Jung em Trivandrum; palestra na Universidade de Travancore: “O inconsciente coletivo”.	

Data	Eventos na carreira de Jung	Eventos mundiais
27 de janeiro	Universidade de Travancore: "Desenvolvimentos históricos da ideia do inconsciente".	
28 de janeiro	Ferry para o Ceilão.	
29 de janeiro	Colombo.	
30 de janeiro	Trem para Kandy.	
1º de fevereiro	Regresso a Colombo.	
2 de fevereiro	Embarca no S.S. Korfu para retornar à Europa.	
12 de março		Anexação da Áustria pela Alemanha nazista.
27 de abril		Edmund Husserl, o filósofo fundador da fenomenologia, morre em Freiburg, Alemanha.
29 de abril	Após seu retorno da Índia, a série de seminários de Jung no ETH recomeça.	
Maio		A Liga das Nações reconhece a postura de neutralidade da Suíça.
4 de junho		Sigmund Freud deixa Viena; após uma escala em Paris, chega a Londres dois dias depois.
8 de julho	Seminário final no ETH do semestre de verão de 1938.	
29 de julho a 2 de agosto	10º Congresso Médico Internacional de Psicoterapia no Balliol College, Oxford, sob a presidência de Jung; doutorado honorário da Universidade de Oxford; "Discurso presidencial" (OC 11/6).	
Agosto	Conferência de Eranos "Aspectos psicológicos do arquétipo materno" (OC 9/1).	

Data	Eventos na carreira de Jung	Eventos mundiais
29 de setembro		O Pacto de Munique permite à Alemanha nazista a ocupação imediata da terra dos Sudetos. Acordo entre a Suíça e a Alemanha sobre o carimbo de passaportes judeus alemães com "J."
28 de outubro	Primeiro seminário no ETH do semestre de inverno de 1938/1939.	
Outubro	A série de seminários de Jung no ETH sobre a interpretação psicológica dos sonhos de crianças começa no inverno de 1938/1939.	
9 de novembro		Um estudante de teologia suíço, Maurice Bavaud, fracassa na tentativa de assassinar Hitler em uma parada nazista em Munique e é guilhotinado.
9/10 de novembro		Pogrom contra judeus na Alemanha nazista ("Noite dos Cristais").
23 de novembro	Jung faz sua declaração, como testemunha, no novo julgamento do caso de assassinato de Hans Näf.	

Outras publicações em 1938:

Com Richard Wilhelm, *O segredo da flor de ouro*, 2. ed. OC 13

"Sobre o *Rosarium Philosophorum*". OC 18/2

Prefácio para *Der dunkle Bruder*, de Gertrud Gilli. OC 18/2

	1939	
Janeiro	"Diagnosticando os ditadores", entrevista para H.R. Knickerbocker, Hearst's International-Cosmopolitan.	
15 de fevereiro	O último dos seminários de Jung sobre o *Zaratustra* de Nietzsche e, portanto, dos seminários regulares de língua inglesa.	

Data	Eventos na carreira de Jung	Eventos mundiais
3 de março	Seminário final no ETH do semestre de inverno de 1938/1939.	
28 de março		Madri rende-se aos nacionalistas; Franco declara vitória em 1º de abril.
Abril	Visita o sudoeste da Inglaterra em conexão com a pesquisa de Emma Jung sobre o Graal.	
4 de abril	Conferência na Royal Society of Medicine em Londres, "A psicogênese da esquizofrenia" (OC 3).	
5 de abril	Conferência no Guild of Pastoral Psychology, Londres, sobre "A vida simbólica".	
28 de abril	Primeiro seminário no ETH do semestre do verão de 1939.	
Maio	Surendranath Dasgupta ministra palestras sobre os *Yoga sûtras* de Patañjali no Clube de Psicologia, Zurique. Entrevista para Howard Philp, "Jung diagnostica os ditadores", *Psychologist*.	
Julho	Em uma reunião de representantes da Sociedade Médica Geral Internacional para Psicoterapia Jung apresenta sua demissão.	
7 de julho	Seminário final do semestre de verão de 1939.	
Agosto	Conferência de Eranos "Sobre o renascimento" (OC 9/1).	
1º de setembro		As tropas alemãs nazistas invadem a Polônia; a Grã-Bretanha e a França declaram guerra à Alemanha dois dias depois, dando início à Segunda Guerra Mundial. A Suíça declara a neutralidade.

Data	Eventos na carreira de Jung	Eventos mundiais
23 de setembro		Sigmund Freud morre em Londres aos 83 anos.
	Muda sua família por segurança para Saanen, no Oberland Bernês.	
1º de outubro	O obituário de Jung de Freud é publicado no *Sonntagsblatt der Basler Nachrichten* (OC 15).	
3 de outubro	Primeiro seminário no ETH do semestre de inverno de 1939/1940.	
Outubro	A série de seminários de Jung no ETH sobre a interpretação psicológica dos sonhos de crianças começa no período de inverno de 1939/1940.	

Outras publicações em 1939:

"Consciência, inconsciente e individuação". OC 9/1

"A Índia – Um mundo de sonhos" e "O que a Índia nos pode ensinar". OC 10/3

Prefácio a *Introdução ao zen-budismo*, de Daisetz Teitaro Suzuki. OC 11/5

1940		
8 de março	Seminário final no ETH do semestre de inverno de 1939/1940.	
9 de abril		As tropas alemãs invadem a Noruega e a Dinamarca.
10 de maio		Invasão alemã da Bélgica, Holanda e Luxemburgo.
12 de maio		A França é invadida pela Alemanha.
14 de junho		As tropas alemãs ocupam Paris.
20 de junho	Em carta a Matthias Göring, Jung apresenta sua demissão da presidência da Sociedade Médica Geral Internacional para Psicoterapia.	

Data	Eventos na carreira de Jung	Eventos mundiais
12 de julho	Jung envia sua carta final de demissão a M. Göring.	
19 de julho		Hermann Göring é nomeado Reichsmarschall.
Agosto	Conferência de Eranos "Interpretação psicológica do Dogma da Trindade" (OC 11/2).	
7 de setembro (a 21 de maio de 1941)		Ataques aéreos alemães contra Londres ("a Blitz").
29 de outubro	A série de seminários de Jung no ETH sobre os sonhos de crianças tem início no semestre de inverno de 1940/1941.	
8 de novembro	Primeiro seminário no ETH do semestre de inverno de 1940/1941.	
Outras publicações em 1940:		
Prefácio para *Die Psychologie von C.G. Jung*, de Jolande Jacobi, OC 18/2		
1941		
13 de janeiro		Morte de James Joyce em Zurique.
28 de fevereiro	Seminário final do semestre de inverno de 1940/1941.	
2 de maio	Primeiro seminário no ETH do semestre de verão de 1941.	
11 de julho	Último seminário de Jung no ETH.	
Agosto	Conferência de Eranos "O símbolo da transformação na missa" (OC 11/3).	
7 de setembro	Apresenta uma palestra sobre "Paracelso, o médico" para a Sociedade Suíça de História da Medicina em Basileia (OC 15).	

Data	Eventos na carreira de Jung	Eventos mundiais
5 de outubro	Apresenta uma seminário sobre "Paracelso, um fenômeno espiritual" em Einsiedeln, no 400º aniversário da morte de Paracelso (OC 13).	

Outras publicações em 1941:

Ensaios sobre uma ciência da mitologia. O mito da criança divina e os Mistérios de Elêusis, junto com Karl Kerényi. OC 9/1

"Retorno à vida simples". OC 18/2

Introdução ao volume 7

Martin Liebscher

> Certa vez, quando eu estava focado no estudo da psicologia e alquimia – na verdade, para ser mais preciso, foi quando eu estava realizando o seminário sobre Inácio de Loyola –, tive uma visão noturna de Cristo. Despertei certa noite e ali, ao pé da cama, vi um crucifixo. Não era exatamente em tamanho natural. Eu o vi claramente, iluminado por uma luz brilhante. Sob essa luz estava Cristo, pendurado na cruz, e então vi que todo o seu corpo era como se fosse de ouro, de ouro verde. Parecia maravilhoso. Quase morri de susto. Bem naquele tempo eu estava particularmente ocupado com a oração *Anima Christi*. Há uma meditação muito bonita de Inácio sobre ela.
>
> C.G. Jung, 27 de junho de 1957
> (Jung & Jaffé, 1963).

De outubro de 1938 a junho de 1939 os seminários semanais de Carl Gustav Jung no Instituto Federal Suíço de Tecnologia (ETH) foram dedicados à prática da imaginação ativa como parte do processo de individuação e seus paralelos na prática oriental de meditação (*ETH*, vol. 6, 2024). Jung discutiu a compreensão de meditação da ioga em textos como o *Amitāyur-dhyāna-sūtra*, *Shrī-chakra-sambhāra tantra* ou *Yoga sūtras* de Patañjali. A despeito do foco anunciado na espiritualidade oriental, os seminários adotaram um ângulo fortemente comparativo, visto que ele também discutiu a prática cristã de meditação como descrita em obras de místicos como, por exemplo, Mestre Eckhart (cerca de 1260-cerca de 1328) ou Ricardo de São Vítor (falecido em 1173). No entanto, deve ter sido uma surpresa para a plateia quando Jung concluiu suas "notas sobre a ioga", em meados do período de verão, mais exatamente em 9 de junho de 1939, com uma citação de *O segredo da flor de ouro*, a fim de iniciar o seminário seguinte, o de 16 de junho, com uma "virada para o Ocidente" e um "retorno à nossa Europa". A partir daquela data até 8 de março de 1940, Jung apresentou uma interpretação dos *Exercitia spiritualia* [*Exercícios espirituais*] de Inácio de Loyola, que ele considerou como o principal exemplo de uma prática cristã comparável às técnicas orientais de meditação.

Os *Exercitia spiritualia* provavelmente foram escritos em torno de 1524, quando Inácio, após sua experiência de conversão em 1521 e uma peregrinação a Jerusalém, estabeleceu-se em Barcelona por um período de dois anos. Os *Exercícios* foram publicados em edição limitada enquanto ele esteve vivo, mas nenhum desses exemplares sobreviveu. A edição mais antiga que temos hoje é um texto em espanhol, conhecido como o "autógrafo", que não foi escrito na caligrafia de Inácio, mas contém suas correções e anotações. Como os atuais editores em inglês deixam claro, houve uma compreensível relutância de Inácio em disseminar o texto para um público mais amplo, "já que era sempre por meio da palavra *falada* que ele introduzia as pessoas nos *Exercícios*. Requer-se que alguém 'dê' os exercícios, o que só pode ser feito por pessoas que experimentaram o processo que põe esses exercícios em movimento" (*IPW*, p. 281). Para o iniciado, o texto parece pouco inspirador e foi escrito como um manual prático para conselheiros espirituais. Ele inicia com um conjunto de 20 anotações, seguido de instruções detalhadas de como guiar e acompanhar o participante recluso durante as quatro semanas de exercícios. Enquanto no início o foco está em remover quaisquer obstáculos que possam atrapalhar uma oração clara e honesta a Deus, os exercícios passam a centrar-se cada vez mais na vida e nos ensinamentos de Jesus Cristo. Na primeira semana o participante é instado a refletir, em primeira linha, sobre seus pecados e a meditar sobre o paradeiro das almas dos pecadores após a morte. Isso precisa ser feito com o envolvimento de todos os sentidos físicos para criar a impressão mais realista possível. Nas semanas seguintes ele é instruído a acompanhar com a mesma intensidade o nascimento, a morte e a ressurreição de Cristo. Essa prática de imaginar-se nos cenários bíblicos levou Jung a traçar paralelos com o seu método psicológico de imaginação ativa, que constituiu o tema mais abrangente de seus seminários no ETH naquele período. Nesse ponto ele viu as semelhanças com os já mencionados textos espirituais do Oriente, chamando os *Exercícios espirituais* de equivalente ocidental da ioga.

AS FONTES REVELADAS E NÃO REVELADAS DE JUNG

Esse exame completo dos exercícios inacianos é único no âmbito das obras de Jung, e a escolha desse assunto para uma série inteira de seminários é, de certo modo, surpreendente; consequentemente, esses seminários sobre a meditação inaciana suscitaram mais interesse do que as outras séries de seminários no ETH sobre temas junguianos mais comuns. Os dois primeiros seminários sobre os exercícios foram reimpressos a partir da tradução original de Barbara Hannah (BH, vol. 2, p. 153-159), baseada na transcrição feita por Rivkah Schärf, na revista *Spring* de 1977 e 1978[4]. A importante monografia de Kenneth L. Becker, publicada em 2001 com o título *Unlikely*

4. *Spring: An Annual of Archetypal Psychology and Jungian Thought* (1977, p. 183-201; 1978, p. 28-36).

companions [Companheiros improváveis], oferece aquela que até este momento é a mais completa interpretação dos seminários (Becker, 2001). Porém, nem Becker nem os editores da *Spring* perceberam o quanto os seminários de Jung sobre Inácio estão baseados na reprodução de literatura erudita existente. Em particular, os dois seminários de abertura, os de 16 e 23 de junho, constituem uma apresentação quase *verbatim* de uma tradução alemã inédita da monografia em língua sueca de autoria de Bernhard Hegardt intitulada *Religion och Själsträning. En studie i Jesuiternas Andliga Övningar* [Religião e treinamento da alma: um estudo sobre os *Exercícios espirituais* dos jesuítas] de 1937 (Hegardt, 1937). Quase toda a introdução histórica e temática ao seminário de Jung sobre os *Exercitia spiritualia* pode ser encontrada no estudo de Hegardt. Encontrei, no arquivo de Jung, um exemplar datilografado dessa tradução, contendo algumas anotações manuscritas por Jung. Ainda não se sabe quem foi o tradutor. Provavelmente foi alguém do círculo de Jung em Zurique que dominava a língua sueca ou então Jung pode ter pago um tradutor profissional para verter o texto para a língua alemã. Embora Jung tenha recomendado o livro no início do terceiro seminário, ele não contou aos seus ouvintes o quanto havia se baseado nessa fonte nos seminários anteriores.

Outra fonte importante que constituiu a base dos seminários de Jung foi o livro intitulado *Ignatius von Loyola* [Inácio de Loyola] de Philipp Funk (1913a). Funk (1884-1937) foi um teólogo e historiador católico que deixou duas vezes o seminário em virtude do seu apoio ao modernismo católico. Sua coletânea de ensaios *Von der Kirche des Geistes* [Sobre a Igreja do Espírito] (1913b) foi posta no *Index*. Sua tradução dos escritos de Inácio foi publicada por um editor protestante alemão em 1913 como parte da série *Die Klassiker der Religion* [Os clássicos da religião], de Gustav Pfannmüller. O volume é composto por uma extensa introdução, uma tradução dos

Exercitia spiritualia baseada na edição latina de 1893 do Institutum Societatis Jesu, as *Regras para entender o movimento da alma*, comumente publicadas como anexo aos exercícios, e a autobiografia de Inácio conhecida como *Reminiscências*. Jung usou a edição de Funk como base textual de seus seminários, junto com a *Praxis exercitiorum spiritualium* [Prática dos exercícios espirituais], um comentário latino sobre os *Exercitia* de autoria de Sebastián Izquierdo, do ano de 1695 (Izquierdo, 1695)[5]. Ele fez a seguinte observação:

> Tenho de passar-lhes alguma bibliografia sobre os exercícios inacianos. Há uma pequena obra altamente recomendável de Philipp Funk, publicada em 1913, que pode ser obtida na biblioteca central [de Zurique]: *Inácio de Loyola*. [...] Sobre Inácio e seus exercícios há uma bibliografia imensa escrita pelos próprios jesuítas e também por outros representantes da ciência católica. Muitos protestantes também se ocuparam com eles. Porém é totalmente supérfluo nomear aqui para vocês uma enxurrada de referências bibliográficas.

Em seus seminários, Jung usou a edição de Funk para citar passagens da autobiografia de Inácio, especialmente as referentes às visões, e também para citar as anotações aos *Exercícios*.

MODERNISMO CATÓLICO

Philipp Funk não foi o único representante do modernismo católico que desempenhou um papel significativo na formação da visão de Jung sobre Inácio e os *Exercitia spiritualia* como exposto nos seminários de 1939-1940. A partir de 1933, Jung teve oportunidade de discutir os *Exercitia spiritualia* com Ernesto Buonaiuti (1881-1946) nas conferências anuais da Fundação

5. JLN contém uma lista manuscrita: "Literatura: 1. Izquierdo S.J. / 2. Phil[ipp] Funk, *Ignatius v. Loyola*, 1913 / 3. Vitorinos / Thomas à Kempis: *Imit[atio] Christ[i]*".

Eranos em Ascona, onde o ex-sacerdote católico e historiador do cristianismo, que fora excomungado em 1925 devido a sua defesa do modernismo católico[6], deu conferências de 1933 a 1940. Em 1935 pediram-lhe que falasse sobre "Os exercícios de Santo Inácio de Loyola" (Buonaiuti, 1936)[7]. A imagem de Inácio e dos jesuítas obtida por Jung de Buonaiuti foi bastante negativa, o que não surpreende. De acordo com Buonaiuti, os *Exercitia spiritualia* direcionaram a Igreja contra os ensinamentos cristãos tradicionais e espirituais:

> Já em suas *Annotationes* introdutórias, os *Exercitia* de Santo Inácio revelam sua novidade e seu pecado original contra as doutrinas tradicionais e específicas da vida espiritual cristã, e digamos isso em termos ainda mais gerais, em comparação com toda a tradição dualista da espiritualidade religiosa (Buonaiuti, 1936, p. 315).

Embora ele tivesse encarado os *Exercícios* como desenvolvimento lógico do escolasticismo e da gnoseologia aristotélica, Buonaiuti os considerou responsáveis por provocar uma cisão irreparável entre o realismo empírico e o idealismo místico, sendo a última de suas consequências, a seu ver, a rejeição do modernismo pelo papa (Buonaiuti, 1936, p. 319).

---

6. Ernesto Buonaiuti foi autor de *Il programa dei modernisti* [O programa dos modernistas] (Buonaiuti, 1907/1908), uma réplica à Encíclica *Pascendi Dominici Gregis* de Pio X, a condenação papal do modernismo.

7. Em sua autobiografia *Pellegrino di Roma* [Peregrino de Roma] (1945), Buonaiuti comentou a recepção à conferência que proferiu na Fundação Eranos: "Em Ascona tratei dos *Exercícios* inacianos diante de um público que era quase inteiramente não católico e a grande maioria deles provavelmente estava fora de qualquer prática concreta do cristianismo. Pois bem, a minha surpresa não foi pequena quando alguns dos meus ouvintes, os mais proeminentes, mais credenciados e mais especializados em assuntos de pedagogia e psicologia, me dirigiram comentários vivos e insistentes, quase como se tivesse me tornado culpado de críticas irreverentes a uma tradição metodológica de formação espiritual, como a jesuítica, considerada um verdadeiro monumento de sabedoria, clarividência e capacidade" (Buonaiuti, 1945/2008, p. 407).

Em contraste com isso, o ataque de Funk não diz respeito aos *Exercitia spiritualia* como tais, mas a Inácio como o defensor papal em Roma, que escreveu as *Regras* como guia para os exercícios:

> As dezoito regras compiladas por Inácio para os mestres dos exercícios e os praticantes dos exercícios contêm, em seu núcleo, todo o lado religioso da Contrarreforma, e o ultramontanismo da era moderna que, em contraposição ao catolicismo da Idade Média, não excluiu as individualidades nem a crítica individual à autoridade, está embutido em frases como estas: deve-se aprovar e defender todos os mandamentos da Igreja e não atacá-los de forma alguma – deve-se louvar e defender por princípio todas as prescrições e até a conduta de vida dos prepostos eclesiásticos; mesmo que haja razão para censura, esta jamais deve ser articulada publicamente – deve-se exaltar a escolástica –, deve-se reconhecer como preto aquilo que a nosso juízo parece branco, se a Igreja assim o decidir. [...] A acusação de ter criado, mediante falsificação da obrigação de obediência eclesiástica e da regra de fé, um novo catolicismo, não poderá deixar de ser feita nem à Ordem Jesuíta em sua atuação posterior nem ao seu fundador Inácio (Funk, 1913a, p. 24-25).

No dia 25 de abril de 1955, Jung usou o mesmo argumento contra o sacerdote jesuíta Raymond Hostie, cujo livro *Du mythe à la religion* [Do mito à religião] (Hostie, 1955) o deixara furioso:

> Ainda devo expressar a suposição de que talvez eu seja injusto com o *senhor pessoalmente*, ao encarar sua crítica como uma distorção. Pois, afinal de contas, o senhor é membro de uma ordem cujo princípio é: *quod oculis nostris apparet album, nigrum illa esse definierit, debemus itidem, quod nigrum sit, pronuntiare* [o que a nossos olhos parecer branco, mas ela [a Igreja] decidir que é preto, deve ser, então, declarado preto por nós] (*Cartas*, vol. 2, p. 412).

Em carta ao Padre Bruno de Jésus-Marie, de 30 de novembro de 1953, Jung já havia expressado sua ressalva em relação a Hostie como membro da Ordem Jesuíta:

> Conheço bastante bem o Padre Hostie; ele permaneceu aqui durante algumas semanas após os cursos em nosso instituto. Está escrevendo uma tese sobre minha psicologia. Ele tem inteligência suficiente para compreender a psicologia e também honestidade científica, boa vontade e responsabilidade, mas é um jesuíta e, como jesuíta, minhas constatações perdem seu sentido, porque ele se esforça para suprimir seu próprio caráter para substituí-lo por aquilo que seus superiores querem que ele seja. Infelizmente é preciso ter cautela porque não se pode esperar encontrar nele um ser humano; em vez disso, ele é um arranjo de maquinações inspiradas por agentes impessoais incontroláveis. Conheço alguns jesuítas e lamento ter de dizer que sempre tive essa experiência ambígua. Aprendi que é bom ser prudente ao lidar com representantes dessa ordem. Como quer que seja, parece razoável não se fiar demasiado em seguranças morais inexistentes[8].

O MEDO QUE JUNG TINHA DOS JESUÍTAS E DO CATOLICISMO ROMANO

Essa imagem estereotipada dos jesuítas que Jung externou na carta ao Padre Bruno e que ele também encontrou em textos de modernistas católicos como Buonaiuti ou Funk já havia sido implantada nele em sua infância, quando desenvolveu um medo intenso em relação a tudo que fosse católico. Certo dia o

8. Carta de Jung ao Padre Bruno de Jésus-Marie, 30 de novembro de 1953 (inédita). Eu gostaria de expressar minha gratidão a Florent Serina por chamar minha atenção para essa carta. Traduzida do original francês.

garoto avistou um vulto com "um chapéu largo estranho e uma longa veste preta saindo do mato":

> Ao avistá-lo, senti medo, que rapidamente cresceu e se transformou em pavor mortal, pois em mim tomou forma o assustador reconhecimento: "É um jesuíta!" Pois, pouco antes eu havia escutado uma conversa entre meu pai e um de seus colegas de ofício sobre as atividades suspeitas dos "jesuítas". Pelo tom de voz meio irritado e meio temeroso de suas observações tive a impressão de que "jesuítas" representavam algo especialmente perigoso até para o meu pai. No fundo, eu não sabia o que significava "jesuítas". Mas eu conhecia a palavra "Jesus" das minhas orações (Jung, 1962, p. 11; ed. alemã: p. 17).

Nos protocolos de suas discussões com Aniela Jaffé, Jung expressou seu medo infantil em termos ainda mais incisivos:

> Lembro-me do modo como meu pai falara com colegas sobre o perigo dos jesuítas. Eu não sabia o que era isso. Mas eu conhecia a palavra "Jesus" das minhas orações. Pensei que fossem demônios e por isso vestiam aquele disfarce. Aí eu entrava em pânico como no sonho do falo. Os jesuítas, os católicos em geral, eram o totalmente diferente (Jung & Jaffé, 1963, 18 de janeiro de 1957).

A imagem protestante negativa do jesuíta como, nas palavras de Funk, a ponta de lança "antiluterana" ou "antiprotestante" da Contrarreforma era especialmente forte na Suíça, de onde os jesuítas foram expulsos como ameaça à república em 1847 e a ordem foi proibida por lei constitucional de 1848 a 1973. A visão de Funk na introdução ao seu livro, publicado em Berlim no ano de 1913, confirma essa imagem negativa, e não é nenhuma surpresa que o seminário de Jung tenha seguido na mesma linha. Uma carta de Jung a Olga Fröbe-Kapteyn, de 1943, referente a um convite ao teólogo jesuíta Hugo Rahner, demonstra quão profundamente essa desconfiança em relação aos jesuítas estava enraizada na sociedade suíça:

> A sua ideia de convocar Rahner para falar em Zurique decerto até pode ser tentadora, mas devo lhe dizer que ele, por ser *jesuíta*, poderia chamar a atenção de maneira desagradável justamente em Zurique *por razões políticas*. Os jesuítas como tais são proibidos entre nós e não são bem-vistos nem pelo clero católico. Teme-se a perturbação da paz confessional, talvez com razão, pois se trata de uma ordem militante[9].

Nos protocolos, Jung relatou como seu medo infantil em relação ao sacerdote jesuíta levou a uma desconfiança generalizada diante de dogmas religiosos:

> O jesuíta também fazia parte desse reino inquietante. A partir daí eu sempre ficava em dúvida quando me eram incutidas doutrinas religiosas: isto é belo e isto é bom. Então eu sempre pensava: *mas* existe ainda outra coisa, e isso as pessoas não sabem. Essa outra coisa tinha a ver com a Igreja Católica. Ela era um *contragolpe*, ela era o outro extremo.

Só muitos anos mais tarde, em Viena, ele foi capaz de se livrar dessa ansiedade em vista da Igreja Católica, que ele associava estreitamente aos jesuítas:

> Durante muitos anos não consegui mais entrar numa igreja católica sem sentir medo de sangue, prostrações e jesuítas. Esse era o tom ou a atmosfera que a rodeava. Mas ela sempre me fascinou. A proximidade de um sacerdote católico possivelmente era ainda mais incômoda. Só nos meus 30, quando entrei na Catedral de

9. Carta de Jung a Olga Fröbe-Kapteyn, 6 de setembro de 1943 [JA]. Itálicos no original.

Santo Estêvão em Viena, pude sentir a *Mater Ecclesia* [Mãe Igreja] sem dificuldade (Jung, 1962, p. 17; ed. alemã: p. 23).

O CONSERVADORISMO CATÓLICO-ROMANO NO *EUROPÄISCHER KULTURBUND*

É digno de nota que uma visita à Catedral de Santo Estêvão em Viena tenha livrado Jung de sua ansiedade. Se a data indicada por ele, "nos meus 30", estiver correta, isso pode ter acontecido durante sua visita a Freud em 1907, quando a Família Jung fez um passeio turístico à cidade em companhia de Franz Riklin. De acordo com Jung, a metade da terceira década de vida desempenha um papel fundamental no desenvolvimento de um indivíduo por marcar o fim da contingência do nascimento e o direcionamento para a segunda metade da vida. No entanto, o primeiro rascunho que Jung escreveu do capítulo *Kinderjahre* [Anos de infância] dá uma versão diferente: "A primeira vez que pude sentir a *Mater Ecclesia* sem dificuldade foi na Catedral de Santo Estêvão em Viena nos meus 50" (Jung & Jaffé, 1963, p. 80). Nesse caso, pode ter sido durante uma das visitas de Jung a Viena por ocasião de suas conferências no *Europäischer Kulturbund* [Liga Cultural Europeia], em 22 de fevereiro de 1928 ("A estrutura da psique"[10]), em 29 de janeiro de 1931 ("O desvelamento da alma"[11]) ou em novembro de 1932, quando foi convidado por Jolande Jacobi, vice-presidente-executiva do *Kulturbund*, que mais tarde se tornaria uma das colaboradoras mais próximas de Jung em Zurique[12].

---

10. *Die Struktur der Seele* [A estrutura da alma] (OC 8/2).

11. *Die Entschleierung der Seele* (OC 8/2); publicado em português com o título "O problema fundamental da psicologia contemporânea" (1931).

12. Sobre Jung e o *Europäischer Kulturbund*, cf. tb. Sherry (2010, p. 83-88).

Em 1928, Jung foi citado no jornal *Neue Freie Presse* [Nova Imprensa Livre] de Viena, fazendo esta avaliação positiva do catolicismo, o que indica que sua experiência na Catedral de Santo Estêvão pode ter ocorrido durante aquela visita a Viena:

> Em relação a isso, considero que ideias religiosas são da maior importância, sem querer me referir, é claro, a qualquer credo em particular. Ainda assim, como protestante, está bem claro para mim que, em seus efeitos terapêuticos, nenhum credo tem maior afinidade com a psicanálise do que o catolicismo. Os símbolos da liturgia católica oferecem ao inconsciente uma riqueza tal de possibilidades de expressão que eles têm o efeito de uma dieta inigualável para a psique[13].

O *Europäischer Kulturbund* foi uma rede conservadora de intelectuais e escritores europeus fundada em 1922 por Karl Anton Prince Rohan (1898-1975) (cf. Schulz, 2010). De Viena o *Kulturbund* se disseminou rapidamente por vários países europeus, interligado pela noção de herança cultural e compreensão cultural comuns. O movimento de Rohan estava baseado no ideal de uma Europa transnacional e recatolizada, liderada por membros de uma classe nobre intelectual elitista (Rohan, 1923). Congressos anuais e apresentações individuais deveriam prover a base dessa rede europeia. Jung esteve envolvido de muitas maneiras em suas atividades: além de sua conferência de 1928 em Viena, ele também participou da conferência do *Kulturbund* em Praga, realizada mais tarde naquele mesmo ano, de 1 a 3 de outubro, dedicada ao tema "Elementos da civilização moderna". Sua conferência versou sobre "O problema psíquico do homem moderno" (OC 10/3). A partir de 1927, Jung contribuiu regularmente com a *Europäische Revue*, a revista

13. Das Reich des Unbewussten [O reino do inconsciente], *Neue Freie Presse*, 21 de fevereiro de 1928 (Jung, 1987, p. 38).

do *Kulturbund*, na qual publicou artigos significativos, como "A mulher na Europa" (OC 10/3), "A estrutura da alma" (OC 8/2), "O problema psíquico do homem moderno" (OC 10/3), "O homem arcaico" (OC 10/3), "O problema fundamental da psicologia contemporânea" (OC 8/2), "*Ulisses*, um monólogo" (OC 15) e "A alma e a morte" (OC 8/2). Com Richard Wilhelm ele também publicou a introdução e o comentário a *O segredo da flor de ouro*, com o título "Introdução a Tchang Shen Shu – A arte de prolongar a vida humana", na *Europäische Revue* (Jung & Wilhelm, 1929b). A colaboração de Jung com o *Kulturbund* se intensificou no início da década de 1930, tanto que, na conferência do ano de 1932 do *Kulturbund* em Zurique, Jung presidiu os trabalhos do primeiro dia[14].

O ano de 1932 trouxe alguns desenvolvimentos significativos no que se refere à orientação futura do *Kulturbund* e ao formato de seu ideal europeu. Naquele ano, Rohan apoiou uma conferência europeia na tradição do *Kulturbund* em Roma, organizada pelo governo fascista italiano e dedicou um volume inteiro da *Europäische Revue* ao tema do fascismo italiano. Em seu editorial, Rohan declarou seu apoio e sua anuência à nova Itália (Rohan, 1932a, p. 667). Ainda em 1932 apareceu outro volume da *Europäische Revue* sobre a questão da cultura judaica e do antissemitismo, que incluiu intelectuais judeus proeminentes, como Leo Baeck (1873-1956), Jakob Wassermann (1873-1934) e Erich von Kahler (1885-1970). Mas, ao lado deles, havia também uma coorte de autores antissemitas, como o germanista Josef Nadler (1884-1963) e o professor de Direito Wenzeslaus Graf Gleispach (1876-1944). Em sua introdução intitulada "Algumas observações sobre a questão ju-

---

14. VIII. Jahrestagung des internationalen Verbandes für kulturelle Zusammenarbeit [VIII Encontro Anual da Associação Internacional para Cooperação Cultural], Roma, 30 de maio a 1º de junho de 1932.

daica", Rohan afirmou que a "questão judaica é tabu aqui em cima e, em consequência, enche as ruas lá embaixo. Sempre foi assim na história: um problema emerge; os governantes o negligenciam; eles têm medo de enfrentá-lo ou seus cérebros estão tão entupidos com ideologias quaisquer que nem sequer veem o problema" (Rohan, 1932b, p. 453-454). Em abril de 1933, após a renúncia de Ernst Kretschmer, Jung aceitou a presidência da *Allgemeine Ärztliche Gesellschaft für Psychotherapie* (AÄGP) [Sociedade Médica Geral de Psicoterapia]. Em seu primeiro editorial como novo presidente para o *Zentralblatt* [Folha Central], ele sustentou uma posição semelhante à de Rohan, afirmando que "As diferenças reais – percebidas por qualquer pessoa inteligente – que existem entre a psicologia germânica e judaica já não devem ser encobertas" (OC 11/6, § 1014). Em sua defesa contra seu crítico Ernst Bally, ele acrescentou: "Coloquei a questão judaica abertamente na mesa. E o fiz intencionalmente. Meu prezado senhor crítico parece ter esquecido que o primeiro princípio básico da psicoterapia é falar, em seus mínimos detalhes, daquelas coisas que fazem mais cócegas, das coisas mais perigosas e mais mal-entendidas" (OC 11/6, § 1024). O tom de Jung se assemelhou muito ao de Rohan e dá a entender que Jung deve ter sentido que seu argumento se coadunava com a visão do conservadorismo intelectual europeu do seu tempo.

A LEITURA DE ERICH PRZYWARA POR JUNG

Um dos que contribuíram com o volume sobre os judeus da *Europäische Revue* em 1932 foi o proeminente jesuíta e teólogo polonês-alemão Erich Przywara (1889-1972), o editor da revista *Stimmen der Zeit*. Przywara era uma das vozes teológicas norteadoras do seu tempo. Seu conhecimento e pensamento filosóficos fizeram dele um parceiro de discussão formidável e respeitado por católicos como a santa e mártir Edith Stein ou por eminentes teólogos protestantes como Karl Barth. Em sua contribuição teológica para o volume *Jude, Heide, Christ* [Judeu, pagão, cristão], Przywara representou a posição católica, concluindo com uma observação, cuja intenção foi indubitavelmente expressar sua posição crítica a Hitler e ao Partido Nazista na Alemanha:

> Assim, o católico (sendo alguém que crê em toda a dimensão da revelação cristã) não crê num "nacionalismo sacral" nem num "internacionalismo sacral", mas no Deus Uno presente no Cristo Uno presente na Igreja Una, que, sendo infinito, manifesta sua infinitude na plenitude dos antagonismos diferenciadores, movida de um lado para o outro (Tomás de Aquino, *Compendium theol.* e. 102) – mas, justamente aí, no mistério da cruz (Przywara, 1932, p. 476).

Em janeiro de 1933 Przywara voltou a fazer uma advertência pública contra o iminente Reich nazista, chamando-o de distorção do *imperium* cristão do passado, um movimento e uma liderança outorgada por derramamento de sangue e intenção de obter o poder total (Przywara, 1964, p. 169). Durante o império nazista, Przywara continuou a editar a revista *Stimmen der Zeit*, dando voz a críticos do regime e, em consequência, resistindo à propaganda nazista. Ela também era uma casa publicadora para pensadores judeus como Leo Baeck e Martin Buber. Em março de 1937 a revista publicou a encíclica papal "Com ardente preocupação", que condenou o totalitarismo e o racismo pseudocientífico do nazismo. Em consequência disso, a revista foi fechada junto com o lar jesuíta de Przywara. Manifestações críticas durante a guerra levantaram suspeitas entre os nazistas. A pressão crescente levou a vários episódios de debilidade mental e física, das quais ele mal se recuperou após a guerra.

De acordo com Karl Rahner, Przywara foi o primeiro a tornar Inácio de Loyola uma "grandeza compreendida da história intelectual" (Rahner, 1968, p. 270). Sua obra principal sobre a teologia inaciana foi um comentário em três volumes sobre os *Exercitia spiritualia* com o título *Deus semper maior*, publicado entre 1938 e 1940 (Przywara, 1938). Foi o primeiro volume desse comentário que Jung usou em sua série de seminários. Como Kenneth Becker observou corretamente, Jung não poderia ter conhecido o segundo e o terceiro volumes na época da série de seminários por terem sido publicados só mais tarde (Becker, 2001, p. 63). O primeiro volume contém a interpretação que Przywara fez da oração *Anima Christi*, das *Anotações*, do *Fundamentum* e da primeira semana de exercícios. A forte ênfase que Jung confere a essas partes dos *Exercitia spiritualia* se deve, em grande medida, ao seu embasamento em Przywara, que se torna particularmente óbvio em sua concentração na oração *Anima Christi*, que Przywara encara como expressão do conteúdo principal, da orientação principal e do significado principal dos exercícios (Przywara, 1938, p. 1-2).

O estilo de escrita de Przywara em *Deus semper maior* é uma combinação singular de conceitos teológicos com linguagem filosófica moderna, uma mistura de expressões literárias com citações bíblicas e aspectos de oração. Às vezes, o estilo é sumamente abstrato e exige profundo conhecimento de escolástica medieval e filosofia fenomenológica moderna, de um lado, ao passo que, de outro lado, a completa falta de referências e a argumentação associativa que acompanha de perto o texto original inaciano indica uma leitura mais reflexiva e devocional. Talvez tenha sido a maneira particular de escrever de Przywara que levou Jung a pensar que se trata de uma meditação e até de um exemplo primoroso de exercícios inacianos (cf. p. 274; cf. tb. Becker, 2001, p. 63).

À semelhança de Jung, Przywara entende o ser humano como união de opostos, como união de corpo e espírito em sua existência, como união de homem e mulher em seu devir criativo e em sua atividade e como união de ser um membro e ter uma causa em um quadro estrutural (Przywara, 1938, p. 70). Essas forças em oposição se digladiam e, em sua luta por derrotarem umas às outras, abre-se uma cesura. Logo, o ser humano é união e cesura:

> Assim o ser humano é revelado *como ser humano*: como corpo e espírito ele é o centro do ser do mundo (*medium formale-materiale*), como homem e mulher ele é o centro do devir criativo do mundo (*medium efficiens*), como ente de comunidade [*Gemein-Wesen*] ele é o centro da ordem do mundo (*medium finale*). Porém esse centro triplo é interseção de movimentos que se cruzam (indo do corpo para o espírito, do espírito para o corpo; da mulher para o homem, do homem para a mulher; do em para o acima, do acima para o em). Porém ele não é só interseção de cruzamentos, mas também cesura (corpo contra espírito, espírito contra corpo; mulher contra homem, homem contra mulher; em contra acima, acima contra em). O ser humano como centro, cruzamento, cesura – é assim que ele aparece para o crescente realismo da experiência de vida (Przywara, 1938, p. 67).

Na condição de cruzamento (*Kreuzung*) o ser humano é uma cesura. Como imagem de Deus ele está no centro desse cruzamento para anunciar Deus como o centro absoluto, o que ele não pode fazer por conta própria, mas tão somente *estando pendente* em Deus: "Ele é ser humano, na medida em que está em Deus" (Przywara, 1938, p. 69). Porém o ser humano que participa da natureza divina, carregando o centro divino em seu centro do cruzamento, é tentado a abusar desse estar pendente em Deus para tornar-se, ele próprio, como Deus. Esse é o pecado original que alarga a cesura e aumenta a tensão que ameaça despedaçar o ser humano e tudo o que está com ele (Przywara, 1938, p. 71). A obra de salvação de Deus é entrar nessa cesura e, ao ser despedaçado, Ele derrota o "príncipe do mundo" e liberta o ser humano de sua escravidão ao pecado. Porém, a fim de continuar e completar o processo de salvação, os membros do corpo do Filho de Deus crucificado e despedaçado têm de ser crucificados com ele na cesura:

> O ser humano como cruzamento significa, desse modo: o ser humano como crucificação e a crucificação de Deus. O pender em Deus que lhe era essencial como cruzamento é, desse modo, o pender na cruz em Deus como aquele que está pendurado na cruz. Assim, isso é "maldição" como "bênção": "Cristo [...] se fez maldição por nós, pois está escrito: 'Maldito todo aquele que é suspenso no madeiro'. Assim, a bênção [...] se estendeu em Cristo Jesus" (Gl 3,13-14).
>
> Em sua concretude última, ser humano quer dizer, portanto: maldição da cruz como bênção da cruz. O ser humano é (nessa ordem factual exclusiva da redenção sobrenatural) ser humano "legítimo" na medida em que pende dessa cruz. Porém ele pende dessa cruz, na medida em que a presunção do centro absoluto se rompeu na realidade do nada da cesura e a miséria da cesura é suportada como bem-aventurança da expiação com Deus. Na proporção dessa duplicidade o ser humano é ser humano "legítimo" (Przywara, 1938, p. 71).

Jung deve ter sentido uma profunda conexão com essa linha de pensamento de Przywara. Ele próprio tinha experimentado esse estar pendurado na cruz, a crucificação com o crucificado na cesura que se abriu entre os opostos. Em 1913 Jung começou a ser atormentado por visões, imagens aterrorizantes emergiram do inconsciente. Como é amplamente conhecido hoje, Jung registrou as visões por escrito em pequenos blocos de notas pretos, que mais tarde formariam a base para o seu *Liber Novus*. Em um registro de 25 de dezembro de 1913 encontra-se a notável descrição de uma serpente enrolada na cruz.

Vejo a cruz – o descimento da cruz[,] a lamentação – como é tormentosa essa visão! –
Não quero mais.
"É preciso."
Vejo a criança, na mão direita, a serpente branca, na esquerda, a preta.
Vejo a montanha verde, sobre ela, a cruz[,] e rios de sangue fluem do cume da montanha.
Não posso mais – é insuportável.
"É preciso."
Vejo a cruz e, nela, Cristo em sua última hora e em seu último tormento. A serpente negra se deitou em torno do pé da cruz.
Sinto que, em torno de meus pés, enrolou-se a serpente do profeta, e ela os encerra firmemente.
O profeta me olha com olhar flamejante. Estou em [seu] poder e estendo os meus braços como que enfeitiçado. Da direita se aproxima Salomé. – Meu corpo já está todo envolto pela serpente, e parece-me que tenho o rosto de um leão.
Salomé diz:
"Maria era a mãe de Cristo. Entendes agora?"
Vejo que um poder terrível e incompreensível me obriga a imitar o Senhor em seu último tormento. Mas como poderia ousar chamar Maria de minha mãe?
"Tu és Cristo."
Estendo os braços como um crucificado, meu corpo está forte e terrivelmente abraçado pela serpente. Elias me olha com olhos flamejantes.
Tu, Salomé, dizes que eu sou Cristo? Tenho a sensação de estar sozinho numa alta montanha com braços estendidos enrijecidos, a serpente aperta meu corpo em seus terríveis anéis, e meu sangue jorra de meu corpo e desce pelas laterais da montanha (Jung, 2021, vol. 2, p. 195-196).

No *Liber Novus*, essa passagem constitui o último registro do *Liber Primus* intitulado "Solução". Na segunda parte desse registro, Jung escreve sobre a necessidade de suportar o mistério de Cristo:

> O horror pode ser tão grande, que o olhar das pessoas pode voltar-se para dentro, que seu querer não mais procure o si-mesmo nos outros, mas em si mesmas. Eu o vi, eu sei que este é o caminho. Eu vi a morte de Cristo e vi seu lamento, eu senti o tormento de sua morte, da grande morte. Eu vi um novo Deus, um menino que domina os demônios com sua mão. Deus mantém em seu poder os princípios separados e os une. Deus vem a ser em mim através da união dos princípios. Ele é sua união (Jung, 2010, p. 254).

Aqui Jung descreve o que Przywara expressou muitos anos depois em seu comentário sobre os *Exercitia spiritualia* de Inácio: a morte de Cristo na cruz como Deus sendo despedaçado no processo de salvação para reunificar os opostos na cesura que se abriu no centro cruzado do ser humano. "Assim a cesura humana (como possibilidade natural) se apresenta, na realidade, como salvação da cesura demoníaca (no pecado original) por meio da cesura divina (na cruz)" (Przywara, 1938, p. 72).

Quatro meses após a visão de Jung, no dia 19 de abril de 1914, ele escreveu, no que é conhecido hoje como "Aprofundamentos", sobre sua confrontação com o eu, do qual ele dependia, "Desde que o Deus ressuscitou e não sei em que céu de fogo ele se expande" (Jung, 2010, p. 333). Ele exige um melhoramento e ameaça atormentar o eu: "Talvez te fosse benéfica a chibata? Isto penetra na própria carne? Mas ainda um – e mais um. Que gosto tem? De sangue, sem dúvida? De algo medieval *in maiorem Dei gloriam?*" (Jung, 2010, p. 333). Esta frase costuma ser atribuída a Inácio de Loyola: *Ad maiorem Dei gloriam inque hominum salute* ("Para a maior glória de Deus e a salvação da humanidade"), e é usada como emblema da *Societas Jesu.* De novo encontramos a imagem negativa dos jesuítas associada por Jung com sangue, tormento e punição corporal. Portanto, o que se tornou claro nesse estágio é que o deus reunidor de Jung não é o Deus cristão de que fala Przywara em *Deus semper maior*.

A VISÃO DA SERPENTE E DA CRUZ

No seminário de 1925, Jung enfatizou as semelhanças entre sua visão e os ritos de iniciação do culto a Mitras:

> Estas imagens têm tanta realidade que se recomendam a si mesmas e um significado tão extraordinário que a pessoa fica presa. Elas fazem parte dos mistérios antigos; com efeito, foram estas figuras que fizeram os mistérios. Comparem-se os mistérios de Ísis contados por Apuleio com a iniciação e a deificação do iniciado. [...] O indivíduo adquire um sentimento peculiar pelo fato de passar por tal iniciação. A parte importante que levou à deificação foi o fato de a serpente me envolver. A *performance* de Salomé foi deificação. O rosto de animal em que, conforme senti, o meu rosto se transformou foi o famoso [Deus] Leontocéfalo dos mistérios mitraicos, a figura que é representada com uma serpente enrolada em torno do homem, a cabeça da serpente repousando sobre a cabeça do homem, e o rosto do homem sendo o de um leão. [...] Neste mistério de deificação você se transforma no vaso e você é um vaso de criação no qual os opostos se reconciliam (Jung, 2014, p. 145-147).

Não está totalmente esclarecido se Jung leu a coletânea de Funk em 1913. Se for o caso, terá sido sua primeira leitura dos *Exercitia spiritualia* e das *Reminiscências*. Nas *Reminiscências*, Inácio descreveu uma série de visões, que apresentam semelhanças notáveis com a visão da serpente e da cruz do próprio Jung. Se ele tiver topado com elas em 1913, suas visões podem ter sido inspiradas não só por seu conhecimento dos mistérios mitraicos, mas também pelas imagens das memórias de Loyola. Em seus seminários de 1939, Jung se mostrou particularmente interessado nas seguintes visões de Inácio:

> Enquanto viveu no albergue daquele lugar, aconteceu com frequência que ele via algo muito brilhante ao seu lado pairando no ar, algo tão belo que ele sentiu intenso prazer e grande consolo interior vindo dele. Porém não conseguiu discernir uma forma e, assim, não sabia o que era e em que consistia; ora, às vezes parecia ter o formato de uma serpente recoberta de olhos brilhantes, embora não se tratasse propriamente de olhos. A contemplação dessa aparição lhe proporcionava suma alegria e, quanto maior a frequência com que ela vinha, tanto maior o consolo com que a via, e, quando sumia de diante dos seus olhos, ele ficava consternado (*IPW*, p. 20)[15].

De acordo com Jung, Inácio foi incapaz de conciliar essa imagem positiva da serpente com a dogmática cristã que parecia reconhecê-la apenas em sua expressão maligna. Porém Jung sugeriu que ele poderia ter pensado na serpente que Moisés ergueu no deserto para proteger seu povo da praga de serpentes[16]. Em João 3,14, Jesus retomou essa imagem para ensinar sobre a elevação do Filho do Homem: "Como Moisés levantou a serpente no deserto, assim também é preciso que o Filho do Homem seja levantado". Na visão de Inácio, Jung encontrara

---

15. Jung citou a tradução alemã de Funk (1913a, p. 57-58). Cf. o seminário de Jung de 30 de junho de 1939.

16. Números 21,6-9: "Então o Senhor mandou contra o povo serpentes venenosas que os picavam, e muita gente de Israel morreu. O povo dirigiu-se a Moisés e disse: 'Pecamos, falando contra o Senhor e contra ti. Suplica ao Senhor que afaste de nós as serpentes'. Moisés suplicou em favor do povo. E o Senhor lhe respondeu: 'Faze uma serpente venenosa e coloca-a sobre um poste. Quem for mordido e olhar para ela ficará curado'. Moisés fez uma serpente de bronze e a colocou sobre um poste. Quando alguém era mordido por uma serpente, olhava para a serpente de bronze e ficava curado".

semelhanças com sua visão da serpente de 1913 e, de imediato, supôs que Inácio também lutara com o dilema moral de reconciliar os opostos éticos de bem e mal. Porém esse era o problema bem pessoal de Jung, ao passo que Inácio não pareceu estar preocupado com a qualidade ética dessa imagem visionária, pelo menos suas memórias não dão a entender isso. Diante do pano de fundo da deificação visionária do próprio Jung, do seu tornar-se Cristo, no qual a unificação da serpente opositora e da cruz levou ao seu novo deus, a compreensão que Jung teve do desconhecimento de Inácio a respeito da identidade da serpente e de Cristo pode ser vista como o retrato da luta do próprio Jung.

A particularidade da serpente inaciana reside na quantidade de olhos. De acordo com Jung, tal serpente representa simbolicamente a parte inferior do sistema nervoso, a *medulla* e a *medulla oblongata*. É um símbolo dos instintos, a partir dos quais se desenvolve a vida psíquica. Jung a vincula com a serpente Kundalini da ioga indiana. Trata-se de uma serpente que cura:

> Quando essa serpente aparece para nós, isso significa o seguinte: voltei a me conectar com meus instintos. É por isso que o deus dos médicos, Asclépio, tem uma serpente. Pois tudo depende de reconectar o doente com suas raízes. Pois a vida sempre quer cortar a ligação que temos com nossas raízes. Esse é o perigo da mera consciência. Por isso, um dos objetivos da arte médica é reintroduzir o ser humano em sua constituição para que ele funcione, reaja, viva de acordo com seu fundamento original, em correspondência com suas regras de vida[17].

De acordo com Jung, a prática física de penitência de Inácio o deixara ferido. Durante seu sofrimento apareceu-lhe a serpente

17. Cf. p. 128-129.

que cura, mas ele não conseguiu identificar a serpente em sua natureza dupla, isto é, como símbolo do veneno e da cura. Uma vez mais, vemos a "resolução" de Jung no mistério de Cristo.

Jung discutiu a segunda visão de Inácio concernente à serpente no seminário de 7 de julho de 1939. Segue o texto de Inácio, extraído das *Reminiscências*:

> Tendo essa iluminação durado tempo suficiente, ele se ajoelhou diante da cruz que se encontrava naquele lugar para agradecer. Enquanto fazia isso, voltou a ter aquela visão que já lhe aparecera com frequência, sem que tivesse entendido o que significava: aquele belo algo citado acima com os muitos olhos brilhantes que tantas vezes pairou diante dele. Contudo, diante da cruz, não teve dificuldade para perceber que a coisa não era tão vistosa como de costume e, desse modo, reconheceu de modo claro e com a enfática anuência de sua vontade de que se tratava de um espírito maligno. Por isso, a partir de então, toda vez que, por longo tempo, ainda lhe apareceu, ele a afugentou com um bastão que sempre trazia consigo (*RE*, p. 27; Funk, 1913a, p. 65-66).

A serpente apareceu a Inácio diante da cruz e ele a identificou como o maligno. O tom positivo da sensação indeterminada associada às primeiras aparições da serpente se converteu na rejeição da serpente como maligna. Em seu seminário, Jung enfatizou a frase "com a enfática anuência de sua vontade". Jung explicou que o fenômeno inconsciente *per se* sempre seria moralmente indiferente e poderia ser bom ou mau. Ele seria determinado em um sentido moral só quando fosse situado dentro de certa atmosfera consciente (*Bewusstseinsatmosphäre*). Por essa via, Jung foi capaz de alegar que Inácio foi demasiado dogmático para conciliar as duas visões. Jung, em vez disso, abraçou a serpente venenosa, o prazer tentador na aparência de Salomé, conciliando-a com o poder de cura da cruz e, por conseguinte, atingindo um estado mais elevado pela união dos opostos: "Pelo fato de eu querer também meu ser outro, devo tornar-me um Cristo. Eu serei transformado em Cristo, devo suportá-lo. Assim jorra o sangue redentor. Por meio do autossacrifício, meu prazer será transformado e passa para um princípio mais alto" (Jung, 2010, p. 254). Um valioso indício da intensidade com que Jung associou sua visão de 1913 com as visões de Inácio é a recorrência da imagem de Cristo na já mencionada visão de Jung na época dos seminários sobre Inácio[18].

Jung indicou que Inácio entendeu mal sua visão, ao conferir-lhe um valor moral baseado em sua fé no dogma cristão. Essa é a atmosfera consciente (*Bewusstseinsatmosphäre*), na qual a serpente que cura é substituída pela serpente maligna da tentação. Porém, estaria Jung imune a tal juízo moral consciente no caso de suas visões? Encontramos Jung novamente elaborando sua visão da serpente e da cruz no seminário de 1925:

> A aproximação de Salomé e sua veneração por mim é obviamente esse lado da função inferior, que é cercado por uma aura de maldade. Senti suas insinuações como uma sedução sumamente má. A pessoa é assaltada pelo medo de que isto talvez seja loucura. É assim que a loucura começa, isto é loucura. [...] Você não pode tomar consciência destes fatos inconscientes sem entregar-se a eles. Se você consegue superar seu medo do inconsciente e descontrair-se, então estes fatos assumem uma vida própria. Você pode ser dominado por estas ideias a ponto de ficar realmente louco, ou quase (Jung, 2014, p. 145).

Claramente Jung confere aqui um juízo moral consciente à sua experiência visionária inconsciente: "cercado por uma aura de maldade", o "medo da loucura" etc. Somos tentados a

---

18. Cf. p. 57.

perguntar: Qual é, então, a "atmosfera consciente" (*Bewusstseinsatmosphäre*), na qual são feitas essas determinações morais? É o reino da ciência, da psicologia. Durante muitos anos após suas experiências visionárias, Jung tentou encontrar uma expressão cientificamente adequada para tornar sua experiência individual explicável e aplicável de modo universal. Ao fazer isso, Jung introduziu juízos morais conscientes em sua experiência inconsciente moralmente indeterminada. "Com a enfática anuência de sua vontade", Jung tentou arduamente coadunar suas experiências visionárias com a ciência moderna, a exemplo do que Inácio tentou fazer com o dogma cristão[19].

Resumindo: a opção de Jung de trabalhar os exercícios inacianos na série de seminários de 1939-1940, a despeito de sua falta de conhecimento especializado nesse campo, foi provocada em boa parte por sua intenção de comparar suas experiências visionárias do ano de 1913 em diante com as visões de Santo Inácio. Depois da série de seminários, o tema voltou a desempenhar um papel, ainda que de menor importância, em carta ao sacerdote dominicano e professor de Teologia dogmática em Oxford, Victor White (1902-1960), na qual Jung o consultou a respeito da natureza da oração *Anima Christi*. Durante a guerra e depois dela, Jung também esteve em contato com um dos principais teólogos jesuítas e historiadores da

---

19. Claramente Jung foi influenciado pelas semelhanças entre a sua experiência visionária e a descrição que Przywara fez da cura dos opostos pelo Deus cristão mediante seu sacrifício na cruz e pelas semelhanças entre sua visão e as visões de Inácio. Porém, de importância similar para a amplificação de sua visão foi sua familiaridade com o mitraísmo e o orfismo. No seminário de 16 de junho de 1939, Jung recomendou o estudo fundamental de Hans Leisegang intitulado *Die Gnosis* [A gnose] (1924), que contém um capítulo extenso sobre os ofitas. Na época dessa série de seminários, Jung provavelmente já possuía conhecimento da contribuição de Leisegang ao anuário de Eranos de 1939 (publicado em 1940), sobre *Das Mysterium der Schlange* [O mistério da serpente], na qual Leisegang ampliou seus estudos anteriores sobre o culto à serpente como parte dos mistérios órficos (Leisegang, 1940).

Igreja do seu tempo, Hugo Rahner (1900-1968), o qual, além de sua pesquisa sobre a patrística, era bem conhecido por seus estudos teológicos com viés histórico sobre vida e obra de Inácio de Loyola. Rahner participou das Conferências Eranos de 1943 a 1948. Porém, apesar de ter tido contato com jesuítas como Rahner e Louis Beirnaert (1906-1985)[20], Jung jamais voltaria a empreender uma nova tentativa de dar conferências ou escrever a respeito dos *Exercitia spiritualia*.

20. Sobre Jung e Beirnaert, cf. a tese de doutorado de Florent Serina sobre a recepção de Jung na França (Serina, 2017, p. 504-509). Xinema de Angulo relatou uma conversa entre Jung e Beirnaert na Conferência Eranos de 1950: "Ao que parece, ele perguntou para Beirnaert à queima-roupa o que ele achava da proclamação naquele momento, e Beirnaert sorriu e disse que preferia não dizer. Do que C.G. deduziu que ele era contra, porque dificultaria muito o trabalho de homens como os jesuítas, treinados para lidar com intelectuais" (documento inédito, p. 6). Cf. tb. a carta de Jung a Hèléne Kiener, de 15 de junho de 1955 (*Cartas*, vol. 2, p. 432).

Semestre de verão de 1939

Seminário 8[21]

16 de junho de 1939

[22]Chegamos agora, neste seminário, a um capítulo bem diferente. No entanto, trata-se igualmente de mais um capítulo daquele grande problema da *imaginatio*, da aplicação[23], do desenvolvimento e da formação da capacidade humana da imaginação. Retornamos, mais precisamente, de nossa extensa viagem pelas regiões espirituais do Oriente para o nosso território ocidental, ou seja, para a Europa. Fazer essa passagem não é algo muito simples. Hoje em dia leva-se cerca de três semanas para viajar de automóvel da Índia até a Europa, mas se você fizer essa viagem espiritualmente ela muda consideravelmente de figura. Chega-se, no Ocidente, a uma atmosfera espiritual absolutamente diferente.

No Oriente, apesar da aparente abstração, tudo é singelo, palpável, filosófico. Trata-se de noção, diferenciação e entendi-

21. O texto deste seminário foi compilado com base nas anotações de LSM, ES, RS e OK, bem como na tradução inglesa feita por BH. Adicionalmente foram usadas notas preparatórias datilografadas por Jung do JA (no que segue, abreviado por JLN). Essas anotações consistem em uma tradução alemã datilografada inédita da monografia sueca *Religion och självträning. En studie i jesuiternas andliga övningar* (1937) de autoria de Bernhard Hegardt. Jung anotou no alto da primeira página: "Adendo à p. 16e. Exercícios".

22. Jung começou a preleção respondendo a uma pergunta concernente à preleção anterior, de 9 de junho de 1939, que foi publicada em *ETH* (vol. 6, p. 437).

23. ES e OK anotaram "*Verwandlung*" [transformação] em vez de "*Verwendung*" [aplicação].

mento. Em essência, é uma contemplação que, por assim dizer, desfila diante da pessoa em um estado tranquilo, pacífico[24], e pela qual esta se transforma ou é transformada. Em lugar nenhum se trata de uma contração, um tormento ou uma coerção. Algo cresce, floresce, evolui e se desdobra, e o iogue permite que isso aconteça nele e por meio dele, contempla-o em sua visão, vivencia-o em seu corpo. Porém, em lugar nenhum é algo que se move abruptamente para a frente, em lugar nenhum é decisão ou tormento. Absolutamente não se ouve falar de consciência. A moral integra o quadro só ocasionalmente, como, por exemplo, na forma de uma falha técnica.

Se vocês estudarem o budismo, que possui uma ética altamente desenvolvida, vocês verão que, nele, não só as formas de viver, mas também as concepções éticas são sumamente humanas. Quando alguém se torna monge e não consegue observar o celibato pode continuar levando sua vida fora do mosteiro como monge leigo ou secular. Se, nesta vida, devido a alguma imperfeição pessoal, suceder algo equivocado, então, certamente é porque se tem um *karma*[25] um tanto desagradavelmente comprometido, mas decerto será possível melhorar na próxima vida. Desse *karma* decorre uma vida um tanto difícil, mas a pessoa se propõe a fazer melhor dessa vez, e é o próprio *karma* que oferece a oportunidade para isso. Por meio da reencarnação, a falha técnica pode ser gradativamente extirpada. Nessa linha, também o Buda, antes de se tornar Buda, teve inú-

24. LSM e ES anotaram "*freundlich*" [amigável] em vez de "*friedlich*" [pacífico].

25. *Karman* [também *karma*], termo sânscrito para "ato/ação", o mecanismo pelo qual a existência condicional mantém a si mesma por meio do ciclo do renascimento. "Os atos bons e maus produzem o corpo dos seres viventes; do corpo surge o *karma*. Ele [o ciclo] roda como uma roda d'água. Do mesmo modo que a roda d'água se move para cima e para baixo impulsionada pelos bois, a psique passa pela vida e pela morte impulsionada pelo *karma*" (*Gheranda-Samhita*, 1.6-1.7). Jung fala sobre o *karma* em sua preleção de 4 de novembro de 1938 (*ETH*, vol. 6, p. 113). A respeito do *karma*, cf. Feuerstein (1997, p. 149-150).

meros pré-estágios, nos quais ele existiu como planta, animal etc., e foi se alçando gradativamente a graus superiores. Isso é comparável a uma árvore antiquíssima que, no decorrer de alguns séculos, atingiu seu maior e mais belo desenvolvimento e florescimento. Esse é, em grandes traços e de modo geral, o quadro da atmosfera psíquica oriental.

Porém, quando chegamos ao Ocidente, deparamo-nos ali com uma situação religiosa e filosófica extremamente peculiar. Diante dela, temos de recuar um pouco na história para entender como surgiram aqueles esforços[26] que compararemos com as técnicas orientais. Pois tratarei com vocês os *Exercitia spiritualia* [*Exercícios espirituais*] de Inácio de Loyola. Eles só ganharam existência no final do século XVI e foram precedidos de uma longa história religiosa e filosófica. Pois esses esforços para modificar a psique humana são antiquíssimos, e originalmente essas coisas são oriundas, como também no Oriente, da primitividade[27]. Entre os primitivos[28] já se encontram tempos especiais, fases da vida especiais: ritos da puberdade, mais tarde ritos masculinos, nos quais eram feitos preparativos mágicos, consagrações, instruções, torturas e até mutilações e coisas do tipo, visando alcançar certa mudança psíquica. Esses pontos de partida primitivos, que encontramos praticamente entre todos

---

26. Em vez disso, LSM traz "movimentos" [*Bewegungen*].

27. Jung improvisou os seis parágrafos seguintes guiando-se por palavras-chave escritas à mão por ele: "Primitivo: preparativos mág[icos], purificação, consagração, instrução; cult[os] ant[igos] de mistér[ios]: Elêusis. Ísis e Osíris egípcios; sincretismo helenist[a], de onde o cristianismo (helenismo judaico)" (JLN, p. 1).

28. O uso que Jung faz do termo "primitivo" e de seus compostos se alinha com as clássicas teorias fenomenológicas da religião (P.D. Chantepie de la Saussaye, W.B. Kristensen, E. Lehmann) e com as teorias antropológicas (E.B. Tylor) da sua época. Geo Widengren argumentou que as teorias fenomenológicas de Lehmann e outros seriam expressão dos preconceitos evolucionistas universais, tanto quanto dos preconceitos teológicos e antiteológicos da sua época (Widengren, 1974). Cf. uma crítica da fenomenologia da religião em Evans-Pritchard (1965). Sobre Jung e a mentalidade primitiva, cf. Shamdasani (2003, p. 290-293).

os primitivos, transformaram-se gradativamente nos mistérios antigos. Menciono, nesse ponto, sobretudo o culto antiquíssimo e sagrado de Elêusis, no qual as consagrações mais importantes ocorreram mediante preparativos mágicos e religiosos durante toda a Antiguidade nos famosos mistérios eleusinos[29].

Os mistérios eleusinos foram celebrados até 392 de nossa contagem do tempo, adentrando, portanto, em muito o período cristão, e foram suprimidos por um imperador bizantino mediante édito específico[30]. Parece que eles desapareceram sem deixar vestígios, de modo que sabemos propriamente muito pouco a respeito do conteúdo. Porém, a maior parte pode ser depreendida de indicações de vários escritores e de achados de escavações. Esses mistérios modificaram principalmente a consciência a ponto de ter lugar a experiência da imortalidade, a saber, a experiência do existir sem mudança no tempo. Ela é expressa pelo símbolo de que o tempo um dia seria suprimido.

No Egito temos consagrações parecidas. É altamente provável que os mistérios eleusinos sejam de origem egípcia e tenham sido introduzidos na Grécia no ano de 1500 antes do nascimento de Cristo, em conexão com o cultivo de cereais. Eles eram originalmente um mistério do cereal. No Egito, os mistérios correspondentes eram os mistérios de Ísis[31]. Temos

---

29. Mistérios eleusinos eram importantes ritos de iniciação gregos antigos celebrados anualmente em honra de Deméter e Perséfone/Coré. Em 1941, Jung e Karl Kerényi publicaram um estudo seminal sobre os mistérios eleusinos, *Das Göttliche Kind. In mythologischer und psychologischer Beleuchtung* [A criança divina: Uma introdução à ciência da mitologia] (Jung & Kerényi, 1941/2011). Cf. detalhes sobre o culto eleusino em Sourvinou-Inwood (2003).

30. Teodósio I (347-395).

31. Ao contrário do enunciado de Jung, os mistérios de Ísis têm origem greco-romana. O culto à deusa egípcia Ísis se desenvolveu durante o período helenista (323-31 a.C.). Os mistérios de Ísis foram formatados com base nos mistérios eleusinos (cf. nota 23). A principal fonte para o conhecimento atual sobre os ritos secretos de iniciação encenados como parte do culto de mistérios é constituí-

aí vislumbres tardios. Recomendo-lhes o escrito de Plutarco sobre esses mistérios[32]. Vale muito a pena lê-lo. Ele próprio era um iniciado. Em seguida, é bastante recomendável ler também o conhecido romance antigo de Apuleio, *Asinus aureus* [*O asno de ouro*], porque no final dele é descrito um mistério[33]. Na verdade, toda a narrativa é um mistério. Ela descreve várias mudanças até chegar ao estado da redenção completa.

Além desses, naturalmente havia uma série de outros mistérios. Cito como exemplo os mistérios samocráticos, nos quais ocorriam as consagrações cabírias[34]. Esses mistérios acabaram

---

da pelo capítulo XI do romance latino *O asno de ouro* (título real: *Metamorfoses*) de Apuleio (cf. nota 33).

32. Plutarco (cerca de 46-cerca de 120), nome romano Lucius Mestrius Plutarchus, foi um biógrafo grego, escritor e filósofo, que também foi um dos dois sacerdotes do templo de Apolo em Delfos, local do famoso oráculo. Suas obras principais são *Vidas paralelas* e *Moralia*. Esta última consiste em 78 ensaios e contém um relato sobre os mistérios intitulado "Sobre Ísis e Osíris, ou a religião e filosofia antigas do Egito" (Plutarco, 1878, vol. 4, p. 65-139).

33. Apuleio (cerca de 124-cerca de 170), também conhecido como Lucius Apuleius Madaurensis, foi um filósofo platônico, orador e escritor; bem conhecido pelo único romance latino que sobreviveu integralmente, *Metamorfoses* ou *Asinus aureus* [*O asno de ouro*], que descreve o destino de um homem que é transformado em asno por ter abusado da magia. Ele só recupera sua forma original mediante o culto à deusa egípcia Ísis e sua subsequente iniciação nos seus mistérios. O próprio Apuleio foi iniciado nos mistérios de Ísis e fez um relato detalhado dos ritos de iniciação no capítulo final do seu livro. O texto chamou a atenção de psicólogos junguianos como Erich Neumann (1952) e Marie-Louise von Franz (1970).

34. Os mistérios da Samotrácia eram, ao lado dos mistérios eleusinos, o mais famoso culto de iniciação da Antiguidade. O santuário era dedicado ao culto dos *kabeiroi* (cabiros) ou *megaloi theoi*, os grandes deuses, quatro dos quais são conhecidos de nome: *Axieros*, *Axiokersa*, *Axiokersos* e o servo deles *Cadmilos* ou *Casmilos*. Os mistérios de iniciação ofereciam prosperidade e segurança aos que singravam os mares. Jung se interessou fortemente pelos cabiros, seguindo o argumento de Friedrich Creuzer (*Symbolik und Mythologie der alten Völker* [Simbolismo e mitologia dos povos antigos], 1810-1812) e Friedrich Wilhelm Joseph Schelling (*Über die Gottheiten von Samothrake* [As divindades da Samotrácia], 1815), segundo os quais os cabiros foram as divindades primevas da mitologia grega. O próprio Jung escreveu sobre os cabiros em *Wandlungen und Symbole*

confluindo por volta do século I antes de Cristo e compuseram o sincretismo helenista junto com a filosofia neopitagórica e neoplatônica, um conglomerado que reuniu as diversas concepções religiosas e filosóficas. Isso se deu na prática principalmente em numerosas variações desses mistérios. A respeito disso, vocês podem obter um quadro rico em detalhes, por exemplo, no livro sobre a gnose de Hans Leisegang (1924). Nele vocês encontram numerosos traços desses movimentos espirituais peculiares. Lembro ainda Deméter e os cabiros, de que tratei no ano passado em conexão com os sonhos[35].

Desses movimentos se originou o cristianismo. No Ocidente, as pessoas gostam de fazer de conta que o cristianismo caiu direto do céu sem história prévia. Isso é uma falsificação histórica. O conteúdo essencial do cristianismo, que é rico em ideias filosóficas, já existia anteriormente nessa constelação extraordinária e amplamente estratificada e, em parte, bem consciente, caracterizada, de um lado, pela gnose, de outro, pela filosofia neoplatônica. Isso remonta, então, a Pitágoras, Platão etc.

Desse sincretismo bem característico surgiram, então, também movimentos espirituais específicos no interior do judaísmo, que, no entanto, desapareceram sem deixar vestígios em consequência da postura dogmática dos rabinos[36]. A única coisa que restou disso tudo é a cabala (palavra hebraica para

der Libido [*Transformações e símbolos da libido*] (1912, §§ 209-211) e em *Versuch einer psychologischen Deutung des Trinitätsdogmas* [*Interpretação psicológica do Dogma da Trindade*] (OC 11/2, § 244). O *Liber Novus* contém um diálogo entre o "eu" e os cabiros, no qual os cabiros urgem o "eu", na condição de "senhor da natureza inferior", a cortar o cérebro e seu enredamento a fio de espada, sacrificando, nesse ato, os próprios cabiros: "O emaranhado é tua loucura, a espada é a superação da loucura" (Jung, 2010, p. 320-321).

35. Cf. a preleção de Jung de 17 de junho de 1938 (*ETH*, vol. 5).

36. Somente em BH.

tradição), uma gnose que se conservou até os dias de hoje[37]. O mesmo ocorreu no Oriente com os assim chamados sabeus. Trata-se dos mandeus de Basra e Kut-el-Amara na Mesopotâmia[38]. Os assim chamados cristãos de São João ainda existem, neles ainda vive a gnose[39]. Por fim, ainda existiam seitas neoplatônicas que atuaram por muito tempo, até 1050, em Bagdá, e desapareceram em decorrência de perseguições islâmicas[40].

---

37. Em fevereiro de 1944 Jung sofreu um ataque cardíaco grave. Enquanto esteve na zona de penumbra entre a vida e a morte, ele teve várias visões, uma das quais de natureza cabalística: "Aparentemente eu estava em pessoa no Pardes Rimmonim, no jardim das romãs, onde ocorriam as bodas de Tifereth com Malkhuth. Ou então eu era o Rabi Simão ben Iochai, cujas bodas estavam sendo celebradas na vida após a morte. Tratava-se do casamento místico como aparece na tradição cabalística. Não encontro palavras para lhes dizer o quanto foi maravilhoso. Eu só conseguia pensar sem parar: 'Então este é o jardim das romãs! Então essas são as bodas de Malkhuth e Tifereth!' Não sei exatamente o papel que desempenhei nelas. No fundo, era eu mesmo: eu era o casamento. E minha bem-aventurança foi a de uma boda abençoada" (Jung, 1962, p. 294). O casamento cabalístico entre os aspectos masculino e feminino de Deus também desempenha um papel de destaque em *Mysterium coniunctionis* (1955-1956) de Jung. Colaboradores próximos de Jung, como Rivkah Schärf-Kluger e Siegmund Hurwitz, examinaram os aspectos psicológicos da cabala. Jung discutiu tópicos cabalísticos em cartas a Ernst Fischer, 21.12.1944 (*Cartas*, vol. 1, p. 360-361) e Erich Neumann, 5.1.1952 (Jung & Neumann, 2015, p. 280-284).

38. Os nomes das localidades constam somente em BH.

39. Os sabeus são um grupo religioso mencionado três vezes ao lado dos cristãos e dos judeus no Alcorão. Eles são frequentemente identificados com os mandeus, crentes da religião gnóstica do mandeísmo. Conhecidos como nazoreus, os mandeus deixaram a Palestina rumo à Mesopotâmia no século I da era cristã para escapar de perseguições. Durante a conquista islâmica, eles alegaram que um de seus principais profetas, Yahya ibn Zakariyya, seria idêntico a João Batista, o que os identificou com os sabeus, que como "povo do livro" gozou de certos direitos e proteção. Eles rejeitam Jesus como o Messias e têm em alta consideração os ensinamentos e a prática do batismo como transmitidos por João Batista. Eles também são conhecidos como "cristãos de São João" desde o século XVI.

40. Os três centros mais importantes do neoplatonismo após a conquista islâmica foram Alexandria, Godeshapur e Harran. Todos os três tiveram influência sobre a cultura erudita da cidade de Bagdá após sua fundação em 762. Estudiosos neoplatônicos de Godeshapur, grande centro da cultura e filosofia bizantinas gregas, deixaram sua marca nos debates filosóficos em Bagdá, que com suas famosas

No Ocidente, o pouco que se conservou disso tudo ficou em segredo. A maior parte fluiu justamente para dentro do cristianismo. De modo que não é de se admirar que, no cristianismo, logo tenham sido retomadas aquelas tentativas com que nos deparamos já nos cultos de mistérios, a saber, tentativas de modificação psíquica. Isso se evidenciou principalmente nos mosteiros. Os próprios mosteiros, que supostamente são assegurados pela autoridade bíblica, de fato já existiam antes de Cristo. Sabemos disso por meio de Fílon de Alexandria, de seu tratado ilustrativo *De vita contemplativa*[41]. Ali ele descreve comunidades monásticas que foram equivocadamente tidas como cristãs pela Igreja Antiga, mas que eram gnósticas. Elas se tornaram modelos para os primeiros mosteiros cristãos no Egito. Exatamente ali em Alexandria nos deparamos também com as primeiras comunidades monásticas eremitas, nas quais os monges podiam se dedicar aos seus exercícios espirituais sem serem perturbados. Pois essa era a finalidade da fundação dos mosteiros.

---

bibliotecas logo se converteu em um eixo intelectual e cultural da era áurea do islamismo. Outra rota do neoplatonismo se infiltrando na cultura islâmica em Bagdá foi via Harran no norte da Síria, que era o lar dos sabeus (cf. nota 39). Sua teologia também foi modelada pelo neoplatonismo e se mesclou com o pensamento dos filósofos neoplatônicos que fugiram de Alexandria no século III. No século VIII, o neoplatonismo se transferiu de Harran para Bagdá.

41. *Philo Judaeus*, também conhecido como Fílon de Alexandria (15-10 a.C.-40-45 d.C.): filósofo judeu helenista, nascido em Alexandria. Fílon associa o pensamento filosófico grego, por exemplo, platonismo, aristotelismo, cinismo e estoicismo, com a exegese judaica da Bíblia. Ao combinar revelação religiosa e razão filosófica, ele também foi visto como precursor da teologia cristã. Em *De vita contemplativa* [Sobre a vida contemplativa ou os suplicantes], Fílon descreveu a vida de uma comunidade religiosa ascética nas proximidades de Alexandria conhecida como *therapeutae* (Fílon de Alexandria, 1941, p. 112-170). Quando Eusébio, em seu comentário de Fílon (*Historia Ecclesiastica*, livro II,17), identificou a prática dos terapeutas como cristã, o relato de Fílon foi visto como precursor da vida monástica cristã. Estudos especializados mais recentes dão a entender que a maneira de viver retratada por Fílon aponta mais na direção de uma seita judaica do que de uma seita cristã. Em vista da avaliação negativa da filosofia grega presente no texto, também se contestou que Fílon fosse o autor de *De vita contemplativa*.

Esses esforços visando às modificações psíquicas radicais tiveram continuidade nos mosteiros sem que tenham dado forma a alguma sistemática ou a algum método. Temos numerosas provas disso. Na Idade Média veio a público uma grande quantidade de livros e tratados que dali por diante sempre continham instruções metódicas, as assim chamadas instruções para oração ou meditação[42]. Um exemplo disso é o *Livrinho de ouro* de Pedro de Alcântara[43]. Tomás de Kempis, que faleceu em 1471, escreveu *A imitação de Cristo*[44]. Em seguida, de um período ainda mais recente, provém uma obra espiritual muito interessante de Madame Guyon intitulada *Moyen court et trés-facile de faire oraison que tous peuvent pratiquer* [*Método*

---

42. A partir daqui, Jung acompanha de perto a monografia de Bernhard Hegardt, *Religion och själsträning. En studie i jesuiternas andliga övningar* (1937). JLN contém uma tradução alemã datilografada do original sueco. A tradução de Jung, que constitui a estrutura de seu seminário, inicia na *página* 18 de Hegardt.

43. São Pedro de Alcântara (1499-1562), nascido Juan Garabito Vilela de Sanabria, foi um frei e místico franciscano espanhol. O único livro que escreveu foi o *Tratado de la oración y meditación* [*Tratado da oração e da meditação*] (1556/1917), conhecido em alemão como o *Goldene Büchlein über die Andacht und das innerliche Gebet* [Livrinho de ouro da contemplação e da vida interior] (1556/1900), que constituiu importante inspiração para outros místicos, como a discípula espiritual de Pedro, Teresa de Ávila (1515-1582).

44. Tomás de Kempis (cerca de 1380-1471), o mais famoso membro dos Irmãos da Vida Comum, uma comunidade católico-romana pietista fundada por Gérard (de) Groote (1340-1384) (cf. nota 50). Seu modo simples de viver girava em torno de oração e meditação e é conhecido como a *devotio moderna*. A *Imitação de Cristo* consiste em textos breves com instruções referentes a como conduzir uma vida interior espiritual, seguindo o exemplo de Jesus Cristo. Durante séculos, o livro manteve sua popularidade e se tornou um dos livros mais bem-sucedidos no cristianismo. Esse livro desempenha um papel de destaque no capítulo "A divina loucura" do *Liber Novus* de Jung, onde sua verdade mediadora é oposta à da filosofia de Nietzsche e onde Jung reflete sobre a imitação de Cristo: "Se eu, portanto, seguir verdadeiramente o Cristo, não sigo a ninguém, não imito ninguém, mas trilho meu próprio caminho, nem me denominarei mais cristão. A princípio quis imitar o Cristo, segui-lo, querendo viver minha vida, mas sob a observância de suas leis. Uma voz dentro de mim revoltou-se contra isso e quis lembrar-me de que também este meu tempo teria seus profetas que se insurgiriam contra o jugo que o passado nos impôs" (Jung, 2010, p. 293).

curto e muito simples de oração que todos podem praticar], uma mística francesa, cujo famoso confessor foi o Abade Fénelon[45]. Todas essas instruções para oração (*orationes*) são usadas[46] nesse contexto como meditação. Elas contêm regularmente uma descrição e análise das vivências de quem pratica esses exercícios. As experiências da vida espiritual ali explicadas são dispostas em sequência e escalonadas de acordo com os mistérios antigos, nos quais também se trata de uma escala. Muitas vezes também se recorreu à escada de Jacó[47] do Antigo Testamento como símbolo, para formular essa ascensão escalonada até a *unio mystica* com Deus.

Esses livros, que tratam de uma união especificamente mística com Deus, eram como manuais para monges que quisessem se submeter aos exercícios. Eles fornecem determinações

---

45. Jeanne-Marie Bouvier de La Motte Guyon, Madame du Chesnoy (1648-1717), nascida Bouvier de La Motte, foi uma escritora e mística francesa que esteve no centro da controvérsia do século XVII em torno do quietismo, que foi declarado herético pela bula papal *Coelestis pastor*. Embora Guyon tenha se retratado repetidamente das proposições expostas em seus escritos, ela foi presa em 1695 e solta somente em 1703. Sua obra principal é *Moyen court et très-facile de faire oraisson* [*Método curto e fácil de oração*], escrito em 1685. Um dos seus discípulos e defensores foi François de Salignac de la Mothe-Fénelon (1651-1715), mais conhecido como François Fénelon, que se encontrou com Madame Guyon pela primeira vez em 1688. Fénelon se tornou arcebispo de Cambraia em 1696 e tutor real, posição que perdeu devido a seu papel na controvérsia quietista.

46. RS e ES têm "*verstanden*" [entendidas] em vez de "*gebraucht*" [usadas].

47. Gênesis 28,12-17: "[Jacó] Teve um sonho: via uma escada apoiada no chão e com a outra ponta tocando o céu. Por ela subiam e desciam os anjos de Deus. No alto da escada estava o Senhor que lhe disse: 'Eu sou o Senhor, Deus de teu pai Abraão, Deus de Isaac. A ti e à tua descendência darei a terra sobre a qual estás deitado. Tua descendência será como o pó da terra, e te espalharás para o ocidente e para o oriente, para o norte e para o sul. Em ti e em tua descendência serão abençoadas todas as famílias da terra. Estou contigo e te guardarei aonde quer que vás, e te reconduzirei a esta terra. Nunca te abandonarei até cumprir o que te prometi'. Ao despertar, Jacó disse: 'Sem dúvida, o Senhor está neste lugar e eu não sabia'. Ficou com medo e acrescentou: 'Como é terrível este lugar! Isto aqui só pode ser a casa de Deus e a porta do céu'".

formais não só sobre tempo, lugar e modo, mas também sobre o conteúdo e o tema a ser meditado. Assim, na Idade Média, foi produzida uma torrente desses sistemas religiosos de meditação. Um bom exemplo desse tipo de literatura são os escritos dos vitorinos, entre os quais figura Hugo de São Vítor (1096-1141), que escreveu um diálogo interessante entre o ser humano e sua alma[48]. Trata-se de uma meditação tipicamente ocidental. A concepção de fundo era que a meditação consiste em um diálogo entre o ser humano e sua alma, seu anjo bom ou até com Deus. Esse fato foi retomado por Inácio em seus *Exercícios*, nos quais com frequência dito exercício é seguido de um *colloquium*, de uma conversa com uma das pessoas divinas. Trata-se, portanto, de uma forma originária dessa meditação. Hugo de São Vítor nos dá um bom exemplo disso. Esse colóquio interior, monólogo interior, é algo sumamente destoante do Oriente. Entre nós, tudo é muito mais personalista.

No século XIII, após os vitorinos, continua a ser desenvolvida essa sistemática da meditação. Surge o termo "exercício espiritual": o *exercitium*. Ao mesmo tempo, as formas se tornam mais precisas. Durante o século XIV são publicados livros didáticos ou manuais propriamente ditos com instruções a respeito de como devem ser praticados esses exercícios[49]. A fina-

48. Hugo de São Vítor (1096-1141), filósofo medieval e escritor místico, lançou os fundamentos da teologia escolástica; tornou-se o líder da escola de São Vítor em 1133. Ele combinou seus escritos filosóficos e teológicos de caráter aristotélico com ensinamentos místicos sobre a viagem da alma rumo à união com Deus. Sua obra principal traz o título *De sacramentis christianae fidei* [Sobre os sacramentos da fé cristã] (cerca de 1134); entre seus escritos místicos figuram *De arca Noe morali* [A arca moral de Noé] e *De arca Noe mystica* [A arca mística de Noé] (1125-1130), *De vanitate mundi* [Sobre a vaidade do mundo] e *Soliloquium de arrha animae* [O solilóquio sobre o penhor da alma]. As obras de Hugo foram publicadas nos volumes 175-177 da *Patrologia latina* (1854). Sobre sua psicologia, cf. Ostler (1906). Cf. tb. o seminário de Jung de 28 de outubro de 1938 (*ETH*, vol. 6, p. 421).

49. Jung acompanha Hegardt (1937, p. 19); tradução alemã em JLN (p. 2).

lidade de todos esses exercícios é um desenvolvimento gradual da consciência humana até um estado de suposta perfeição, no qual acontece, então, a experiência da *unio mystica*, a união com a divindade. Originalmente tratou-se, via de regra, de três degraus. Aos poucos a quantidade desses degraus foi aumentando. Inclusive houve tratados que chegavam a 40 degraus. Principalmente a literatura medieval alemã se destacou nessa área, a ponto de aperfeiçoar o método até a inconsciência.

No fim do século XIV, quando se tornou perceptível a decadência moral e intelectual dos mosteiros, ocorreu uma espécie de movimento de reforma espiritual. Esse movimento partiu da Holanda, de Gérard de Groote (1340-1384) e seus discípulos[50]. Eles se organizaram sob a denominação de "Os Irmãos da Vida Comum". Sua corrente era a *devotio moderna*. Eles também eram chamados de *devoti*. Eles de fato se empenharam por uma piedade interior profunda que exerceu forte influência tanto sobre o catolicismo quanto sobre o protestantismo posterior. Os *devoti* são autores de textos notáveis sobre tais exercícios espirituais. Se vocês lerem *A imitação de Cristo*

50. Gérard (de) Groote (1340-1384), também chamado Geert ou Gerrit Groote, em latim Gerardus Magnus, foi o fundador dos Irmãos da Vida Comum, uma comunidade católico-romana pietista, cujos membros imitavam, na sua conduta de vida, o exemplo de Jesus Cristo. A nova ênfase interior na oração e meditação foi chamada de *devotio moderna*. Groote nasceu em Deventer, perto de Utrecht, e estudou filosofia e teologia escolásticas na Universidade de Paris. Em 1347 ele fez uma experiência de conversão espiritual que o levou a renunciar a seus bens mundanos e ajudar os pobres. Ele foi ordenado diácono e se tornou um pregador missionário muito popular. Seus ensinamentos, com frequência críticos ao clero, suscitaram ira, o que provocou a promulgação de um édito proibindo a pregação por leigos como ele. Groote morreu em consequência da praga aos 44 anos de idade, antes que essa proibição passasse a vigorar. Sua orientação espiritual também foi esclarecida por seu contato com o místico John Ruysbroeck (cerca de 1293-1381) e o levou a recomendar aos irmãos que aderissem ao *Cânon regular* de Santo Agostinho. Após a morte de Groote, foi erigido um mosteiro em Windesheim, que se tornou o centro do movimento de reforma monástica do século XV.

de Tomás de Kempis, encontrarão nela um bom exemplo dos *devoti*. Trata-se de meditações religiosas estimulantes e muito refinadas. Esse movimento dos *devoti* se desenvolveu especialmente no século XV. Talvez tenha sido o movimento espiritual mais reputado e popular daquele tempo. Uma série de personalidades de destaque fizeram parte dele. O trabalho feito por eles foi considerável, pois empreenderam uma reforma radical dos mosteiros em processo de decadência naquela época. Principalmente na Alemanha, Johannes Busch (1399-1479)[51], na França, Johannes Mauburnus (1460-1501)[52] e, na Itália, Ludovico Barbo (1381-1443), que menciono porque foi ele quem acabou levando para a Espanha esse método de meditação e os escritos espirituais. A esse Barbo devemos que Inácio tenha tomado conhecimento desse movimento de meditação. Ele obteve grandes êxitos na reforma dos mosteiros beneditinos na Itália. Também publicou um escrito designado diretamente como "*modus meditandi et orandi* [maneira de meditar e orar]"[53].

---

51. Johannes Busch (1399-1479), cônego regular da congregação de Windesheim que foi fundada por discípulos de Gérard de Groote dois anos após sua morte, em 1386. Busch foi investido em 1419 e prestou votos simples em 1420. Mais tarde ele foi ordenado sacerdote em Colônia. Sua reforma das casas canônicas se estendeu das conezias dos Países Baixos até as da Saxônia e Turíngia. Ele é o autor de *Chronicon Windesheimenses* e do *Liber de reformatione monasteriorum* (Busch, 1886).

52. Johannes Mauburnus (1460-1501), também conhecido como Jan Mombaer, foi o último mestre importante da *devotio moderna*. Nascido em Bruxelas, ele se tornou cônego regular da congregação de Windesheim com 17 anos de idade. Após sua ordenação, foi-lhe confiada a reforma das casas canônicas no norte da França. Seu livro mais famoso é o *Rosetum exercitiorum spiritualium et sacrarum meditationum* [Roseiral de exercícios espirituais e meditações sagradas] (Mauburnus, 1494). A prática meditativa descrita nesse livro foi introduzida no mosteiro beneditino de Montserrat por seu abade García de Cisneros (cf. nota 56) e, portanto, era conhecida por Inácio.

53. Ludovico Barbo (1381-1443), também conhecido como Luigi Barbo, reformador italiano, cônego regular, bispo de Treviso, monge beneditino. Barbo entrou em contato com o movimento espiritual do norte da Europa da *devotio moderna* por meio do cônego regular Paolo de Bernardo (cerca de 1331-1393),

[54]Esses êxitos na meditação monástica ficaram conhecidos em toda parte e chegaram também à Espanha, que já naquela época estava um tanto distante d[o resto da] Europa. Em torno de 1442, esse Barbo chegou, em companhia de alguns monges, ao Mosteiro de Montserrat[55], perto de Barcelona. Esse mosteiro se tornou famoso pela fase inicial de Inácio. Nesse mosteiro, Barbo levou a cabo primeiramente uma reforma radical, que, no entanto, após sua morte ruiu rapidamente. Depois disso, veio um novo reformador, igualmente da *devotio moderna*. Esse foi o Abade Cisneros (cerca de 1455-1510), o professor de Inácio[56]. Ele voltou a introduzir a *devotio moderna* de modo bem consciencioso. Pois de uma viagem pela França ele trouxera consigo boa parte da literatura dos *devoti*. Cito dois títulos: *Libellus de spiritualibus ascensionibus* [Livrinho da elevação espiritual][57] e o já mencionado de Mauburnus, *Rosetum exerci-*

---

de Roma. Após a fundação e gestão bem-sucedida da conezia regular de San Giorgi em Alga, foi-lhe solicitado que supervisionasse o processo de reforma das instituições monásticas na Itália. Em 1408 ele foi designado abade da abadia beneditina de Santa Giustina em Pádua e se tornou monge beneditino. Barbo escreveu aos monges do claustro, delineando o método correto de meditação e oração (*Ad monachos Sanctae Justinae de Padua. Modus meditandi et orandi*). Sobre Barbo, cf. Tassi (1952).

54. Jung acompanha Hegardt (1937, p. 20); tradução alemã em JLN (p. 3).

55. Santa María de Montserrat é uma abadia beneditina que remonta ao século XI. Localizada nas montanhas de Montserrat ("serra montanhosa") na Catalunha, 48 quilômetros a oeste de Barcelona, o mosteiro foi fundado na localidade em que a Virgem de Montserrat tem sido venerada desde o século IX.

56. García(s) Jiménez de Cisneros (cerca de 1455-1510), abade de Santa María de Montserrat (cf. nota 55), primo do Cardeal Francisco Ximénez de Cisneros. Inácio nunca se encontrou pessoalmente com Cisneros, que faleceu 12 anos antes da visita de Inácio ao mosteiro em 1522. Jung se refere aqui à importância que tiveram para Inácio os ensinamentos de Cisneros, contidos no *Ejercitatorio de la vida espiritual* [Guia de exercícios da vida espiritual] (Cisneros, 1500/1876).

57. O *Libellus de spiritualibus ascensionibus* foi escrito por Gerard Zerbolt de Zutphen (1367-1398), membro dos Irmãos da Vida Comum.

tiorum spiritualium et sacrarum meditationum (1494)[58]. Aqui encontramos pela primeira vez [na literatura de meditação] a expressão "*exercitium*".

Foi nesse mosteiro que Inácio tomou ciência desse movimento dos *devoti*, mais precisamente em um livro redigido pelo próprio Cisneros: *Ejercitatorio de la vida espiritual*[59], isto é, regra de exercícios. Isso vem a calhar para a nossa predileção ocidental: exercitar, militar etc. Pois esse livrinho foi composto pelo Abade Cisneros, que gostava muito de ordem, para os peregrinos piedosos que vinham a Montserrat; esses peregrinos não eram de se comportar de modo muito disciplinado e tinham de ser postos no devido lugar pela regra de exercícios[60]. O próprio livrinho é uma compilação de diversos métodos reunidos e dispostos numa série de meditações. Ele foi extraído dos escritos dos *devoti*. Houve uma inovação relacionada com o caráter militar: essa série de meditações foi projetada para durar 30 dias. Dia após dia uma ordem espiritual para o dia. Nos 30 dias a tarefa tinha de ser cumprida como na escola de recrutas. Já na Antiguidade houve os assim chamados retiros. Essa se tornou a expressão para o fato de os irmãos terem de se retirar para o ermo nas proximidades do mosteiro, para não serem perturbados nem pelos irmãos. Isso foi executado metodicamente e regulamentado com minúcias. Ora, durante a estadia de Inácio no mosteiro em Manresa, da qual ainda falaremos, caiu-lhe nas mãos esse livrinho, esse regulamento de exercícios da vida espiritual, que agradou imensamente a ele –

58. Cf. nota 52.

59. *Ejercitatorio de la vida espiritual* foi escrito por García de Cisneros (cf. nota 56) em 1500.

60. "*In den Senkel stellen*": expressão do dialeto suíço para "pôr no caminho certo / pôr nos trilhos", "disciplinar".

que era um oficial militar do início ao fim –, embora fosse para ele uma dificuldade inaudita.

Eu gostaria de dar-lhes um pequeno exemplo de como era constituído esse regulamento de exercícios. Ele estava, pois, subdividido em quatro semanas. Esses exercícios se desmembravam em três partes:

1. Via purgativa, ou seja, a via da purificação.
2. Via iluminativa, ou seja, a via da iluminação.
3. Via unitiva, ou seja, a via da união com a divindade.

Na quarta semana eram feitas meditações sobre a vida e o sofrimento do Senhor. Isso foi idealizado essencialmente para dar suporte a essas três vias.

Vocês veem que o raciocínio já é completamente técnico. A ideia que eles assumiram dos *devoti* e de exercícios espirituais ainda mais antigos foi a da *unio mystica* com a divindade. Isso tinha de ser logrado "no nome de três diabos", mais precisamente por um método tecnicamente correto mediante um enorme esforço da vontade. Isso é característico para o Ocidente. Vocês não encontram isso no Oriente.

Sobre os três degraus ainda direi alguma coisa para vocês mais adiante. Eles têm correspondência na filosofia secreta concomitante com esses esforços. Trata-se dos esforços espirituais reconhecidos, que vivem na superfície do tempo, todos eles caracterizados por imensos investimentos espirituais da vontade. Essa filosofia também é acompanhada pela filosofia hermética, que, no entanto, não foi reconhecida na superfície, principalmente quanto à sua razão de ser como exercício espiritual. Ela possui exatamente a mesma concepção espiritual. Porém não se pode dizer que essa concepção tenha vindo daí, mas ela é significativamente mais antiga. Todos os três degraus correspondem a um conceito hermético.

A seguir, algumas indicações de como esses exercícios foram executados[61]:

Primeira semana: Via purgativa	
Segunda-feira:	inicia com a meditação sobre a pecaminosidade pessoal e geral;
Terça-feira:	meditação sobre a morte, inclusive a própria;
Quarta-feira:	o inferno e eu sou o inferno;
Quinta-feira:	o Juízo Final;
Sexta-feira:	o sofrimento de Cristo;
Sábado:	as dores de Maria;
Domingo:	a glória celestial, mas com a ideia de que eu, na condição de animal corrompido e sombrio, posso ver a glória de Deus e sentir a diferença.

Segunda semana: Via iluminativa	
Segunda-feira:	meditação sobre os benefícios de Deus, principalmente a meditação sobre a criação da existência em geral;
Terça-feira:	o benefício do agraciamento; por podermos ter esperança na graça de Deus;
Quarta-feira:	o benefício da vocação para sermos filhos e filhas de Deus; ideia da electio;
Quinta-feira:	a justificação diante do próprio Deus;
Sexta-feira:	dom específico da graça;
Sábado:	a condução divina, à qual estamos submetidos[62].

Esses são os detalhes da *illuminatio*. Aqui uma experiência é substituída pela técnica, a saber, que eu tenha uma relação positiva com a criação, que eu esteja contente por viver, que eu me sinta dentro da graça divina e que, na condição de *electus*, me sinta chamado a viver uma vida significativa, justificado no que sou; que eu tenha um dom específico que veio a mim de Deus e que, ademais, não ande nas trevas, mas seja guiado pela mão de Deus. Essa é a experiência da *illuminatio*. Ela é alcançada aqui por meio dessa técnica de exercícios.

61. O diagrama a seguir foi tomado de Hegardt (1937, p. 21-22).

62. Hegardt (1937, p. 21): "Domingo: as glórias celestiais".

Em seguida vem a terceira semana, a da *via unitiva*. Durante essa semana inteira medita-se exclusivamente sobre a divindade.

Terceira semana: Via unitiva	
Segunda-feira:	Deus como fonte e origem de tudo o que foi criado;
Terça-feira:	Deus como a beleza do universo; a Igreja Católica sustenta em grande parte a posição de que Deus poderia ser reconhecido por sua explicitação na natureza;
Quarta-feira:	Deus como glória, honra e coroa do mundo;
Quinta-feira:	Deus a partir do ângulo de visão do amor de Deus, que ele é constituído inteiramente de amor; sub specie amoris;
Sexta-feira:	Deus como regra e lei do universo, como a fonte da legalidade;
Sábado:	Deus como o timoneiro do universo, como o mais tranquilo dos timoneiros;
Domingo:	Deus como o doador plenamente satisfatório, como aquele que dá absolutamente tudo.

Trata-se aqui do substituto tecnicamente correto da *unio mystica*, a respeito do qual se pressupõe que proporcionará ao meditante honrado dita vivência mística. Pretende-se que isso aconteça no período de quatro semanas por meio desses exercícios, do mesmo modo que o estado de Buda sobrevém ao iogue praticante. Ao lado disso encontram-se esses paralelos herméticos.

Seminário 9[63]

23 de junho de 1939

[64]Retornamos, agora, ao tema propriamente dito. Tenho de passar-lhes alguma bibliografia sobre os exercícios inacianos[65]. Há uma pequena obra altamente recomendável de Philipp Funk, publicada em 1913, que pode ser obtida na biblioteca central: *Inácio de Loyola* (Funk, 1913a). Para comentar os exercícios inacianos utilizo uma práxis latina: a *Praxis exercitiorum spiritualium* do jesuíta espanhol Sebastián Izquierdo, de 1695 (Izquierdo, 1695). Trata-se de um comentário muito bom às práticas inacianas. Sobre Inácio e seus exercícios há uma bibliografia imensa. Escrita pelos próprios jesuítas e também por outros representantes da ciência católica. Muitos protestantes também se ocuparam com eles. Porém é totalmente supérfluo nomear aqui para vocês uma enxurrada de referências bibliográficas.

---

63. Anotações de LSM, ES, RS e OK, tradução inglesa por BH e JLN.

64. Jung dedicou a primeira metade do seminário a responder perguntas concernentes aos seminários anteriores sobre a meditação pascal. Isso está publicado no volume 6 dos seminários de Jung no ETH.

65. JLN contém uma lista de bibliografia manuscrita na p. 1: "Bibliografia: 1. Izquierdo S.J. / 2. Phil. Funk: *Inácio de Loyola*, 1913 / 3. Vitorinos / Thomas à Kempis: *Imit[ação de] Crist[o]*" e na p. 5: "Mencionar bibliografia: Funk, *I[nácio] d[e] L[oyola]*, 1913 / Thomas à Kempis († 1471) / Sebastián Izquierdo. *Praxis exercit[iorum] spir[itualium]*, 1695".

No que diz respeito às meditações mais antigas menciono os vitorinos, os escritos de Hugo de São Vítor. Vocês também conseguirão obter um bom quadro da *devotio moderna*, se adquirirem o pequeno livro de meditações de Tomás de Kempis, que faleceu no fim do século XV. Um livro de meditação que é universal: *A imitação de Cristo*[66]. Trata-se de um livro medieval de meditação muito bonito, a partir do qual se medita por capítulos. No protestantismo muita coisa foi assumida dele. Na Comunidade dos Irmãos de Herrnhut [Morávios] há as assim chamadas senhas diárias para meditação. Todos os anos ela publicava um livrinho com essas instruções para meditação[67]. Os irmãos recebem um dito, uma senha, sobre o que meditam. Esse é o tipo de coisa que ainda viceja hoje em dia.

No seminário anterior mencionei para vocês a série de meditações de Cisneros:

I. Via purgativa – purificação

II. Via iluminativa – iluminação

III. Via unitiva – união, unificação

Trata-se, pois, de uma escala bastante típica e que está na base também das meditações alquímicas e herméticas, que, no

---

66. Cf. nota 44.

67. *Herrnhuter Brüdergemeinde*, Comunidade dos Irmãos de Herrnhut, conhecida como Igreja Morávia e também como *Unitas Fratrum*, um movimento de fé supraconfessional que remonta à época da Reforma Boêmia do século XV, ligando-a aos reformadores Jan Hus e Petr Chelčický. Durante a Contrarreforma, um grupo de irmãos fugiu para a Saxônia, no ano de 1722, onde encontraram refúgio na propriedade do Conde Nikolaus Ludwig von Zinzendorf (1700-1760), que mais tarde se tornou bispo da comunidade. Eles fundaram nas adjacências um povoado denominado Herrnhut. A partir dali disseminaram exitosamente seus ensinamentos teológicos, que tinham afinidade tanto com o pietismo quanto com o calvinismo, mediante atividade missionária ao redor do mundo. A partir de 1731 foram publicadas as *Losungen* (senhas) anualmente sem interrupção. O livreto contém um versículo do Antigo Testamento para cada dia, escolhido por sorteio, acompanhado de um versículo do Novo Testamento.

entanto, era levada a cabo na matéria química e não no livro de meditação. É muito interessante fazer essa comparação, porque essas coisas se fundem no rito da Igreja Católica, a saber, na missa.

[68]Na alquimia, a *via purgativa* possui um equivalente típico. Basta tomar ciência dos tópicos da primeira semana de purificação: pecado, morte, inferno, Juízo Final, sofrimentos de Cristo, dores de Maria e, no fim, a glória eterna, para criar um contraste com a impressão da escuridão e do sofrimento. A isso corresponde, na série alquímica, o estado do purgatório, do inferno, do Hades; da escuridão, *tenebrositas*[69] ou pretume, *nigredo*; da *melancholia*; da tortura. Nesse estado reinam o sofrimento e a escuridão. Também tem lugar aí, por assim dizer, uma morte. Trata-se do estado morto, não desperto, em que a centelha (*scintilla*) psíquica do místico está encerrada em um obscurecimento, em um estado escuro de sofrimento. Esse estado precisa ser percorrido com muito esforço e muita dor, e, no fim, acontece a *ablutio*, ou seja, a lavagem/ablução.

[70]Isso leva para o próximo estado da *illuminatio*, a saber, a assim chamada *albedo*, ou seja, o alvejamento, a alvura. Isso é declarado pela alquimia *per analogiam* como o sol nascente, o alvorecer, a primeira claridade antes de o sol nascer. Esse é o momento em que o pretume do pecado é lavado, em que a nova luz vem. Isso também é chamado de *descensus animae*, o momento de descida da alma que, nesse estado, estava separada do corpo, primeiramente oculta na escuridão do corpo. Este agora é lavado e se instaura a alvura. Em seguida, a alma volta para dentro do corpo.

---

68. Na página 5 de JLN, Jung contrasta o diagrama de Hegardt (datilografado e traduzido para o alemão) com a alquimia. Suas anotações manuscritas sobre a alquimia formam a estrutura de sua argumentação e seu teor é o seguinte: "alquimia. / Caos. Hades / nigredo extração animae (herm.-xx-mundi) / *mors / melancolia / tortura. Ablutio*".

69. *Tenebrositas*, latim medieval para escuridão.

70. JLN, p. 5: "sol oriens / *albedo* descensus animae. / *purificatio*".

Essa é a segunda semana da série de meditações. Nela se medita sobre os benefícios da criação (lavagem), do agraciamento (descenso), da vocação (animação), da justificação (purificação) e, em seguida, dos dons específicos da graça e, por fim, da condução de Deus. Tudo isso faz parte do alvejamento, do benefício da revivificação (*revividatio*), à qual, porém, ainda falta uma última coisa: pois agora temos um estado escuro, pecaminoso, e já temos uma iluminação, uma claridade, mas, desse modo, ainda não foi gerada uma nova natureza, pois o que existe é meramente a necessária noção da pecaminosidade, mas não se instaurou uma nova natureza, nenhuma reconciliação, nenhuma união.

[71]Por essa razão segue-se aqui a *via unitiva*, ou seja, a via da união, a *unio mystica*. Trata-se da criação do ente uno livre de todas as manchas dos pecados do passado[72]. Na alquimia isso acontece pela união, pela *conjunctio*, na qual duas naturezas separadas e distintas são unidas, de tal modo que surge um ente incorruptível perfeito. Nessa *via unitiva* medita-se exclusivamente sobre a divindade em todos os seus aspectos: como origem criativa, como beleza do mundo, como poder e glória da terra e, em seguida, sobre o aspecto do amor, da lei, da suprema condução do mundo e sobre o doador de todos os bens e dádivas. Essa meditação da divindade em seus diversos aspectos é a *unio*, a união, o pôr em um só. Pois, como humano, permanece-se sempre imperfeito. De certo modo, a pessoa é transposta para dentro da divindade. Esse é o eterno estado imaculado e incorruptível.

Na alquimia, a *conjunctio* é definida como a união de um corpo que é, de fato, animado, que é *corpus* e *anima* (alma). Porém

71. JLN, p. 5: "*conjunctio* spiritus cum corpore vivo et purificato. Messe! / *Deus terrestris*. / *Lapis* = XP".

72. RS: "e da transitoriedade".

ainda lhe falta o espírito, que ainda tem de ser acrescentado. E ele é acrescentado quando ocorre a união de um princípio masculino com um princípio feminino. Isso é precisamente o que vimos na filosofia oriental. *Purusha* e *prakriti* repetidamente têm de ser unidos porque sempre voltam a se separar por meio do *sattvam*[73]. Porém, na consciência – *cittam*[74] –, que separa e fixa as diferenças, tornamo-nos conscientes, alcançamos a ciência de que isto e aquilo é assim e assim. Por meio da consciência cinde-se constantemente, e por esse meio *purusha* e *prakriti* estão separados. Instaura-se um fenômeno psicológico curioso que precisa ser compensado. Não continuaremos a examinar isso neste momento.

Em todo caso, na alquimia, a *conjunctio* é a união de um princípio masculino com um princípio feminino, do espiritual

---

73. *Purusha* [trad. "masculino"], também chamado *atman* na tradição védica, o *self* transcendental ou espírito puro, e *prakriti*, isto é, a natureza material. "Na ioga clássica o *purusha*, que é estilizado como o 'poder da consciência' (*citishakti*), é concebido como absolutamente distinto da natureza (*prakriti*), que carece de toda consciência. Contudo, o que chamamos de consciência se deve a uma curiosa correlação (*samyoga*) entre o *purusha* e a *prakriti*" (Feuerstein, 1997, p. 236). Sir John Woodroffe (pseudônimo Arthur Avalon) a descreveu como "um centro de consciência limitada – limitada pela *prakriti* associada e por seus produtos de mente e matéria" (Avalon, 1919, p. 49). Jung discutiu o *purusha* no seminário Kundalini em 26 de outubro de 1932: "Portanto, o *purusha* se identifica com a substância psíquica do pensamento e do valor, com o sentimento. No reconhecimento dos sentimentos e das ideias a pessoa vê o *purusha*. É o primeiro vislumbre de um ser na existência psicológica ou psíquica que não é você mesmo – um ser no qual você está contido, que é maior e mais importante do que você, mas que possui uma existência inteiramente psíquica" (Jung, 1932/2022, p. 149). Nos seus seminários de 2 de junho de 1939 e 9 de junho de 1939 Jung descreve a relação entre *purusha*, *prakriti* e *sattvaṃ* com detalhes. Sobre o último ele diz isto: "São *puruṣa* e *sattvaṃ*. Vimos então que *puruṣa* pode ser descrito como o homem interior e que *sattvaṃ*, embora surja de *prakṛti*, é resultado de sua conexão com *puruṣa* e a coisa mais leve, que ela produz. Ou a diferença entre *puruṣa* como o simples ser primordial e *sattvaṃ*, que é uma combinação derivada ou um resultado funcional da colisão de *puruṣa* com *prakṛti*. Em outras palavras, uma diferenciação do si-mesmo e do eu." (*ETH*, vol. 6, p. 430).

74. *Citta*, sânscrito para "mente" ou "consciência", de *cit* ("ser consciente"). Cf. tb. o seminário de Jung em 4 de novembro de 1938 (*ETH*, vol. 6, p. 114).

com o material, surgindo daí o corpo perfeito, o *corpus glorificationis* do Juízo Final, no qual todos nós ressuscitaremos com um corpo imortal[75]. O *subtle body* [corpo sutil][76]. Por conseguinte, o *lapis philosophorum* [a pedra filosofal] também foi designada de *lapis aetherius* e *invisibilis* (pedra etérea e pedra invisível). E esse corpo que provém da *conjunctio* é designado pelos alquimistas como o *deus terrestris*, o deus terrestre, como Deus da terra. Ora, os próprios alquimistas estabelecem uma analogia entre o *lapis* e Cristo. Isso é muito significativo e, na filosofia alquimista, ensejou representações do processo alquímico como *missa*. Eu trouxe aqui para vocês uma imagem, na qual se pode ver o processo alquímico sendo concebido como missa[77].

---

75. 1Coríntios 15,42-44: "Assim também será a ressurreição dos mortos: semeado corruptível, o corpo ressuscita incorruptível. Semeado desprezível, *ressuscita glorioso*. Semeado na fraqueza, ressuscita cheio de vigor. Semeado corpo animal, ressuscita corpo espiritual. Pois, se há um corpo natural, há também um corpo espiritual".

76. Jung usa a expressão inglesa. No seu seminário de 24 de fevereiro de 1938, ele descreve o corpo sutil como "uma ideia que igualmente se encontra entre os primitivos que diferenciam o corpo sutil, o corpo da respiração, do corpo visível. O corpo sutil também é descrito como *anima*. Em latim, *animus*, em grego *anemos*, significando vento ou respiração, portanto, um ser de respiração. Essa notação percorre toda a alquimia. E você pode encontrar essa ideia em todo o mundo. Em todos os lugares encontramos a ideia desse corpo sutil, não como imaterial, mas de qualidade mais tênue (sutil), incluindo os espíritos" (*ETH*, vol. 6, p. 303). Ele fez uma análise detalhada de sua compreensão desse conceito no seu seminário sobre o Zaratustra de Nietzsche (Jung, 1934-1939/2023, 445-449, 453-454). Cf. tb. seu seminário de 3 de novembro de 1933 (*ETH*, vol. 1, p. 131-132) e *Psichologie und Religion* [*Psicologia e religião*] (Jung, OC 11/1, § 160). Na sua biblioteca privada, Jung tinha uma cópia de *The doctrine of the subtle body in western traditions* [A doutrina do corpo sutil nas tradições ocidentais] (Mead, 1919), de autoria do historiador, escritor e teósofo George Robert Stow Mead (1863-1933).

77. *The Artifex as Priest* [O artifex como sacerdote], frontispício de Melchior Cibinensis, *Symbolum*; extraído de *Symbola Aureae Mensae*, de Maier (1617, p. 509). Também consta em *Psychologie und Alchemie* [*Psicologia e alquimia*] (OC 12, p. 420).

Seminário 10[78]

30 de junho de 1939

[79]Perguntaram-me se há uma síntese por escrito das minhas explanações sobre a filosofia da ioga. Lamento dizer que algo assim não existe. Publiquei apenas um texto breve sobre a ioga: trata-se de uma discussão entre o posicionamento oriental em relação à ioga e a problemática psicológica ocidental. Publiquei esse artigo em inglês numa revista indiana: *Prabuddha Bharata*, isto é, Índia iluminada (OC 11/5). Essa é uma revista filosófica moderna que se ocupa com a filosofia da ioga. Não consigo mais lembrar o ano [da publicação], mas, se tiverem interesse, posso lhes dar essa informação por escrito, mas não há absolutamente nada publicado sobre os textos que tratei com vocês.

Na última vez detivemo-nos na abordagem dos paralelos alquímicos dessa série de meditações. Volto a indicar-lhes brevemente o rumo a tomar:

- *via purgativa*
- *via iluminativa*
- *via unitiva*

---

78. Anotações de LSM, ES, RS e OK, e tradução inglesa por BH.

79. ES anotou no início: "O *aspecto psicológico do arquétipo materno*. Conferência de C.G. Jung, proferida na Conferência Eranos no segundo semestre de 1938 e publicada pelo Psychologischer Club Zürich [Clube Psicológico de Zurique]. Uma senhora na minha frente tem diante de si essa brochura. Outra senhora tem diante de si a cópia de apontamentos do último seminário, da qual extraio o seguinte: *ablutio* = lavagem / *albedo* = alvejamento / *conjunction* = união de um corpo animado, que contém corpo e *anima*".

Comparei as duas primeiras com os estágios típicos do processo hermético e alquímico, e paramos na terceira fase, na *via unitiva*. Cheguei a lhes dizer que a correspondência alquímica é a assim chamada *conjunctio*, a união do espírito com o corpo. Isso costuma ser representado na forma da união de sol e lua, eventualmente também de ouro e prata, ou seja, dos metais mais valiosos.

Também mencionei que essa *unio* característica é comparada pelos alquimistas com o rito de união da missa. É com isso que nos ocuparemos hoje.

Vocês sabem que a filosofia hermética, essa curiosa filosofia da Idade Média, existia paralelamente às meditações dos *devoti*. O corpo que se buscava deveria ser produzido por meio de um procedimento místico, que só poderia ser bem-sucedido em virtude da graça de Deus, e o corpo era posto em analogia com Cristo, o que hoje nos parece um tremendo absurdo. Porém, para a Idade Média não era absurdo. Não havia nenhuma verdade metafísica definitiva ainda a ser procurada. Pois ela já estava aí. Tudo estava completamente assegurado. Deus criara o mundo em sete dias, o Filho de Deus nascera e Deus se tornara humano – essas eram as verdades definitivas, além das quais não havia absolutamente nada. Em razão disso, a relação do corpo químico só poderia mesmo ser entendida à luz dessa metafísica. Portanto, caso se quisesse encontrar um corpo salutar, não havia outra maneira de isso acontecer, a não ser pela graça de Deus, que, por meio do seu Filho, mostrou como fazer essa encarnação do maravilhoso. Como consequência, fez-se um esforço para configurar o processo alquímico de acordo com a sequência de imagens da dogmática cristã: geração, nascimento, sofrimento e morte do Senhor. Isso foi imaginado na matéria e assim se tentou, de certo modo, efetuar a transformação química na matéria. É por isso que esse corpo maravilhoso, o *lapis philosophorum*, também foi designado como salvador, redentor, como o redentor corpóreo em contraposição ao redentor espiritual, que era Cristo. Na Idade Média Cristo não era em absoluto uma figura histórica, mas uma presença, como se dá ainda hoje no rito católico, no qual a vida e a morte do Senhor ainda acontecem na missa. Na Idade Média Deus estava presente em tudo, portanto, também na química, e sua presença era pressuposta em todas as coisas.

A pedra também foi designada como o *pelicanus noster*[80]. Trata-se do pássaro que alimenta seus filhotes com seu sangue. Ele é representado rasgando o peito com seu bico para alimentar os filhotes, do mesmo modo que o Senhor sofreu a morte por nós e nos alimenta de modo maravilhoso com seu sangue. Pois Ele é o pão e o vinho[81]. Nessa linha, o *lapis* também foi designado como *cibus immortalis*[82], *medicina catholica*[83], *panacea*[84], *aurum potabile*[85] ou *sanguis spiritualis*[86]. Seria de se supor que essa composição característica de conceitos na filosofia hermética é totalmente dependente da tradição eclesial. Sem dúvida ela sofreu influência dela. Na Igreja daquela época também houve alquimistas conhecidos, como Alberto Magno[87], que se ocupou mais detidamente com isso. A outros

80. "Nosso pelicano" em latim. Cf. *ETH* (vol. 6, p. 323-324).

81. JLN, p. 5: "*cibus immortalis, medicina catholica, aurum potabile*".

82. "Alimento imortal" em latim.

83. O físico e ocultista inglês Robert Fludd (1574-1637) escreveu um tratado alquímico de dois volumes intitulado *Medicina catholica* (1629-1631).

84. "Panaceia" em latim.

85. "Ouro potável" em latim.

86. "Sangue espiritual" em latim.

87. Alberto Magno (cerca de 1200-1280), também conhecido como Alberto o Grande, foi um frei e teólogo dominicano alemão, considerado um dos pensadores mais universais do seu tempo. Ele deixou Paris em 1247 para se tornar coordenador de estudos em Colônia. Em 1259 ele foi incumbido, junto com seu aluno Tomás de Aquino (1225-1274), de estabelecer um programa de estudos para a Ordem Dominicana, que englobou o estudo da filosofia e lançou as bases

também são atribuídos certos tratados, mas tudo isso é duvidoso. É certo, porém, que a linguagem dos Padres da Igreja desempenha um papel importante em todo o simbolismo da filosofia hermética.

Isso estaria bem se o início dessas ideias alquímicas não tivesse sido simultâneo com os primórdios do cristianismo. E até nos deparamos com muitas dessas ideias já em tempos pré-cristãos, especialmente na China[88]. Nesse sentido, não há como pôr em dúvida que a água batismal milagrosa da Igreja foi antecipada já em tratados do primeiro século pós-cristão. E eles remontam a fontes pré-cristãs. Naquela época já havia uma profusa literatura, da qual hoje só possuímos ainda algumas citações. Temos aqui, portanto, um caso em que a filosofia da natureza da Antiguidade repercutiu nos primórdios do cristianismo.

Na missa encontramos, então, precisamente esses símbolos da união, dessa *unio*, mais precisamente no ato de partição da missa romana, a hóstia é partida ao meio e da metade esquerda é partida a parte inferior e misturada ao vinho. Isso é o partir do corpo de Cristo. Uma parte desse corpo é misturada ao sangue, isto é, ao vinho. O vinho é *spiritus* no duplo sentido do termo, e assim, portanto, o corpo e o espírito voltam a estar unidos. A passagem pertinente na missa diz (traduzida do latim): "Essa mistura e consagração do corpo e do sangue do nosso Senhor Jesus Cristo faça com que aqueles que recebem

---

da filosofia escolástica dominicana. Alberto e Tomás foram ambos fundamentais para produzir a síntese da filosofia aristotélica com as doutrinas cristãs. O texto alquímico *Libellus de alchimia* foi equivocadamente atribuído a Alberto Magno. Cf. tb. *ETH* (vol. 6, p. 350).

88. Em 1929, Jung escreveu um comentário psicológico sobre o texto alquímico taoista chinês *O segredo da flor de ouro* (OC 13). Essa colaboração com o sinólogo e anterior missionário cristão na China, Richard Wilhelm (1873-1930), despertou o interesse de Jung pela relação entre alquimia e psicologia e coincidiu com a finalização do trabalho no *Liber Novus*.

essa mistura sejam aceitos na vida eterna"[89]. Trata-se, portanto, do *cibus immortalis*, do alimento da imortalidade. Filósofos medievais já interpretaram isso de tal modo que a *mixtio* seria símbolo da unidade, da restauração do Cristo vivo. Portanto, esse é o momento da missa, no qual, de certo modo, o Senhor ressurge vivo, mais precisamente *vere*, *realiter*, *substantialiter*, isto é, verdadeiramente, na realidade e em substância, o que é concebido como uma ressurreição e caracterizado explicitamente como tal.

Na missa bizantina da Igreja Ortodoxa Grega, a partição é levada a cabo de modo ainda mais interessante. Tem-se, uma vez mais, a hóstia ou uma fatia redonda de pão. Entretanto, com bastante frequência não se tem uma hóstia, mas atrás do altar e da *ikonóstasis* (iconóstase, divisória feita com ícones), sobre a assim chamada *próthesis*, ou seja, uma mesa ou uma espécie de balcão de servir, encontra-se um pão inteiro. Ali o sacerdote realiza o assim chamado abate de Cristo (*mactatio Christi*), fincando a lança de prata no pão, assim como Cristo recebeu uma estocada na lateral pelo guarda. Desse modo, o sacerdote proclama que Cristo realmente foi morto. Em seguida é feita a transubstanciação[90] propriamente dita. Nesse ato, o pão que serve de hóstia é dividido não em duas, mas em quatro

89. Jung tinha o texto latino original por escrito entre suas anotações para o seminário: "*Missa*. bizant[ina]. / Nessa disposição sobre a *discos patena*. / *commixtio* rom[ana]. / *Haec commixtio, et consecratio corporis et sanguinis Domini nostri Jesu Christi fiat accipientibus nobis in vitam aeternam. Amen.* / *mixtio*: símbolo da unidade e da *ressurreição*: sangue e alma do Senhor se conectam com o corpo morto (cf. Brinktrine, 1931, p. 244) / reconciliação e salvamento. Efésios 2,1.14" (JLN, p. 5).

90. De acordo com os ensinamentos da Igreja Católica Romana, a transubstanciação designa a conversão de toda a substância dos elementos eucarísticos do pão e do vinho na substância do corpo e sangue de Cristo no momento da consagração pelo sacerdote (cf. *O Concílio de Trento*, sessão XIII, capítulo IV). Jung tratou do simbolismo da transformação da missa na Conferência Eranos de 1941 (OC 11/3).

partes. Essas quatro partes são dispostas sobre a assim chamada pátena, um pratinho de prata. A disposição é a seguinte:

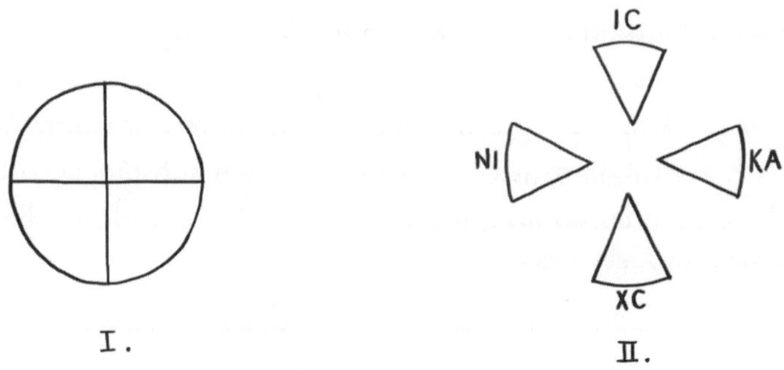

IC
V

Iesoûs Christòs níka = NI > < KA

Jesus Cristo triunfa

Λ
XC

Isso é a produção da quaternidade. São quatro pedaços que existem individualmente. Isso corresponde precisamente ao que na alquimia é feito como quadripartição, a saber, a geração dos quatro elementos. Estes são então novamente combinados com o vinho, e, por essa via, o Cristo é restaurado: a junção do separado. Essas ações rituais na missa correspondem exatamente aos procedimentos alquímicos que, na sua forma medieval tardia, naturalmente foram influenciados em grande medida pela missa.

Do lado protestante, de muitos modos se fez objeção à validade da missa. Ela não estaria assegurada em termos evangélicos. Porém, as ideias que são ritualmente representadas na missa de fato constam nas cartas paulinas, que, como se sabe, são mais antigas do que os evangelhos. Assim, encontramos na Carta aos Efésios uma passagem contendo noções que correspondem exatamente à nossa série de meditações:

> Vós estáveis mortos por vossos delitos e pecados, nos quais andastes outrora, segundo a maneira de viver deste mundo, [a saber] sob o príncipe das autoridades do ar, sob o espírito que agora atua nos filhos rebeldes (Ef 2,1-2).

Trata-se aqui da concepção gnóstica do senhor do mundo. Supostamente é o próprio *demiourgós*[91] dos sistemas gnósticos que, em sua vaidade, achava que tinha criado um mundo e, certo dia, depois de ter admirado sua obra o bastante, olhou para cima e descobriu acima de si uma luz que ele não tinha feito. E ele viajou até chegar àquela luz que sempre se mantinha à mesma distância acima dele. Então ele chegou a um outro mundo e teve uma grande iluminação, a saber, que existiam e haviam existido mundos e mais mundos, ao lado daquele que ele tinha criado. Esse é um mito gnóstico e é uma experiência psíquica. Assim ele teve de admitir que era apenas um deus inferior. As comunidades daquele tempo o conceberam como o Deus judeu e, já naquela época, fizeram correções antissemitas no Antigo Testamento. O texto prossegue:

> Antigamente todos nós éramos como eles. Vivíamos nos desejos da carne, satisfazendo seus caprichos e paixões. Éramos por natureza como os outros, destinados à ira. Deus, porém, rico em misericórdia, pelo grande

---

91. *Demiourgós*, demiurgo em grego, foi, de acordo com o gnosticismo, o deus criador do mundo, que, devido à sua imperfeição material, é oposto a uma divindade espiritual mais elevada. No *Seminário das visões*, Jung identificou com o demiurgo o deus gnóstico Abraxas, que desempenha um papel significativo no *Liber Novus* (Jung, 1930-1934/1997, p. 806-807). Cf. tb. o seminário de Jung de 26 de maio de 1939 (*ETH*, vol. 6, p. 403).

> amor com que nos amou, e estando nós mortos por nossos pecados, deu-nos vida com Cristo. Pela graça é que fostes salvos! (Ef 2,3-5)[92].

Segue uma passagem dizendo que os judeus pelo menos receberam uma promessa de aliança com Deus, enquanto os pagãos estiveram sem Deus[93]. Então o texto prossegue assim:

> Ele é a nossa paz, ele que de dois povos fez um só, derrubando o muro de separação, a inimizade, em sua própria carne. Ele aboliu a lei dos mandamentos expressa em decretos, para fazer em si mesmo, dos dois, um só homem novo. Estabeleceu, assim, a paz, reconciliou ambos com Deus num só corpo pela cruz e matou em si mesmo a inimizade (Ef 2,14-16).

O reconciliar das duas partes em *um só* corpo com Deus pela cruz. Trata-se, pois, de ideias que já existiam antes de toda formatação ritual e com toda certeza ocuparam intensamente a mente dos cristãos mais antigos, pois essas ideias ingressaram mais tarde na missa. Mais uma ideia nesse sentido:

> Assim já não sois estrangeiros e hóspedes, mas concidadãos dos santos e membros da família de Deus, edificados sobre o fundamento dos apóstolos e profetas, tendo por pedra principal o próprio Cristo Jesus. É nele que todo edifício, harmonicamente disposto, se une e cresce até formar um templo santo no Senhor; nele vós também sois integrados na construção para vos tornardes morada de Deus no Espírito (Ef 2,19-22).

Essa ideia da edificação do templo espiritual teve imensas repercussões posteriormente. Os últimos remanescentes dela são os

---

92. Jung cita em alemão a edição de Zurique de 1931.

93. Jung se refere a Efésios 2,12: "Estivestes, então, sem Cristo, afastados da cidadania de Israel, estranhos às alianças da promessa, sem esperança e sem Deus no mundo".

maçons, os últimos resquícios daquelas seitas filosóficas secretas dos rosa-cruzes que descendem dos alquimistas. Eles são, portanto, os últimos alquimistas. Infelizmente os maçons atuais preferem não se ocupar mais com sua história, mas com outras coisas.

Que o desenvolvimento psíquico de certo modo é a construção de um templo está expresso na série oriental de símbolos, onde[94] surge o mosteiro (*vihâra*), a construção correta do templo, onde, então, o supremo Buda está entronizado[95]. Trata-se de concepções completamente paralelas, a saber, a ideia da união dos dois, isto é, daquele que de certo modo era mantido na vida espiritual pela aliança com Deus e pela promessa messiânica e daquele que estava morto: é a união do espiritual e do não espiritual, que mais tarde foi consumada no ato ritual. Segundo a concepção paulina, o próprio Cristo uniu o morto e o espiritual e, por essa razão, é o redentor da lei da morte, por ter unido os opostos e, justamente por isso, Ele próprio está livre da lei da morte.

[96]Eu gostaria de lhes dar ainda um pequeno exemplo da maneira como essas meditações de Cisneros eram redigidas. Que lhes sirva como exemplo desse tipo de texto de meditação, que ainda existia em grande quantidade na Idade Média. Aqui está um texto, do qual vocês podem depreender o quanto o ser humano medieval, e ainda o moderno, é diferente do oriental. Como exemplo para sua forma de meditação podemos escolher a meditação da primeira semana sobre o "pecado". Cisneros diz:

> Considera-te como réu culpado, parado diante do tribunal do teu Deus, no aguardo da condenação. Chama à memória toda a dimensão do teu pecado! O quanto o Santíssimo é ofendido por ele. Essa memó-

94. Nesse ponto, RS acrescentou "em cima" ["*oben*"].

95. *ETH* (vol. 6, p. 354).

96. OK: "Em seguida, Dr. Jung leu em voz alta uma extensa instrução de Cisneros, que era usada para os exercícios".

ria não tem de fazer estremecer e abalar o teu íntimo, despertá-lo e compungi-lo salutarmente? Oh, permite que o aguilhão afiado do arrependimento te magoe profundamente, te envergonhe profundamente mediante a lembrança dos teus pecados e fala contemplativamente: "Ó minha alma, sentes como o pecado desagrada a Deus? Olha, o orgulho outrora derrubou Lúcifer das alturas celestiais e a desobediência excluiu os primeiros pais do paraíso. A opulência aniquilou o esplendor de Sodoma e Gomorra e, de fato, afundou outrora o mundo no dilúvio". Pondera como o Filho de Deus, teu redentor, sofreu uma morte sobremodo amarga por causa do pecado, para que nenhum pecado permaneça impune nem a justiça divina sem expiação. [...] Repensa no teu coração os pecados que cometeste antes da tua conversão, como são numerosos. [...] Ah, a quantidade deles é tão grande que já não és mais capaz de contá-los. [...] Porém deixa o seu peso e humilhação agir profundamente sobre a tua alma. [...] Como foi pequena a penitência que fizeste pelos teus pecados, quão pouco te entristeceste por causa deles. [...] E agora, alma pecadora, que queres começar de maneira nova a tua vida espiritual, ponderaste tudo isso com seriedade? Sentes a ti mesma tomada de temor de alto a baixo, invadido pela dor? Não por medo do inferno que mereces, mas por amor ao teu Deus sumamente bondoso que ofendeste? Oh, permite que tua alma fique bem pequena, inclina a tua face, apoia tua cabeça nas mãos e os cotovelos nos joelhos e considera-te indigno de levantar os olhos para o céu! Mas teu coração se erga na direção de Deus e diga cheio de amargo arrependimento: "Ó Pai misericordioso! Sou teu filho perdido que cometeu todos esses malfeitos contra a tua infinita majestade. Eu ingrato! [...]".

Então, a alma pode passar para o segundo trecho do caminho, que é: contrição. [...] Humilhado, contrito, envergonhado, clama para o teu Salvador e Redentor: "Ó Senhor, meu Deus, Jesus Cristo! Sou um pecador

> injusto, infeliz, o mais infeliz e desprezível de todos os pecadores, que cometeu tantos crimes graves contra a tua infinita majestade. Já não sou mais capaz de contá-los, pois são mais inumeráveis do que a areia do mar". Reza assim ou de algum outro modo estimulado pelo arrependimento do teu coração ou pela meditação. Concentra todas as tuas forças e empenha-te por suspirar do mais profundo recôndito do teu íntimo. [...]
>
> E agora trilha com coragem o terceiro trecho da trilha da purificação: a elevação. Levanta-te, ó alma, não percas a esperança na compaixão divina! Levanta esperançosa o teu olhar! A tua confiança deve ser ilimitada! Levanta a tua cabeça que mantinhas abaixada, apoiada no joelho, para em pé e descansa um pouquinho. Terna e amorosamente concentra a tua alma e permite que ela entoe, como uma harpa recém-afinada, o louvor a Deus em confiante alegria! Volta-te para a compaixão de teu Deus, contempla sua dignidade e grandiosidade (Cisneros, 1500/1876, p. 46-51)[97].

Além disso, ele também dá instruções detalhadas para fazer à noite o sinal da cruz em pé ou de joelhos, invocar o Espírito Santo e fazer exercícios de meditação sobre os pecados do dia. Esse exame de consciência tem de ser breve e incisivo. Nele, dá-se muito valor à disciplina.

Essas instruções podem lhes transmitir um quadro aproximado do espírito com que essas meditações eram levadas a termo. Se vocês se lembrarem dos textos orientais que ouviram, certamente estarão impressionados com a colossal diferença. Talvez possamos dizer: claro, isso é a Idade Média. Mas isso foi anteontem. Esse espírito ainda existe, mesmo que não seja nessa forma. Perguntemo-nos como reagiríamos se tivéssemos diante de nós um texto em sânscrito contendo essas coisas.

97. Jung cita uma tradução alemã inédita (JLN, p. 5-7) da versão sueca de Hegardt (1937, p. 22).

Essa ira piedosa contra a própria pecaminosidade, essa humilhação diante de Deus, essa contrição. Pensaríamos de modo bem mais crítico e diríamos: claro, esses indianos são pessoas incrivelmente arrogantes, tremendamente orgulhosas, bárbaros completos, que precisam mesmo levar pancada para que funcionem. Em relação a nós é claro que não dizemos isso. E, no entanto, é bem assim. Vocês não têm a mínima noção de como se parece um europeu. Certa vez me interessei por isso. Essa foi uma das principais razões de minhas viagens. Após a Guerra Mundial, a minha primeira preocupação foi chegar a algum lugar em que não havia brancos para poder ver os europeus de modo mais ou menos correto. Pois entre nós não vemos isso. Nos oásis do norte da África acendeu-se uma luz para mim[98]. Então, mais tarde, entre os indígenas *pueblo*[99], consegui ver como se parece propriamente o europeu. Ele é uma ave de rapina, um pirata, um bandido, e por isso há grandes dificuldades. Estamos sempre querendo pilhar e roubar. Vemos isso hoje novamente. É claro que as pessoas que já roubaram o suficiente estão bastante satisfeitas. Os outros que ainda não roubaram o suficiente é que são os maus. É por isso que merecemos justamente tais admoestações e disciplinas moralizantes. Isso se

---

98. Em março de 1920, Jung acompanhou seu amigo Hermann Sigg numa viagem de negócios ao norte da África. Eles viajaram de Algier até Sousse via Túnis, onde Jung se despediu de Sigg e seguiu viagem por conta própria para os oásis de Tozeur e Nefta. Jung descreveu o enorme impacto que essa experiência teve sobre a sua alma em *Memories, dreams, reflections* [*Memórias, sonhos, reflexões*] (Jung, 1962, p. 238-245). *Os Livros Negros* revelam o profundo significado que teve para ele um sonho que Jung tivera a respeito de um encontro com um príncipe árabe no deserto do Saara, ocupando-o por longo tempo após seu retorno. Cf. a introdução de Shamdasani a *Os Livros Negros* (Jung, 2021, p. 75-78). Sobre a viagem de Jung ao norte da África, cf. Burleson (2005).

99. Em 1925, Jung visitou uma tribo de nativos norte-americanos no Taos Pueblo, no Novo México (Jung, 1962, p. 275-281). Cf. tb. os seminários de Jung de 17 de novembro de 1933 (*ETH*, vol. 1, p. 160) e 13 de janeiro de 1939 (*ETH*, vol. 6, p. 216).

aplica primorosamente ao Ocidente. Assim somos. Nem deveríamos considerar nossa moralidade como mérito. Estamos precisando dela desesperadamente. Quem fala de modo tão alterado de moralidade sempre é suspeito de precisar dela.

Foram essas as meditações que Inácio teve ao seu dispor. Ele chegou no Montserrat, onde já estava o sucessor de Cisneros. Ali ele fez uma confissão geral de pecados. Vou lhes apresentar brevemente sua biografia[100]: seu nome é Dom Iñigo López de Recalde (1491-1556), faleceu em Roma, um *grande* [integrante da alta nobreza] espanhol. Ele foi oficial, um soldado de fato, e defendeu o Castelo de Pamplona na expedição contra os franceses em 1521[101]. Nessa ocasião, ele levou um tiro na perna que não sarou muito bem. Teve de ficar muito tempo deitado e, nesse período, não pôde portar a espada. Deram-lhe alguma coisa para ler. De modo geral, um soldado daquela época não sabia ler muito bem, mas ele ficou interessado pelo que lhe deram para ler; tratava-se de uma vida de Jesus[102] e uma hagiografia[103]. Ele

100. JLN (p. 8) contém informação biográfica sobre Inácio na caligrafia de Jung.

101. A Batalha de Pamplona ocorreu no dia 20 de maio de 1521. Foi parte da campanha militar dos navarreses apoiados pelos franceses contra os espanhóis que, em 1512, haviam conquistado a parte ibérica do reino de Navarra de base basca. Os habitantes da cidade de Pamplona, capital de Navarra, rebelaram-se contra os espanhóis. Loyola rejeitou o plano de rendição do governo espanhol e se refugiou com suas tropas na cidadela do castelo. A fortaleza foi sitiada e acabou sendo conquistada pelos navarreses.

102. Ludolfo da Saxônia (cerca de 1295-1348), também conhecido como Ludolphus de Saxonia e Ludolfo Cartusiano, foi um teólogo católico romano alemão. Sua obra principal *De vita Christi* (1374), que gozava de grande popularidade, foi traduzida para muitas línguas. Ela contém não só uma descrição da vida de Cristo, mas também comentários, orações e meditações. Suas instruções para meditar visualizando cenas dos evangelhos apresenta similaridades com os *Exercitia spiritualia* de Inácio.

103. A *Lenda áurea* (*Legenda aurea*) (1260) continha a vida dos santos coligida e contada por Tiago de Voragine (cerca de 1230-1289). Foi um dos livros mais importantes e mais lidos na Europa medieval tardia. Inácio usou uma tradução espanhola de 1511 intitulada *Flos sanctorum*.

se aprofundou nelas e aquelas ideias se apoderaram dele. Como não podia mais lutar com a espada, seu instinto guerreiro se voltou contra seus pecados, contra o inimigo dentro dele, contra sua falibilidade. A primeira coisa que aflorou como conflito foi sua mundanidade. Uma questão de honra cavaleiresca. Ele tinha prometido a uma dama que iria carregar sua luva, como um verdadeiro cavaleiro. Isso representou para ele um tremendo conflito. Ele havia devotado a ela seus serviços de cavaleiro. Mas aqui Deus exigia seus serviços. Então ele encontrou a fórmula salvadora: erigir uma cavalaria espiritual. Ele fez uma confissão geral de pecados no Mosteiro de Montserrat. Em seguida, ingressou no mosteiro dominicano de Manresa, na Catalunha, e se submeteu a rigorosos exercícios e atos de penitência. Ali teve visões muito interessantes. É extraordinariamente interessante examinar de perto tais visões do ponto de vista psicológico com recursos científicos modernos. Fiz isso certa vez com nosso santo nacional Nicolau de Flüe, que só não foi santificado porque não se conseguiu juntar a soma necessária de dinheiro. Caso contrário, ele teria se tornado um santo de verdade. Um número da *Neue Schweizer Rundschau* traz detalhes sobre isso[104].

Tomo essas visões de sua biografia, ditada pessoalmente por ele em idade avançada ao seu aluno Gonçalves da Câmara[105]:

---

104. Nicolau de Flüe ou Irmão Klaus (1417-1487), eremita, asceta e visionário suíço, foi canonizado e declarado santo padroeiro da Suíça pelo Papa Pio XII em 1947. Jung escreveu um artigo sobre o santo para a *Neue Schweizer Rundschau* intitulado "Bruder Klaus [Irmão Klaus]" em 1933. No final do primeiro semestre de seminários no ETH, em 23 de fevereiro de 1934, Jung fez um parecer psicológico do Irmão Klaus (*ETH*, vol. 1, p. 275-276). Cf. tb. Marie-Louise von Franz, *Die Visionen des Niklaus von Flüe* [As visões de Nicolau de Flüe] (1959).

105. Luís Gonçalves da Câmara (cerca de 1519-1575) ingressou na Companhia de Jesus em 1545. Entre 1553 e 1555 Inácio ditou suas memórias para ele, o que mais tarde constituiria a base para o relato semiautobiográfico do santo, intitulado *Reminiscências*. Em 1555 ele foi designado diretor de necessidades físicas da comunidade em Roma e, então, teve contato estreito com Inácio por um período de sete meses. Durante esse período, Gonçalves anotou suas observações

> Durante sua permanência no asilo do lugar, ele viu com frequência certa coisa de aspecto brilhante pairando ao seu lado no ar, algo tão belo que lhe proporcionou grande prazer e forte consolo interior. Porém ele não pôde perceber uma forma e assim não sabia o que era e do que era feito; só que às vezes parecia que tinha a forma de uma serpente, coberta de olhos cintilantes, embora não houvesse propriamente olhos. Contemplar essa aparição alegrava-o ao máximo, e quanto maior a frequência com que ela vinha, tanto maior era o consolo quando a via, e, quando ela sumia de diante dos seus olhos, ficava pesaroso (Inácio, *Memorial*)[106].

Aqui ainda não temos uma interpretação, apenas um tímido ensaio de interpretação. Pois ele teria gostado que essa visão tivesse outra forma. Ele esperava alguma figura humana como Cristo ou Maria. Porém inoportunamente era uma serpente. Trata-se de uma visão que de nenhum modo é atestada pela dogmática cristã. A única explicação seria a serpente do paraíso, que, no entanto, como se sabe, é o diabo, o tentador e, portanto, deve ser desconsiderada. A segunda serpente que poderia entrar em cogitação é a serpente que Moisés erigiu no deserto, que ele colocou sobre um poste contra a praga de serpentes[107]. Isso se coaduna com o que Cristo diz mais tarde:

---

da vida cotidiana de Inácio, que, com algumas reflexões posteriores, é conhecido como *Memorial*. O texto só seria publicado em 1904, visto que os superiores jesuítas temiam que ele pudesse apresentar o santo de modo demasiado humano.

106. Jung citou a tradução alemã de Funk (1913a, p. 57-58).

107. Números 21,6-9: “Então o Senhor mandou contra o povo serpentes venenosas que os picavam, e muita gente de Israel morreu. O povo dirigiu-se a Moisés e disse: ‘Pecamos, falando contra o Senhor e contra ti. Suplica ao Senhor que afaste de nós as serpentes’. Moisés suplicou em favor do povo. E o Senhor lhe respondeu: ‘Faze uma serpente venenosa e coloca-a sobre um poste. Quem for mordido e olhar para ela será curado’. Moisés fez uma serpente de bronze e a colocou sobre um poste. Quando alguém era mordido por uma serpente, olhava para a serpente de bronze e ficava curado”.

"Como Moisés levantou a serpente no deserto, assim também é preciso que o Filho do Homem seja levantado..." (Jo 3,14). Essa é a serpente que ganha forma em torno da cruz. Esse símbolo também ocorre na alquimia. É evidente que ele não sabia justamente isso, senão teria interpretado diretamente: é Cristo. Isso permaneceu obscuro para ele. Porém em lugar nenhum diz que aquela serpente que é Cristo tivesse consistido só de olhos. Isso é algo totalmente novo, algo individual.

Ora, na Idade Média, por via de regra, acontecia que quem tivesse tido uma visão peculiar e bastante individual, a exemplo do bem-aventurado Irmão Nicolau, ficava interpretando-a até que coubesse dentro do dogma cristão. O que importava não era a ideia, era o que podia ser validado pela dogmática cristã. Nós diríamos: "O que você viu?" Ele responderia: "Uma serpente coberta de olhos brilhantes". E nós retrucaríamos: "Isso é o que você viu. Jamais poderá provar que isso é cristão. Você apenas viu essa imagem. Isso é algo singular e individual".

Porém, essas serpentes cobertas de olhos não são nem um pouco raras. Não foram poucas as vezes que vi essas imagens. Trata-se de um símbolo essencial para as regiões inferiores do sistema nervoso. A imagem está embutida em toda a medula espinhal e representa os centros cerebrais mais baixos. É a esfera dos instintos, a raiz de onde provém toda a vida psíquica. Por isso a concepção indiana diz que se trata de uma serpente curadora[108]. Quando essa serpente aparece para nós, isso signi-

108. Na ioga tântrica, o *kundalini-shakti* ("poder da serpente") é entendido como uma serpente enroscada dormindo no *mûlâdhâra chakra* ("chacra raiz"), o mais baixo dos sete *chakras*. A meta do praticante da ioga é ativar o poder da serpente para que ele suba ao longo da *sushumnâ-nâdî*, o canal central que conecta os *chakras*, da base da espinha até o topo da cabeça. Ali o *Shakti* se une a Shiva, levando a um estado abençoado de consciência mais elevada. Em 1932, Jung acompanhou uma série de seminários sobre a ioga *kundalini*, coordenados pelo especialista em sânscrito Jakob Wilhelm Hauer, de Tübingen, com um comentário psicológico (Jung, 1932/2022).

fica: voltei a me conectar com meus instintos. É por isso que o deus dos médicos, Asclépio, tem uma serpente[109]. Pois tudo depende de reconectar o doente com suas raízes. Pois a vida sempre quer cortar a ligação que temos com nossas raízes. Esse é o perigo da mera consciência. Por isso, um dos objetivos da arte médica é reintroduzir o ser humano em sua constituição para que ele funcione, reaja, viva de acordo com seu fundamento original, em correspondência com suas regras de vida.

Inácio realizou atos penitenciais, sua saúde estava prejudicada, e então lhe apareceu essa serpente curadora. Na Antiguidade todos teriam pensado que se trata da grande serpente que tinha sido trazida de Epidauro a Roma, para curar Roma de uma epidemia. A serpente é o símbolo do veneno e da cura. Isso ele não pôde explicar.

Outra visão:

> No início ele sentiu grande devoção pela Santíssima Trindade. Dia após dia ele fazia orações para as três pessoas separadamente. Mas como ele também rezava para a Trindade como tal, ocorreu-lhe que estava propriamente fazendo orações quádruplas para a Trindade. No entanto, esse pensamento o incomodou pouco ou nem um pouco[110].

Uma leve dúvida se manifesta: afinal, isso deveria mesmo tê-lo incomodado.

---

109. Asklepios, Asclépio, deus grego e romano (Aesculapius, Esculápio, em latim) da medicina e da cura, filho de Apolo e Corônis, criado pelo centauro Quíron, que lhe ensinou a arte de curar. O culto a ele foi particularmente intenso no século III a.C. Na assim chamada Asclépia, os sacerdotes curavam os doentes de suas enfermidades, usando um método chamado incubação. Asklepios foi adorado em toda a Grécia, situando-se o santuário mais famoso em Epidauro. Seu símbolo, um bastão envolvido por uma serpente, por muito tempo representou a profissão da medicina.

110. Jung citou a tradução alemã de Funk (1913a, p. 63). Doravante as referências a esse texto serão abreviadas com *RE* e posicionadas após a citação.

Seminário 11[111]

7 de julho de 1939

Quanto à pergunta que me foi feita sobre a melhor maneira de conseguir o meu artigo "*Yoga and the West* [A ioga e o Ocidente]" (OC 11/5), que publiquei na revista *Prabuddha Bharata*, remeto-os à Editora Watkins em Londres[112]. A edição dos *Essays in Zen Buddhism* [*Ensaios sobre o zen-budismo*] de Suzuki será publicada na Alemanha[113]. A tradução alemã ainda não veio a público. Hoje em dia não há como dizer ao certo. Porém, como sabidamente existem poderes superiores

111. Anotações por LSM, ES, RS e OK, tradução inglesa por BH.

112. Livraria e editora com sede em Londres, especializada em literatura espiritual, fundada pelo estudioso esotérico John M. Watkins, amigo de Madame Blavatsky. A casa publicadora foi inaugurada em março de 1893, a livraria abriu suas portas em 1897. Watkins imprimiu, em 1925, a primeira tradução inglesa, feita por Cary F. Baynes, dos *Septem Sermones ad Mortuos* de Jung.

113. Daisetz Teitaro Suzuki (1870-1966), filósofo japonês e estudioso do budismo, em particular do zen-budismo. Seus livros ajudaram uma ampla audiência ocidental a se familiarizar com a teoria e a prática do zen-budismo. Suzuki participou das Conferências Eranos em Ascona, no ano de 1953 ("*The role of nature in Zen Buddhism* [O papel da natureza no zen-budismo]") e 1954 ("*The awakening of a new consciousness in Zen* [O despertar de uma nova consciência no zen]"). O livro *Introduction to Zen Buddhism* [*Introdução ao zen-budismo*] de Suzuki foi publicado primeiro no Japão em 1934 (Suzuki, 1934b). A tradução alemã com introdução por Jung foi lançada com o título *Die große Befreiung* [A grande libertação] em 1939 (OC 11/5). Os *Essays in Zen Buddhism* [*Ensaios sobre o zen-budismo*] foram publicados em três séries por Luzac and Company de Londres para A Sociedade Budista Oriental de Kyoto em 1927, 1933 e 1934.

no mundo, capazes até de impedir publicações, não podemos dizer ao certo quando ela será lançada.

Na última sessão mencionei as visões do bem-aventurado Irmão Claus. Há sobre isso uma publicação original do Padre Alban Stöckli, de Einsiedeln, que apareceu em Luzerna: *Die Visionen des seligen Bruder Klaus* [As visões do bem-aventurado Irmão Claus] (Stöckli, 1933). Mencionei Nicolau de Flüe, como vocês talvez estejam lembrados, porque ele igualmente teve visões, a exemplo de Inácio, e interpretou essas visões na mesma linha, isto é, segundo a ordem dogmática.

No último encontro detivemo-nos na abordagem das visões inacianas:

> Mas um dia, justamente quando estava rezando as horas da Virgem Santíssima nos degraus do referido mosteiro, seu espírito foi elevado e ele viu a Santíssima Trindade na forma de um clavicórdio de três teclas... (Funk, 1913a, p. 63).

E ele interpretou esse clavicórdio de três teclas como a Santa Trindade. Sua biografia se refere a ele mesmo na terceira pessoa porque ele a ditou. Ali consta o seguinte:

> [...] e essa visão provocou tantas lágrimas e suspiros que ele não pôde mais se conter. E também ao participar nesse dia da procissão rogativa que partiu da igreja em questão, ele não conseguiu mais conter as lágrimas até o desjejum, e à mesa ele não conseguia falar de outra coisa, a não ser da Santíssima Trindade, usando para isso muitas comparações e imagens dos mais diversos tipos e sentindo grande alegria e forte consolação [a versão inglesa acrescenta:, de tal modo que a impressão permaneceu com ele por toda a sua vida, e ele sente grande devoção ao rezar para a Santíssima Trindade] (Funk, 1913a, p. 63-64).

Ele traduziu essa visão do clavicórdio de três teclas sem delongas em termos dogmáticos para Trindade. Para nós, tal interpretação naturalmente pareceria extraordinariamente arbitrária. Porém, se nos imbuirmos da disposição mental de Inácio ou daquela época, a associação com a Trindade seria a que nos ocorreria em primeiríssimo lugar. Se ele visualizasse algo com três partes, isso naturalmente seria uma referência à Trindade. Se uma pessoa comum diante de uma visão com alguma tripartição chegava a essa conclusão, o que dizer de um teólogo que escreve sobre a Trindade.

Outro relato de sua biografia tem o seguinte teor:

> Certa vez, ao frequentar a santa missa na igreja do mosteiro já várias vezes mencionada, ele viu com seus olhos interiores, enquanto o corpo do Senhor era elevado, algo como raios brancos descendo do alto. Embora, passado tanto tempo, não pudesse mais se lembrar do fato com exatidão nem o descrever, o objeto de sua clara visão foi este: o modo como nosso Senhor Jesus Cristo está presente no santíssimo sacramento (Funk, 1913a, p. 64).

O que ele viu de fato foi uma luz clara, branca, descendo do alto. Isso é interpretado como a presença de Cristo no sacramento do altar, ou seja, na hóstia. Pois um dos problemas que ocupou toda a Idade Média era de que maneira Cristo pode ressurgir *vere*, *realiter* e *substantialiter* na hóstia (cf. OC 11/3). Essa visão ele também interpretou simplesmente no sentido da concepção dogmática. "Com frequência e por longo tempo ele viu, em oração com seus olhos interiores, a humanidade de Cristo..."

Como seria constituído o corpo de Cristo era outro problema da Idade Média. Ele era a morada de Deus e seria impossível que compartilhasse todas as falhas do corpo humano. A fórmula dogmática naturalmente é esta: "verdadeiro Deus e verdadeiro homem"[114]. Logo, era preciso pensar que seu corpo também seria um corpo humano. Isso resultou em todo tipo de objeções e causou grandes dificuldades para a aplicação do dogma quando ele se defrontava com a razão. Não é de se admirar que ele [Inácio] se ocupasse com o problema.

Outra visão tem o seguinte teor:

> A forma que ele acreditou ter visto foi como a de um corpo branco, nem grande nem pequeno. Mas ele não conseguiu distinguir cada um dos membros. Ele teve essa visão repetidas vezes em Manresa, e, se dissesse que foram 20 ou 40 vezes, não admitiria estar mentindo. Ele também teve essa visão certa vez quando estava em Jerusalém, e uma vez mais nas proximidades de Pádua durante uma peregrinação... (Funk, 1913a, p. 64-65).

O que ele viu foi um vulto luminoso alongado, que, todavia, não podia ser identificado como corpo humano, pois não se via nenhum membro. Logo, essencialmente o brilho de uma luz.

> Ele também viu a bem-aventurada Virgem Maria de modo similar, sem poder distinguir cada um dos membros. Naquela época, essas aparições fortaleceram sua fé de maneira extraordinária, a ponto de muitas vezes pensar consigo mesmo que, ainda que nenhuma escritura reportasse esses mistérios, ele estaria disposto a morrer por eles por causa das visões que tivera (Funk, 1913a, p. 65).

Trata-se de fatos psicológicos que precisam ser levados a sério. O resultado dessas visões foi lembrá-lo das supremas con-

---

114. O Concílio de Trento (1545-1563) decretou, quanto ao santíssimo sacramento da Eucaristia, "que, no augusto sacramento da santa Eucaristia, depois da consagração do pão e do vinho, fica contido no saudável sacramento da santa Eucaristia, verdadeira, real e substancialmente nosso Senhor Jesus Cristo, verdadeiro Deus e Homem, sob as espécies daqueles materiais sensíveis" (*Concílio de Trento*, 1848, p. 77).

cepções de modo tão substancial que ele foi tomado por elas em grau máximo, mais precisamente pelo fato da visão, não pela interpretação. Tais visões são mesmo capazes de provocar um efeito diretamente fortalecedor sobre quem tem a visão.

Em outra ocasião ele tem uma iluminação:

> Tendo essa iluminação durado tempo suficiente, ele se ajoelhou diante da cruz que se encontrava naquele lugar para agradecer. Enquanto fazia isso, ele voltou a ter aquela visão que já lhe aparecera com frequência, sem que tivesse entendido o que significava: aquele belo algo citado acima com os muitos olhos brilhantes que tantas vezes pairou diante dele. Contudo, diante da cruz, não teve dificuldade para perceber que a coisa não era tão vistosa como de costume e, desse modo, reconheceu de modo claro e com a enfática anuência de sua vontade que se tratava de um espírito maligno. Por isso, a partir de então, toda vez que, por longo tempo, ainda lhe apareceu, ele a afugentou com um bastão que sempre trazia consigo (*RE*, p. 65-66).

Essa visão que, no início, o enchia de supremo êxtase espiritual, repentinamente mudou de significado. Primeiro era uma aparição divina e então, subitamente, ele reconheceu, por não ser exatamente tão vistosa como de costume, que evidentemente deveria se tratar de um espírito maligno, e isto "com a enfática anuência de sua vontade". Naturalmente não temos nenhuma prova de que no início ela era especialmente boa e mais tarde especialmente ruim. Ela era justamente o que era: uma visão que pode ter os dois valores[115]. Nela também pode aparecer o diabo. Não há uma razão palpável para que essa coisa passe a ser declarada maligna. No entanto, é fato que ela foi declarada maligna, isto é, dessa visão parte uma dúvida. Não se sabe propriamente o que é. Poderia ser bom, mas também poderia ser ruim, e então

115. A partir desse ponto falta uma página do manuscrito de RS.

segue uma resolução da vontade que faz dela o que mais tarde se alega a respeito dela. Isto é, esses fenômenos do inconsciente são moralmente indiferentes e somente quando eles ingressam em determinada atmosfera da consciência são carimbados pela consciência como sendo isto ou aquilo.

Ele teve outro tipo de visão, que é muito curiosa: "Ele embarcou no navio dos peregrinos e não levou nenhuma provisão diferente daquela que levara no primeiro navio, a saber, sua confiança em Deus..." Ele vivia exclusivamente de esmolas. "Durante todo esse tempo apareceu-lhe muitas vezes o Senhor e lhe trouxe grande consolo e muita coragem. Ele acreditou ver uma coisa redonda e grande, como se fosse de ouro, pairando diante dele" (*RE*, p. 74)[116]. Portanto, uma esfera dourada, uma coisa redonda como se fosse de ouro. E isso era, então, o Senhor. Não há como ver direito, nem mesmo a partir da dogmática cristã, por que isso deveria ser justo ao Senhor.

> Agora ele teria essa capacidade (isto é, de achar Deus) mais do que em toda a sua vida anterior: sempre que ele quisesse e a qualquer hora ele seria capaz de achar Deus, e ainda estaria tendo visões, especialmente as mencionadas anteriormente, nas quais ele veria Cristo como um sol; frequentemente lhe ocorreria isso ao falar de questões importantes, e essa circunstância significaria para ele de novo uma confirmação (*RE*, p. 116).

Em termos psicológicos, isso quereria dizer que, em situações críticas, sempre ocorre uma manifestação espontânea do inconsciente. Ela se mostra aqui como aparição redonda, como ouro, em outra ocasião é descrita mais como o sol. A analogia

116. Jung tinha datilografado em folha separada as passagens de *RE* na tradução de Philipp Funk (1913a). Aqui há uma anotação manuscrita por Jung, citando a tradução latina que Anibal du Coudray (entre 1559 e 1561) fez do manuscrito original em espanhol e italiano: "*res quaedam rotunda tanquam ex auro et magna* [uma coisa redonda como de ouro e grande]".

com o sol se coaduna bem com Cristo, já que muitas vezes Ele foi identificado com o sol, por exemplo, como *sanctus sol iustitiae*, ou seja, o sol sagrado da justiça: "Mas para vós, que temeis o meu nome, brilhará o sol de justiça que traz a cura em seus raios" (Ml 3,20).

Ora, essas visões são muito autênticas justamente por causa do seu caráter não dogmático. São visões que outras pessoas também podem ter, pessoas que não são exatamente tidas como santas. Obviamente vocês podem verificar tais visões também em pessoas mentalmente desequilibradas, e isto com bastante frequência. Pois elas são frequentes em situações críticas, que em pessoas normais não chegam a atingir um nível crítico, mas que em pessoas com um sistema nervoso desequilibrado são tão penosas e conflitivas que elas entram em uma espécie de pânico ou desordem. Nesse caso, podem ocorrer tais visões, o que aporta um caráter de livramento, de certo modo, como uma iluminação. Trata-se de uma iluminação concretizada. A consequência disso muitas vezes é justamente esta: estabelece-se uma convicção consciente, por exemplo, de que, naquele momento, Deus teria ajudado de modo bem especial por meio dessa aparição. Em termos psicológicos, isso quer dizer que, em certos momentos típicos da vida humana, ocorrem manifestações espontâneas do inconsciente que têm esse efeito libertador. Fique a critério do indivíduo ou de sua visão de mundo dizer como quer designar essas coisas. Pode-se dizer, então, que Jesus Cristo, isto é, Deus, apareceu para ele em forma de esfera. Frequentemente, porém, tal interpretação tem um efeito insosso ou grotesco.

Swedenborg, por exemplo, que causou forte impressão inclusive em Kant, teve sua primeira visão com 56 ou 57 anos[117].

117. Emanuel Swedenborg (1688-1772), cientista, filósofo e místico sueco, que teve um despertamento espiritual em 1744, com 56 anos de idade. A partir daquele momento, ele experimentou numerosas visões e sonhos, nos quais Jesus Cristo

Ele estava em Londres, tinha jantado fartamente e, sentado por ali após ter comido, todo o assoalho se cobriu de vermes rastejantes. No canto apareceu um vulto com um manto vermelho e disse: "Não comas tanto!" Foi uma visão espontânea, um reconhecimento vindo do inconsciente: "Agora te empanturraste a valer". Esses animais rastejantes eram uma projeção do desarranjo intestinal. O vulto era seu si-mesmo melhorado: "Para com isso e cria juízo". Ele encarou isso como um conselho divino e, desse modo, estava fixada a impressão extraordinária. Ele então achou que fosse o Senhor em pessoa.

Quando se estuda as visões dos santos e de outros já se sabe mais ou menos quais delas são autênticas. Logo lhes contarei uma visão de Inácio que eu não designaria como autêntica.

Vou antecipar essa parte. Quando já possuía alunos, ele viajou a Roma e duvidou muito se o papa seria receptivo no que se refere à questão da fundação de sua ordem. Nesse estado, veio novamente uma visão. Ele viu que Deus incumbiu a "Sociedade de Jesus" de proteger o Filho que carregava a cruz e ouviu a voz que supostamente vinha de Jesus: "Serei favorável a vós em Roma"[118]. Se essa visão de fato foi assim e a voz

---

lhe pediu para escrever *The heavenly doctrine* [A doutrina celestial], visando reformar a cristandade. Em seu livro *Heaven and its wonders and hell from things heard and seen* [*O céu e as suas maravilhas e o inferno segundo o que foi ouvido e visto*] (1758) Swedenborg alegou ter tido acesso ao céu e ao inferno para descrever o estado de coisas após os dias do Juízo Final, que já havia acontecido em 1757. As referências a Swedenborg são recorrentes nas obras de Jung (OC 8/3, § 902; OC 18/1, §§ 706-708). As experiências de Swedenborg instigaram Immanuel Kant a escrever anonimamente seus *Sonhos de um visionário* (Kant, 1766/1838). Cf. o seminário de Jung de 2 de fevereiro de 1934 (*ETH*, vol. 1, p. 243).

118. "*Ego vobis Romae propitius ero.*" Essa confirmação também pode ser encontrada no teto de *Sant'Ignazio di Loyola* no Campo de Marte em Roma, depois de *Il Gesù*, a segunda igreja jesuítica mais importante em Roma, que é dedicada a Santo Inácio. Não há menção dessa visão ou dessa frase em *RE*. De acordo com Pedro de Ribadeneira, a visão que teve lugar em La Storta ocorreu assim: "Aconteceu que, quando se aproximavam de Roma, entrando em uma igreja abandonada e isolada,

eventualmente também tenha sido ouvida, tratou-se de uma visão puramente dogmática, que não considero autêntica. Ele adquirira o hábito da projeção por meio dessas visões, que inicialmente eram autênticas, e tinha aprendido a fazer ideias aparecerem para ele mesmo. Quando se treina isso, consegue-se projetar certas ideias sobre si mesmo. Assim também se enfatizou a respeito de Muhammad que ele sempre tinha visões que se coadunavam com a situação e diziam o que era desejado.

Quando a visão assume esse caráter complexo, ela costuma ser uma projeção do esperado ou pensado. É uma fantasia projetada, isto é, uma fantasia concretizada. A pessoa pensava e esperava isso e aquilo e fez com que aparecesse para si mesma. Porém só logra isso quem já tem muita prática no manejo do seu inconsciente. Primeiramente se trata de visões espontâneas que ele apreende. Em seguida, essas visões são reelaboradas no sentido dogmático e, dessa maneira, ele obtém gradativamente a prática de fazer com que lhe apareçam também ideias que passam a ser puramente dogmáticas e não têm nada a ver com a essência do inconsciente. Quanto mais complexas as visões, quanto mais se distanciarem do inconsciente, tanto mais questionável se torna sua autenticidade.

Obviamente não estou contestando a vivência, mas as visões autênticas são aquelas que ocorrem em toda parte, como,

---

Inácio se pôs a rezar com muito fervor. E ali mesmo seu coração e os 'olhos de sua mente' ficaram tão cheios de luz brilhante que ele viu claramente Deus Pai recomendando Inácio e seus companheiros de modo amoroso a Deus Filho enquanto este carregava a cruz, e os pôs sob a proteção de sua destra invencível. Tendo-os recebido graciosamente, Jesus se voltou para Inácio com uma expressão suave e serena, mesmo estando com a cruz, e lhe disse: 'Serei favorável a vós em Roma'. Essa incrível visão divina encorajou e fortaleceu maravilhosamente Inácio. Ele disse para Fabre e Laínez depois de sua prece: 'Não faço ideia do que nos aguarda em Roma, se Deus nos quer amarrados numa cruz ou na roda. Porém uma coisa descobri e sei com certeza: qualquer que seja o desfecho que nos aguarda, Jesus Cristo será favorável a nós'. Ele revelou toda a sua visão a seus companheiros para levantar seu ânimo e encorajá-los" (Ribadeneira, 1572/2014, p. 98-99).

por exemplo, também entre os primitivos que descrevem a alma como uma esfera. O ente psíquico aparece na forma de uma esfera. Essas ideias se encontram em muitos lugares do mundo. Aparições brilhantes ocorrem em quase toda sessão espírita, quando existe um meio minimamente apropriado, e também em sonhos em todos os recantos do mundo. É preciso diferenciar entre o elemento que realmente é percebido e o modo como ele é interpretado depois de algum tempo. A esfera naturalmente significa a totalidade redonda. A inteireza que lhe é própria aparece diante da pessoa e isso naturalmente tem um efeito libertador. Isso causa de imediato uma segurança interior. A pessoa se torna una com sua própria dúvida[119]. Os opostos se unificaram e a esfera é símbolo disso.

Retornemos à biografia de Inácio[120]: de Manresa ele foi para Barcelona e, em 1523, para a Palestina. Ele esmolou o dinheiro para a viagem, visto que não podia possuir nada, e viveu de esmolas. Ele foi expulso de Jerusalém pelo provincial dos franciscanos, que era plenipotenciário em Jerusalém, por ter caído no desagrado dos turcos, que lutavam ali contra os sarracenos. Ele só conseguiu permanecer poucos dias ali. Vol-

---

119. ES: "A pessoa se livrou da própria dúvida"; LSM: "Então, tudo que poderia ser dúvida já não é mais nada".

120. Jung preparou uma anotação manuscrita para essa seção (JLN, p. 8): "Dom Iñigo López de Recalde [esse nome foi citado várias vezes erroneamente como o nome de nascimento de Loyola; ML], nasc. em 1491. Oficial, defendeu Pamplona em 1521 contra os franceses. Lê enquanto enfermo uma biografia de Jesus e uma hagiografia. Conflito com mundanidade, esp. com a dama eleita, a cujo serviço se devotara. *Cavalaria espiritual.* Depois confissão geral de pecados em Montserrat. Em seguida, mosteiro dominicano em *Manresa*. Atos penitenciais. *Visões*. (Cf. *anexo*!) Depois Barcelona e 1523 Palestina. Expulso dali pelo provincial franciscano. Depois Barcelona: tentativa de formação: ao conjugar 'amo' incorre na *Gottesminne* [amor de Deus e amor cavaleiresco a Deus]. Filosofia em Alcalá. Paralelamente sempre faz exercícios. Em 1528 foi para Paris com um jumento carregando seus livros. Vive sempre de esmolas. Conflito com a Inquisição". A partir desse ponto Jung voltou a seguir a tradução alemã datilografada de *Religion och självträning* (1937), de Hegardt.

tou para Barcelona e reconheceu que deveria buscar alguma formação. Pois ele era homem de guerra. Começou estudando latim e teve de conjugar o verbo "amo". Ele não conseguia pronunciar a palavra porque caía constantemente em um estado de *Gottesminne* [de amor cavaleiresco a Deus]. Ele sentia toda a bem-aventurança do amor a Deus. Isso não foi muito propício para seus estudos de latim, mas representou uma intensa vivência para a sua piedade. Mas ele não se intimidou por causa disso em sua sede de saber. Estudou filosofia em Salamanca, fazendo paralelamente todo tipo de exercícios de conversão, isto é, conversava com pessoas para ajudá-las. Ele se exercitava regularmente com pessoas que encontrava por acaso. Em 1528 viajou a pé até Paris para estudar teologia de verdade, acompanhado de um jumento que carregou seus livros. Assim ele peregrinou até Paris, vivendo de esmolas. Já antes disso e também depois entrou "levemente" em conflito com a santa Inquisição devido à sua atividade missionária. Isso naturalmente foi desagradável, pois se tratava de uma instituição com a qual não se podia brincar. Naquela época, ainda pairava um forte cheiro de fogueiras no ar. Ele teve de passar por diversos processos, por exemplo, em Salamanca. As pessoas com as quais ele se exercitou foram interrogadas. Foram, na maioria, mulheres, como se depreende dos autos[121]. A declaração de uma mulher que par-

---

121. Aqui Jung continua a acompanhar a tradução alemã inédita de Hegardt (1937, p. 26-27): "Uma das mulheres envolvidas relatou, no dia 10 de maio de 1527, diante dos juízes de instrução, 'que ela solicitou que Inácio lhe ensinasse como poderia servir a Deus. E Dom Iñigo lhe respondeu que, durante aquele mês, deveria confessar-se a cada oito dias e tomar a comunhão. Ele acrescentou que, na primeira vez, ficaria contente sem saber de onde provinha isso, que, na segunda semana, ficaria muito triste, mas que ele esperava em Deus que ela tiraria grande proveito disso. [...] Ele disse ainda que queria lhe explicar o exercício das três forças psíquicas. Mostrou-lhe também o ganho que se poderia obter na tentação; falou do pecado venial e de como ele poderia se converter em pecado mortal; e sobre os dez mandamentos e sobre as circunstâncias em torno dos pecados mortais e dos cinco sentidos. [...] Ele lhe disse que, quando entrasse

ticipou dos exercícios diz que ela pediu a Inácio por iniciativa própria que a guiasse e orientasse como poderia servir a Deus. Ele lhe respondeu que, durante um mês, deveria falar com ele várias vezes e, durante esse mês, deveria fazer a confissão a cada oito dias e tomar a comunhão. Na primeira semana ela ficaria bem contente e desfrutaria sem saber de onde vinha isso. Na segunda semana ela ficaria muito triste, mas ele tinha esperança de que ela tiraria grande proveito disso. Ele lhe disse também que queria lhe ensinar o exercício das três forças psíquicas. Estas são mencionadas nos exercícios. Ele lhe mostrou também o ganho que se poderia obter na tentação. Ele falou também do pecado venial, *peccatum veniale*, e como ele se converte em pecado mortal, *peccatum mortale*[122]. Isso é típico. Primeiro o pecado venial que leva adiante para o pecado mortal. Ademais, ele falou dos dez mandamentos, das circunstâncias em torno dos pecados mortais e dos cinco sentidos. Ele lhe disse que, quando entrasse para o serviço a Deus, ela seria acometida pela tentação do maligno[123]. Ele lhe ensinou o exame de consciência e que ela deveria fazê-lo duas vezes por dia, a primeira vez depois do almoço, a segunda depois do jantar, devendo ajoelhar-se e dizer: "Meu Deus, meu Pai, meu Criador! Sou grata a ti e te louvo por todos os benefícios que me proporcio-

---

para o serviço a Deus, ela seria acometida pela tentação do inimigo maligno. Ele lhe ensinou o exame de consciência e que deveria fazê-lo duas vezes por dia, a primeira vez após o almoço e a segunda após o jantar; para isso, ela deveria ajoelhar-se e dizer: Meu Deus, meu Pai, meu Criador! Sou grata a ti e te louvo por todos os benefícios que me proporcionaste e, espero, ainda me proporcionarás. Baseada no mérito do teu sofrimento, peço que me concedas a graça de poder examinar bem a minha consciência'".

122. As expressões latinas foram acrescentadas por Jung à tradução alemã datilografada de Hegardt (1937).

123. Jung acrescentou o seguinte comentário ao texto de Hegardt: "No olhar, reside um demônio incógnito que deixa os adeptos dementes (Antímimo em Zósimo)" (JLN, p. 8).

naste e, espero, ainda me proporcionarás"[124]. Esse mandamento é tipicamente ocidental: espero que continues a proporcionar-me isso e aquilo, e, já que te dispuseste a fazer alguma coisa por mim desta vez, ai de ti, se não continuares a me ajudar. Isso é algo que hoje em dia ainda se ouve muito. Isso é religiosidade ocidental. Pedir tudo de Deus da maneira mais despudorada possível, isso é religião ocidental autêntica. A respeito disso, ocorre-me uma história um tanto grosseira, que tenho de lhes contar: em tempos idos, havia no Portão Spalen da cidade de Basileia uma pequena capela. Quando as alsacianas vinham ao mercado de Basileia para vender seus produtos, elas rezavam fervorosamente à Mãe de Deus por um bom negócio, que desse no mínimo para comprar alguma comida, quem sabe para um pouco de sopa, e talvez para alguma couve dentro dela, e talvez também para um pedacinho de carne-seca etc. E, quando o Menino Jesus certa vez resolveu perguntar a uma dessas mercadoras: "Algo mais?", a suplicante respondeu: "*Heb d'Schnörre, i red mit d'Müeter* [Cala a boca, estou falando com a tua mãe]"[125]. Partindo dessa psicologia, os santos até podiam ser espancados se não chovesse. Essa é uma psicologia primitiva, que ainda existe, embora essa história já seja de cerca de 50 anos atrás.

[126]Essas experiências com a Inquisição e todo tipo de boatos que surgiram sobre sua atividade espiritual, seguida principalmente por muitas mulheres, tornaram-se um tanto incô-

124. Até aqui Jung estava usando a tradução alemã inédita de Hegardt (1937, p. 26-27).

125. Ao norte de Basileia – a cidade natal de Jung – começa a vasta planície do Rio Reno. Na margem esquerda do Reno se estende a Alsácia, hoje pertencente à França, onde parcelas da população falam um dialeto alemão muito parecido com o dialeto de Basileia. A Alsácia é uma região muito fértil. Desde tempos antigos, os verdureiros e as mercadoras alsacianas vendiam seus produtos em Basileia. O trajeto até a cidade passava pelo Portão Spalen, uma grandiosa construção histórica do século XIV [dados fornecidos por Ulrich Hörni].

126. Jung continua a acompanhar Hegardt (1937, p. 27-29).

modos e, em 1528, ele se mudou para Paris, onde permaneceu por uma quantidade considerável de anos. Dedicou-se à cura d'almas de estudantes espanhóis da Universidade de Paris, como fizera em Salamanca, na forma de sessões de oração e de confissões. Naturalmente ali surgiram os mesmos boatos. Houve alguns incidentes desagradáveis. Sob a influência desses exercícios, uma série de jovens nobres espanhóis abjuraram toda mundanidade, doaram seus bens, que naturalmente pertenciam aos seus pais, e ganharam seu sustento com esmolas, seguindo o exemplo do mestre. Inácio foi, então, acusado de ter confundido o espírito dessas pessoas jovens com feitiçaria. Ele foi acusado pela Inquisição. Porém, assim que ficou sabendo disso, foi pessoalmente até o grande inquisidor Doutor Matthieu Ory e o informou a respeito do assunto[127], conseguindo convencê-lo com o seu jeito cativante. Depois disso, a Inquisição não tomou mais nenhuma medida em relação a ele.

Ele permaneceu até 1530 em Paris. Nessa época trabalhou como *directeur de conscience*[128], como guia d'almas e cura d'almas. Aos poucos ele foi mudando, retraiu-se um pouco dessa atividade e dedicou-se mais aos seus estudos. Tinha feito todo tipo de experiências ruins, especialmente ao reunir uma grande quantidade de pessoas, com as quais ele fazia os exercícios simultaneamente. Preferiu, então, fazer seus exercícios com poucas pessoas de maneira discreta. Tornou-se mais metódico

127. Matthieu Ory (1492-1557), frei e teólogo dominicano francês, designado como inquisidor por Francisco I em 1536 e grande inquisidor da França em 1539. A declaração da testemunha no processo romano movido contra Inácio e seus companheiros em 1538 diz que "tendo se informado e visto seus hábitos, modo de vida e ensino, ele [isto é, Ory] os declarou livres de toda suspeita de heresia, e lavrou cartas patentes para o dito Inácio em sua justificação..." (Extraído do relatório do testemunho de Ory, citado em *IPW*, p. 373, n. 123). Ele é o autor de *Ad haeresum redivivas affectiones Alexipharmacum* (Paris, 1544; Veneza, 1551-1558).

128. *Directeur de conscience*, "mentor espiritual" em francês.

e cuidadoso na escolha dos seus confessandos. Restringiu sua atividade essencialmente a homens inteligentes e cultos. Porém até nesse grupo restrito ele se tornou mais reservado e evitou os exercícios. Só em 1533 voltou a repassar os exercícios propriamente ditos. Foi então que encontrou as pessoas que se tornariam determinantes para todo o destino da Ordem dos Jesuítas. Ele encontrou Pedro Faber, que se tornou um de seus mais importantes colaboradores[129]. Inácio lhe repassou os exercícios e sabemos que ele os executou com máximo êxito. Como num passe de mágica, Faber foi libertado de sua sensualidade, suas tentações e falhas de caráter. Ele teria ficado repleto de energia espiritual e entusiasmo, como jamais teria sonhado.

Inácio igualmente logrou converter outros, entre os quais Francisco Xavier[130], que angariou renome por sua missão na

---

129. São Pedro Faber (1506-1546), também conhecido como Pierre Favre, nascido na Savoia em circunstâncias humildes, seu extraordinário talento intelectual o levou a estudar filosofia e teologia na Universidade de Paris em 1525. Ali ele compartilhou um quarto com Francisco Xavier (cf. nota 130) e, a partir de 1529, também com Inácio. Antes de ser ordenado sacerdote, Inácio o guiou através dos *Exercícios espirituais*. Ele era o único sacerdote entre os que fizeram os votos de pobreza, castidade e obediência no dia 15 de agosto de 1534, na capela de Saint-Denis em Montmartre. O Papa Paulo III designou Faber para ensinar teologia e Escritura na Universidade Sapienza em Roma. Mais tarde ele foi enviado à Alemanha como integrante de uma delegação católica, para travar um diálogo, visando à reunificação com os protestantes. Quando esses esforços falharam, ele foi enviado a Portugal para estabelecer a Companhia ali. A caminho do Concílio de Trento, onde foi designado como um dos teólogos papais, ele sucumbiu a uma febre em Roma. Faleceu na presença de Santo Inácio. Pedro Faber foi canonizado pelo Papa Francisco em 2013. Sobre Pedro Faber, cf. a biografia escrita por Mary Purcell, *The quiet companion* (1970).

130. São Francisco Xavier (1506-1552), nascido como Francisco de Jasso y Azpilicueta, no reino de Navarra. Em 1525 foi estudar na Universidade de Paris, onde ele e seu amigo Pedro Faber (cf. nota 129) compartilharam um quarto com Inácio. Depois de completar seus estudos em 1530, ele ensinou filosofia aristotélica no Colégio de Beauvais. Francisco Xavier era um dos sete homens que, no dia 15 de agosto de 1534, fizeram os votos de pobreza, castidade e obediência na capela de Saint-Denis em Montmartre. Depois disso ele estudou teologia e foi ordenado sacerdote em 1537. Três anos depois ele foi enviado, em companhia de outro co-

Índia, e Diego Laynez[131]. Assim, Inácio lançou, em torno de 1533, o fundamento da *Societas Jesu*[132]. [133]Não se tratou de uma sociedade organizada, mas de um conventículo. Eles viviam de esmolas, dado que fizeram votos de pobreza e castidade. Em 1535 Inácio retornou à Espanha. Em 1537 ele combinou com seus companheiros na Espanha e na França que se encontra-

---

fundador da Companhia de Jesus, Simão Rodrigues de Azevedo (1510-1579), à colônia portuguesa de Goa na Índia, tornando-se *de facto* o primeiro missionário jesuíta. Sua missão cobriu os territórios do sul da Índia e do Ceilão, Malaca, Amboina e Ternate e do Japão. Ele foi acometido de uma febre e faleceu em 1552, ao tentar entrar no território da China. Francisco Xavier foi canonizado em 1622. Ele é o padroeiro das missões católicas, copadroeiro de Navarra, na Espanha, e santo padroeiro da Austrália, de Bornéu, da China, das Índias Orientais, de Goa, do Japão e da Nova Zelândia. Seu corpo permanece na Basílica de Bom Jesus em Goa e, devido ao seu estado incorrupto, é objeto de veneração.

131. Diego Laynez (1512-1565), teólogo espanhol, descendente de judeus e segundo superior-geral da Companhia de Jesus. Ele encontrou Inácio durante seus estudos na Universidade de Paris e foi um dos sete que fizeram os votos de pobreza, castidade e obediência (cf. nota 132). Em companhia de Alfonso Salmerón (1515-1585), um dos cofundadores da Companhia de Jesus, ele participou do Concílio de Trento como teólogo papal e foi decisivo para o seu desfecho.

132. O voto na capela de Saint-Denis de Montmartre, no dia 15 de agosto de 1534, foi feito por sete homens: Inácio de Loyola, Pedro Faber (1506-1546), Francisco Xavier (1605-1552), Diego Laynez (1512-1565), Alfonso Salmerón (1515-1585), Nicolas Bobadilla (1511-1590) e Simão Rodrigues de Azevedo (1510-1579). Os detalhes precisos dos votos são desconhecidos, mas é provável que tenham incluído uma vida em pobreza, castidade, serviço ao papa e uma peregrinação a Jerusalém.

133. Na margem inferior da tradução datilografada do texto de Hegardt, Jung anotou os seguintes termos-chave: "Eles constituíram uma pequena sociedade. Em 1534 fizeram em Montmartre os votos de castidade e pobreza e prometeram dedicar-se à atividade missionária. Em 1535, R. [equivocado para Recalde] retornou à Espanha. Em 1537, reunião de todos os companheiros em Veneza para a viagem a Jerusalém. Guerra turca. (Em contato com teatinos, surge a ideia de um mosteiro.) Daí para Roma. Visão no caminho: Deus encarrega o Filho que carrega a cruz de proteger a companhia. '*Ego vobis Romae propitious ero* [Serei favorável a vós em Roma].' Daí *Societas Jesu* [Sociedade de Jesus]. Em 1540, o Papa Paulo III (bula *Regimini militantis*) confirmou a fundação. Inácio se torna o Geral (*locum Dei tenens* [o que ocupa o lugar de Deus]). Após a eleição, feliz da vida, ele vai para a cozinha prestar o serviço de *ajudante de cozinha*" (JLN, p. 10).

riam em Veneza para peregrinar até o Santo Sepulcro na Palestina. A guerra dos turcos impossibilitou essa viagem marítima a Jerusalém[134]. Em Veneza, ele recebeu o primeiro incentivo para fundar um mosteiro. Rumou então para Roma. Nesse percurso teve a visão que já lhes contei, em que Cristo o ajudaria[135]. Em Roma, após algumas dificuldades iniciais, acabou tendo êxito, e, em 1540, o Papa Paulo III confirmou a fundação da Ordem dos Jesuítas com a bula *Regimini militantis Ecclesiae*[136]. Ele tinha alcançado seu objetivo. Foi eleito como primeiro Geral jesuíta, mais precisamente como *locum Dei tenens*[137]. É característico de Inácio que, depois de ter sido alçado ao posto de Geral, foi imediatamente até a cozinha e assumiu o serviço do auxiliar de cozinha, para provar a si mesmo que não era arrogante. Ele morreu em Roma na condição de primeiro Geral jesuíta. Essa foi, em grandes traços, a vida de Inácio.

---

134. Referência à Terceira Guerra Otomano-Veneziana, entre 1537 e 1540. O Rei Francisco I da França tinha feito uma aliança com o Sultão Suleimão I do Império Otomano para derrotar o Sacro Império Romano sob o Imperador Carlos V. Como parte da tentativa de invadir a Península Apenina, as tropas otomanas conquistaram os territórios dos habsburgos na Dalmácia e quebraram o tratado de paz com a República de Veneza mediante o sítio a Corfu. O Papa Paulo III, preocupado com isso, conseguiu estabelecer a paz entre a França e o Sacro Império Romano e formou uma liga santa para deter o avanço dos otomanos. Após perdas pesadas da parte da liga santa, foi assinado, em 1540, um tratado para cessar a guerra.

135. Cf. p. 138-139.

136. *Regimini militantis Ecclesiae* (1540/1938) – "Ao governo da Igreja militante" – foi uma bula papal emitida pelo Papa Paulo III no dia 27 de setembro de 1540. A bula restringiu o número de membros a 60. A restrição só foi retirada mediante um texto revisado da bula *Exposcit debitum* (1550/1937) – "O dever exige" – pelo Papa Júlio III em 1550.

137. *Locum Dei tenens* ou representante da providência divina. O capítulo 3 da bula *Exposcit debitum* estabelece que "devido ao grande valor da boa ordem e em função da prática constante da humildade, nunca suficientemente louvada, os sujeitos individuais deveriam ser obrigados não só a obedecer ao Geral em questões referentes ao instituto da Companhia, mas também a reconhecer e venerar apropriadamente Cristo como presente nele" (Aldama, 1990).

Não vou conseguir tratar os exercícios no breve tempo que resta. Trata-se de um assunto muito vasto. Tenho de postergar isso para o próximo semestre. Eu só gostaria ainda de dizer algo sobre o aspecto geral dos exercícios. Inácio rompeu totalmente com a tradição *in puncto* exercícios meditativos. Os *devoti* entendiam por meditação algo propriamente muito parecido com a imersão oriental, naturalmente com base em um modo dogmático bem diferente de ver as coisas. A finalidade desse exercício meditativo era uma imersão em Deus, a produção de uma quietude interior, uma paz interior, um afastamento do mundo, um deixar-se levar típico do objetivo da meditação medieval.

Vocês lembram o que li aqui do Mestre Eckhart[138]. Em contraposição a isso, Inácio regulamentou os exercícios meditativos. No caso dele, tratava-se de exercícios mesmo, de um jeito nunca antes visto. Eles duravam de 30 a 40 dias. Cada meditação dura exatamente uma hora. Outras ideias também se imiscuem em todo esse exercício, por exemplo, a *electio* [eleição]. Para os *devoti*, de modo algum se tratava de serem considerados *electi*, eleitos. Mas, em Inácio, isso desempenhou um papel importante. Esse era seu objetivo e o dos jesuítas. Também faltam os componentes místicos da religiosidade dos *devoti*, por exemplo, o êxtase. De modo geral, os fenômenos da mística são desativados. No máximo eram tolerados ou permitidos certos conceitos ou sentimentos místicos como estimulantes, para atrair a vontade para o trilho correto. O caminho dos *devoti* estava voltado inteiramente para dentro, para a paz, intimidade e quietude em Deus. Em Inácio, tudo está voltado para fora: façanhas, luta e briga, empreendimentos, ataques ao mundo. Tudo é atividade e objetividade. Nele, toda a edificação e a imersão mística foram completamente consumidas por um regulamento, por prescrições, por instruções bem deter-

138. Cf. *ETH* (vol. 6, p. 413-425).

minadas, razão pela qual também lhe foi feita a crítica de que tudo se tornou um regulamento de exercícios de um comandante. Não quero me manifestar sobre se essa crítica é correta, mas devo mencioná-la. Essas qualidades características dos exercícios inacianos têm uma origem histórica, que não se situa no âmbito do cristianismo, mas no da mística árabe. Começarei com isso no próximo semestre.

Semestre de inverno de 1939-1940

Seminário 1[139]

3 de novembro de 1939

No decorrer do último semestre, ocupamo-nos com a natureza da assim chamada imaginação ativa. Antes de entrar no tema específico que me propus a tratar, farei um resumo do que dissemos até agora sobre isso: por imaginação entende-se uma maneira ou um meio de mudança, melhoramento, cura, elevação ou aperfeiçoamento da personalidade. A palavra mesma provém do latim *imago*, isto é, imagem, e significa a representação, a impressão deixada por imagem ou uma ideia. A palavra "ideia" vem do grego *eidos*, que igualmente significa imagem. Pela via dessa impressão de uma imagem tenta-se gerar uma transformação da essência, mais precisamente da essência psíquica ou, com outras palavras, do caráter do ser humano.

Vocês sabem que o caráter original do ser humano é uma disposição natural contraditória, que se caracteriza por todo tipo de transtornos. Raramente ou nunca o caráter é disposto harmonicamente. Sempre estão presentes certos estados de tensão que, no decurso da vida, podem se intensificar consideravelmente e dar à pessoa a sensação de transtorno ou desenvolvimento falho. Isso resulta em dificuldades na vida e com as pessoas, no que se refere a circunstâncias e relações na nossa vida. Tudo isso resulta

139. O texto deste seminário foi compilado por meio de anotações feitas por LSM, ES, RS e OK, e a tradução inglesa de BH. ES anotou: "Seminário Jung, SI 1939-1940 'O processo de individuação' / Frequentei o 1º seminário [3.XI.39], mas esqueci a transcrição dela no trem; mais tarde, ela me foi devolvida".

de contradições e tensões do caráter natural, que surgem pela mistura de duas longas linhagens, nas quais obviamente ocorrem incompatibilidades. Pois o ser humano não é só o que ele se tornou por meio do pai e da mãe. Estes mesmos já são o resultado de longas linhagens. Quando duas tribos distantes se misturam, pode-se esperar que surja daí todo tipo de incompatibilidades nos indivíduos. É por isso que, desde sempre, o ser humano foi percebido como carente de melhorias. Até há quem acredite que o ser humano é bom desde a origem e desde a base. No entanto, essa maneira de ver as coisas é contestada por muitas opiniões, experiências e fatos. Foi por isso que a cosmovisão cristã declarou o ser humano como imperfeito e até em um estado excluído da graça. Ele só é transposto para a possibilidade da graça quando recebe o Batismo. Um estado não batizado é um estado natural. Não iniciado. Essa não é uma ideia só dos cristãos, mas também de muitas tribos primitivas. Assim, encontra-se, por exemplo, entre os kavirondo africanos a visão de que pessoas jovens que não se submeteram aos ritos de iniciação, muitas vezes muito doloridos, seriam apenas animais, ainda não seriam humanos[140]. Tal é a força com que se expressa a convicção de que o ser humano original e natural não estaria pronto e acabado, que estaria distante de um estado de perfeição, que nem mesmo seria humano, mas meramente um ente da natureza. Dessa profunda convicção provêm, então, os esforços para levar a termo justamente um melhoramento ou uma elevação da essência humana. No estágio primitivo, isso acontece justamente por meio desses

140. O termo "kavirondo" se refere ao povo nativo do vale do Rio Nzoia, a oeste do Monte Elgon e ao longo da costa nordeste do Lago Vitória. De outubro de 1925 a abril de 1926, Jung viajou em companhia de Helton Godwin ("Peter") Baynes (1882-1943), George Beckwith (1896-1931) e Ruth Bailey até o Monte Elgon (14.177 pés [4.321m]), que hoje se situa na fronteira entre Quênia e Uganda. Eles permaneceram por um tempo com a tribo local dos elgonyi. Cf. Jung (1962, p. 253-270) e Bailey (1969-1970). Cf. tb. o seminário de 24 de fevereiro de 1938 (*ETH*, vol. 6, p. 308).

ritos de iniciação, que também podem, em certo sentido, ser chamados de imaginação ativa, na medida em que, nesses ritos, são apresentadas aos jovens as imagens que eles devem imitar dali por diante. Na maioria das vezes, isso é incutido neles à força, a exemplo do velho professor que eu ainda tive, que "incutia" cada letra com uma vara tripla trançada de salgueiro de um metro de comprimento. Daí vem a palavra "*einbläuen*" [= bater até ficar roxo, "incutir"]. No estágio primitivo, isso não é feito só literalmente, mas também por expedientes como deixar passar fome e sede e não deixar dormir, intoxicar – por exemplo, eles são forçados a beber uma cocção que os deixa praticamente envenenados –, infligir ferimentos etc. Esses que estão se tornando "humanos" muitas vezes correm o risco de morrer, e até são levados à beira da loucura por esse tipo de procedimentos. Esses procedimentos dolorosos possuem única e exclusivamente a finalidade mnemotécnica de guardar vivos na memória os ensinamentos da tribo[141]. Pois, junto com todos os procedimentos mágicos, são-lhes comunicadas as sagradas doutrinas da tribo a respeito de como os deuses e os ancestrais semianimalescos criaram originalmente a terra, os humanos, os animais e as plantas. Por essa via, os humanos são transpostos para um estado mais elevado de saber secreto. Tornam-se, de certo modo, espíritos. Eles precisam passar por uma morte figurada e são informados de que morreram e pelo renascimento se tornaram espíritos. É assim no estágio primitivo.

No estágio superior há formas de transformação mais complexas e mais espiritualizadas e, assim sendo, ocupamo-nos, nos

141. Em sua polêmica filosófica *Genealogia da moral* (1887), Friedrich Nietzsche apresentou um argumento similar: "Talvez nada exista de mais terrível e inquietante na pré-história do homem do que a sua *mnemotécnica*. 'Grava-se algo a fogo para que fique na memória: apenas o que não cessa de *causar dor* fica na memória' – eis um axioma da mais antiga (e infelizmente mais duradoura) psicologia da terra" (*KSA*, vol. 5, p. 295; Nietzsche, 1887/1998, p. 50).

semestres passados, com as formas mais nítidas desse tipo, por exemplo, com a ioga oriental. Eu relatei a vocês sobre a ioga clássica, a *Yoga Sūtra* de Patanjali[142]. Além disso, indiquei-lhes dois textos budistas que se referem a essa transformação[143]. Nestes, recorre-se a uma série de concepções auxiliares de natureza simbólica, a imagens simbólicas que representam a transformação, e sua inculcação visa efetuar a transformação individualmente. A meditação visa transformar a pessoa naquilo que é almejado, obviamente sempre dentro do círculo budista: tornar-se Buda. Ocupamo-nos minudentemente com a série de símbolos do rito budista. Eu gostaria de trazer novamente à lembrança de vocês essa série, porque é importante que vocês guardem na memória esse cânone da transformação simbólica para mais tarde, quando chegarmos aos paralelos ocidentais. No decorrer dos últimos seminários, indiquei-lhes também um paralelo medieval ocidental, a saber, a assim chamada série hermética ou alquímica da transformação, que pode ser colocada diretamente ao lado da série oriental de símbolos.

Oriente:	Ocidente:
1. Vazio	1. Caos ou *nigredo* (o pretume)

No Oriente, "vazio" significa o esvaziamento psíquico de representações. O treino que leva a isso é um treino de ioga associado a todo tipo de exercícios corporais com a finalidade de acarretar o vazio da consciência. Em contraposição, no Ocidente, o "caos" ou a "*nigredo*" não são pensados como um estado psíquico, mas como um estado da matéria. Essa é a grande diferença, a saber, que o Oriente pratica sua mística com a alma, ao passo que o Ocidente o faz com a matéria. Este viu

142. Cf. a introdução do editor ao volume 6 (*ETH*, p. 61-66).

143. Na série anterior de seminários, Jung falou sobre a *Amitâyur-dhyâna-sûtra* e *Shrî-chakra-sambhâra Tantra*. Cf. a introdução do editor ao volume 6 (*ETH*, p. 66-89]).

primeiro na matéria tudo o que é vivência psíquica. Esse é o estado inicial do Gênesis: "A terra estava deserta e vazia, e trevas cobriam o Oceano [trad. alemã: as profundezas]" (Gn 1,2). Isso é o referido caos. Um estado da mais profunda inconsciência, da vacuidade de representações, que é um equivalente aos primórdios absolutos do mundo. Por que isso é assim no Ocidente? Pois, na verdade, trata-se de um fato curioso, que, no Ocidente, um segredo psíquico ou um estado psíquico seja encontrado pronto na matéria. Isso mostra a vocês a extraordinária extroversão do espírito ocidental na direção da matéria do mundo. Nós o vemos nas coisas, o Oriente o vê no íntimo, na alma. Este não explica o estado caótico do lado de fora.

2. Quatro elementos	2. Tetrameria

Os símbolos da partição em quatro se correspondem no lado oriental e no lado ocidental. Quando um estado caótico está presente, forçosamente se inicia um processo de partição. Uma coisa tem de ser diferenciada da outra. Isso é um ato de consciência, uma diferenciação. Do caos surge a consciência. No segundo dia da criação inicia-se a *divisio*, a separação entre as águas que estão em cima e as águas que estão embaixo[144].

3. Monte Meru	3. *Separatio*

No Oriente, é o monte cósmico Meru que desponta da superfície absoluta como formação inicial. Isso simboliza um algo determinado no absolutamente indeterminado. É uma antecipação de formação. Surge forma. A *separatio* é a separação entre o líquido e o solo firme, de acordo com o Gênesis.

144. Gênesis 1,6-8: "Deus disse: 'Faça-se um firmamento entre as águas, separando umas das outras'. E Deus fez o firmamento. Separou as águas que estão debaixo do firmamento das águas que estão por cima do firmamento. E assim se fez. Ao firmamento Deus chamou 'céu'. Fez-se tarde e veio a manhã: o segundo dia".

Esse seria o terceiro dia da criação[145]. O que desponta do meio aquoso ou se coagula a partir dele são os montes.

4. Cidade	4. *Castrum*

No cume desse monte surge, então, uma cidade bem cercada, construída por mão humana. A isso corresponde, na Idade Média ocidental, o *castrum* (castelo), a fortaleza, a cidade ou a *thesauria* (casa do tesouro). O monte significa forma, em última instância, forma humana. No seu topo está posta a cabeça e dentro dela está a consciência. Esta é um lugar psíquico delimitado. Daí também o *castrum*, que é isolado e protegido contra a influência do meio ambiente. Daí provém um ente de quatro cabeças, o

5. *Vaira*	5. *Congelatio*
(diamante, belemnite)	(solidificar)

Esse *vaira* aparece principalmente no budismo tibetano. Ele é a substância incorruptível, aquilo que não muda mais. Ele é de uma tremenda preciosidade, igual ao *lapis philosophorum*, à pedra filosofal, entre os alquimistas. Ao *vaira* de quatro cabeças corresponde, no Ocidente, a *congelatio*, o congelamento, solidificação, a *quaternitas* ou o *quaternarium*, ou seja, o número quatro. O número quatro endurece, isto é, os quatro elementos se fundem. O separado se interliga. Surge, então, uma unidade firme, um centro. Poderíamos dizer que esse centro já existe. É o eu. Essa seria a suposição mais plausível, e, de fato, encontram-se na alquimia numerosas passagens indicando que esse centro seria propriamente o eu. Porém, em contrapartida, há muito mais passagens provando que não seria o eu, mas outro centro. É como se, por meio desse processo, não viesse a ser o eu que já existe – pois senão ele não poderia efetuar a qua-

145. Gênesis 1,9: "Deus disse: 'Juntem-se as águas que estão debaixo do céu num só lugar e apareça o solo firme'. E assim se fez".

dripartição, pois esta já é um ato consciente da vontade –, mas isso deve se referir a outro ente, um centro que não existia antes, um novo centro da personalidade. Designei esse centro como o *Selbst* [= *self*, si-mesmo]. Há, a favor disso, nos textos do Oriente, passagens concretas que indicam expressamente esse fato.

Ora, o que é o si-mesmo? Ele é um centro ou uma integralidade que não consiste, como a consciência, apenas na psique consciente, mas na consciência e na psique inconsciente juntas. Esse si-mesmo também abrange o que somos sem saber. Pois nós somos muito mais do que pensamos, e às vezes muito mais agradáveis ou desagradáveis do que sabemos. Não somos só o que cogitamos ser, mas também o efeito que causamos em outros. Com frequência somos extraordinariamente inconscientes disso. Por exemplo, se levarmos em consideração os sonhos, encontramos partes da personalidade em operação, das quais durante o dia nem sonhamos que existem, a não ser que um bom amigo nos diga isso discretamente. Não sabemos até onde chega o perímetro do si-mesmo, pois não há como fixar os limites da psique inconsciente. Devemos estar cientes disso.

O que aparece aqui agora é uma primeira estrutura do si--mesmo. É isso que é vigiado no castelo, que é guardado na casa do tesouro. Esse é o grande tesouro, o centro solidificado da personalidade, que não pode mais ser mudado. Em contrapartida, o eu é bastante mutável. O eu confere forma a tudo que é possível. Em contraposição a isso, essa essência é como é, e não como nós desejamos que ela seja.

Essa essência também é marcada por quatro cores, mais precisamente sempre pelas cores vermelha, verde, amarela e azul. A mesma coisa encontramos no Ocidente. Quando as cores aparecem, dizem os velhos mestres, então aparece a *cauda pavonis*, a cauda do pavão (cf. *ETH*, vol. 6, p. 320, 363-364). Essas são, pois, as qualidades dessa essência. Aparecem tantas cores que nenhum humano [consegue conceber], que só Deus consegue conceber.

Nisso já está implícito que se trata de uma essência sobrenatural. Ela não está dada pela natureza, mas só vem a existir pelo procedimento místico. De início se trata de uma essência inanimada. *Vaira* é simplesmente uma energia concentrada e é representada pelo diamante. A *quaternidade*, o *quaternarium*, é estática, possui forma cristalina. Aqui entra em cena o assim chamado lótus:

6. Lótus	6. Flor de ouro, árvore

O lótus é uma planta, uma flor, e corresponde à representação alquímica da flor de ouro. Uma variação é a árvore, *arbor philosophica* (cf. OC 13). A essência solidificada que aparentemente é inorgânica e é determinada pelas quatro cores torna-se viva, capaz de crescimento e melhoramento.

7. Lua	7. *Luna*

Do lótus provém a lua. Isso corresponde, no patamar alquímico, à *luna*, à lua, e também foi denominado a prata (*argentum*).

8. Sol	8. Sol = *aurum* = ouro

Disso faz parte também o sol como o correspondente masculino. O sol corresponde ao ouro: *sol – aurum.*

Essas parecem ser novamente determinações inorgânicas, mas, na verdade, são simbólicas: à semelhança da lua, à semelhança do sol, à semelhança desse par divino, do deus Sol e da deusa Lua, em termos filosóficos o masculino e o feminino, duas formas do lótus. Esse é um contraste que é desdobrado em outro patamar. Aqui volta a aflorar um lótus, mas em sentido estritamente feminino:

9. Lótus *yoni*	9. A mulher branca, *al-baida*

Essa é a genitália feminina. A ela corresponde, na alquimia, a assim chamada mulher branca, a *al-baida*, isto é: a brancura. Isso é arábico. Ela também é identificada com prata. Ela é a *regina*, a rainha, em forma humana exaltada, pois os reis são os representantes dos deuses.

10. Lua com *lingam* 10. *Coniunctio*

Essa é a união do feminino com o masculino, a saber, da lua com o *lingam*. O *lingam* tem um significado duplo: de um lado é o falo, a genitália masculina, de outro ele é o *subtle body*, o corpo etéreo, o corpo psíquico. A união de ambos naturalmente é pensada como união sexual. Na alquimia, trata-se da *conjunctio*, que sempre é representada como ato sexual, mais precisamente, entre a mulher branca e o *servus rubeus*, o escravo rubro. Este é o *rex*, o rei. Essas são as duas famosas cores alquímicas: o branco e o vermelho, que representam justamente essa *conjunctio*. Aqui são conduzidos à união os opostos, que, em última análise, são apresentados como masculino e feminino. Pois o si-mesmo é uma *coincidentia oppositorum*, um coincidir de opostos, a solução da problemática da oposição. Pois é por isso que a unidade inexorável e imutável é buscada.

11. Vihara 11. Vas hermeticum

Vihara, o mosteiro, não é mais uma cidade, mas um local sagrado[146], onde estará o ser que provém dessa união. A união é fértil. Dela se origina uma criança que cresce no *vihara*. A isso corresponde, na filosofia hermética, o famoso *vas hermeticum* [vaso hermético], no qual ocorre a transformação. Ele é denominado casa de vidro e é idêntico com a retorta, na qual acontece a transformação e na qual aparece o *homunculus*. No Oriente, esse ente animado é denominado *Mahasukha*:

12. Mahasukha 12. Hermaphroditus

Mahasukha, o senhor da bem-aventurança, é o Buda. Aqui, do outro lado, ele é chamado de *Hermaphroditus*, isto é, ele é um ente bissexual que simboliza a união dos opostos. Às vezes,

146. BH: "espiritual".

ele é representado como o filho do sol e da lua. Ele é o *homunculus*, a pedra filosofal, o *lapis philosophorum*, do qual se diz que é transparente ou então invisível, um ser etéreo, animado como humano. Fala-se dele também como a grande luz, a *lux moderna*, a nova luz, que despontou nas trevas: *lumen exortum in tenebris*[147]. Para o filósofo Zósimo[148], ele é o *photeinós*, o homem-luz. Inspirado na concepção cristã, ele é caracterizado, já naquela época, como o segundo Adão[149]. O primeiro é mortal, corrompido, condenado à morte por causa de sua imperfeição. O segundo Adão, que é identificado com Cristo, é aquele que não se deteriora, o eterno, o incorruptível. É por isso que ele também é chamado de *salvator noster*, nosso salvador, e *medicina catholica* [remédio universal], que cura os humanos não só das mazelas físicas, mas também das psíquicas. Ele também

---

147. "*Exortum est in tenebris lumen rectis: misericors, et miserator, et justus*" (*Vulgata*, Sl 111,4). [A BSV traduz: "Desponta nas trevas como luz para os homens retos: é benigno, misericordioso e justo" (Sl 112,4) [N.T.].]

148. Zósimo de Panópolis (atuou em torno de 300 d.C.), alquimista greco-egípcio. Seus escritos autênticos são agrupados em *Memórias autênticas*, os *Capítulos sobre Eusébia*, os *Capítulos sobre Teodoro* e *O livro de Sofe* (Mertens, 2006, p. 209). Jung tinha um interesse bem particular no aspecto místico de sua alquimia e escreveu sobre três capítulos das *Memórias autênticas*, conhecidos como *As visões*. Cf. *As visões de Zósimo* (OC 13), que é uma versão ampliada da Conferência Eranos de Jung em 1937, intitulada "Algumas observações sobre as visões de Zósimo".

149. Em sua Carta aos Romanos e sua Primeira Carta aos Coríntios, São Paulo formulou sua doutrina da comparação entre o primeiro homem, Adão, e o último ou segundo Adão, isto é, Jesus Cristo: "Por isso, assim como o pecado entrou no mundo como por um só homem e, pelo pecado, a morte, também a morte transmitiu-se a todos os homens naquele em quem todos pecaram. [...] Portanto, assim como pela transgressão de um só a condenação se estendeu a todos, também pela justiça de um só todos recebem a justificação da vida. Assim como pela desobediência de um só homem todos se fizeram pecadores, também pela obediência de um só todos se tornarão justos" (Rm 5,12.18-19); "E por isso está escrito: o primeiro homem, Adão, foi feito um ser vivo animal [uma alma viva]; o último Adão, um espírito que dá vida. Mas o espiritual não é o primeiro, e sim o animal; o espiritual vem depois. O primeiro ser humano, feito de terra, é terreno; o segundo é do céu" (1Cor 15,45-47).

foi designado como *scintilla*, a centelha, *spitha* em grego, ou diretamente como *tò tês psychês phôs*, como luz da alma, isto é, uma substância que produz iluminação, ou aquele que promove a iniciação e, por conseguinte, também como Hermes, que é o grande *psychagogós* ou *psychopompós*[150], o guia da alma, o sacerdote que promove a iniciação nos mistérios. É por isso que também há representações desse ente encerrado em uma esfera de vidro transparente, na qual consta: Hermes, o guia da alma, que conduz o ser humano à verdade e à iluminação.

No assim chamado "Feitiço para amarrar o amor de Astrapsuco"[151] há uma frase que diz: "Vem até mim, senhor Hermes"[152]. E, no final, consta isto: "Eu sou tu e tu és eu"[153]. Portanto, um reconhece o outro, apesar de serem distintos: eu sou eu e ele é Hermes, mas eu sou Hermes e Hermes é eu. Essa é a relação entre o eu e o si-mesmo. Mais ou menos do mesmo modo que um pequeno círculo encerrado em um maior é idêntico com este: idêntico, mas não a mesma coisa. A partir disso, vemos, portanto, como tal simbolismo leva a um fim que só

---

150. *Psychagogós*, do grego *psyché* (alma) e *ágein* (conduzir, guiar); *psychopompós*, do grego *psyché* (alma) e *pémpein* (enviar, orientar). Jung usa o termo para descrever uma figura arquetípica que guia a alma através do mundo arquetípico do inconsciente coletivo. Com frequência é a "*anima*" ou o "*animus*" ou o "ancião sábio" que assume esse papel de mediador entre o consciente e o inconsciente e "conduzi-lo até o significado mais alto" (OC 9/1, § 60). Exemplos que Jung usa amiúde são Virgílio ou Beatriz na *Divina comédia* de Dante ou o Zaratustra de Nietzsche (OC 9/1, § 77). No *Liber Novus*, Elias e Filemon aparecem como tais guias da alma.

151. *Papyri Graecae Magicae* VIII: 1-63 (Preisendanz, 1928-1931, vol. 2, p. 45-47; trad. inglesa: 1986, p. 145-146).

152. "ἐλ[θ]ὲ μοι, κύριε Ἑρμῆ" (Preisendanz, 1928-1931, vol. 2, p. 45; trad. inglesa: 1986, p. 145).

153. "σὺ γὰρ εἶ ἐγὼ καὶ ἐγὼ σὺ" (Preisendanz, 1928-1931, vol. 2, p. 47; trad. inglesa: 1986, p. 146): "Eu te conheço, Hermes, e tu me conheces. *Eu sou tu e tu és eu*. E, assim, faze tudo por mim e volta-te para mim com Boa Fortuna e Bom Daimon, já, já, depressa, depressa!"

podemos designar como *Selbstwerdung* [literalmente = "devir si mesmo"], individuação.

Com isso encerrei a análise das formas orientais da ioga e passei a tratar uma forma ocidental de ioga, caso se possa mesmo aplicar essa palavra ao Ocidente, a saber, aos *Exercitia spiritualia* de Santo Inácio de Loyola. Expus a vocês a história da vida de Inácio e também comentei as visões que o nortearam. Vimos que afloraram ali os conhecidos símbolos que apontam para a individuação. Naquela época, eles naturalmente foram interpretados em sentido dogmático. Naquela ocasião, também mencionei a vocês que o nosso padroeiro nacional suíço, o santo Nicolau de Flüe, que só não foi canonizado ainda por falta de recursos financeiros, igualmente teve tais visões, que ele também elaborou dogmaticamente até que se enquadrassem no imaginário cristão. Foi um procedimento inteiramente justificado.

Chamei a atenção de vocês para o fato de que os *Exercitia spiritualia* tampouco caíram do céu, mas já eram praticados na rotina de meditações dos mosteiros, principalmente as meditações dos *devoti*. Citei-lhes os nomes dos antecessores espirituais diretos de Inácio: o Abade Cisneros do Mosteiro de Montserrat, nas proximidades de Barcelona. Ali Inácio achou o livro de Cisneros. Seu título é *A regra de exercícios da vida espiritual*. Portanto, já antes de Inácio temos essa ideia de uma disciplina a qualquer preço. Isso é o Ocidente. No Oriente não se percebe nada de vontade e disciplina. Ali tudo isso brota ao natural. Mesmo que as pessoas envidem os maiores esforços, se não conseguirem chegar tão longe, não faz mal. Tem-se à frente infinitos períodos de tempo, nos quais ainda pode acontecer tudo que foi negligenciado. Ainda se tem centenas ou milhares de encarnações pela frente e, por essa razão, não há pressa. A árvore pode crescer sossegada e naturalmente. No Ocidente, temos apenas *uma* existência, sempre há pressa. A coisa tem de funcionar, quer queira quer não. Isso também tem seu lado bom.

No livro de Cisneros, temos, entre outras coisas, também uma prescrição para uma *retraite* de quatro semanas. Esse é o *terminus technicus* para o retiro. Quero mencioná-la mais uma vez brevemente:

Primeira semana: via purgativa, a via da purificação	
Nela se começa com a *nigredo*, a saber, com o pretume do estado natural, pecaminoso, em que se encontra o ser humano irredento.	
Segunda-feira:	meditação sobre o pecado;
Terça-feira:	meditação sobre a morte;
Quarta-feira:	meditação sobre o inferno;
Quinta-feira:	meditação sobre o Juízo Final;
Sexta-feira:	meditação sobre os sofrimentos de Cristo;
Sábado:	meditação sobre as dores de Maria;
Domingo:	o sol desponta; medita-se sobre a glória celestial.

Segunda semana: via iluminativa	
Nela se medita sobre os benefícios de Deus.	
Segunda-feira:	a criação;
Terça-feira:	o agraciamento;
Quarta-feira:	a vocação;
Quinta-feira:	a justificação;
Sexta-feira:	os dons específicos da graça;
Sábado:	a condução divina[154].

Terceira semana: via unitiva	
Na primeira semana, temos o estado doloroso, preto, pecaminoso. Na segunda semana, vemos que Deus quer o nosso bem. Disso naturalmente resulta uma enorme tensão, que é resolvida na terceira semana, na via da unificação.	
Segunda-feira:	Deus como fonte e origem de tudo que foi criado;
Terça-feira:	Deus como a beleza do universo;
Quarta-feira:	Deus como glória e honra do mundo;
Quinta-feira:	Deus como amor;
Sexta-feira:	Deus como regra e lei do universo;
Sábado:	Deus como timoneiro do universo;
Domingo:	Deus como o doador plenamente suficiente, como aquele que dá absolutamente tudo.

154. Hegardt (1937, p. 21): "Domingo: as glórias celestiais".

Já vemos uma significativa diferença em relação ao Oriente e à filosofia hermética. Nas duas séries, trata-se do si-mesmo, na esfera cristã é Deus. O lugar do Buda, do ente supremo, superior a todos os deuses, é ocupado, no Ocidente, pela divindade e não pelo si-mesmo.

Quarta semana: Na quarta semana acontecem meditações sobre a vida e os sofrimentos do Senhor para dar suporte às meditações precedentes. Nelas, Deus é especificado como humano, pois Cristo é Deus que se tornou ser humano. Aqui a atenção se volta para o Deus que sofre, morre e ressurge, o qual apareceu em forma humana. Isso leva ao ser humano, só que ao ser humano divino, que é uma pessoa da Trindade, que não é o si-mesmo. Ele é exterior, o *Mahasukha* é interior. Este é Deus em mim. Buda sou eu, isto é, meu si-mesmo, o que me tornei. Pois o meu eu é ilusão, é *maya*, foi dissolvido.

Depois disso, ainda li para vocês um texto do livro de Cisneros.

Agora, feitos esses preparativos, chegamos ao próprio Inácio. Ele é um fenômeno completamente original, mesmo que Cisneros já tenha antecipado muita coisa. Cisneros ainda é significativamente mais indeterminado, ainda é bastante influenciado pelas meditações dos *devoti*, cujo objetivo principal era a imersão em Deus[155]. Afastar-se do mundo rumo à paz de Deus – é isso que buscavam. Essa via é ideal monástico. Inácio não era assim. Ele não tem um ideal monástico, mas uma forte destinação para o mundo e a realidade. Trata-se de um elemento peculiar de Inácio, que com razão foi posto em relação com outros mestres, que parecem estar muito distantes. Porém, naquela época, na cultura espanhola, esses mestres ainda eram bem conhecidos, e foram os árabes. De fato, temos diante de

---

155. A partir deste ponto, Jung voltou a acompanhar a tradução alemã particular de Hegardt (1937, p. 32-33).

nós, na mística arábica, tanto na contemporânea quanto na mais antiga, um desenvolvimento que possui estreita afinidade com a mentalidade inaciana. Ela parte de um mestre. Seu nome é Algazali, que viveu de 1059 a 1111. Falarei dele na próxima oportunidade.

Seminário 2[156]

10 de novembro de 1939

No final do último seminário indiquei a vocês que a regra de exercícios inaciana sofreu forte influência da mística arábica. Houve tendências parecidas no âmbito do islamismo. O nome do mestre, que é propriamente o padre da igreja da mística islâmica, é Algazali, que viveu de 1059 a 1111[157]. Ele foi um teólogo islâmico e, ao mesmo tempo, um filósofo grego. Viveu em Bagdá, onde até 1050 ainda se reunia e era tolerada pelo islamismo uma comunidade neoplatônica de filósofos gregos, que viviam sob pseudônimos. Em virtude de sua elevada cultura, eles eram muito estimados como médicos e filósofos. Foi desses filósofos que Algazali obteve seu conhecimento da filosofia grega. Dominou e usou amplamente a filosofia grega e toda a ciência do seu tempo. Ainda temos escritos dele e sabemos que ele defendeu um ponto de vista muito peculiar em relação à doutrina da causalidade, que é

156. O texto deste seminário foi compilado com base em anotações feitas por LSM, ES, RS e OK, bem como na tradução inglesa de BH. LSM anotou nas margens superiores de sua transcrição: "Boa viagem, divirta-se, cuidado, não caia! Saudações cordiais. L.S.-M".

157. A anotação manuscrita de Jung referente à tradução datilografada de Hegardt (1937) tem este teor: "Algazali: 1059-1111 em Bagdá. Depois de Muhammad, o mais importante líder religioso do islamismo. Teologia e filosofia. Vale-se da filosofia grega e de toda a ciência daquela época. Causalidade = a vontade imediata de Alá. Junta tradição com experiência mística. Desde então, o islamismo é uma religião mística" (JLN, p. 11).

muito característica e por certas razões psicológicas bastante notável para o islamismo. É por isso que a menciono. É a concepção de que toda e qualquer forma de causalidade seria a vontade imediata de Alá. Portanto, semelhante ao que a natureza era para Schopenhauer: se uma pedra rola ladeira abaixo, isso corresponde à vontade na natureza. Nessa linha, para Algazali, o nexo causal do acontecimento é a manifestação imediata da vontade de Alá. Algazali associou a tradição teológica do islamismo, que na ocasião já tinha 400 anos de existência, com a filosofia grega e com as experiências místicas de alguns santos. Assim ele se tornou o pai propriamente dito do misticismo islâmico, e pode-se dizer que, a partir da sua época, o islamismo se tornou uma religião mística. Sabemos muito pouco sobre isso no Ocidente.

Seus escritos tiveram forte repercussão no Ocidente. Foi a época em que os eruditos ocidentais, ainda pouco numerosos, começaram a farejar os tesouros da literatura arábica. Foi na época em que se estudava em Salamanca e Córdoba, em universidades mouras, que os europeus tomaram conhecimento de autores gregos por intermédio dos árabes[158]. Foi assim que os clérigos cristãos também encontraram livros de edificação ou então livros místicos, que causaram neles uma impressão fora do comum. Eles traduziram não só páginas inteiras, como também às vezes escritos inteiros para o latim. Foram principalmente os dominicanos que fizeram esse trabalho. Pois eles eram os eruditos da Igreja. Daí que, em muitos livros de meditação ou de edificação do início da Idade Média, vocês encontram influências islâmicas. Algazali, por exemplo, era citado como se fosse um Padre da Igreja, como uma autoridade sagrada.

---

158. A partir daqui Jung continuou a parafrasear sua tradução alemã do estudo de Hegardt (1937, p. 33).

Ora, na mística arábica e sufista mais fortemente influenciada por ele encontram-se coisas que coincidem de modo peculiar com os exercícios de Inácio. Nela vocês encontram também os assim chamados *retraites*, períodos de exercício de 30 a 40 dias, como em Inácio. Esses exercícios eram dirigidos por um mestre religioso, o xeique, ao qual os alunos deviam obediência incondicional. Os exercitantes tinham de fazer silêncio, jejuar e ficar de vigília. Eles levavam uma vida ascética. Havia um dever absoluto de prestar a confissão de pecados. Eles tinham de confessar ao xeique tudo que os movia e angustiava. Sobre o xeique pesava uma grande responsabilidade pela salvação das almas dos seus alunos, muito similar ao que encontramos nos exercícios inacianos. Também se faziam meditações sobre pecado, arrependimento, morte e inferno. Também estava prescrito um rigoroso exame de consciência, o *examen particulare*. E ainda há um pequeno detalhe: os exercitantes eram instados a manter uma caderneta de anotações, onde eram registradas com pontos e travessões as melhorias e pioras espirituais alcançadas, sendo, de certo modo, de fato possível determinar o ponto em que alguém se encontrava no balanço moral. Recentemente um pesquisador francês provou que, nas ordens maometanas da Argélia e do Marrocos, esse tipo de exercícios, que correspondem inteiramente às *retraites*, ainda estão em voga[159].

Inácio tinha em comum com os árabes e mouros um certo fanatismo, bem como o espírito da disciplina militar, da obediência incondicional. A finalidade é a ditadura absoluta do xeique[160], à qual é preciso submeter-se sem murmuração. Tem ainda a duração dos exercícios, as minuciosas prescrições para a postura corporal, o silêncio, a consideração dos cinco

159. Jung reproduziu a referência de Hegardt (1937, p. 33) ao estudo de Herman Müller, *Origines de la Compagnie de Jésus* (1898).

160. Hegardt (1937, p. 34): "schejkens absoluta diktatur".

sentidos e muitos outros pontos mais que já se situam no plano dos detalhes. Todas essas coisas já se encontraram no islamismo muito antes da época de Inácio, e temos, por assim dizer, os documentos que comprovam que o islamismo de fato teve significativa influência, embora isso seja negado por certos grupos e até já tenha sido proposta a afirmação contrária, de que as ordens monásticas maometanas teriam sido, por sua vez, influenciadas pelo cristianismo. É bem possível que isso também tenha ocorrido, mas, em todo caso, essas coisas já existiram bem antes de Inácio.

Antes de abordar os exercícios propriamente ditos, tenho de fazer uma série de observações gerais a respeito deles. Há duas espécies de exercícios: os breves e os longos. Os exercícios longos se estendem, geralmente, por 30 dias. O termo é este: os exercícios longos são "dados", os breves, por sua vez, que duram apenas três dias, são "pregados". Os breves também são designados como exercícios e conduzidos por um mestre de exercícios, sendo, porém, destinados mais para leigos. Qualquer pessoa, por assim dizer, tem acesso a eles, ao passo que os longos são consideravelmente mais exigentes. Em consequência disso, é claro que a escolha de quem é admitido é um pouco mais complexa. Enquanto nos exercícios mais breves o mestre de exercícios exerce a atividade de um pregador de avivamento, nos exercícios longos ele é mais do que isso, ele é um guia d'almas, um conselheiro espiritual propriamente dito.

Os exercícios breves são, na prática, algo como os *revivals* [reavivamentos] entre os metodistas ou as demais reuniões de meditação, nas quais se atenta muito para o estado de espírito. Em geral trata-se de formações de grupos em torno de um pregador apreciado, nas quais se procura influenciar fortemente o ânimo das pessoas. Naturalmente há aqueles fenômenos, que todos vocês conhecem, em tais grupos religiosos. Há certa intensidade, conversões e efeitos sumamente admiráveis, que elevam o ânimo e depois são tomados como prova de que a verdade proclamada é boa.

Os exercícios de três dias naturalmente se revestem de grande importância para a Ordem dos Jesuítas. Porém eles nem sempre foram bem-recebidos pela Igreja toda, nem os próprios jesuítas tiveram sempre uma opinião única a respeito deles. Um conhecido jesuíta diz o seguinte a respeito do exercício mais breve: "Os exercícios de três dias varrem o país como uma enchente; eles são nossa alegria, nossa esperança e – nossa aflição"[161]. É de se imaginar. Os efeitos decorrentes da incitação dos ânimos às vezes são de natureza psíquica não muito agradáveis para os pregadores de avivamento, visto que costuma haver uma quantidade apreciável de mulheres que sempre reagem do jeito que lhes é característico[162].

Inácio já tinha percebido e até expressamente constatado que os exercícios maiores e completos não são apropriados para uma grande quantidade de pessoas, mas se destinam propriamente a poucas. Como comentei com vocês no semestre passado, ele já fizera, no início, experiências que o tornaram precavido nesse sentido. Precisamente por essas razões ele desistiu de influenciar grupos maiores. Pois, no grupo, o ser humano é diferente de quando está sozinho. Pois no grupo perde-se a consciência, não sabemos o que nos acontece no grupo. No grupo, sempre estamos em um nível mais baixo. O ser humano coletivo é elevado e fortalecido em relação à consciência individual, de tal modo que vocês esquecem completamente de si mesmos. Por isso a moralidade de um grupo está sempre abaixo do nível da moralidade do indivíduo, sendo, por conseguinte,

161. Jung reproduziu a citação que consta em Hegardt (1937, p. 38). A citação é de Böminghaus (1927, p. 1). O fim deste parágrafo e os próximos dois parágrafos foram elaborados pelo próprio Jung.

162. ES anotou: "gargalhada geral e sapatear de aprovação".

por via de regra, de qualidade duvidosa. Grandes ajuntamentos de pessoas sempre tendem para a psicologia da turba.

As grandes dificuldades da época advêm do desenraizamento da população urbana. Esta está sempre um pouco abaixo do nível. Seus integrantes estão próximos demais. Eles se tornam coletivos. Ademais, prega-se para eles que a comunidade é a única coisa que torna alguém bem-aventurado. Então se vivencia uma considerável decepção. Basta pertencer a um clube de atiradores pátrio. Quando alguém faz um discurso, dizendo que os atiradores suíços são gente da mais fina estirpe, cada um deles já se sente como um pequeno Guilherme Tell e vai para casa de bom humor. E, na manhã seguinte, ele descobre que não passa de um fulano de tal que mora em um apartamento alugado no quarto andar de algum condomínio e tem de dar um jeito de viver com 300 francos por mês. De resto, ele também não se encontra em excelentes condições. Diante disso, naturalmente o Guilherme Tell inteiro se desfaz no ar. Em tais vidas em grupo, consegue-se efeitos decepcionantes. Naquele momento em grupo, é como se tudo estivesse no prumo[163], em seguida vem a grande decepção. Quando a alucinação se desfaz no ar. A massa é tremendamente sugestionável, acredita em tudo, mas também faz de tudo e ninguém é responsável por isso. Leiam o livro de Le Bon, *Psicologia das multidões*[164]. Infelizmente não posso entrar em detalhes sobre

163. "*Im Blei*", dialeto suíço para "em ordem" ou "no prumo".

164. *Psychologie des foules* (1895), [*Psicologia das multidões*, trad. bras.: Le Bon (2019)], foi um estudo seminal de Charles-Marie Gustave Le Bon (1841-1931) sobre a psicologia das massas, no qual ele observa que o indivíduo imerso em uma grande multidão por algum tempo é suscetível de influências desconhecidas dele. Em *Psicologia de massas e análise do ego*, Sigmund Freud (1921/2010) baseou sua compreensão da psicologia de massas na teoria de Le Bon. Jung também se referiu a Le Bon em 1940, constatando que "a psicologia de uma grande multidão desce ao nível da psicologia da turba" (OC 9/1, § 225), bem como em sua explicação pós-guerra do fascínio psicológico exercido pelo nazismo na

isso aqui. Também não quero usar exemplos contemporâneos. Essa glorificação do coletivo é uma verdadeira perdição, uma desgraça. Coletividade só é algo para pessoas autônomas, não para aquelas que não têm raízes. Peguem cem pessoas inteligentes e componham uma comissão com elas e verão o resultado: um grande hidrocéfalo. Na massa, a inteligência se perde, pois uma apaga a outra. Nela, tudo desce ao nível do que todos temos em comum. Isso é naturalmente o ser humano coletivo, que é o *homo sapiens*. E vocês acreditam que o *homo sapiens* seja mesmo *sapiens*? Eu, pelo menos, nunca vi um.

Portanto, Inácio foi bastante sábio quando passou a ser cuidadoso na escolha dos seus exercitantes. Quando possível, ele se ocupava com cada um individualmente; no entanto, não nos exercícios longos; mas o mestre de exercícios tem de estar a cada hora à disposição dos seus exercitantes, tratar cada um individualmente, responder cada pergunta, para estar em contato com o indivíduo, para que não haja esse efeito de grupo em que simplesmente surge um entusiasmo estúpido absolutamente sem valor. É por isso que ele escreve:

> Os exercícios devem ser adaptados à idade, à formação e à aptidão do exercitante, para que não sejam propostas a alguém que é inculto ou a alguém que está debilitado coisas que ele não possa suportar com facilidade e das quais não poderá tirar proveito. Da mesma forma, deve ser proposto a cada qual segundo o nível que quiser alcançar aquilo de que poderá tirar o maior proveito e progresso. Para quem pedir apenas alguma

---

Alemanha: "Um número imenso de pessoas ultrapassa, numa ou noutra direção, temporária ou cronicamente, a zona de normalidade. E se essas pessoas se aglomeram – como no caso da constituição de grandes massas – surgem manifestações anormais. Lendo-se o que Le Bon escreveu a respeito da *psychologie des foules* (psicologia das multidões), ter-se-á uma ideia precisa do que quero dizer ao afirmar que o homem, enquanto partícula da massa, é psiquicamente anormal. E a ignorância não protege absolutamente desse fato." (OC 10/2, § 477).

> melhoria ou algo do gênero, deve-se dar somente o *examen particulare et generale* e, ao mesmo tempo, durante meia hora matinal, o método de oração referente aos dez mandamentos, aos pecados mortais etc., bem como exortá-lo a se confessar semanalmente e, se possível, tomar a comunhão a cada 14 dias ou, melhor ainda, a cada semana. Essa maneira é mais apropriada aos menos cultos ou aos incultos, e lhes deve ser explicado cada mandamento. O mesmo vale para os pecados mortais, os mandamentos da Igreja, o uso dos cinco sentidos e as obras de misericórdia[165].

Portanto, uma diferenciação rigorosa segundo aspectos individuais. Essa maneira de propor os exercícios naturalmente constitui uma pregação. No caso dos exercícios breves, é principalmente o pregador habilidoso que faz o trabalho, e o efeito sobre os ouvintes consiste essencialmente no discurso do mestre de exercícios. No caso dos exercícios longos, também há o trabalho feito pelo mestre de exercícios, mas o trabalho principal fica a cargo do indivíduo. Para isso, ele é isolado, vivendo, talvez, em um quarto individual, não fala com ninguém e deve realizar diariamente suas meditações, livre de interrupções. Nesse caso, a atividade é bem diferente.

Tenho em mãos uma pequena nota do século XVIII, contendo uma descrição desses exercícios em Nápoles[166]. Conta-se que se reuniam para essa *retraite* na assim chamada *Professhaus*[167*] dos jesuítas. Para esse retiro eram convidados, em primeira linha, a nobreza, depois o digníssimo clero, além da

165. Jung citou a primeira linha de Funk (1913a, p. 133); e o restante de sua tradução alemã de Hegardt (1937, p. 39). [Trad. bras. a partir do original em alemão [N.T.].]

166. Jung tomou essa descrição da monografia de Hegardt (1937, p. 42-43). Hegardt, por sua vez, a encontrou em Rosignoli (1737, p. 366-368).

167.* Casa jesuíta que não recebia verba para cobrir as despesas, vivendo estritamente de acordo com o voto da pobreza e prestando serviços de graça [N.T.].

juventude estudantil e outras pessoas, não importando de que classe e condição de vida proviessem:

> Todos esses, segundo sua ordem, costumam reunir-se duas vezes ao dia em um salão amplo e de grande envergadura, mas de resto um lugar cômodo para se reunir e, portanto, eles frequentavam a prática dos exercícios por duas horas durante a manhã e duas horas ao cair da tarde. E porque o escuro e as trevas costumam contribuir bastante para a concentração mental, são fechadas todas as janelas para essa finalidade. A primeira coisa que cai na vista aos que entram é um grande crucifixo doloroso, muitas caveiras, ossadas, a cruz e coroas trançadas com espinhos, de modo que tudo por si só move à meditação: com o repicar do sino inicia a leitura espiritual, mais precisamente do livro mais espiritual de todos os que pode haver [...]. Na sequência, o que preside os exercícios apresenta com grande inspiração os pontos de meditação, que comumente são derivados das verdades básicas das primeiras semanas, que geralmente são os que melhor se adéquam à purificação das almas e suas inclinações: logo em seguida começa a meditação, mesclada de tempos em tempos com atos: ora o arrependimento por pecados cometidos, ora uma fala piedosa dirigida a Cristo Senhor, acrescida da intenção de um melhoramento sério. Concluída a meditação, avança-se para diversos exercícios piedosos; entre estes, tirar de um porto seguro um bilhete de mortificação ou um dito espiritual. Por exemplo: momentâneo é o que deleita, eterno o que faz sofrer; *item*: estejam sempre preparados, pois vocês não sabem a hora em que o Filho do Homem virá; *item*: eles estão sempre alegres e de bom humor, e num instante vão parar no inferno; ou então: facilmente desprezará tudo quem pondera que logo morrerá. Por fim e, para concluir a meditação, todos e cada um beijam as cinco chagas sagradas, recebem a santa bênção e voltam para casa com todo retraimento (Rosignoli, 1737, p. 366-368).

E, embora isso transmita apenas uma tênue noção dos exercícios longos, com essa reunião acontece "o mesmo que com carvões em brasa, que chamejam alternadamente e se inflamam e iluminam mutuamente, de modo que logo todos queimam com o mesmo ardor"[168].

Essas *retraites* também teriam tido um efeito moral sumamente maravilhoso sobre os participantes. Isso é fácil de imaginar. Ocorriam nelas as mais maravilhosas conversões: bêbados deixavam de beber, fumantes deixavam de fumar, coxos e aleijados se afastavam carregando suas camas e outras coisas desse tipo. Acontece exatamente tudo que pode ser produzido por meio de psicologia de grupo, e também por meio de autossugestionamento. Esses são os aspectos obscuros dos exercícios breves. Eles não passam propriamente de *revivals*. Não continuaremos a nos ocupar com eles porque não constituem paralelos às formas da ioga oriental.

Passemos a tratar dos exercícios longos. Eu gostaria de fazer uma breve observação preliminar. Eu próprio nunca cumpri esses exercícios do começo ao fim e, por isso, não tenho condições de relatar-lhes a respeito deles por experiência própria. Porém me esforçarei para informá-los da maneira mais objetiva possível com o auxílio da literatura, que é bastante volumosa. Considero esses exercícios como um paralelo extraordinariamente interessante dos esforços orientais da ioga, e essa é a razão por que me ocupo com eles. Também lhes mostrarei, com o auxílio de exemplos da literatura jesuítica moderna, como se medita sobre esses pontos dos exercícios sob condições extremas.

Os exercícios estão sujeitos a regras gerais, as assim chamadas regras dos exercícios[169]:

---

168. Essa sentença foi tomada de Hegardt (1937, p. 43), que citou Rosignoli (1737, p. 368). A partir desse ponto, Jung diverge de sua tradução alemã de Hegardt.

169. *Annotations (or notes) to provide some explanation of the Spiritual Exercises that follow. They are intended to be of assistance both to the person giving them and to*

> 1. Por exercícios espirituais se entende determinado método de exame da consciência, de meditação e de oração com a finalidade de eliminar as inclinações desordenadas da alma e sondar a vontade de Deus no que se refere à própria vocação na vida e à própria salvação (Funk, 1913a, p. 130).

Trata-se aqui de uma formulação oficial, não da minha.

> 2. A pessoa que dá a outra uma maneira e um plano para meditar ou contemplar deve providenciar um relato fidedigno dos eventos a serem meditados ou contemplados, simplesmente discorrendo sobre os pontos de destaque com explicações breves ou sumárias. Pois se a pessoa começar a contemplar com uma base histórica verdadeira e, em seguida, percorre a narrativa histórica e reflete sobre ela pessoalmente, ela poderá se deparar com coisas que lançam luz sobre a história ou, melhor, asseguram seu sentido. Se isso resultar do raciocínio próprio ou da iluminação da graça divina, será mais gratificante e trará mais proveito espiritual do que se o diretor tivesse explicado e desenvolvido longamente o sentido da história. Porque não é tanto o conhecimento que preenche e satisfaz a alma, mas mais a sensação íntima e fruição das coisas [trad. da edição inglesa, *IPW*, p. 282].
>
> [2. O mestre de exercícios deve dar uma prévia do material a ser tratado na meditação, formulando-o em alguns pontos breves e dar apenas algumas aclarações breves. O meditante deve continuar operando com sua razão pensante sobre a base da matéria histórica. Então, quando ele achar alguma luz, esse conhecimento autoelaborado desencadeará um sentimento mais forte e um fruto moral mais duradouro (Funk, 1913a, p. 130).]

---

the person who is to receive them [Anotações (ou notas) explicativas dos Exercícios Espirituais a seguir. O propósito delas é ajudar tanto a quem vai dá-los quanto a quem vai recebê-los] [*IPW*, p. 282-288]. Essas notas foram escritas por Inácio e impressas junto com os *Exercícios espirituais*. Em certa ocasião, ele se referiu a elas como prefácio. Jung citou-as conforme a tradução alemã de Funk (1913a).

Desses parágrafos decorre o que já foi dito, ou seja, que, no exercício longo, o mestre de exercícios se limita à exposição mínima necessária dos pontos a serem meditados e os deixa a cargo do exercitante. É tarefa do exercitante tirar as conclusões durante a meditação dos pontos individuais e encontrar as aplicações que para ele tragam um melhoramento moral ou uma mudança psíquica.

> 3. Em todos os exercícios espirituais que seguem, colocamos em ação o intelecto com a finalidade de pensar e a vontade com a finalidade de agitar os sentimentos mais profundos. Por essa razão, deveríamos notar que a atividade da vontade, quando estamos falando em voz alta ou mentalmente com Deus nosso Senhor ou com seus santos, exige maior reverência de nossa parte do que quando estamos usando o intelecto para entender [trad. da edição inglesa, *IPW*, p. 282].
>
> [3. Duas forças psíquicas estão em ação nessas meditações: de um lado, o entendimento que compenetra o material com a lógica, do outro, a vontade, que acolhe o sentimento que surge do pensar. Nessa última atividade, deve-se mostrar mais reverência do que ao pensar, porque nela falamos diretamente com Deus e seus santos (Funk, 1913a, p. 130).]

Essa é novamente a formulação oficial. Vemos, aqui, o quanto entendimento e razão são enfatizados e como pensar profundamente algum tema produz um sentimento. Vemos, por exemplo, nossa imperfeição, nos incomodamos com ela e ficamos entristecidos ou arrependidos. Esse sentimento é traduzido na vontade. Surge daí uma nova orientação da vontade, e esta naturalmente se volta para a prática, na medida em que dizemos: portanto, de agora em diante agirei assim e assim.

> 4. Os exercícios que seguem consistem em quatro semanas, correspondendo às quatro partes em que eles são divididos: a saber, a primeira é a consideração e

contemplação dos pecados; a segunda é a vida de Cristo até e inclusive o Domingo de Ramos; a terceira é a Paixão de Cristo, nosso Senhor; a quarta é a Ressurreição e Ascensão com as três maneiras de rezar [trad. da edição inglesa, *IPW*, p. 282-283].

[4. Os exercícios são distribuídos em quatro semanas; a primeira semana corresponde à meditação sobre o pecado; a segunda, à meditação sobre a vida de Cristo até sua Paixão; a terceira, à sua Paixão; a quarta, à sua Ressurreição e Ascensão (Funk, 1913a, p. 131).]

Trata-se, portanto, apenas de determinações gerais.

12. O mestre dos exercícios deveria lembrar ao exercitante com frequência que, como uma hora deve ser dispendida em cada um dos cinco exercícios ou contemplações a serem feitos a cada dia, deve-se sempre procurar ter contentamento no pensamento de que uma hora completa de fato foi dispendida naquele exercício – e mais, se for o caso, em vez de menos! Porque o inimigo não deixa de fazer nada em seus esforços para buscar uma redução da hora de contemplação, meditação ou oração [trad. da edição inglesa, *IPW*, p. 285].

[12. Deve-se incutir no exercitante que ele sempre deve usar uma hora inteira em cada uma de suas meditações e, para garantir, até um pouco mais, porque a intenção do diabo sempre é a de encurtar o tempo de meditação (Funk, 1913a, p. 133).]

As demais regras referentes aos exercícios mencionarei em lugar próprio.

Passamos, agora, para a parte propriamente dita, as minúcias dos exercícios, e aqui eu gostaria de colocar a maior ênfase mais precisamente nas questões de princípio e, em especial, no início do exercício, que me parece ser a parte mais significativa do nosso ponto de vista. Entramos aqui a fundo na psicologia cristã; para ser mais preciso, em uma psicologia cristã católica, que talvez não seja do gosto de todos vocês. Em especial para nós, protestantes, ela é extraordinariamente estranha e singular. Porém, eu gostaria de lhes pedir, em todo caso aos ouvintes que frequentaram meus seminários, que acompanhem minhas exposições no mesmo espírito de antes e talvez com a mesma ingenuidade e abertura que mostraram diante das coisas do Oriente. Assumimos uma atitude imparcial diante das coisas orientais. Apenas deixamos que elas atuassem sobre nós como algo que talvez seja totalmente estranho. Vocês decerto se lembrarão de que os textos que tratamos juntos eram bastante estranhos para nós. Quando tratarmos dessas coisas, seria bom não pensarem que vocês são cristãos e tiveram uma educação cristã, mas pensem que são indianos que nunca ouviram falar dessas coisas. Se fizerem isso, sentirão o efeito direto delas. Quando a palavra "Cristo" aparecer, vocês não precisam logo pensar que sabem a que ela se refere, mas pensem que se trata do Mahasukha, do Shri Heruka ou de um dos Budas[170]. Pois de fato não sabemos o que tudo isso significa na realidade. Às vezes lamentamos ter lido a Bíblia como crianças. Se a lêssemos só agora, teríamos uma impressão diferente, renovada e imediata. No Oriente vi indianos descobrindo o Novo Testamento e lendo-o com olhares bem diferentes, e viram nele coisas que eu jamais tinha visto, e fizeram isso com os óculos das representações orientais. De fato, é muito bom que vocês se lembrem das representações que lhes transmiti sobre essa dita ioga de

170. *Mahasukha*, "grande alegria" em sânscrito, refere-se ao estado de bem-aventurança no momento em que acontece a iluminação; aqui encarnado como o senhor da bem-aventurança (cf. *ETH*, vol. 6, 15 de novembro de 1940, p. 470); *Shri Heruka*, expressão em sânscrito, no budismo vairaiana, é designação para os seres iluminados ou as divindades que são associadas à suprema bênção e à vacuidade de todos os fenômenos. Em seu seminário de 13 de janeiro de 1939, Jung explicou: "Psicologicamente, *Mahasukha* ou *Heruka* corresponderiam ao que se descreve como o *self*, principalmente a totalidade composta de consciência do ego e totalidade do inconsciente" (*ETH*, vol. 6, p. 208).

imagens. Vocês verão de imediato e em cada ponto diferenças e paralelos gritantes.

O exercício propriamente dito é antecedido e introduzido pela *praeparatio* [preparação], que, em geral, consiste em uma *oratio* [oração] ou *meditatio* [meditação]. Tenho aqui um velho jesuíta, da escola clássica, que nos proporciona uma informação autêntica do caráter da *praeparatio*. Izquierdo dá uma definição da *oratio mentalis*, da oração espiritual:

> Quem quer que se proponha a orar, saiba que se trata tão somente de trazer à memória algo determinado que foi dito ou feito, e que se medita sobre isso racionalmente com o entendimento, ponderando a substância, o contingente e as circunstâncias dessa recordação, e, desse modo, move-se também a vontade, para tirar conclusões racionais, ter sentimentos corretos e propósitos santos. E nisso justamente consiste o fruto dessa meditação.
>
> Portanto, quem se propuser a fazer essa *oratio* ou *meditatio* deve ter previamente clareza a respeito dos pontos que quer tratar e portá-los na memória por onde andar. E, a dois passos do lugar em que for fazer essa *oratio*, deve se deter e elevar seu espírito e imaginar vivamente [essa é, pois, a imaginação ativa; CGJ] que está perante a face de Deus que o escuta com benevolência[171].

171. "*Oratio mentalis, sive Meditatio aliud non est, quam aliquod dictum, vel factum revocare in memoriam: & circa illud cum intellect ratiocinari, ponderando substantiam, accidentia, & circumstantias eius, aliudque ex alio concludendo: fisicque movere voluntatem ad sana consilia, probos affectus, & sancta proposita concipienda, in quo stat fructus orationis. / Antequam quis ad orationem accedat, puncta in illa meditanda debet praeparare, & secum in memoria ferre. Quod faciet praesertim quando cubitum it; ut sub illorum cogitatione, & horae, qua surrecturus est, obdormiscens, statim ac mane expergiscitur, facilius possit, uti debet, caeteris obiectis exclusis, illa in memoriam revocare. / Duobis circiter passibus ante locum, ubi est orandum, animum sursum elevet, confideretque habere se praesentem, ac spectatorem, Deum, qui benigne ispum, & magno salutis ipsius studio velit audire*" (Izquierdo, 1695, p. 8). Jung traduziu o texto latino para o alemão para a sua plateia.

> A posição do corpo na *oratio* seja comumente a de joelhos dobrados. Ou também se pode deitar estendido no chão com o rosto para baixo [o nome disso é prostração completa; CGJ] ou parado em pé, e, só se a fraqueza do corpo não permitir de outra maneira, pode-se também ficar sentado [...]. Em seguida, a fim de voltar toda a atenção para a meditação e conter a fantasia, fazer para si uma *compositio loci*[172].

Portanto, é preciso imaginar exatamente o local dos fatos, os personagens, as *dramatis personae*, e todas as circunstâncias. E ele diz, mais precisamente, que devemos fazer uma *imago corporea*, uma imagem corpórea disso. Essa é, pois, a imaginação ativa, a saber, constatar e imaginar fisicamente a coisa com toda exatidão, para tornar a situação tão real quanto possível, mais precisamente, toda a situação, os personagens e as circunstâncias individuais.

Dessa exposição vocês já podem depreender uma coisa: a tremenda diferença em relação ao Oriente. Começa-se a *praeparatio* com a invocação, por assim dizer. Tem-se um interlocutor, mais precisamente um interlocutor pessoal. A pessoa não se volta para dentro; ela toma talvez da memória um ponto sobre o qual queira refletir. Por exemplo, talvez alguém tenha cometido um pecado em determinado momento, em determinado lugar e contra determinada pessoa. Ele reúne esses dados a partir de sua memória, do relato de sua consciência. Portanto, ele pega apenas elementos constitutivos de sua consciência e, de certo modo, os traz perante um interlocutor pessoal ao qual dirige a palavra. A meditação, por conseguinte, não se volta ao seu si-mesmo,

172. "*Sicut corporis ut plurimum flexis genibus erit. Quod sit amen plus attentionis, aut devotionis percipiat pronus in terram, vel stans, ita faciat. Et si aliud no permittat infirmitas corporis, petita a Domino venia, sedere poterit.* [...] *Deinde ad maiorem attentionem orationis, ad continendamque Phantasiam, eamque quando alio divertitur, colligendam. Compositionem loci faciet* [...]" (Izquierdo, 1695, p. 9).

mas ao interlocutor. Por isso, no sentido de Inácio, meditação de modo algum é aquilo que ela é no Oriente, mas é uma *oratio* no sentido de uma *petitio*, uma solicitação, uma invocação, um voltar-se para um interlocutor. Trata-se de uma extroversão ocidental típica, em nítido contraste com o Oriente.

É impossível para mim apresentar-lhes toda vez o paralelo oriental. Nessa questão, apelo à memória de vocês. A via oriental de meditação passa por eventos interiores. Tudo transcorre interiormente. Jamais se invoca um interlocutor. Nunca se tem a sensação de uma relação pessoal. Vi isso na prática em um templo no Ceilão. Observei algo inusitado durante o culto vespertino. Eram 19 horas e toda noite têm lugar, nesse mesmo horário, os cultos budistas. O templo brilhava à luz das pequenas lâmpadas de óleo de coco, que iluminavam uma imagem dourada do Buda, pois a essa hora já era noite, visto que o sol se põe às 18 horas. Então vieram meninas trazendo pratos rasos cheios de flores de jasmim que tinham sido separadas dos seus talos. O templo estava cheio do seu odor inebriante. Elas derramavam essas flores sobre o altar diante do Buda e sussurravam um *mantram*. Eu tinha como acompanhante um monge budista. Eu lhe perguntei: "Isso é uma veneração do Buda?" A resposta foi esta: "Claro que não, o Buda nem existe, pois ele entrou no *maha nirvana*, o grande *nirvana*, de onde não há volta. Ele desapareceu completamente. Não existe mais nenhum Buda". Continuei a perguntar: "Mas o que elas estão dizendo, então?" "Elas falam o *mantram*: do mesmo modo que essas flores rapidamente murcham, também nossa vida passa." Trata-se de uma meditação vespertina dos jovens budistas. Não se trata de uma invocação, mas de uma exortação ao próprio si-mesmo.

Seminário 3[173]

17 de novembro de 1939

Na última vez, detivemo-nos no tratamento da *praeparatio*, da introdução, da preparação. Eu gostaria de chamar a atenção de vocês mais uma vez para a frase que nos mostra de forma clara o que de fato se tem em mente com essa preparação: a saber, a atitude correta em relação ao propósito, a concentração e a evocação, a *imaginatio* propriamente dita, ou seja, a imaginação, a formação de uma imagem concreta, visando aclarar o objeto da meditação. Portanto, de modo inteiramente correspondente ao que, por exemplo, já tratamos nos textos orientais, nos quais há prescrições para o modo de imaginar em detalhes o Buda ou o Bodisatva. Só que aqui o objeto é correspondentemente distinto.

Retorno ao texto do velho jesuíta espanhol que escreveu um livro muito instrutivo sobre esses exercícios[174]. Ali ele diz:

> Em seguida, a fim de dar mais atenção à meditação ou à *oratio* e conter a fantasia, para que não seja desviada para outras coisas, é preciso fazer para si uma *compositio loci*. Isso significa uma determinada imagem corpórea daqueles objetos sobre os quais se quer meditar. Deve-se imaginar tudo isso vivamente na fantasia e, ao fazer isso,

173. O texto deste seminário foi compilado com base em anotações feitas por LSM, ES, RS e OK, bem como na tradução inglesa de BH.

174. Sebastián Izquierdo, *Praxis exercitiorum spiritualium* (1695).

> chegar a uma noção precisa das coisas, pessoas, localidades e outras circunstâncias que compõem o acontecimento ou a imagem da memória a se meditar.
>
> Após obter êxito em formar uma imagem completa, segue-se a *petitio*, a invocação, a saber, que Deus conceda a graça de concentrar-se corretamente e também colher da sua meditação o fruto correto. [...] Em seguida, ele pega um dos pontos preparados e passa a meditar sobre ele, e isto, com a razão, ponderando tudo o que se referir a esse ponto. Ele canaliza, então, sua reflexão racional no sentido de produzir em si também a vontade correspondente[175].

Do seu pensar deve se originar, então, uma ação volitiva, para que ele desencadeie os sentimentos corretos. Vocês veem, portanto, que não é suficiente meditar friamente sobre esses pontos de meditação, mas é preciso tirar deles certas conclusões, aclarar o ponto como um todo e tomar decisões a respeito. Isso obviamente desencadeia sentimentos. O meditante se lembra, por exemplo, de um pecado que cometeu e passa a imaginar todas as circunstâncias colaterais desse fato e decide não mais agir desse modo e, ao fazer isso, se dá conta de que não concorda com isso, mas que algo dentro dele diz: "Mas talvez até seja bom tentar mais uma vez, e por isso não deveríamos tomar medidas tão incisivas de imediato!" O ser humano é fraco e tem muitos motivos para se opor. Isso, então, desencadeia um sentimento nele.

---

175. Jung traduziu a primeira linha para o alemão em termos um pouco diferentes do que havia feito no seminário anterior. O texto latino original tem o seguinte teor: "*Deinde ad maiorem attentionem orationis, ad continendamque Phantasiam, eamque quando alio divertitur, colligendam. Compositionem loci faciet, hoc est, imaginem aliquam corpoream eorum, quae meditaturus est, sibi effinget, repraesentantem res, peronas, locum, & alias circumstantias, prout postulaverit materia meditationis./ Tum sequitur Petitio, qua petet a Deo lumen, & gratiam ad colligendum ex ea oration fructum ipsius materiae consentaneum.* [...] *Post haec proponent sibi unum ex punctis, quae preparata fert, & circa illud ratiocinabitur, ponderans cuncta, quae ad ispum pertinent; suamque ratiocinationem, atque; poderationem diriget ad excitandam, ac permovendam voluntatem* [...]" (Izquierdo, 1695, p. 9).

Ele fica com muito medo de não conseguir cumprir sua promessa, e fica ciente de estar se movendo do pecado venial para o pecado mortal, porque ele, então, voltou a pecar ciente disso. Disso se segue um conflito moral, uma situação moral, de que se origina o *affectus probos*, o sentimento correto[176]. Ele deve ficar impressionado para estar interiormente revolvido. Então, quando estiver nesse estado de mobilidade interior, é provável que, após algum tempo, talvez ainda consiga chegar a uma resolução.

E, então, vem o fim da meditação, a saber, chega o momento do assim chamado *colloquium*. Sobre isso ele diz: "Esse *colloquium* nada mais é que falar com familiaridade com o Senhor Cristo ou com a Mãe de Deus ou com a Santa Trindade ou com uma das pessoas divinas"[177].

É bastante curioso como se consegue travar uma conversa dessas. Ele ainda diz mais sobre isso, a saber, que se deve travar essa conversa de diferentes maneiras, ou seja, mais ou menos como "atribuindo a si mesmo outras pessoas", no sentido de máscaras, de papéis, mais precisamente, devemos "falar mais ou menos como a criatura fala com o criador ou o servo com o senhor ou como o filho com o pai, como o aluno com o mestre ou o enfermo com o médico, o amigo com o amigo ou o mendigo com o rico"[178], e isto com a finalidade de que sejam iluminados todos os aspectos de sua relação com a personagem divina. Portanto, quando ele fala, por exemplo, de amigo para amigo, ele naturalmente fala diferente do que quando fala como mendigo com o rico. Isso confere à conversa um caráter psico-

176. "*ut affectus probos eliciar*" (Izquierdo, 1695, p. 9).

177. "*Quod Colloquium aliud non est, quam familiariter loqui cum Christo Domino, cum Deipara, vel cum SS Trinitate, aut aliqua ex Divinis Personis*" (Izquierdo, 1695, p. 10).

178. "*Idque varias interim sibi personas aptando; seu creaturae cum Creatore; seu servi cum Domino; filii cum Patre, discipuli cum Magistro, aegroti cum Medico, amici cum Amico, mendici cum Divite colloquentis*" (Izquierdo, 1695, p. 10).

lógico realista mais intenso e aparecem diferentes aspectos em quantidade maior. A conversa consiste em uma interpelação. A divindade é simplesmente interpelada, mas não há ninguém que responda. Portanto, o caso é mais ou menos assim – para citar um exemplo banal: existe um livrinho de George Sand, no qual ela expõe conversas com o seu amigo de alma, mas ao longo de 30 páginas é só ela que fala; nunca chegamos a ouvir o que ele diz[179]. Trata-se, portanto, de uma conversa absolutamente unilateral. É apenas uma interpelação. Ela fala por sua iniciativa com a divindade e não escuta o que a divindade diz para ela.

Na Antiguidade, tínhamos algo parecido. Nessa época, as imagens de deus também eram interpeladas. Aqui e ali se encontra até um acesso ao lado da estátua do deus, pelo qual se podia subir para falar ao pé do ouvido da divindade. Ali, no entanto, eram dadas respostas. A estátua do deus era encarada fixamente até que se conseguisse perceber um sinal visível, como, por exemplo, ela balançando a cabeça. Isso mostra que o objeto venerado de modo algum é inativo. Também sabemos isso das hagiografias, nas quais as imagens dos santos fazem certos gestos ou se ouve o som de uma voz. A projeção efetuada pela minha interpelação opera, por assim dizer, uma animação do objeto que, então, aparentemente age. A estátua do deus inclina a cabeça ou acontece algum sinal, cuja objetividade não se pode constatar. Mas isso também não vem ao caso. O essencial é que se deu a conexão entre a divindade e o respectivo sujeito. Nesse caso, é indiferente se a estátua realmente, no nosso sentido, meneou a cabeça ou não.

---

179. George Sand (1804-1876), pseudônimo masculino de Amandine Aurore Lucile Dupin, escritora francesa prolífica e de retumbante sucesso da era romântica, cujas obras impressionaram e inspiraram escritores como Victor Hugo, Fiodor Dostoiévski ou Marcel Proust. Jung se refere aqui a Sand, "*Daily conversations with Dr. Piffoel*" in *The Intimate Journal* (1929). Cf. tb. Jung (OC 9/1, § 237). Sobre Sand, cf. Harlan (2004).

Porém, nos *exercícios*, jamais nos é informado que poderia ocorrer uma réplica, nem mesmo um indício de tal resposta, a não ser o efeito indireto da graça que, em consequência, poderia ser entendido como fruto da *oratio* e interpretado como resposta da divindade.

O *colloquium* é seguido de uma oração falada, da *oratio vocalis*, mais precisamente, como consta aqui, "se o respectivo tiver familiaridade com a Mãe de Deus, seria bom rezar uma ave-maria ou, se a tiver com a Santa Trindade, reze um *Pater noster* [pai-nosso], e, se o interlocutor for Cristo, reze a *Anima Christi* [Alma de Cristo]"[180]. Habitualmente se reza a *Anima Christi.* Trata-se de uma oração da Igreja que, nos exercícios modernos, é meditada com muito cuidado. Eu gostaria de aproveitar essa oração como ensejo para uma exposição minuciosa do gênero da meditação. Pois preciso lhes mostrar como essas coisas são meditadas em seus detalhes. Ao proceder desse modo, fazemos o mesmo que já fizemos com os textos orientais. Ali também entramos nas minúcias das meditações e vimos a constelação espiritual singular que é produzida por aqueles símbolos das práticas orientais. Procederemos da mesma maneira agora em relação ao espírito cristão. E também nesse momento eu gostaria de pedir-lhes que apenas escutem objetivamente e, quem sabe, esqueçam que tiveram uma educação cristã, pelo menos alguns de vocês.

Portanto, a oração *Anima Christi* não é de Inácio, mas uma antiga oração da Igreja:

Anima Christi, sanctifica me.
Corpus Christi, salva me.
Sanguis Christi, inebria me.
Aqua lateris Christi, lava me.

---

180. "*Huic Colloquio plerumque finem imponet oratio aliqua vocalis: puta, si cum Beata Virgine habitum est, Ave Maria, si cum Santissima Trinitate, Pater noster, si cum Christo Domino, Anima Christi*" (Izquierdo, 1695, p. 10-11).

Passio Christi, conforta me.
O bone Jesu, exaudi me.
Intra tua vulnera absconde me.
Ne permittas me separari a te.
Ab hoste maligno defende me.
In hora mortis meae voca me.
Et iube me venire ad te,
Ut cum Sanctis tuis laudem te,
In saecula saeculorum. Amen.
Alma de Cristo, santifica-me.
Corpo de Cristo, salva-me.
Sangue de Cristo, inebria-me.
Água do lado de Cristo, lava-me.
Paixão de Cristo, conforta-me.
Ó bom Jesus, ouve-me.
Dentro das tuas chagas esconde-me.
Não permitas que eu me separe de ti.
Do inimigo maligno defende-me.
Na hora da minha morte, chama-me.
Manda-me ir para ti,
Para que te louve com os teus santos
Pelos séculos dos séculos. Amém[181].

Eis aí, pois, essa breve oração. Passaremos a tratar agora cada uma das partes dessa oração meditativa, ou seja, vamos tratá-la como qualquer outro texto, e queremos reagir, por assim dizer, espontaneamente a esses conteúdos que, em parte, parecem tão conhecidos e, não obstante, são tão profundamente desconhecidos. Ao fazer isso, acompanho as exposições de Erich Przywara[182], que publicou três volumes sobre os exercícios com o título *Deus semper maior* (Przywara, 1938). A respeito dessa oração *Anima Christi*, ele diz que devemos

181. A tradução alemã provavelmente foi feita por Jung. [A tradução para o português se baseia na tradução de Jung para o alemão [N.T.].]

182. Erich Przywara (1889-1972), sacerdote, teólogo e filósofo jesuíta, polonês-alemão. Cf. Introdução (p. 70-77).

estar subjetivamente conscientes de "estar imbuídos de Cristo" e "impregnados do sangue da Paixão de Cristo" (Przywara, 1938, p. 3). Essas palavras são dele.

Na verdade, a *anima* de Cristo é uma noção curiosa. A alma de Cristo é distinta de Cristo como personagem? Parece ser esse o caso, pois, do contrário, não se falaria de uma *anima* de Cristo. Porém, como o próprio Cristo é a divindade toda segundo o dogma, não ficaria bem separar dela ainda a *anima*. Mas, nessa oração, *anima* e *corpus* são distintos, duas coisas diferentes. Ora, Przywara opina que o conteúdo principal dos exercícios como um todo reside propriamente nessa compenetração, a saber, na sentença: "Cristo vive em mim"[183]. Ele se refere à passagem da Carta aos Gálatas, na qual Paulo diz: "Estou crucificado com Cristo. Já não sou eu que vivo, é Cristo que vive em mim" (Gl 2,19-20).

Esse fato tenta, então, de algum modo, tornar verdadeira a meditação ou trazê-la à existência por meio da *consideratio*, ou seja, da ponderação, do racional; da *meditatio*, ou seja, da meditação; da *contemplatio*, ou seja, da contemplação; e, como quarto modo, por meio da vivência com os sentidos. Isso, agora, é especificamente inaciano, a saber, que os sentidos humanos também têm de participar disso, senão essa impregnação por Cristo nem poderá começar. Mais precisamente, o desfecho tem de ser este: que, por meio dos quatro estágios ou das quatro formas da meditação, Cristo seja contemplado de algum modo a partir de dentro, como se estivesse *dentro* da pessoa. Pode-se muito bem dizer: "Eu em Cristo", o que Przywara formula mais ou menos assim: "A partir do interior de Cristo, ver com os olhos dele, sentir com o coração dele, respirar com

183. "Em (1) expressa-se o conteúdo principal dos exercícios: a conscientização pessoal do 'Cristo vive em mim'" (Przywara, 1938, p. 3).

Ele" (Przywara, 1938, p. 3). Isto é, uma transformação[184] completa do ser humano para o formato de Cristo. Isso constitui uma diferença clássica em comparação com o Oriente. Neste, não se trata de nenhuma transposição para dentro do Buda, mas eu me torno o Buda. Aqui, porém, trata-se de algo que o próprio Inácio já caracteriza como um "saltar para fora de si" (*IPW*; cf. Przywara, 1938, p. 4) e, de certo modo, para dentro do formato de Cristo, de tal maneira que a pessoa deixa a si mesma para trás ou se dissolve completamente na entidade tanto física quanto espiritual do Cristo, como abandono completo do si-mesmo. Isso é o oposto do que vimos no Oriente, onde o si-mesmo se torna Buda.

No fim da meditação sobre a *Anima Christi*, ainda lhes apresentarei alguns textos orientais, dos quais vocês poderão depreender claramente a atitude oriental.

Repassando essa oração trecho por trecho, palavra por palavra, Przywara diz o que pensa, o que lhe ocorre, iniciando com a primeira frase da *Anima Christi*. Trata-se de interpretações muito interessantes do ponto de vista psicológico. Ele diz:

> 1. *Anima Christi, sanctifica me.* [Alma de Cristo, santifica-me.] – Alma é unidade formal da vida inteira. Alma de Cristo é a unidade formal de tudo o que Cristo é. A partir da alma de Cristo se forma a vida de Cristo e, em razão disso, a minha vida como a vida de Cristo em mim (Przywara, 1938, p. 5).

Alma, o que é alma? É a forma, a unidade da essência de Cristo. Uma unidade formal de tudo o que Cristo é. A partir dessa forma, a vida de Cristo ganha forma e, em razão disso, também a vida de quem o contempla, de quem medita sobre Ele. E, na medida em que o meditante faz com que sua vida

184. RS: "transposição"; ES: "transgressão".

tome forma dessa maneira, ele, de certo modo, também passa a levar essa vida de Cristo, de tal maneira que ele não mais vive a si mesmo, mas vive *vere, realiter et substantialiter*[185] o Cristo.

Essa ideia da alma como forma já é uma noção medieval, a saber, a de que a alma seria propriamente o princípio formador do ser humano, que forma também sua vida exterior e seu corpo. Portanto, quando se medita sobre a alma de Cristo, medita-se sobre a forma. A mesma ideia se encontra no Oriente. Frequentei um mosteiro, em Belur Mutt, ao norte de Calcutá, um mosteiro da ordem do Ramakrishna[186]. Ali há uma pequena capela, na qual não se encontra nenhum altar no nosso sentido, mas debaixo de um cortinado foi levantado uma espécie de trono que consiste apenas em almofadas baixas de seda. Sobre elas repousa uma fotografia do Ramakrishna. Um mau gosto terrível, mas as pessoas nem se dão conta disso. Elas veem ali justamente o Ramakrishna. Diante dela se faz diariamente uma meditação, não para venerar o Ramakrishna, mas para assumir a forma do Ramakrishna, isto é, para entrar na forma do Ramakrishna. Isso é literalmente o que os monges disseram para mim. Eu participei pessoalmente desse culto meditativo. Isso foi muito interessante, na medida em que o monge celebrante tinha de passar o dia anterior se preparando por meio de um longo exercício meditativo, até que tivesse

---

185. "verdadeira, real e substancialmente."

186. Belur Math ou Belur Mutt foi fundado por Swami Vivekananda, um dos principais discípulos de Ramakrishna Paramahamsa. Ele está localizado na margem ocidental do Rio Hooghly, em Belur, Bengala Ocidental. O templo foi consagrado em 14 de janeiro de 1938. Jung esteve presente e descreveu a cerimônia no sétimo volume dos "*Excerpta*" (p. 14): "Nos dias 14-15 de jan[eiro] ocorreu a consagração do templo de Sri Rama Krishna em Belur Mutt (Math), perto de Calcutá. Para a finalidade da consagração foi erigida, no lado oriental do novo templo, uma tenda da consagração segundo o ritual védico..." [JL; fac-símile em Shamdasani, 2012, p. 178.]. Cf. *ETH* (vol. 6, p. 119).

pensado[187] a forma do Ramakrishna e ingressado em sua *anima*. Como tal, ele conduziu, então, o culto dos irmãos. O culto em si era hinduísta. Eles fizeram antigas oferendas védicas como símbolos: flores para a terra, fogo para a luz, um abano para o ar, com o qual o local do altar foi, por assim dizer, espanado, uma aspersão, uma libação, para a água. Em seguida, foram entoados hinos védicos. Para isso, toda a irmandade sentou-se no chão na posição do lótus e com frequência ocorriam prostrações em certos pontos do ofertório. Portanto, não se trata de uma veneração do Ramakrishna no sentido costumeiro, mas surgem sinais mnemônicos[188] para a forma, na qual cada indivíduo ingressa e, portanto, uma vez mais, uma ideia totalmente diferente da cristã, embora a ideia básica da alma como forma seja a mesma.

A intenção é que a *anima* de Cristo impregne o meditante por meio da meditação de maneira tão completa que sua vida se torna a vida do próprio Cristo. Em seguida, Przywara passa para a segunda parte da primeira linha. Eu gostaria de comunicar isso literalmente a vocês, porque é quase impossível transmitir a singular emoção da meditação:

> Por isso: *sanctifica me* [santifica-me], elege-me e separa-me como templo e utensílio do templo, que é tão seleto e separado que só pode servir ao templo ou ser destruído, e no próprio serviço do templo serve ao altar, ou seja, é direcionado para a oferta. "Santo" significa "junto a Deus", mas de tal modo que também é chamado de "amaldiçoado": na estreita linha entre bênção e maldição – e, nesse tocante, totalmente confiado. Cristo vive em mim – ou eu não vivo. Cristo [é] tudo – ou a maldição [que lança] no nada (Przywara, 1938, p. 5).

187. RS: "alcançado".

188. ES: "imagens mnemônicas".

Isso se refere à seguinte passagem: "Cristo resgatou-nos da maldição da Lei, fazendo-se maldição por nós, pois está escrito: 'Maldito todo aquele que é suspenso no madeiro'" (Gl 3,13). "2. *Corpus Christi, salva me* [Corpo de Cristo, salva-me]. – A vida de Cristo em mim é vida de Deus que se tornou corpo e cujo corpo é a Igreja visível" (Przywara, 1938, p. 5). A Igreja também é o *corpus Christi*.

> Não se trata de divindade invisível, nem de interioridade oculta, nem de espiritualidade sem corpo, nem de psiquismo puro, mas do Deus que se tornou humano, da interioridade que se externa na obra, da espiritualidade que ganha expressão na carne, da alma que só é visível como corpo. Cristo na Igreja visível, Cristo na obra visível no mundo visível. Pois que Ele seja tudo, tudo em mim, tudo através de mim no mundo (Przywara, 1938, p. 5).

Esse é, pois, o método, do qual falei anteriormente, a saber, a percepção interior que visa levar à irrupção dos sentimentos. Decorrem daí conclusões éticas que levam a agir e, por assim dizer, produzem frutos visíveis.

Portanto, esse corpo de Cristo, sobre o qual se medita aqui, é a manifestação visível do Senhor que deve me tornar são e salvo, íntegro. Sobre isso ele diz:

> Nisto: *salva me*, torna-me são e salvo. É precisamente o corpo que torna são e salvo: Cristo, pelo fato de ser visibilidade, humano, carne – mediante a humildade dessa impotência. Torna-me são e salvo: [ele tem um estilo peculiar que eu não subscrevo; CGJ] chaga curada do pecado, sangue curado do sacrifício. O pecado é curado no sacrifício: *sanctifica me*. Porém o sacrifício não é a última coisa. Pois o sacrifício é chaga escancarada. O pecado é curado no sacrifício no corpo de Cristo. Corpo de Cristo é ser são e salvo: *salva me*. Desse modo, isso é a inteireza sã e salva: espírito e carne,

Deus e criatura, uma só coisa na "cabeça e corpo, um só Cristo", em cada um de seus membros, em cada manifestação de vida e ação desses membros (Przywara, 1938, p. 5).

Portanto, o *corpus* de Cristo é pensado aqui como a origem da inteireza humana e simultaneamente uma razão pela qual o meditante deve, de certo modo, sair de si mesmo para entrar todo na forma de Cristo e, por essa via, alcançar aquela inteireza da qual Cristo é símbolo para nós. Pois Cristo é para nós símbolo da inteireza do ser humano.

Vocês veem, portanto, como essas meditações vão fundo. É claro que essa profundidade não é alcançada em todos os casos, mas, no caso de alguém como Przywara, que é um homem muito inspirado, naturalmente se vai bem mais longe. Em princípio, as coisas são executadas desse modo. Uma vez mais, é extraordinariamente notável que aqui haja uma tendência pronunciada para a visibilidade, para a realidade material concreta, e não, por exemplo, uma volatilização no espírito, uma dissolução do corpo ou da carne, mas se trata justamente de carne, justamente de corpo, justamente concreto. Uma vez mais, isso é algo que absolutamente não encontramos no Oriente. Lá isso é algo totalmente estranho. Lá nada se torna concreto, mas tudo que é concreto é dissolvido em *maya*[189]. Tudo é ilusão. Quem não sabe disso ainda não chegou a entender o abc da

189. *Maya*, sânscrito para "aquela que mede", concepção vedanta que denota aquilo que está em contraste com a realidade absoluta não dual; frequentemente traduzido por "ilusão". Cf. o seminário de Jung de 19 de maio de 1939: "Esta é a *materia*, de *mater*, a mãe, a mãe terra. A mãe é a primeira portadora desse símbolo do feminino, que descrevo como *anima*. Assim, a primeira projeção aparece naturalmente na mãe e depois se estende à matéria, daí o nome *materia*. Isso é o mesmo que o Oriente chama de *māyā*. Geralmente, é traduzido como ilusão ou engano, mas vem da raiz 'ma', ou seja, construir, portanto, *māyā* é o material de construção. Tudo o que posso tocar e perceber é a *māyā*. É uma ilusão real, uma ilusão que se tornou real". (*ETH*, vol. 6, p. 376).

filosofia da ioga. Trata-se de uma ilusão real. É concreto, mas esse concreto é ilusão. Lá não se trata de sair do corpo, mas de tornar o corpo ilusório. É em meio à realidade, carnalidade, realidade do corpo que ocorre essa inversão interior pela qual isso é reconhecido como ilusão. E, então, ele se encontra em um estado diferente.

Porém, aqui [no Ocidente] há uma tendência pronunciada de fazer com que essa vivência interior se converta em uma vivência exterior. Portanto, isso contrasta fortemente com os exercícios meditativos mais antigos dos *devoti*. É o aspecto especificamente inaciano: essa tendência para a percepção *in concreto*, o tornar-se real no corpo da Igreja. Essa ênfase peculiar no corporal poderia nos fazer suspeitar de que o corporal nem seria para nós, ocidentais, propriamente uma realidade *a priori*, mas, de certo modo, uma que primeiro teria de ser proclamada, primeiro teria de se tornar real. Temos, em nossa religião, muitos indícios desse aspecto.

Passaremos, agora, a outro ponto igualmente peculiar, a saber, o "3. *Sanguis Christi, inebria me.* Sangue de Cristo, inebria-me". Quando se lê essa palavra em um texto indiano, pensa-se em inebriamento de sangue, em beber o *soma*[190], talvez em uma orgia, na qual se bebe sangue. Talvez se pense em uma cerimônia sangrenta dionisíaca – em todo caso, em algo muito primitivo. Nós naturalmente estamos tão habituados a essas concepções que nem as estranhamos mais. O sangue de Cristo é tão abstrato e descorado que não nos diz mais nada. Mas e se ainda não tivéssemos ouvido falar disso? Como aquele indiano que visitou a Inglaterra e constatou isto: "Tudo o que os mis-

190. *Soma*, sânscrito para "extrato", é o nome de uma bebida extraída de uma planta homônima que proporciona imortalidade. Ela é mencionada tanto no *Rigveda* quanto no *Avesta*, os textos sagrados do zoroastrismo. A natureza exata dessa planta intoxicante ainda é objeto de controvérsia.

sionários dizem é enganoso. Pois os ingleses são adoradores de animais! Em toda parte, eles têm pombas, leões, águias, bois e humanos com asas". Ele tinha visto todos esses emblemas nas igrejas romanas e góticas, e pensou: "Ora, ora, então é isso!" Nós nem notamos mais quando vemos, em alguma igreja, um cordeiro com uma bandeirinha e uma cruz ou *putti*[191] com cabeças de anjo e asas douradas. Porém um homem ingênuo como esse indiano nota isso. E do mesmo modo também nota os textos. Quando alguém ouve pela primeira vez "sangue de Cristo, inebria-me", isso soa bastante perigoso. Todo tipo de suspeita surge e pensa-se: O que se tem em mente com isso? Qual é propriamente o propósito disso? Isso suscita memórias de tempos primevos em que ocorriam sacrifícios humanos sangrentos. Então se vê um homem cruelmente pregado na cruz, de aspecto cadavérico, sangrando. Isso é terrivelmente chocante para a compreensão ingênua. Então ela se pergunta: Que tipo de gente é esta que tem tais símbolos? Isso é característico do Ocidente. No Oriente não existe nenhuma teoria de "sangue e solo" [teoria biologista e nacionalista [N.T.]]. Mas é claro que uma autoridade católica reivindica para si a prioridade das ideias de "sangue e solo". E isso está correto. Essa intuição sensível, esses instintos primitivos que decorrem daí provêm de nós. Percorram, por exemplo, uma galeria de pinturas medievais. O que está representado ali de fato? Alguém é assado na grade, outro tem suas tripas arrancadas e enroladas, outro anda por aí com a cabeça debaixo do braço. Quando se chega do Oriente, isso chama a atenção pelo ineditismo.

191. *Putti*, plural de *putto*, palavra italiana para uma criança angelical alada e, no mundo antigo, palavra para designar meninos alados [cupidos] capazes de influenciar as vidas humanas. Artistas da Renascença italiana reviveram a representação em pintura dos *putti*, em particular o escultor Donatello (1386-1466), que os mesclou com a iconografia cristã.

E o que isso diz para nós? Vocês já sabem, "sangue e solo", uma isca para camundongos e ratos, agora se tornou realidade de maneira bem diferente[192]. É assim que as coisas são entre nós. Por isso, quando se fala muito de sangue, é o que acontece. Porém da mesma maneira se fala dele porque ele já está aí. É o nosso jeito de ser. O "inebriamento de sangue", é preciso ter ouvido a palavra. É preciso meditar sobre isso também, mas mais a partir do lado oriental, para a nossa edificação, uma espécie de edificação amarga. No entanto, o modo como Przywara medita sobre isso naturalmente se move no ambiente cristão, no qual o perigoso já foi transformado de tal maneira em espiritual e clerical que as concepções primevas desapareceram. Nem sequer se pensa mais nelas. Assim diz ele:

> 3. *Sanguis Christi, inebria me.* Porque Cristo é meu a partir de dentro (*anima Christi*), porque Cristo é meu na forma inteira (*corpus Christi*), por isso sou inundado, aquecido, irrigado por seu sangue: não só a forma de Cristo como minha forma, mas fluindo no fluir de Cristo, jogado de um lado para outro na circulação sanguínea de Cristo, inquieto na inquietude de Cristo, mutável na mutação de Cristo – em seu corpo, que é a Igreja.
>
> Por isso: *inebria me*. A "sensatez" estreita e angustiada tem de se transformar no êxtase da embriaguez, para que minha vida seja arrebatada desse modo. O sangue de Cristo ferve, o sangue de Cristo se arroja – no amor descomedido, em sua altura, amplitude e profundidade. Inebria-me! (Przywara, 1938, p. 5-6).

O "*inebria me*" representa propriamente a embriaguez pelo sacramento do vinho. Isso já é uma atenuação, o vinho em lugar do sangue. Porém o vinho tem significado espiritual no *mysterium* cristão e, em consequência disso, ele já não indica

192. No dia 1º de setembro de 1939 tropas alemãs invadiram a Polônia, dando início à Segunda Guerra Mundial.

mais o aspecto perigoso que pode residir na embriaguez. E o inebriamento causado pelo sangue, pelo vinho, visa lograr que o meditante seja, por assim dizer, arrebatado para dentro do *corpus Christi* ou *corpus Mysticum*, que ele seja, por assim dizer, arrastado por meio de um ato de força, pelo êxtase inebriado, pela força da corrente sanguínea de Cristo. Esses são em parte ditos que podem ser comprovados em Przywara.

Seminário 4[193]

24 de novembro de 1939

Iniciamos o seminário passado tratando da meditação sobre a oração *Anima Christi*. Hoje eu gostaria de continuar com isso. Chegamos a tratar, na última vez, a terceira linha "*Sanguis Christi, inebria me*", "Sangue de Cristo, inebria-me" – e agora passaremos à quarta linha:

"4. *Aqua lateris Christi, lava me.* Água do lado de Cristo, lava-me." Essa invocação de Cristo se refere, como vocês podem depreender, ao fato de que, de acordo com o texto do Evangelho, do lado aberto de Cristo não jorrou só sangue, mas também água[194]. A isso se refere também a purificação[195] do vinho com água na Eucaristia. Medita-se separadamente sobre o sangue e a água como tendo significados diferentes. O sangue, que corresponde ao vinho, causa o inebriamento, o êxtase, a vertigem, o ser arrebatado para dentro da forma de Cristo, ao passo que a água possui o significado oposto. Assim sendo, Przywara diz, em sua meditação, que aqui a água causa propriamente o efeito contrário ao da embriaguez, que é causada

193. O texto deste seminário foi compilado com base em anotações feitas por LSM, ES, RS e OK, bem como na tradução inglesa de BH.

194. "Mas um dos soldados traspassou-lhe o lado com uma lança, e logo saiu sangue e água" (Jo 19,34).

195. RS e ES anotaram "mistura" em vez de "purificação".

pelo sangue e pelo vinho: a clareza[196]. Isso naturalmente se refere ao efeito purificador da água milagrosa oriunda da fonte que é Cristo. Trata-se de concepções que desempenharam um papel importante na Idade Média, como vocês talvez já saibam da história da arte. O sangue representa a graça e a água a *ablutio* ou a dissolução do pretume do pecado.

Essa concepção também ingressa na filosofia hermética, na qual essa *ablutio* com a água milagrosa igualmente desempenha um papel importante. Essa água com bastante frequência é designada diretamente como *sanguis*, como sangue. Uma das concepções originárias da filosofia hermética é que se pode extrair essa água da matéria. Pois dentro da matéria também se concebe o *Salvator* oculto ou dormente. Portanto, ele não vem só do céu, mas também do fundo da matéria.

Após essa invocação, Przywara redige uma seção em que subdivide as invocações em três partes. Porém não detalharemos sua concepção das três partes. Isso faria com que nos estendêssemos demais e isso não ajudaria muito a captar o sentido.

Chegamos à invocação seguinte da segunda parte: "5. *Passio Christi, conforta me.* Paixão de Cristo, conforta-me". Aqui Przywara diz que a Paixão é o mistério propriamente dito de Cristo (Przywara, 1938, p. 7). A Paixão do Deus que apareceu. Essa de fato é uma concepção central, que também tem significado psicológico para a peculiaridade do Ocidente. Decerto vocês não encontrarão em nenhuma das grandes religiões essa relação com o sofrimento que encontram no cristianismo, a saber, essa voluntariedade para sofrer e, dependendo das circunstâncias, uma verdadeira avidez por sofrer. Pensem nos mártires. No sofrimento é visto um sentido que absolutamente não conseguimos en-

196. "Sangue e água, embriaguez e clareza. Embriaguez da prodigalidade, na qual se clareiam os olhos para contemplar Deus de clareza em clareza" (Przywara, 1938, p. 6).

contrar em outras religiões de outros povos. A ideia é a de que esse mistério, de certo modo, é um mistério divino. Tem-se em mente, com isso, em primeira linha, o sofrimento de Deus e não tanto um sofrimento humano. E a ideia por trás é a de que Deus se rebaixa à condição humana e, mediante esse rebaixamento, também se sujeita ao sofrimento, como se o sofrimento fosse característico do humano. Sua humanização é sofredora.

Ora, em seminários anteriores vimos de sobejo que a correspondência ocidental ao *atman* oriental, ao si-mesmo oriental, é Cristo. A figura de Cristo é uma correspondência bem exata. Do mesmo modo que no Oriente, também no Ocidente esse si-mesmo é buscado, só que por vias bem diferentes. Já falamos da via oriental. A via ocidental, no entanto, é totalmente diferente da oriental. A saber, aqui é enfatizado um fator que o Oriente, ao que parece, ignora totalmente: o fator do sofrimento. A *Selbstwerdung*, a individuação, manifesta-se no Ocidente como processo de intenso sofrimento, isto é, ele experimenta dessa maneira esse processo psicológico e o formula como humanização de um deus. Uma formulação que vocês absolutamente não encontrarão no Oriente. No Oriente, o si-mesmo, de certo modo, cresce de dentro do ser humano, o ser humano cresce para dentro desse si-mesmo. Ele assume a forma desse si-mesmo. Ele[197] provém de sua própria substância. Por essa razão, há, no Oriente, a convicção de que o *atman* é um ser cósmico e, ao mesmo tempo, meu interior e, portanto, aquela fórmula: "menor que pequeno e maior que grande"[198]. Ou:

> A pessoa (*purusha*), do tamanho máximo de um polegar, que mora dentro, que sempre mora no coração humano, é percebida pelo coração, pelo pensamento, pela mente; aqueles que a conhecem se tornam imortais.

---

197. RS e ES anotaram "*es* [= *Selbst*]" em vez de "*er* [= ser humano]".

198. *Shvetashvatara Upanishad* 8, 3, 20 (*SBE*, vol. 15, p. 248).

> A pessoa (*purusha*) com mil cabeças, mil olhos, mil pés, abarca a terra por todos os lados, estende-se para além dela pela largura dos dedos [trad. do texto em inglês].
>
> Ele vive no coração, do tamanho de um polegar, [...] e, ainda assim, cobre todos os lugares do mundo com dois palmos de altura [trad. do texto em alemão][199].

Nesses paradoxos, o Oriente capta essa entidade intimamente consciente ao ser humano. É o pensador do pensar, o ouvinte do ouvir, o vidente do ver etc. No Ocidente, em contraposição, isso não é uma experiência interior. Não é experiência psicológica que o indivíduo faz de si mesmo, mas é a experiência de algo exterior. Esse mesmo si-mesmo, esse mesmo *atman* se acerca da experiência ocidental como poderosa figura exterior. Ele não é só uma formação puramente espiritual, mas é, por assim dizer, também um acontecimento histórico. Na forma histórica de Jesus, o si-mesmo sobe ao palco do mundo. Vocês sabem que o Cristo tão transcendente ou mesmo o Cristo místico são pouco apreciados no protestantismo. Fala-se de preferência do Jesus histórico, a saber, da figura que viveu e atuou, que conhecemos da tradição, dos textos dos evangelhos, e que, de certo modo, ainda nos influencia como modelo. O misticismo sectário vale-se da concepção do Cristo interior ou do Cristo cósmico. Esses conceitos se tornaram quase obsoletos no âmbito do protestantismo, mas no catolicismo ainda estão bem vivos. Neste, o Cristo cósmico ainda se conserva em toda a sua glória[200]. Ele atua, por assim dizer, realmente como

---

199. *Shvetâshvatara Upanishad* 8, 3, 13-14 (*SBE*, vol. 15, p. 246-247). Cf. o seminário de Jung de 26 de maio de 1939 (*ETH*, vol. 6, p. 397).

200. De acordo com Werner Thiede, a concepção de um "Cristo cósmico" teve origem somente no fim do século XIX no interior do movimento teosófico e foi cunhado por Annie Besant (Thiede, 2001). A afirmação equivocada de Jung a respeito de sua origem católica provém do uso crescente dessa concepção dentro da Igreja Católica. Jung mencionou Besant em seu seminário de 4 de novembro de 1938 (*ETH*, vol. 6, p. 119).

um Deus. Como tal *Ecce Deus*, Ele se acerca do ser humano, munido de poder, de poder divino, e até de superpoder divino sobre o ser humano, de tal modo que o ser humano nunca poderá dizer que Cristo teria crescido de dentro dele ou que ele teria crescido para dentro do Cristo. Cristo está presente e sempre esteve presente, está aí antes do mundo inteiro, e o ser humano só pode saltar para dentro dele, por assim dizer, saltando para fora de si. Ele só pode desvalorizar a si próprio para transmutar-se para dentro desse Cristo, mas não *nesse* Cristo. É a esse propósito que serve essa meditação, a saber, livrar o ser humano de sua mera humanidade, para que ele assuma a forma divina da graça, para que seja acolhido nela e até se funda com ela, mas do mesmo modo que um átomo se funde com uma massa infinitamente maior: Ele é a cabeça, nós somos seus membros[201]. Ele é a videira, nós os ramos[202]. Ele é o todo, nós as partes[203]. Em contraposição, o Oriente sente isto: eu sou a totalidade. Eu sou o *atman*. Eu sou este mundo. Tudo vem até mim, tudo quer entrar em mim. Pois eu sou tudo. *Tat tvam asi*[204]. Para a nossa percepção cristã, isso é algo totalmente incompreensível e inaudito. É simplesmente a inversão estrita da nossa percepção cristã ocidental.

Religiões são precisamente formulações, expressões de uma atitude psíquica bem-determinada, de um temperamento psíquico. Nosso temperamento ocidental é adequadamente

201. "Ora, vós sois o corpo de Cristo e cada um, por sua vez, é um membro" (1Cor 12,27).

202. "Eu sou a videira, vós os ramos. Quem permanece em mim, e eu nele, dá muito fruto; porque sem mim nada podeis fazer" (Jo 15,5).

203. "Porque assim como o corpo é um só apesar de ter muitos membros, e todos os membros do corpo, embora muitos, são um só corpo, assim também é Cristo" (1Cor 12,12).

204. *Khandogya Upanishad* 6, 8, 7 (*SBE*, vol. 1, p. 101): "Ora, isso é essa essência sutil (a raiz de tudo), na qual tudo que existe tem seu *self*. Ela é o verdadeiro. Ela é o *self*, e vós, ó Svetaketu, sois ela"; texto alemão: Deussen (1897, p. 166).

expresso por meio do mito cristão. Não importando quantas pessoas dizem isso ou aquilo, o *consensus gentium* [consenso dos povos] prova que o cristianismo tem sido para nós a formulação adequada durante os últimos 15 séculos. Isso diminuiu significativamente desde a era da Reforma em seu efeito como expressão da nossa disposição psíquica. Temos de concluir daí que nossas disposições psíquicas se modificaram de modo singular a partir do século XVI ou talvez já antes disso e que nós, em consequência disso, sentimos alguma insuficiência. Ora, é difícil comprovar psicologicamente em que consiste e no que se baseia essa insuficiência e a partir do que ela pode ser experimentada. Pois é impossível nos contentarmos com essas infantilidades, dizendo: nem é verdade ou é impossível que uma virgem possa ter um filho. Também pessoas intelectuais dizem essas bobagens. Pois não se trata disso, mas de verdades simbólicas. O dogma é uma verdade simbólica. Não devemos pensar que nossos pais, avós e bisavós foram todos loucos e idiotas, senão nós também seríamos. Nem sequer podemos aceitar esse debate. O que se aplica a um também se aplica ao outro. Portanto, temos de supor que nossos ancestrais quiseram dizer algo com essas coisas e que talvez nós sejamos os idiotas que não entendem mais o que eles quiseram dizer propriamente com isso, porque essa linguagem, por alguma razão, não condiz mais conosco. Pedir tais provas tolas da verdade das coisas não constitui objeção ao dogma.

Nunca se tratou *disso*. Nossa tarefa seria propriamente entender como as pessoas chegaram a ponto de fazer enunciados como os do nascimento virginal, da Trindade etc. Acrescente-se a isso que de modo algum se trata apenas de enunciados cristãos. Em outros lugares também há culto a virgens e nascimentos virginais, em lugares que nada têm a ver com Cristo[205]. As

205. Na Conferência de Eranos de 1938, dedicada à "Forma e culto da Grande Mãe", Ernesto Buonaiuti falou sobre "Maria e o nascimento virginal de Jesus" (Buonaiuti, 1939). Os anais da conferência foram publicados em 1939.

trindades, que são tríades de deuses, remontam à cultura egípcia e elas ocorrem também entre os povos primitivos. Trata-se de ideias da humanidade. A questão não é por que a cristandade formulou enunciados tão absurdos, que não são passíveis de verificação pelas ciências naturais, mas como a humanidade chegou a tomar conhecimento dessas coisas e como se tornaram tão sobremaneira valiosas para ela. Em que se apoiam essas ideias e o que elas significam na nossa economia psíquica? Podem estar certos de que significam algo. Há pessoas religiosas aos milhares que assegurarão a vocês que essas coisas se revestem da maior importância para elas. A humanidade ainda não enlouqueceu a ponto de algo ser sobremodo significativo para um e não significar absolutamente nada para outro. De fato, hoje é assim, mas isso explica o imenso decaimento da humanidade culta, porque uns possuem concepções, ideais e objetivos, dos quais os outros nada sabem nem entendem. Instaurou-se uma confusão babilônica de línguas, e temo que ela se deva às mesmas razões que a do passado: essa confusão provém da *hýbris*, da arrogância humana, da consciência humana que subitamente passou a achar que pode se evadir da tarefa de refletir sobre essas coisas. Se ela não refletir mais sobre essas coisas, ela não refletirá mais sobre as razões de sua essência, a saber, sobre sua vivência interior. Nesse caso, reflete-se somente sobre coisas exteriores, racionais, o que certamente também se reveste de grande importância, por exemplo, o saldo bancário ou o cargo público etc. Porém de que adianta ter um saldo bancário enorme se você não se sente bem com isso? Você se desfaria com gosto de suas centenas de milhares de notas somente para se sentir bem por uma hora em sua pele. Quando você sente que sua alma de alguma maneira está se despedaçando, você procura o médico, e com gosto você lhe repassaria toda a sua fortuna se ele pudesse livrá-lo de uma neurose terrível. Nós de fato esquecemos o que representam essas concepções para o bem-estar da alma humana. Nós esquecemos totalmente o que essas concepções perfazem para as pessoas medievais. Quando falamos da Idade Média, sempre pensamos na falta de higiene e nas conexões internacionais precárias – como se as nossas fossem boas –, nas diligências deploráveis com as quais nem se conseguia viajar até Belgrado. E hoje podemos fazer isso? Vocês nem sequer conseguem viajar com certo grau de segurança da Holanda até Londres. Pensamos em enfermidades, lepra, peste etc., na Idade Média "sombria", na Inquisição que queimava pessoas vivas. Porém vocês querem que eu leia, por exemplo, estatísticas dos últimos 20 anos? Não é? Nosso tempo é bem mais terrível do que a Idade Média. A Idade Média foi inofensiva em comparação com o que acontece hoje. Lemos horrorizados sobre os envenenamentos nas cortes dos Bórgia[206]. Mas isso é brincadeira de criança em comparação com as coisas que vivenciamos hoje. Não temos nenhuma razão para nos indignar sobre a consciência das pessoas medievais. Nós simplesmente perdemos essa consciência de vista e não sabemos mais com o que se ocupou o ser humano medieval. Porém, se compulsarmos os livros da Idade Média, veremos de imediato como essas pessoas pensavam a respeito dessas coisas, que influência elas tiveram em suas vidas. Então veremos subitamente os significados psicológicos salvíficos de tais concepções. Dessas concepções de fato parte uma tranquilização, uma pacificação do ser humano inteiro. O ser humano e sua existência adquirem sentido, muito além do sagrado saldo bancário, e até muito além do sofrimento.

---

206. A casa de Bórgia foi uma família nobre ítalo-espanhola que alcançou fama durante a Renascença italiana. Dois deles foram eleitos papas: Alfonso de Borja, que governou como Papa Calixto III (1455-1458), e Rodrigo Lanzol Bórgia, como Papa Alexandre VI (1492-1503). Este último gerou vários filhos ilegítimos, entre os quais César Bórgia (cerca de 1475-1507) e Lucrécia Bórgia (1480-1519), cujos nomes são sinônimo de política de poder impiedosa. Rumores os vinculam a incesto, envenenamento e assassinato.

Para nós, o sofrimento não tem mais sentido e tem de ser curado imediatamente, porque ele é errado. Não se pode aceitar o sofrimento; ele deve ser rejeitado, curado, evitado. Nem queremos ouvir falar dele, porque ele não é condizente. Porém essas pessoas medievais sabiam que o sofrimento é, em primeiro lugar, inevitável e, em segundo, uma graça, pois ele é significativo. Ele faz sentido e tem finalidade. Algo acontece por meio dele. Pensem, por exemplo, se um enfermo pudesse aceitar que sua neurose tem algum sentido, ainda que incompreensível para ele, e que Deus enviou esse mal para ele com uma finalidade bem-determinada, a saber, para lembrá-lo de que tem de sofrer por um fim significativo bem-determinado, então isso é significativo. Ele sente nesse sofrimento até mesmo a identidade com o próprio Deus sofredor. Então vocês percebem imediatamente como é significativo o fato de ele crer em um Deus sofredor. Pois ele sabe que esse sofrimento é a imagem da humanização desse mesmo Deus. E ele saberia que seu sofrimento se situa no caminho para seu próprio si-mesmo. Ele sabe que, sem esse sofrimento, seu si-mesmo jamais se constituirá. Nesse caso, ele é capaz de aceitá-lo. Quando ele consegue aceitá-lo, quebrou-se sua ponta aguçada. O ser humano pode aguentar qualquer coisa quando vê o sentido dela[207]. Porém nós perdemos totalmente o sentido. Não temos absolutamente nenhuma vantagem em relação à Idade Média. Portanto, não temos nenhuma razão de colocar-nos numa posição particularmente elevada. Nossa forma ocidental é a cristã, a qual diz: o Deus, isto é, o si-mesmo, só pode constituir-se por meio do sofrimento. É no sofrimento que o si-mesmo se constitui;

207. Cf. Friedrich Nietzsche, *Crepúsculo dos ídolos*: "Quando se tem seu 'por quê?' da vida, consegue-se suportar quase qualquer 'como?' O ser humano não busca a felicidade, só os ingleses fazem isso" (*KSA*, vol. 6, p. 60-61; Nietzsche, 1889/2005, p. 157).

portanto, aceite seu sofrimento e você estará no caminho para Cristo, o si-mesmo[208].

Como já mencionei, o Oriente tem uma atitude totalmente diferente nesse sentido. Ele busca tão somente o arrebatamento para longe do prazer e do sofrimento. Prazer e sofrimento representam o mesmo para ele. Ele só quer se livrar dos antagonismos. Ele não tem a atitude combativa do ser humano ocidental que quer conquistar, obter o prazer, que faz de tudo para evitar o sofrimento, para alcançar o prazer, que quer superar o sofrimento em combate. O Oriente está tão enredado em prazer e sofrimento por sua existência condicionada pela natureza, ligada à terra[209], que sabe que prazer e sofrimento se equilibram. Ele não consegue evitar o prazer, não consegue evitar o sofrimento. Sabe que só há livramento onde ele puder se libertar de ambos. Liberta-se não só do mal, mas também do bem. Liberta-se dos dois, tornando-se *nirdvandva*, isto é, livre de antagonismos.

Esse modo peculiar de vivência se baseia em outro temperamento psicológico. Seu ponto de partida é totalmente diferente do ocidental. O Ocidente tem uma atitude essencialmente, por assim dizer, masculina, combativa, em relação ao

208. O pastor e teólogo alemão Walter Uhsadel visitou Jung em Küsnacht no dia 29 de maio de 1938 e fez o seguinte relato do seu encontro com ele: "Quando me despedi, ele me levou a uma pequena sala onde tratava seus pacientes. Ele tinha mandado fazer para essa sala a cópia de um vitral de igreja gótico muito bonito que retratava uma crucificação. Isso conferiu ao cômodo o cunho de uma sacristia. Apontando para esse vitral, Jung disse para mim: 'Veja o senhor que isso é o decisivo para nós'. Quando lhe perguntei por que dizia aquilo, ele respondeu do seu jeito tranquilo e concentrado: 'Acabo de vir da Índia, onde isso me ocorreu de maneira nova. O ser humano tem de resolver o problema do sofrimento. O ser humano oriental quer se livrar do sofrimento, despindo-se da vida. O ser humano ocidental tenta reprimir o sofrimento com drogas. Mas o sofrimento tem de ser superado, e ele só é superado na medida em que é carregado. Isso aprendemos dele'. Ao dizer isso, apontou para o crucificado" (Uhsadel, 1966, p. 120-121). Sobre Jung e Uhsadel, cf. Liebscher (2020).

209. RS: "primitiva, orgânica".

acontecimento. O prazeroso é almejado e é buscado, se não por vias diretas, então por vias tortas. O sofrimento é evitado ou superado. O Oriente não tem como se defender de ambos. Ele tem uma atitude feminina em relação ao mundo. O mundo é um espetáculo avassalador, ao qual se está fatalmente condenado, contra o qual absolutamente nada se pode fazer. Tudo é natural, está de acordo com os deuses. Cada ato da vida cotidiana é parte da vida divina, avassaladora, e assim é vivida. Cada ação banal no curso do dia é ritual, é acompanhada de representações rituais. Certa vez contei para vocês[210] como no Ceilão[211] os carreteiros resolviam ritualmente suas diferenças quando duas carretas se chocavam. Entre nós, levanta-se espantosa gritaria e xingação; no Oriente, um declama para o outro um *mantram*: "A perturbação está passando, não há alma". Isto é, perturbações passam, isso é apenas passageiro. Isso não é real. Não se tem alma. Não há nada que reaja. Tu és ilusão. Tua carreta é uma ilusão; teu asno é ilusão; tua alma é ilusão; tudo isso nem mesmo aconteceu. Com outras palavras: isso não significa nada, é apenas mundo. Desse modo, o mais comum dos mortais se livra de quaisquer dificuldades, dizendo rapidamente: "Tudo passa, isso não é uma perturbação, não temos alma, não somos um eu". Essa é a atitude oriental.

Podemos, agora, por razões psicológicas bem-determinadas, supor ou até saber que, se a atitude exterior em relação ao mundo é feminino-sofredora, passiva, a interior é uma atitude absolutamente masculina. Inversamente: onde a atitude exterior é combativa, a interior é feminina, a saber, uma curiosa receptividade, docilidade, servilidade, um aceitar, se entregar. Pois é isso que vocês encontram expresso com muita nitidez no cristianismo medieval na entrega a essa figura superior do Cris-

210. Seminário de Jung de 16 de dezembro de 1938 (*ETH*, vol. 6, p. 192).

211. Até 1972, Sri Lanka era conhecida como Ceilão.

to, do *Atman*, com o qual me relaciono como um recipiente ou algo que em si não tem propriamente consistência, mas só tem sentido se for preenchido por ele.

Em contraposição, o Oriente – isso se encontra em todo ser humano oriental – possui uma força interior, uma hombridade, que alteia a si mesma como monte cósmico e porta em seu cimo a coroa do universo: eu sou o mundo e isto é ilusão. Isso é uma atitude masculina, que explica muita coisa do ser humano oriental, a saber, sua profunda não influenciabilidade. Seu olho possui a qualidade de uma pedra preciosa negra, dentro da qual não é possível enxergar. É sempre um enigma para nós, ao passo que o nosso olho é revelador como o olhar de uma mulher. Olhamos dentro dos olhos dela, sentimo-nos acolhidos dentro deles, sentimo-nos, de algum modo, cativos dentro deles. É por isso que o mundo imerge dentro do ser humano ocidental e o intoxica desde a raiz. É por isso que ele pode sorver o Oriente inteiro para dentro de si. É por isso que temos templos budistas e estudamos avidamente as doutrinas, ao passo que o Oriente, quando muito, diz: "Pois bem, o Cristo de vocês foi um cara legal, disse algumas coisas muito boas, muito úteis. Nada temos a objetar contra isso. Presumivelmente ele é uma encarnação de Vishnu". Aceita-se que ele tenha sua validade. "Os evangelhos são um livro muito bom. Nele constam coisas que até são bem parecidas com os *Upanixades*[212]. É claro que há muito já sabíamos de tudo isso". Isso não os afeta do mesmo modo que nos afeta. Isso não

---

212. *Upanixades*, do sânscrito *sat* "sentar", com os prefixos *upa* e *ni*, significando "sentar aos pés e perto (do mestre)", é uma coletânea de mais de 200 textos indianos (embora tradicionalmente 108 sejam mencionados de acordo com o número sagrado hindu), o mais antigo remontando ao segundo milênio a.C. Eles foram considerados como ensinamentos secretos passados oralmente de mestre para aluno. Os *Upanixades* podem ser vistos como comentários e especificações dos ensinamentos dos quatro Vedas antigos, razão pela qual também são chamados de *Vedanta* (o fim dos Vedas). O primeiro trabalho escrito de Jung sobre os *Upanixades* pode ser encontrado em *Psicologia do inconsciente (Metamorfoses e*

cativa essas pessoas como nos cativa. O culto a Maria, por exemplo, é muito apreciado lá, principalmente no sul da Índia. Na região sul, as deusas mães virgens têm seus templos. No extremo sul da Índia, os jesuítas quiseram fundar um posto missionário, onde havia um templo da deusa Mariamman[213]. Então eles descobriram que essa deusa era mãe-virgem. Aí disseram: "Mas essa é Maria". Diante disso, tudo ficou à feição. Pode-se dizer que foi uma enganação santa. Mas isso não prejudica nem um pouco os indianos, porque eles enganam e se deixam enganar. Isso não tem importância nenhuma, pois eu próprio também sou os deuses. De qualquer modo não se consegue fazer os deuses de bobos porque eu sou eles. Da próxima vez, apresentarei um texto hindu, no qual vocês poderão ouvir isso, por assim dizer, na linguagem original.

Disso vocês podem depreender como nossa atitude é diferente da oriental. Entre nós, a figura central está altamente carregada com uma energia penetrativa. É preciso invocar essa figura e então ela desdobrará seu efeito poderoso. Nós aguardamos e colocamos nossa esperança no efeito poderoso da figura. Ela já está carregada *a priori* de energia masculina, em relação à qual o nosso íntimo se comporta de modo feminino, servil. Isso também explica por que o Ocidente é especialmente suscetível a epidemias psíquicas. O Oriente jamais cometeu insanidades como a das cruzadas das crianças[214]. Ele engana e se deixa en-

---

símbolos da libido) (1912), onde ele faz uma leitura psicológica de passagens dos *Upanixades* e do *Rigveda* (Jung, 1912, §§ 208, 243-245, 677-680).

213. Mari, também conhecida como Mariamman ou Mariammai, significando mãe Mari, é uma deusa hindu da chuva, cultuada particularmente no sul da Índia.

214. O termo "cruzada das crianças" é uma tradução do latim *peregrinatio pueri* [procissão das crianças] e se refere às malogradas cruzadas compostas principalmente de jovens e jovens adultos em 1212. Inspiradas por supostas visões milagrosas e por milagres, pessoas jovens da Alemanha e da França, oriundas, em sua esmagadora maioria, de contextos empobrecidos, fizeram votos para recuperar Jerusalém dos sarracenos. Elas foram lideradas na Alemanha pelo pastor

ganar, inclusive o santo. Se ele propõe a vocês uma fraude, isso está completamente em ordem. Eu não passo de uma ilusão, e ele também é uma ilusão. Não há ali uma categoria de mentir ou de ser enganado. É claro que se trata de uma convenção da pessoa decente não o fazer de modo grosseiro, mas de modo elegante. Porém quem vai ao Oriente com categorias de verdade fica decepcionado. Nesse sentido, os europeus ficam muito decepcionados. Eles dizem então: "Esses santos não passam de irremediáveis embusteiros". Tomemos como exemplo o grande Gandhi[215]. Os hindus o chamam de Mahatma, o grande espírito. Ele é um santo. E ele passa semanas em jejum para pressionar o governo pela aprovação de alguma reivindicação. O conhecido *Secret Service* [Serviço Secreto], do qual vocês agora voltam a ouvir falar, descobriu que o Mahatma ingeria açúcar de uvas. Ele se alimentava disso. Ele chama isso de jejuar, e se defende, dizendo que não se trata absolutamente de comida em sentido próprio, mas de remédio. Nós dizemos: que fraude escancarada! Para o Oriente isso tanto faz. É algo óbvio. Justamente se aceita que o mundo é uma ilusão. Se alguém viesse, afirmando: "Eu sou o Deus da Europa!", eles responderiam: "Ah é? Há tantos dementes e tantos santos: Por que não ele?" Desse modo, o Oriente está protegido de modo singular de epidemias psíquicas. Ele repousa sobre uma base firme do

de ovelhas Nicolau de Colônia e na França por Estêvão de Cloyes, de 12 anos de idade. Sem armas e com poucas provisões, ambos os empreendimentos falharam e nunca chegaram à Terra Santa. Muitos integrantes morreram de fome e exaustão, outros foram vendidos como escravos aos sarracenos.

215. Mohandas Karamchand, chamado Mahatma ("grande alma", "venerável") Gandhi (1869-1948), líder do movimento de independência da Índia com seu protesto pacífico ("*satiagraha*") contra o governo colonialista britânico, "pai" da nação indiana. Sobre Gandhi, cf. sua autobiografia *Minha vida e minhas experiências com a verdade*, que cobre o período até 1921 e foi publicada na revista *Navjivan* de 1925-1928; cf. tb. *The essential Gandhi: An anthology of his writings on his life, work, and ideas* [O essencial de Gandhi: antologia de seus escritos sobre sua vida, obra e ideias] (Gandhi, 1962).

si-mesmo. Nosso si-mesmo é exterior. Ai de nós, quando a figura poderosa, convincente vem de fora ou quando ela está em algum lugar externo. Basta que um só tenha êxito, um saldo bancário, e já se diz que ele tem razão, justamente por ter êxito. Então acreditamos e todos nós nos curvamos – de modo autenticamente feminino. Quando chega o homem grande e forte que dá as ordens – aí, sim! Então ele de fato é convincente [*überzeugend*]. Por favor, atentem para esta palavra.

Isso ocorreu comigo pessoalmente e me deixou atônito. Quando lecionei psicologia primitiva como docente particular na Universidade[216], ouvi, enquanto descia a escada depois da aula, uma estudante dizer para a outra: "Hoje não entendi uma palavra sequer". E a outra respondeu: "Nem eu, mas ele certamente está certo, pois é tão robusto". Não é? Isso é atitude ocidental, embora tenha vindo de uma mulher que deveria ter certa masculinidade interior. Mas isso é válido para todos de modo geral. No Oriente, isso nem de longe já seria uma verdade. Pois para a mulher oriental é algo óbvio: se alguém é robusto, esse alguém é homem, e é convincente [*überzeugend*]. "*Über-zeugend.*" Prestem atenção nesta palavra! Isso é aceito no Oriente, entre nós justamente não, mas lá isso está atrás de uma espécie de bastidor. O ser humano oriental assume a existência humana. Sua convicção apriorística é que todos nós estamos iludidos, somos fracos, que todos nós estamos terrivelmente enredados no mundo e em seu acontecimento. Não há remédio para isso, a não ser que se desembarque da órbita da

---

216. Jung lecionou na Universidade de Zurique de 1905 a 1913. Ele renunciou ao cargo em 30 de abril de 1914, cf. Hoerni (2019, p. xiv). Embora não houvesse nenhuma conferência anunciada sob o título "Psicologia primitiva", Jung se referiu a isso como um tópico de suas conferências também em outras ocasiões: "Eu lecionei sobre psicopatologia e naturalmente também sobre os fundamentos da psicanálise freudiana, bem como sobre a psicologia dos primitivos. Esses são meus temas principais" (Jung, 1962, p. 117; *Protocols*, p. 806).

roda do *samsara*, da roda do renascimento[217], dizendo: "Já sei. Conheço isso. Sei que sou *atman*, que sou o mundo". Isso liberta a pessoa oriental. Pois para a pessoa oriental o sofrimento não é significativo, mas é pura e simplesmente o antônimo de prazer. E o prazer é tão ruim quanto o sofrimento. O sofrimento é o fim da cadeia do *nidana*, da qual o *Nidana Samiuta* diz:

> Foi isto que eu ouvi: certa vez, o Sublime se hospedou em Savati, no bosque de Jeta, no parque do *Anathapindika*.
>
> Então o Sublime interpelou os *Bhikkhus*: "Ei, *Bhikkhus*!" "Sim, senhor!", responderam os *Bhikkhus* atentos ao Sublime. O Sublime falou assim: "Quero ensinar a vocês, *Bhikkhus*, a lei da gênese causal; escutem e prestem atenção; vou anunciá-la a vocês". "Certamente, senhor!", responderam os *Bhikkhus* atentos ao Sublime. O Sublime falou assim: "Mas qual é, *Bhikkhus*, a lei da gênese causal? Tendo o não saber como causa, surgem as formas; tendo as formas como causa, surge a consciência; tendo a consciência como causa, surgem nome e forma; tendo nome e forma como causa, surgem os seis âmbitos dos sentidos; tendo os seis âmbitos dos sentidos como causa, surge o contato; tendo o contato como causa, surge a sensação; tendo a sensação como causa, surge a sede; tendo a sede como causa, surge a apreensão; tendo a apreensão como causa, surge o devir; tendo o devir como causa, surge o nascimento; tendo o nascimento como causa, surgem velhice e morte, dor, aflição, sofrimento, pesar e desespero. Por essa via origina-se toda a massa do sofrimento. Esta é, *Bhikkhus*, sua gênese"[218].

E nós nos livramos dessa condição sofredora por meio do saber: eu sou o si-mesmo, o *atman* e o mundo.

---

217. *Samsara*, sânscrito para "fluxo", é um termo usado para descrever a instabilidade e o fluxo do mundo fenomênico. Cf. tb. o seminário de Jung de 26 de maio de 1939 (*ETH*, vol. 6, p. 397).

218. *The connected discourses of the Buddha* (2000, p. 533). Jung citou essa passagem de Wilhelm Geiger (1922, p. 5). Cf. tb. o seminário de Jung de 17 de fevereiro de 1939 (*ETH*, vol. 6, p. 281).

Seminário 5[219]

1º de dezembro de 1939

No último seminário tratamos o quinto verso: "*Passio Christi, conforta me.* Paixão de Cristo, conforta-me".

Ressaltei, naquela ocasião, que o sofrimento e a atitude em relação a ele constituem uma das diferenças clássicas entre os pontos de vista oriental e ocidental. Como lhes disse, o Oriente possui um temperamento psicológico diferente. O Oriente diz: "Eu sou *atman*" ou "Mediante iluminação eu me torno Buda", ao passo que o Ocidente assume inteiramente o ponto de vista de que a vida e a autonomia propriamente ditas residem na figura de Cristo. Assim sendo, ele confessa: "Minha vida submerge na vida de Cristo, é impregnada e, por assim dizer, dominada por Ele". Digno de nota é que o Oriente adota uma atitude essencialmente negativa em relação ao sofrimento. O sofrimento faz parte da ilusão. O mundo é cheio de sofrimento, mas abandona-se esse estado na medida em que a pessoa sc liberta totalmente dos conflitos[220], ao passo que o crescer para dentro da vida de Cristo conduz ao acolhimento[221] do mistério de Cristo, a saber, à sensação/percepção do sofrimento do Deus que está se tornando ou que se tornou humano, como

219. O texto deste seminário foi compilado com base em anotações feitas por LSM, ES, RS e OK, bem como na tradução inglesa de BH.

220. LSM e OK: "antagonismos".

221. ES: "sensação/percepção".

diz Przywara[222]. Ora, se pensarmos que é a figura do si-mesmo que corresponde ao Ocidente, essa constatação de que o homem-deus ou o Deus que se tornou humano sofre significaria propriamente que a individuação, a *Selbstwerdung*, é um acontecimento sofrido, que causa sofrimento. Esse sofrimento passa a ser expresso não como meu sofrimento pessoal, mas como sofrimento de Deus. Poder-se-ia dizer, portanto, que ele é projetado para dentro da figura divina. Não encontramos essa concepção no Oriente. Aquele que está em vias de se tornar Buda até está isento de sofrimento, na medida em que é iluminado. O sofrimento desaparece para ele como as nuvens da Maya[223]. Essa atitude singular do ser humano ocidental significa, portanto, que a figura mais completa, o ser humano maior, o ser humano mais abrangente e futuro, que sobrepuja esse ser humano presente, é um Deus que, por assim dizer, se torna humano e, em sua humanização, suporta o sofrimento. Por essa razão, seria possível inverter a frase: na medida em que evoluo rumo a essas alturas divinas ou perfeitas, passo por um estado de sofrimento. Esse estado de sofrimento de fato também é humano e, portanto, também o meu estado de sofrimento, mas ele é isso secundariamente na medida em que, de certo modo, repete os sofrimentos de Cristo. O essencial nisso tudo não é o meu sofrimento, mas o sofrimento de Cristo, que, por assim dizer, sempre está aí, sempre acontece. Essa é uma daquelas concepções difíceis de entender que vocês também

---

222. "*Passio Christi, conforta me.* – A alma de Cristo é o íntimo de Cristo. Porém Cristo não é 'senão o crucificado' (1Cor 2,2). Assim, o sofrimento de Cristo é a alma da alma de Cristo e o íntimo do íntimo de Cristo: o mistério propriamente dito de Cristo. Mistério de Cristo: porque é inaudito que o Deus todo ativo seja sofredor, que o Deus todo bem-aventurado seja miserável, que o Deus todo santo seja ferido, que o Deus todo imortal seja moribundo. Mistério de Cristo: porque nele se desvela o que há de mais delicado do amor de Deus em estado oculto: o tabernáculo da vida intradivina" (Przywara, 1938, p. 7).

223. Cf. nota 189.

encontram na psicologia da missa[224], a saber, que o sacrifício de Cristo não é um sacrifício repetido, mas um sacrifício que perdura, que sempre está aí, um sacrifício que ocorreu fora do tempo e, de certo modo, sempre ocorre, e isto, por ter acontecido na eternidade, isto é, para além do tempo, e se repete quase sempre na aparição. Assim também o sofrimento de Cristo. É um sofrimento eterno, sofrimento permanente, mas também permanentemente resolvido pela glorificação e transfiguração de Cristo, e pelo retorno de Cristo para o estado puramente divino como segunda pessoa da Trindade.

Essa formulação parece combinar bem com o temperamento ocidental, senão o ser humano ocidental provavelmente teria composto uma concepção bem diferente. Ela tem de corresponder ao nosso temperamento de alguma maneira, senão teria sido impossível que uma concepção tão chocante quanto a de um Deus sofredor conseguisse tantos adeptos.

Vocês podem até estar pensando que, para a Antiguidade, a ideia de um deus que sofre deve ter sido sobremaneira chocante. De fato foi. Houve um contragolpe contra o cristianismo e, apesar disso, essa ideia se impôs com muita força e tem fascinado interiormente a humanidade ocidental há 1.500 anos. Não existe nenhuma ideia no Ocidente que tenha expressado sequer aproximadamente dessa mesma maneira o ser humano ocidental, e daí o fascínio exercido por ela. Agora a humanidade começa a descartar aos poucos esse fascínio, e, na mesma medida, desmorona também a compreensão desses enunciados, e ele aparentemente perde seu efeito, o que representa uma grande perda.

Eu gostaria de demonstrar-lhes a concepção cristã mais detidamente, porque ela se reveste de fundamental importância

224. Na Conferência Eranos de 1941, Jung palestrou sobre o simbolismo da transformação na missa (OC 11/3).

para a compreensão dos *Exercitia spiritualia*. Vocês sabem que nossa concepção protestante não concorda inteiramente com essas explanações, já que, no protestantismo, essa concepção trinitária rigorosa desapareceu em grande medida. Vocês talvez tenham lido recentemente na *Neue Zürcher Zeitung* [Novo Jornal de Zurique] algo sobre as resoluções em relação ao Conselho Ecumênico de Igrejas[225]. Vocês puderam acompanhar ali uma parte da história do pensamento medieval, a saber, a discussão sobre se é possível ou não subscrever a confissão de que Cristo é Deus. Uma série de vozes se levantou contra isso. Pois também se pode adotar o ponto de vista de que Cristo não é Deus. Essa concepção mostra a vocês qual é a situação atual, pelo menos no protestantismo reformado. Logo, não se pode nem ao menos atribuir divindade a Cristo, embora Ele mesmo tenha se qualificado como o Filho de Deus. Pois essa filiação divina desempenhou um papel considerável e talvez vocês tenham lido no Novo Testamento que os judeus quiseram apedrejar Cristo por causa dessa afirmação. João diz no capítulo 10:

> Jesus respondeu: "Não está escrito em vossa Lei: 'Eu disse: vós sois deuses'? Se a lei chama deuses àqueles a quem se dirigiu a palavra de Deus – e a Escritura não

225. Nos dias 29 e 30 de novembro de 1939, a *Neue Zürcher Zeitung* publicou uma reportagem sobre o encontro do Sínodo Eclesiástico do Cantão Zurique, que ocorrera no dia 29 de novembro de 1939. O sínodo discutiu se as igrejas suíças deveriam se tornar membros do Conselho Ecumênico de Igrejas [a partir de 1948: Conselho Mundial de Igrejas] e aceitar a constituição que foi esboçada em Utrecht em 1938. O encontro de Utrecht resultou na unificação das duas principais organizações ecumênicas "Vida e trabalho" e "Fé e ordem". Em sua constituição, o Conselho Ecumênico estabeleceu que era uma união de igrejas que reconhecem Jesus Cristo como seu Deus e Salvador. No Sínodo de Zurique houve controvérsia a respeito da formulação "como seu Deus" e foi aprovada uma declaração que recomendava a aceitação da constituição de Utrecht, com a única ressalva de que "unicamente Jesus Cristo seja Senhor e cabeça também de nossas igrejas suíças, mas que a nossa participação no trabalho ecumênico não pode estar vinculada a formulações confessionais" (*NZZ*, 30 de novembro de 1939, n. 2028).

pode falhar –, como podeis dizer que blasfema aquele que o Pai santificou e enviou ao mundo só porque eu disse: 'Sou Filho de Deus'? Se eu não faço as obras do Pai, não acrediteis em mim. Mas, se as faço, mesmo que não acrediteis em mim, crede nas obras. Assim sabereis e reconhecereis que o Pai está em mim e eu no Pai" (Jo 10,34-38)[226].

Cristo se refere aqui ao Salmo 82, que diz: "Eu declaro: 'Sois deuses, sois todos filhos do Altíssimo'" (Sl 82,6)[227]. Essa concepção é muito curiosa e muito obscura, e muitas vezes já se perguntou o que se tem em mente com isso[228]. Portanto, pelo teor das palavras não é possível entender nada além da filiação divina ou do parentesco divino. Os demais artifícios de interpretação justamente não passam disso. Pois também temos em outras passagens do Novo Testamento a comprovação de que de fato era predominante a concepção de que o ser humano possui um parentesco com Deus, e que, portanto, a afirmação de Cristo de que Ele é o Filho de Deus nem foi tão

226. Jung citou a Bíblia de Lutero, edição de 1912.

227. Jung citou a tradução de Lutero.

228. Irineu escreveu a respeito dessa passagem: "Não fomos feitos deuses desde o princípio, mas primeiro fomos feitos humanos e então, por fim, deuses. Deus faz isso motivado pela pureza de sua bondade, para que ninguém pense que ele é invejoso ou que não seja generoso. 'Eu declaro: Sois deuses, sois todos filhos do Altíssimo.' Ele fala assim, mas como não somos capazes de suportar o poder da divindade, ele prossegue: 'No entanto, como seres humanos, morrereis'. Ou seja, ele expressa tanto a generosidade de sua dádiva quanto nossa fraqueza, e o fato de que possuímos livre-arbítrio. Pois em virtude de sua bondade nos concedeu seu dom e fez os humanos livres como ele é livre. Em virtude de sua antevisão, ele estava ciente da fraqueza humana e dos resultados dessa fraqueza; mas em virtude de seu amor e de sua bondade, ele superará a [fraqueza da] natureza da criatura humana. Era preciso que primeiro a [fraqueza da] natureza [humana] fosse evidenciada e depois superada, e que a mortalidade fosse devorada pela imortalidade, a corruptibilidade pela incorruptibilidade, e que o ser humano ficasse em conformidade com a imagem e semelhança de Deus, recebendo o conhecimento do bem e do mal" (*Adversus haereses*, IV. XXXVII. 4; *The Early Christian Fathers*, 1956, p. 69).

despropositada. Por exemplo, encontramos na Segunda Carta aos Coríntios a seguinte passagem: "Não reconheceis que Jesus Cristo está em vós?" (2Cor 13,5)[229]. Em seguida, uma passagem paralela, a de Gálatas 2,20: "Contudo, eu vivo; mas não sou eu, é Cristo que vive em mim"[230]. Essa é a tradução literal. Há, porém, teólogos protestantes que editaram traduções da Bíblia em que não se diz que Cristo está "em vós", mas "entre vós", "no meio de vós"[231], para que não seja suscitada a ideia de que Cristo poderia ser o Cristo interior, de que pudesse se tratar do parentesco interior com Deus. Não se entende bem por que há tal resistência contra isso, mas temos nossas suposições.

Eu gostaria de citar-lhes um paralelo de tempos mais antigos. A saber, na localidade de Oxyrhynchus, ao sul do Cairo, foram desenterrados papiros do século I que evidentemente continham anotações de uma espécie de coletânea de anedotas sobre Jesus. Portanto, supostamente essa versão era anterior às versões dos evangelhos, que são bastante tardias[232]. No Evangelho consta o seguinte: "Porque onde dois ou três estiverem reu-

229. As transcrições do texto [alemão] se basearam na edição de Zurique.

230. Jung traduziu essa frase direto do grego para o alemão. A tradução inglesa segue a tradução de Jung. A tradução de Jung é muito parecida com a tradução de Lutero: "Contudo eu vivo; porém já não sou eu, mas é Cristo que vive em mim". A Bíblia inglesa *KJV* traduz: "Não obstante, eu vivo; porém não eu, mas Cristo vive em mim".

231. Um exemplo desse tipo de tradução no tempo de Jung foi a *Textbibel des Alten und Neuen Testaments* de 1899: "Ou não reconheceis em vós mesmos que Cristo Jesus se encontra no meio de vós?" A tradução foi providenciada por uma equipe de teólogos protestantes sob a direção de Emil Kautzsch (1841-1910). A tradução do Novo Testamento foi extraída da nona edição de *Das Neue Testament*, de Carl Heinrich von Weizsäcker (1822-1899) (primeira edição de 1875). Weizsäcker foi um expoente da escola histórico-crítica da exegese bíblica. A visão crítica que Jung tinha desse método pode explicar a observação seguinte, depreciativa e bastante crítica.

232. Bernard P. Grenfell e Arthur S. Hunt, que descobriram esses papiros em Oxyrhynchus, no ano de 1897, afirmaram, em sua edição, que "eles são anteriores a 140 d.C., e podem remontar ao primeiro século" (Grenfell & Hunt, 1898, p. 3), o que poderia apoiar a teoria de Jung de que esses ditos são de data anterior

nidos em meu nome, eu estarei ali no meio deles" (Mt 18,20). Isso seria o estar entre eles. Porém a versão original[233] diz: "Se dois estiverem juntos, eles não estarão sem Deus, mas, se um estiver sozinho, estarei ali com ele"[234]. Parece que houve uma redação posterior[235] que riscou aquele um e o acrescentou aos dois. Isso dá três. Isso já é uma associação, a saber, uma igreja. Pois um sozinho ainda não consegue fazer uma igreja, embora Coleridge tenha dito certa vez: "Creio na Igreja una e a única que traz bem-aventurança, cujo único membro em princípio sou eu"[236]. Vocês veem que tipo de considerações operam aí, a saber, considerações com a Igreja. Um sozinho não possui a graça, é preciso que seja uma associação. É óbvio que isso é claramente direcionado contra o ensimesmamento e contra tendências demasiadamente individualistas. Mas isso forçosamente ainda repercute na Igreja. É por isso que, a meu ver, essa passagem é traduzida incorretamente. De modo algum diz

---

à dos evangelhos canônicos. No entanto, estudos recentes datam os ditos de Jesus de Oxyrhynchus entre 150 d.C. e 300 d.C.

233. Cf. nota 189.

234. Papiro Oxyrhynchus 1.X, in: "The Oxyrhynchus sayings of Jesus", *The apocryphal New Testament* (1924, p. 27).

235. Cf. nota 189.

236. Essa citação é erroneamente atribuída ao poeta, filósofo e teólogo inglês Samuel Taylor Coleridge (1772-1834). Em vez disso, ela é de outro dos assim chamados "Poetas do Lago", a saber, do ensaísta e crítico literário Thomas de Quincey (1785-1859), que por algum tempo foi amigo de Coleridge. Em sua obra principal, *Confessions of an English Opium Eater* [Confissões de um inglês consumidor de ópio] (1821), De Quincey escreveu: "*Esta é a doutrina da verdadeira igreja sobre o tópico do ópio: igreja, da qual me identifico como único membro* – o alfa e o ômega: mas, então, é preciso lembrar que falo a partir de uma ampla e profunda experiência pessoal: ao passo que a maioria dos autores não científicos que trataram do ópio de modo geral, e até mesmo aqueles que escreveram expressamente sobre a *materia medica*, deixam evidente, pelo horror que expressam a respeito dele, que não têm absolutamente nenhum conhecimento experimental da ação do ópio" (De Quincey, 1821/2013, p. 41). Agradeço a Jens Schlieter pela dica.

ali que Cristo está "entre vós", mas Ele de fato está "em vós". Paulo confessa: "Cristo vive em mim" (Gl 2,20). Paulo nem vive mais, é Cristo que vive. Ele é a cabeça. Se eu me inserir em algum lugar, sou um penduricalho. Também há uma passagem nos Atos dos Apóstolos: "É nele que vivemos, nos movemos [...]: 'Porque somos também de sua raça'" (At 17,28)[237]. Isso quer dizer, portanto: de uma raça divina.

Essas são, pois, as raízes e os embriões de uma visão lá dos primórdios, que não se desenvolveram no decurso do cristianismo histórico, mas toda a autonomia da essência humano-divina se concentrou em Cristo, e o ser humano saiu, por assim dizer, de mãos vazias. Esses embriões não se desenvolveram, mas esses são os embriões, a partir dos quais se desenvolveu, no Oriente, a seguinte confissão: eu sou o *atman*, eu sou o mundo. No Ocidente, como vocês podem ver, esse processo se inverteu. O ser humano, de certo modo, baixou de nível e só tem mais importância como membro de uma comunidade. Porém como indivíduo ele não tem direito divino, mas precisa esperar pela graça da Igreja. Por que admirar-se, então, quando acaba irrompendo uma era materialista[238] em que essa ideia já está pronta entre nós, na qual já nem existe mais um deus ao qual se possa fazer referência? O que é então o ser humano? Nesse caso, também já não há mais Igreja, mas há a massa, há o Estado, e o indivíduo não existe mais. Essa não é só uma catástrofe espiritual[239], mas também uma catástrofe humana de dimensões máximas. Nesse caso, não podemos mais nos permitir ter organizações, aglomerar gente. Pois não temos mais nenhuma forma além do Estado, que não passa de uma aglomeração de indivíduos humanos, que, no entanto, feita pelo ser humano,

237. Jung encurtou a citação alemã e parece ter parafraseado o texto.

238. RS e LSM anotaram, em vez disso, "marcial".

239. ES: "intelectual".

não procede da natureza mais profunda do ser humano, mas é um aparato de proteção que deveria permanecer sempre em poder do ser humano. Daí naturalmente resulta o fenômeno da massa. Cada qual retorna ao estágio subumano, porque ninguém mais é indivíduo, ninguém mais é personalidade. Ele já não pode mais ser ouvido porque, então, é a besta que urra. Só será ouvido ainda quem conseguir urrar mais alto do que a besta. Devemos isso à perda da forma da Igreja. Mas também há essa educação exclusiva na Igreja, que devemos responsabilizar historicamente pelo fato de o ser humano civilizado europeu ter chegado a esse estágio. Hoje em dia a Igreja deveria saber que não pode mais submeter o indivíduo exclusivamente a ela. Por essa via, a pessoa é anulada e os muros da Igreja ruem, restando só mais um mingau, e o ser humano individual deixa completamente de existir. A Igreja não desenvolveu esses embriões, que estão nitidamente implantados e enunciados na Escritura Sagrada, mas desenvolveu seu poder, sua instituição para o bem-estar do ser humano. Pois toda a nossa cultura é essencialmente cristã[240]. Podemos muito bem dizer isso, pois se não tivéssemos tido a Igreja Católica, onde estaríamos agora? Não estaríamos em lugar nenhum. Porém as pessoas se detiveram na instituição da Igreja e não acolheram as confissões originais. Graças a essa circunstância, nunca conseguimos compreender o Oriente. Pois só conseguimos desvalorizar essa assim chamada mania de grandeza do Oriente. Quem de vocês sabe que Cristo disse "vós sois deuses"? Ou vocês alguma vez já ouviram uma pregação sobre isso? Eu não. Há muitas outras passagens no Novo Testamento que nunca foram objeto de pregação.

Tenho de chamar a atenção para mais um ponto. Vocês encontram nos Atos dos Apóstolos aquela passagem psicologi-

240. LSM anotou, em vez disso, "clerical".

camente significativa da efusão do Espírito Santo[241]. Cristo diz: deixarei para vocês um Paráclito, um consolador[242]. Isto é, Ele deixará o Espírito de Deus para eles, para esses filhos e filhas de Deus, que Ele doravante abandonará. Lá o Espírito de Deus caiu do céu em forma de línguas de fogo. Essas chamas não caíram "entre" as pessoas, mas sobre a cabeça de cada uma delas. Cada uma delas recebeu o Paráclito, podendo, portanto, dizer: recebi o Espírito de Deus. Eu sou a morada, outro aspecto da divindade. Esse é o terceiro elemento da Trindade. Com o Espírito Santo foi recebida toda a divindade. Isso também é assim em termos puramente lógicos. Porém isso nunca se tornou verdade por causa da Inquisição. Se alguém dissesse que recebeu o Espírito de Deus, que Ele seria o *theós*, o que se poderia dizer diante disso? Não há mais nada a dizer a respeito. Pois então essa pessoa pode proclamar qualquer coisa, a pior das heresias. Foi o que fizeram os assim chamados entusiastas[243]. Isso faz ruir toda a instituição da Igreja, razão pela qual devemos entender que foi humanamente impossível para a Igreja lidar com esse problema. Porém esse problema é uma verdade eterna e se torna agudo no momento em que a Igreja não consegue mais manter o seu rebanho unido, no momento em que os muros

241. "De repente veio do céu um ruído, como de um vento impetuoso, que encheu toda a casa em que estavam sentados. Viram aparecer, então, uma espécie de línguas de fogo, que se repartiram e foram pousar sobre cada um deles. Todos ficaram cheios do Espírito Santo e começaram a falar em outras línguas, conforme o Espírito Santo lhes concedia que falassem" (At 2,2-4).

242. "Eu pedirei ao Pai, e Ele vos dará outro Paráclito, que estará convosco para sempre" (Jo 14,16); "Mas o Paráclito, o Espírito Santo que o Pai enviará em meu nome, Ele vos ensinará tudo e vos trará à memória tudo o que eu vos disse" (Jo 14,26).

243. *Schwarmgeister* ou *Schwärmer*, termos alemães para "entusiastas", referem-se a grupos pietistas radicais na esteira da Reforma que, "mediante falso apelo ao Espírito Santo, deram atenção inadequada ao *extra nos* da salvação cristã" (Leppin et al., 2011). Lutero usou o termo em sua disputa contra os profetas de Zwickau. Cf. Hilliard (2011) ou Makari (2016, p. 78-86).

da Igreja têm brechas. Nesse momento, temos de lembrar esses enunciados. Eles não são conversa fiada, mas verdades psicológicas fundamentais, sem as quais não temos nenhum ponto de apoio contra os problemas da atualidade. Estaremos irremediavelmente à mercê da massa, se não lograrmos que o indivíduo, por assim dizer, se lembre de sua divindade. Pois não basta[244] que ele apenas diga "eu"; tratamos a alguém assim como mero egoísta ou individualista, e com razão. Porém alguém trazer à memória sua divindade original é um capítulo bem diferente. Pois esse enunciado expressa o fundamento mais profundo sobre o qual está posto o ser humano. Ele diz respeito ao ser humano inteiro, ao ser humano, cuja mínima parte está contida na consciência. Esse enunciado diz respeito ao si-mesmo do ser humano. O eu não é Deus, mas o si-mesmo é o Deus no ser humano, e esse si-mesmo, sendo o todo, é essencialmente superior à parte, a saber, à consciência. A respeito desse si-mesmo praticamente não ouvimos nada na filosofia cristã, porque justamente ele é mantido oculto. Mas teríamos ouvido falar dele, se, no período em que a Igreja ainda estava na plenitude do seu vigor, ela tivesse logrado desenvolver a religião do Espírito Santo, ou seja, ir além de Cristo, como Ele mesmo disse. Pois, sendo Ele o Filho de Deus e chamando os demais de filhos e filhas de Deus, os humanos seriam seus irmãos e suas irmãs. Se o Espírito Santo, como terceira pessoa da Trindade, desce sobre cada um deles, então muitos estão na mesma condição espiritual em que Cristo estava quando o Espírito de Deus baixou sobre Ele no batismo.

Porém essa ideia era muito difícil. E continua sendo muito difícil para a Igreja. Na Idade Média, uma crítica como essa teria tido uma resposta imediata: a morte na fogueira. Mas jamais conseguiremos aceitar e assumir como verdadeira a afinidade espiritual com o Oriente, não poderemos assimilar o Oriente, se não levarmos em consideração essa disposição cris-

244. ES: "vale".

tá dentro de nós, se não soubermos tomar ciência de que esse enunciado já está presente inclusive nos escritos fundantes do cristianismo. Padecemos de um *développement arrêté* [desenvolvimento interrompido]. No Ocidente, nosso desenvolvimento espiritual deixou a desejar, enquanto, no Oriente, ele se hipertrofiou, porque ali não havia nenhuma instituição que pudesse ser comparada, mesmo que aproximadamente, com a Igreja Católica. Pois o budismo não é igreja nesse sentido.

Ainda quero lhes trazer uma breve citação de um autor que sofreu com esse problema do Ocidente, se debateu com ele e sucumbiu diante dele. A saber, com a deterioração da Igreja, do cristianismo histórico, que infelizmente não pode ser negada. Almas otimistas ainda querem pensar e acreditar que ela ainda pode ser salva, mas quando encaramos os fatos, quando contamos as quantidades de pessoas que estão *extra ecclesiam* [fora da Igreja], só podemos confessar que, hoje em dia, a coisa está feia para o cristianismo. Esse homem é Friedrich Nietzsche. Ele anunciou: "Deus morreu"[245]. Deus morreu. E, ao dizer isso, ele não sabia que estava dentro do dogma, que se trata de um enunciado cristão. Pois Deus morreu. Ele sempre morreu, pois a morte de Cristo é um dos mistérios do cristianismo. A morte de Deus nos é pregada. Já sabemos disso: Deus morreu. Porém Nietzsche não diz isso nesse sentido, mas: Deus chegou ao fim

---

245. No aforismo 125 de *A gaia ciência* (1882), o filósofo alemão Friedrich Nietzsche (1844-1900) pôs um louco anunciando a morte de Deus: "Deus morreu! Deus continua morto! E nós o matamos! Como havemos de nos consolar, nós, assassinos entre os assassinos! O que o mundo possuía de mais sagrado e de mais poderoso até hoje sangrou sob o nosso punhal; quem nos limpará esse sangue?" (*KSA*, vol. 3, p. 481) [trad. bras. de Jean Melville, 1882/2003, p. 116]. No entanto, Nietzsche não foi o primeiro a declarar o falecimento do Deus judeu-cristão. Esse era um tópico comum entre os poetas e filósofos românticos alemães, como Georg Friedrich Wilhelm Hegel (*Fé e conhecimento*, 1802/1977), Heinrich Heine (*Sobre a história e a filosofia na Alemanha*, 1834/2007) ou Jean Paul (*Siebenkäs*, 1797).

da linha. Por ter chegado ao fim da linha e não ter sucessor aconteceu algo muito especial para o mundo. Nietzsche não sabia que *ele* seria o sucessor de Deus. Quando então a doença mental o dominou, ele passou a assinar suas cartas com o nome: "O Crucificado" ou "Dionísio" ou "Zagreus", isto é, o mutilado, que também foi um deus, também um deus falecido. E esse destino então se cumpriu nele próprio. No *Zaratustra*, ele profetizou isso para si mesmo, na passagem em que ele fala para o equilibrista moribundo: "A tua alma ainda há de morrer mais depressa do que o teu corpo"[246]. O corpo de Nietzsche só morreria 11 anos depois da morte de sua alma[247].

Não devemos nos admirar de que, em sua obra mais essencial, mais profunda, que é sua confissão, ou seja, *Assim falou*

---

246. Nietzsche (1883-1885/1988) (*KSA*, vol. 4, p. 22). [Trad. bras. de Alex Martins, 2003, p. 130.]

247. O colapso mental de Friedrich Nietzsche ocorreu em torno do fim de 1888 em Turim. Naquele tempo, ele começou a escrever cartas a amigos e figuras públicas, como Umberto I da Itália, que mostraram sinais claros de colapso mental. Elas eram assinadas por Dionísio ou O Crucificado, vinculando-as, portanto, à última linha de sua autobiografia filosófica já concluída e intitulada *Ecce Homo*: "Dionísio contra o Crucificado". Após receber uma carta desse tipo, Jakob Burckhardt ficou tão alarmado que entrou em contato com Franz Overbeck, amigo de Nietzsche, que foi até Turim, no dia 7 de janeiro de 1889 para buscar seu amigo. Em seguida, Nietzsche foi internado na clínica Friedmatt em Basileia, de 10-17 de janeiro de 1889. Depois disso, sua mãe Franziska Oehler-Nietzsche o levou até o asilo em Iena, onde permaneceu até 24 de março de 1890, quando foi liberado e posto sob a tutoria de sua mãe. Após a morte da mãe em 1897, sua irmã Elisabeth Förster-Nietzsche levou seu irmão de Naumburg até o Residencial Silverblick em Weimar, onde Nietzsche passou o resto de sua vida até a morte no dia 25 de agosto de 1900. A causa da doença mental de Nietzsche não foi esclarecida, mas é provável que tenha sido resultado de uma infecção sifilítica. Em seu seminário sobre *Assim falou Zaratustra*, de Nietzsche, Jung afirmou ter conhecido o médico que tratou de Nietzsche: "esse homem extremamente sensível e nervoso [isto é, Nietzsche] contraiu uma infecção por sífilis. Esse é um fato histórico – conheço o médico que cuidou dele. Foi quando ele tinha 23 anos de idade" (Jung, 1934-1939/2023, p. 606). É bem provável que Jung esteja se referindo a Otto Binswanger, cujo sobrinho Ludwig foi assistente de Jung na clínica de Burghölzli. Sobre a doença de Nietzsche, cf. Volz-Schmücker (1990).

Zaratustra, apareçam muitas passagens intensamente cristãs. Ele se move numa maneira totalmente cristã de ver o mundo – é difícil dizer o quanto estava consciente disso –, mas ele tem essa psicologia ocidental e simplesmente não consegue escapar dessa maneira ocidental de ver o mundo. Ele simplesmente tem de continuar pensando nessas categorias cristãs, e assim tratou desse motivo do Deus sofredor também no *Zaratustra*. Eu gostaria de apresentar-lhes isso como *document humain*[248]. Por favor, atentem para o simbolismo peculiar de que se vale Nietzsche. Vocês encontram essa passagem no assim chamado "Canto da embriaguez"[249]:

> A dor de Deus é mais profunda, mundo singular! Procura a dor de Deus; não me procures a mim! Quem sou eu! Maviosa lira cheia de embriaguez; uma lira de meia-noite, um sapo plangente que ninguém entende, que deve falar aos surdos, homens superiores! Pois vós não me compreendeis!
>
> Foi-se! Foi-se! Ó mocidade! Ó meio-dia! Ó tarde! Já chegaram o crepúsculo e a noite e a meia-noite; uiva o

248. *Document humain*, termo francês para testemunho de vida.

249. Jung cita aqui da seção "O canto da embriaguez" na quarta parte de *Assim falou Zaratustra*, onde é repetido o famoso "Canto da meia-noite" da terceira parte, originalmente sem nome, e, por isso, frequentemente referido com o título diferente "O canto do sonâmbulo". Werner Stegmaier escreve o seguinte sobre os diferentes cabeçalhos: "Às vezes, ele é reproduzido sob o título 'O outro canto do baile', que, no entanto, em *Zaratustra* parte III também se refere ao texto em prosa precedente, às vezes sob o título 'O canto do sonâmbulo', decerto porque volta a ser citado integralmente em *Zaratustra* parte IV, às vezes sob o título 'O canto da embriaguez': Nietzsche o designou assim no seu exemplar manuscrito (cf. Mazzino Montinari, *Kommentar zur KSA*, *KSA*, vol. 14, p. 343), e sob esse título ele foi publicado, então, na GOA, na KA e na SA. Em vez disso, nós o denominaremos com a linha inicial ou, por razões a serem explicitadas no que segue, com o nome igualmente usual de 'Canto da meia-noite'. Ele deixa em aberto, o que se reveste de certa importância para sua interpretação, se o canto só ressoa à meia-noite ou se também é declamado ou cantado antes dela" (Stegmaier, 2013, p. 88, n. 7).

> cão, o vento – não será também o vento um cão? Ele geme, ladra, uiva. Ah! Ah! Como suspira, como se ri, chia e arfa a meia-noite! Como agora fala sobriamente esta ébria poetisa! Terá ela bebido até superar sua embriaguez? Terá ela ficado superalerta? Ela rumina?
>
> A velha e profunda meia-noite rumina em sonhos a sua dor e ainda mais o seu prazer. Pois, se a dor é profunda, *o prazer é mais profundo do que o desgosto.*
>
> Por que me elogias, vinha? Fui eu que te podei! Sou cruel, sangras; qual a razão de louvares minha ébria crueldade?
>
> "O que era perfeito, tudo que fica maduro quer morrer!" Assim falas tu. Bendita, bendita seja a faca do vindimador! Tudo que não está maduro quer, porém, viver, ó desventura!

Quem é a vinha que ficou madura, que gostaria de morrer? E quem maneja a faca? É o próprio Nietzsche, que ocupa o lugar do sacrificador, e Cristo é o sacrifício sangrento. "A dor diz: 'Passa! Vai-te, dor!'" Isto é autenticamente ocidental: a superação do sofrimento. "Mas tudo que sofre quer viver para amadurecer, regozijar-se e anelar..." Agora vem o outro lado do ser humano ocidental, a *concupiscentia* [anelo/desejo/cobiça].

> [...] anelar o mais longínquo, o mais alto, o mais luminoso. "Quero herdeiros", assim fala tudo que sofre, "quero filhos, não me quero a mim."
>
> O prazer, contudo, não quer herdeiros, não quer filhos; o prazer quer a si mesmo, quer a eternidade, quer o regresso, quer tudo igual a si eternamente. A dor diz: "Desfibra-te, sangra, coração! Caminha, perna! Voa, asa! Adiante! Para o alto! Dor!" Vamos! Levanta-te, meu velho coração! A dor fala: "Passa!"

Que vos parece, homens superiores? Serei um adivinho? Um sonhador? Um bêbado? Um intérprete de sonhos? Um sino da meia-noite? Uma gota de orvalho? Um vapor e um perfume da eternidade? Não ouvis? Não cheirais? O meu mundo acaba de se consumar; a meia-noite é também meio-dia, a dor é também um prazer, a maldição é também uma bênção, a noite é também sol; afastai-vos ou ficareis sabendo: um sábio é também um louco.

Dissestes alguma vez "sim" a um prazer? Ó meus amigos. Então também dissestes "sim" a todas as dores! Todas as coisas estão encadeadas, enleadas, enamoradas; se alguma vez quisestes duas vezes uma vez; se alguma vez dissestes "agradas-me, felicidade! Vem logo, instante!", então quisestes tudo de volta!

Tudo de novo, tudo eternamente, tudo encadeado, enleado, enamorado; assim amastes o mundo; vós, os eternos, o amais eternamente e a toda hora; e dizeis também à dor: "Passa, mas volta! Porque todo prazer quer eternidade!"

Todo prazer quer a eternidade de todas as coisas, quer mel, quer fermento, quer a ébria meia-noite, quer sepulturas, quer consolo para as lágrimas das sepulturas, quer o crepúsculo dourado...

O que não há de querer o prazer! Ele é mais sedento, mais cordial, mais faminto, mais terrível, mais secreto do que toda a dor; ele quer a si mesmo, morde a si mesmo, a vontade do anel estrila nele, ele quer amor, ele quer ódio, ele é super-rico, presenteia, joga fora, mendiga que o aceitem, agradece a quem o toma, gostaria de ser odiado; o prazer é tão rico que tem sede de dor, de inferno, de ódio, de humilhação, de aleijão, de mundo, porque este mundo, ah, já o conheceis!

Homens superiores, por vós anseia o prazer, o indomável, o bem-aventurado; ele anseia por vossa dor,

> vós malogrados! Todo prazer eterno anseia pelas coisas malogradas.
>
> Pois todo prazer quer a si mesmo e, por isso, quer também o desgosto! Ó felicidade! Ó dor! Desfibra-te, coração! Aprendei-o, homens superiores: o prazer quer eternidade!
>
> O prazer quer a eternidade de todas as coisas, quer profunda, profunda eternidade! (Nietzsche, 1883-1885/1988, p. 330-332; *KSA*, vol. 4, p. 401-403; Nietzsche, 1883-1885/2003, p. 239-241 com modif.).

Ora, trata-se de uma confissão, na qual vocês podem observar a reviravolta singular da psicologia cristã do sofrimento, do sofrimento do Deus sacrificado, para algo, por assim dizer, profano, a saber, o prazer, que, em última análise, busca a si próprio, tornando-se, contudo, esse prazer para si mesmo. Prazer é propriamente uma palavra perversa, é um prazer imoral almejado inclusive pelas coisas malogradas. E ele necessariamente também busca as coisas malogradas quando busca a si mesmo. Isso faz parte dele. Por isso Nietzsche também denomina os humanos superiores, pelos quais ele tanto anseia, os malogrados. Ele simboliza o prazer como a ânsia por eternidade, pelo dragão que morde o próprio rabo, que constitui o anel da eternidade. Esse é um símbolo do si-mesmo. Ele não tem em mente o desejo voltado para o seu eu, mas aquele eterno no ser humano, aquele atemporal, justamente o divino.

Agora vamos deixar a "*Passio Christi*" e voltar-nos para o próximo verso: "6. *O bone Jesu, exaudi me*. Ó bom Jesus, ouve-me". Uma vez mais, trata-se de uma invocação e uma conclamação à figura de Cristo, visando à sua atividade autônoma. Ouçamos, pois, o que Przywara medita sobre isso. Ele diz, mais precisamente, que Cristo volta o ouvido na sua direção[250]. Isso não consta, para ser exato, na invocação. Ali consta simplesmente: "*Exaudi me.*" "Ouve-me." Isso ainda não quer dizer que Deus ouve, mas a meditação jesuíta desloca toda a atividade de tal maneira para dentro de Cristo que aqui e na meditação o meditante, de certo modo, obtém clareza de que Deus volta o ouvido para ele, que é Deus que o usa como referência e não que ele usa Deus como referência. Como se não tivesse sido ele que dissera anteriormente: *exaudi me*. Como se fosse Deus que, desde o princípio, o estivesse escutando. "O que quer que eu lhe diga, o que quer que ele ouça, o que quer que eu ponha para fora, o que quer que ele ouça para dentro dele: isso sou eu" (Przywara, 1938, p. 7). Ele quer expressar desse modo que, por assim dizer, está oferecendo seu eu a Cristo. Ele o confia completamente à atividade da figura invocada de Cristo.

Essa ideia, então, é ampliada com mais nitidez ainda no verso seguinte: "7. *Intra tua vulnera absconde me*. Dentro das tuas chagas esconde-me". Essa é uma concepção cristã geral, a de que as chagas, de certo modo, têm o significado de prover proteção às pessoas, que as pessoas, de certo modo, seriam imergidas nas chagas de Cristo. Agora imaginem uma coisa dessas na vida real. Pensem numa pessoa, dentro de cujas feridas se inserem pequenos homúnculos ou, como diz Przywara: a semente é afundada na terra[251]. Nesse caso, o corpo de Cristo é tratado, de certo modo, como o solo que é lavrado, como se

250. "No sofrimento de Cristo o encantamento foi quebrado: sei que Deus volta o ouvido para mim e sei que posso dizer tudo para Ele. *Ex-audi*. Trata-se de um ouvir voltado para algo, um ouvir que me tira do meu encantamento. Trata-se, por conseguinte, de um dizer, no qual saio de mim mesmo" (Przywara, 1938, p. 7).

251. "Pois o sofrimento de Cristo no cristão e o do cristão em Cristo não é heroísmo terreno, mas afundamento, como o grão de trigo afunda despercebido na terra" (Przywara, 1938, p. 8).

esse corpo tivesse sido lacerado com a finalidade de permitir a entrada nele.

Essas concepções sempre desempenharam algum papel, mas galgaram o píncaro na mística de Zinzendorf[252]. Este converteu a chaga lateral de Cristo numa questão francamente obscena. O que ele fez com isso é algo bem abjeto. Qualquer criança, a mais inocente frequentadora da escola dominical, é capaz de ver isso. Ela não necessita de nenhuma habilidade analítica de interpretação. É muito evidente que ele pensou a chaga lateral de Cristo, de certo modo, como genitália materna, na qual se é inserido por inteiro para continuar a ser incubado ali, visando ao renascimento no sangue. Isso não é uma piada de mau gosto da minha parte. É fato. Vocês constatam a mesma ideia na meditação de Przywara, só que em termos mais estéticos e não tão chocantes, como um sulco na terra, no qual se põe a semente. Há arados etruscos com formato de falo. Ainda no século passado, tínhamos, em muitas localidades, visando à fecundação dos campos, o seguinte rito: em uma noite enluarada o agricultor leva sua esposa para o campo e se relaciona sexualmente com ela ali. Não estou falando dos povos primitivos, entre os quais ocorrem ritos, cujo significado,

252. Christian Renatus (também conhecido como Christel) von Zinzendorf (1727-1752), filho do fundador e bispo da Congregação dos Irmãos de Herrnhut (Igreja Morávia) Nikolaus Ludwig von Zinzendorf (1700-1760) (cf. nota 67). Christian Renatus se tornou o líder do Coro dos Irmãos Solteiros em Herrnhaag, na ocasião, um dos centros da Igreja Morávia, onde era venerado como representante de Cristo. Em um festival no ano de 1748, Christian Renatus e seu coancião Joachim Rubusch (1717-1773) se proclamaram como a chaga lateral viva de Cristo. Os irmãos presentes acreditaram que estavam beijando a chaga lateral real de Cristo. Seguindo o ensinamento do seu pai, segundo o qual todas as almas são femininas, Christian Renatus também falou de seu casamento com a chaga lateral de Cristo e declarou todos os irmãos solteiros como noivas de Cristo. Os eventos em Herrnhaag causaram um escândalo dentro da Igreja Morávia e para além dela e levaram ao fechamento da comunidade em Herrnhaag. Nikolaus Ludwig levou seu filho para morar com ele na Inglaterra, onde ele faleceu com 25 anos de idade.

em contraposição, não dá margem a dúvidas. Ora, essas ideias sempre se imiscuem na mística das chagas, e o fato curioso é que Cristo de fato tem um corpo masculino. Ocorre que, de acordo com a concepção rigorosamente católica, Cristo curiosamente não é só masculino, mas também feminino. Fala-se do androginismo de Cristo, do caráter simultaneamente masculino e feminino. No capítulo 14 do Apocalipse consta o seguinte: "Estes são os que não se contaminaram com mulheres, mas são virgens. Eles seguem o Cordeiro, aonde quer que ele vá" (Ap 14,4). Isso se refere aos santos que não se macularam tendo relações com mulher. Trata-se, portanto, dos sacerdotes que vivem em celibato. Eles são propriamente παρθένοι (virgens). Eles são homens e, não obstante, são femininos. E essa qualidade também é conferida a Cristo, mais precisamente também com uma referência ao Gênesis, onde se diz que Eva, a primeira mulher, procedeu da lateral de Adão. Portanto, deve ter havido ali uma chaga, um portal de nascimento, pelo qual Eva passou. Isso seria o arquétipo *Ecclesiae*, o arquétipo da gênese da Igreja da chaga lateral de Cristo. Portanto, a Igreja nasceu, de certo modo, a exemplo de Eva, da chaga lateral de Cristo. Nesse caso, portanto, a chaga lateral tem, de certo modo, o significado do portal materno.

Seminário 6[253]

8 de dezembro de 1939

No último seminário falamos da sétima invocação: "7. *Intra tua vulnera absconde me*. Dentro das tuas chagas esconde-me". Chamei a atenção de vocês para o fato de que, nesse contexto, essas *vulnera* (de *vulnus*, a chaga/ferida) são compreendidas principalmente como referência à chaga lateral. E essa chaga lateral, na concepção tradicional, é, de certo modo, a marca feminina do *corpus Christi*. Essa feminilidade de Cristo se expressa claramente na iconologia. Com frequência ele é representado com esses traços femininos, a exemplo, aliás, do seu primo Mitras. Este é representado, no momento do *ταυροκτόνος* (*tauroktónos*), do abate do touro, com traços nitidamente femininos, e Cumont, a maior autoridade em mitraísmo, chega a dizer que seus traços possuiriam um aspecto francamente histérico[254]. Manifestamente atribui-se também a ele certo caráter

253. O texto deste seminário foi compilado com base em anotações feitas por LSM, ES, RS e OK, bem como na tradução inglesa de BH.

254. O mitraísmo foi uma religião de mistérios no Império Romano do século I ao século IV d.C., centrada no culto ao deus Mitras, implicando um rito de iniciação de sete graus. Ele era particularmente popular entre os integrantes do exército romano. O culto acontecia em templos subterrâneos chamados "*mithraea*". Jung tinha familiaridade com o mitraísmo por meio do livro *Uma liturgia de Mitras* (1903), de Albrecht Dieterich, citado por ele em *Transformações e símbolos da libido* (Jung, 1912, § 173) para mostrar as semelhanças entre essa crença mitológica antiga e os delírios do seu paciente Emile Schwyzer (1862-1931), de Burghölzli (cf. tb. o seminário de Jung de 16 de dezembro de 1938, *ETH*, vol. 6, p. 197-198; Shamdasani, 2003, p. 216; Shamdasani, 1990). Uma

masculino-feminino. O caráter simultaneamente masculino e feminino de Cristo também é chamado de androginia. De ἀνήρ (*anér*, homem) e γυνή (*guiné*, mulher). Ora, essa androginia não é algo exclusivo da figura de Cristo, mas, na ciência comparativa das religiões, sabe-se que a maioria dos deuses ctônicos[255] é de natureza andrógina.

Eu gostaria de citar-lhes a concepção de um autor católico, Georg Koepgen. Ele escreveu o livro *A gnose do cristianismo* (Koepgen, 1939; cf. Becker, 2001, p. 62)[256]. Ele é perfeitamente confiável, dotado do *imprimatur* episcopal[257]. Ele diz ali que, em Cristo, o masculino e o feminino estariam unidos. "Feminina é sua entrega voluntária à morte sacrificial" (Koepgen, 1939, p. 316), e nele teria se tornado manifesta a androginia. Ele seria uma entidade andrógina. A Igreja também seria andrógina, por ser o *corpus mysticum Christi*. De resto, no celibato dos sacerdo-

---

fonte mais antiga de Jung a respeito do culto de Mitras foi Georg Friedrich Creuzer, *Symbolik und Mythologie der alten Völker, besonders der Griechen* [Simbolismo e mitologia dos povos antigos, especialmente dos gregos] (1810-1812). Mas a principal autoridade no campo do mitraísmo era o arqueólogo e historiador belga Franz Cumont (1868-1947), o qual argumentava que o culto romano de Mitras se originou do mazdaísmo persa, uma teoria que foi contestada por estudos especializados mais recentes. Entre outros escritos de Cumont, Jung possuía uma cópia de *Textes et monuments figurés relatifs aux mystères de Mithra* [Textos e monumentos relativos aos mistérios de Mitra] (1894-1899), possivelmente a contribuição mais importante de Cumont para o estudo do mitraísmo.

255. Somente em ES. De *chthôn*, termo grego para "terra".

256. Jung também se refere à teoria de Koepgen a respeito da androginia de Cristo em *Mysterium coniunctionis*: "Em tempos recentes, o tema da androginia foi objeto de tratamento bem especial no livro de um escritor católico que merece nossa atenção. Trata-se de *A gnose do cristianismo*, de Georg Koepgen, uma obra importante que veio a público em 1939 com o *imprimatur* episcopal em Salzburg, e desde então tem sido posta no *Index*" (OC 14/2, § 192).

257. O livro foi banido pela Igreja Católica Romana em 1941. Cf. *Index Librorum Prohibitorum, Anno 1946: appendix in qua recensentur libri proscripti ab anno 1940 usque ad annum 1945 inclusive* [Índice dos livros proibidos, ano de 1946: apêndice em que são resenhados livros proscritos a partir do ano de 1940 até o ano de 1945 inclusive].

tes se revelaria a virgindade máscula da alma. Essa concepção, todavia, não é dogmática, mas é tolerada na Igreja. Naturalmente é significativo que a figura de Cristo seja concebida em termos masculino-femininos. Pois desse caráter masculino e feminino de Cristo decorre, então, uma função unificadora de antagonismos, a saber, na medida em que a figura masculina, de certo modo, ocupa o lugar do noivo para a mulher. Por exemplo, na Igreja Católica vigora a concepção de que a mulher solteira seria uma noiva de Cristo. Ele é o noivo dela. Para o homem – portanto, para a consciência do homem –, ele é feminino. É claro que temos de considerar válidas concepções antagônicas quando se trata da relação inconsciente com essa figura.

Przywara enfatiza que as chagas estariam abertas, e abertas para que nós, os adoradores, os meditantes, possamos "ficar encerrados dentro do Deus desvelado" (Przywara, 1938, p. 8)[258]. Estas são palavras dele. Pois o sofrimento em Cristo seria um afundamento, de certo modo, como a queda do grão de trigo no sulco da terra. Ele diz: "E ele nem sequer pode se mostrar, porque é o sofrimento da criança imatura, que só pode se abrigar dentro do ventre do qual outrora procedeu" (Przywara, 1938, p. 8). Portanto, dificilmente se poderá dizer isso em termos mais claros. Essa concepção é simbolicamente necessária, para que se possa visualizar e explicar a interpenetração do crente e de Cristo. Essa penetração recíproca já está chancelada nos evangelhos. Pensem na passagem do Evangelho de João: "Quem come minha carne e bebe meu sangue permanece em mim, e eu nele" (Jo 6,56)[259]. Também nessa passagem, como podem ver, o Cristo interior está autenticamente chancelado.

---

258. "Todas as chagas que carrego são chagas cristãs e, portanto, para dentro de Cristo. Tampouco há um curar das chagas neste tempo e para dentro deste tempo; o que há são as *vulnera*, feridas abertas, porque elas se fecham exclusivamente na morte e na ressurreição, para que nós sejamos encerrados para dentro do Deus desvelado" (Przywara, 1938, p. 8).

259. Em alemão: tradução da Bíblia de Zurique (1931).

Do mesmo modo, lemos no fim da assim chamada oração sacerdotal de Cristo: "Eu lhes fiz conhecer o teu nome e ainda o farei conhecido, para que o amor com que me amaste esteja neles, e eu neles" (Jo 17,26)[260]. Nessas palavras está expressa muito claramente a ideia da interpenetração do crente e de Cristo, só que naturalmente sempre com o acento na atuação de Cristo e não do crente, ao qual não é atribuída nenhuma atividade autônoma própria. Cristo enquanto homem-Deus naturalmente tem na concepção cristã autonomia absoluta. Ele é o centro absoluto da atividade.

Como vimos no decurso destes seminários – refiro-me agora aos semestres passados[261] –, Cristo é uma formulação ocidental daquilo que, no Oriente, é designado de si-mesmo, *Atman* ou Buda. Ele simboliza, por assim dizer, caso se possa concebê-lo como símbolo, o si-mesmo. Ora, quando o dogma diz que Cristo, sendo Deus, tornou-se humano, isso quer dizer, na linguagem psicológica, que o si-mesmo veio à consciência do ser humano; ou que a consciência começa a perceber o si-mesmo como um fato humano. E faz isso de uma forma sumamente peculiar, a saber, é como se ele me abordasse de fora, por autonomia própria e não pela minha realização. Não

260. Em alemão: tradução da Bíblia de Zurique (1931).

261. Cf. o seminário de Jung de 9 de dezembro de 1938 (*ETH*, vol. 6, p. 176-177): "Na filosofia indiana há um paralelo substancial: a filosofia do *ātman*. A palavra "*ātman*" está relacionada com a palavra alemã *Atem* que significa respiração, também nossa *Odem*, o sopro de vida que percorre todas as coisas, correspondendo à essência do Buda. Aquele, o grande, que também é descrito como Prajāpati, ou seja, o criador do mundo. Ambas são idênticas em seu uso e têm termos de referência semelhantes: o *ātman* é a origem absoluta do ser. O particular: que ele não apenas é o ser universal como o do Buda mais elevado, a essência do próprio mundo, como também é um ser pessoal. Todos têm um si-mesmo pessoal, esse *ātman* interior, mas este é apenas um aspecto do universal. Quem mergulha na prática da ioga flui de certa forma do *ātman* pessoal para o geral, e então se considera um ser universal. Existem exatamente as mesmas precondições como no budismo. O ser do próprio si-mesmo, como também mostra o texto, é ao mesmo tempo um ser universal".

sou eu que realizo um si-mesmo em mim – é o Oriente que faz isso –, mas o si-mesmo aborda o ser humano ocidental a partir de fora, inclusive como acontecimento histórico. Podemos tranquilamente assumir isso, pois se tratou mesmo de um acontecimento histórico, a saber, a vida de Cristo. E assim, de certo modo, aquela figura adentrou historicamente o campo visual da consciência humana e foi realizada como aquela figura divina do si-mesmo, a saber, o si-mesmo como aquela figura indescritível e indefinivelmente maior do que o ser humano, na qual o ser humano se sente contido sem mais nem menos.

No Oriente, a confissão naturalmente tem outro teor. No Oriente, esse si-mesmo é primeiramente percebido como algo que reside na concavidade do coração, algo minúsculo que está contido em mim. Na experiência psíquica ocidental, em contraposição, o si-mesmo é percebido como algo abrangente, como algo que me inclui ou deveria me incluir, como algo que se posta diante de mim com todos os plenos poderes[262] de um ser divino. E esse postar-se diante de mim é simplesmente o tornar-se consciente. De certo modo, a humanidade tomou consciência de que esse homem, esse mestre, esse *rabbi*, esse profeta Jesus é um homem-Deus. Ou seja, todas aquelas concepções de Osíris como homem-Deus, que o Egito já preparara há milhares de anos, por assim dizer, incidiram sobre esse homem somadas a concepções messiânicas, caso queiramos encarar isso psicologicamente dessa maneira.

Naturalmente, isso não se deu de maneira que as pessoas envolvidas, de certo modo, tivessem combinado tudo entre si: queremos designar este como homem-Deus. Provavelmente Jesus exerceu uma influência tal que seus discípulos ficaram diretamente persuadidos de que Ele estava cheio do Espírito de Deus, que Ele era um profeta. Já sabemos pelos evangelhos que Ele foi considerado primeiro um profeta. Aos poucos se formou, então,

262. RS: "demonstração de poder".

uma opinião pública de que Ele seria justamente o realizador de todas as concepções que, naquela época, pairavam no ar e eram extremamente apreciadas[263]. Pois, de qualquer modo, tratou-se de uma época em que havia profusão de operadores de milagres e personagens característicos. No entorno mais próximo de Cristo, encontramos tais figuras messiânicas e, no contexto helenista, existiram vultos parecidos ainda depois de Cristo.

Ademais, tal processo de condensação da opinião pública ocorrera com certa frequência. Pensem em Empédocles, que era tido como homem divino, por assim dizer, como um deus. Quando ele se deslocava de uma cidade para outra, era acompanhado por um séquito de dezenas de milhares de pessoas. Em toda parte, ele era recebido como um salvador e, quando não conseguiu mais se livrar daquela gente, retirou-se para o alto do Monte Etna, e, quando eles supostamente ainda foram atrás dele lá no alto, ele se lançou na cratera para recuperar sua paz em vista de toda aquela gente[264].

Pitágoras[265] também era tido como homem-Deus. No início da Antiguidade, isso não era nada especial, pois as pessoas pen-

---

263. RS: "enfatizadas".

264. Empédocles (cerca de 495 – cerca de 435 a.C.), estadista, físico, filósofo e poeta; nascido em Acagras, na Sicília, desempenhou um papel importante como estadista democrático após a morte do tirano Terão. Ele foi exaltado por Aristóteles como o inventor da retórica e por Galeno como o fundador da escola italiana de medicina. Mas ele também foi um mestre religioso carismático com grande quantidade de adeptos e alegava ser um deus. De acordo com Burnet, é mais provável que Empédocles tenha pregado uma forma de pitagorismo que não era considerada ortodoxa pelos líderes da ordem pitagórica, da qual ele foi expulso (Burnet, 1892, p. 200). A lenda diz que Empédocles pôs fim à sua vida pulando dentro da cratera do Etna, o que não é muito provável, já que, de acordo com fontes antigas, Empédocles não morreu na Sicília.

265. Pitágoras (cerca de 570 – cerca de 495 a.C.), filósofo, natural de Samos, fundou uma escola filosófica em Cróton, para onde se mudou em 530 a.C. Os iniciados faziam voto de guardar segredo e viviam juntos em uma comunidade que observava um estilo de vida ascético. Pitágoras é associado a muitos ensinamentos, particularmente relacionados com a matemática e com descobertas

savam que os deuses ainda andavam sobre a terra, e de modo algum se excluía a possibilidade de encontrar algum deles vez ou outra. Portanto, a Antiguidade era capaz de encarar pessoas semelhantes a deus como um deus, e assim podia condensar todas as concepções à sua disposição naquele personagem, especialmente quando dita pessoa possuía todas as qualidades que justificam a atribuição da humanidade divina a ela.

Ora, o dogma enuncia ainda que o personagem do Redentor seria uma figura sofredora, que Ele teria sido difamado, zombado, ferido, morto, e que, portanto, a encarnação teria sido um acontecimento sofrido ou um acontecimento caracterizado pelo sofrimento. Com outras palavras: que a individuação, a *Selbstwerdung*, a tomada de consciência do si-mesmo seria um sofrimento divino. Como se, nessa figura que se posta diante do ser humano como si-mesmo, viesse a ele um sofrimento, uma figura sofredora especialmente distinguida pela chaga lateral, pela androginia misteriosamente aludida. Compreendemos agora que, para a consciência ocidental, que possui uma atitude eminentemente masculina, obviamente terá o efeito de um ferimento quando, por meio da individuação, a feminilidade ingressa em um organismo masculino. Pois, nesse caso, a pessoa foi ferida em sua masculinidade. Isso explica, então, do outro lado, por que o Oriente não tem a noção dessas concepções. Pois sua atitude diante do mundo é a feminina, passiva, tolerante, ao passo que a masculinidade está no interior, e esta se realiza, então, no processo de individuação. Essa é a razão da confissão oriental: sou eu, sou eu que crio o mundo.

---

científicas; no entanto, sua autoria não é assegurada, já que muitas dessas descobertas provavelmente foram feitas por seguidores ou membros de sua escola. Seu ensinamento mais destacado é o da transmigração das almas ("metempsicose"), segundo o qual as almas são imortais e assumem um novo corpo após a morte. Já durante a vida de Pitágoras circulavam lendas a respeito de seus poderes sobrenaturais e sua capacidade de fazer milagres. Lendas romanas posteriores contam que ele era filho de Apolo. Sobre Pitágoras, cf. Burkert (1962).

Também nos deparamos com esse ferimento, essa chaga lateral, essa feminização de Deus ou a figura sofredora de Deus na mitologia germânica. Encontramos na *Edda* uma passagem bem característica. Não sei se vocês a conhecem. Ela se encontra na *Hávamál Edda*. Odin (Wotan) fala:

> Eu sei que eu pendi
> numa árvore balançada pelo vento
> por nove noites inteiras,
> ferido por uma lança,
> e dedicado a Odin,
> eu mesmo a mim mesmo;
> naquela frondosa árvore
> que ninguém sabe de que raízes ela cresceu[266].

Houve tentativas de afirmar que essa passagem seria um empréstimo cristão. Considero essa possibilidade totalmente excluída, pois o "[dedicado] eu mesmo a mim mesmo" não é uma concepção cristã, mas a concepção cristã está impregnada pelo eu e tu, pela relação, por um Eros pronunciado. Seria de se esperar que, no Oriente, o Deus ou *Atman* dissesse: "[Dedicado] eu mesmo a mim mesmo". Mas no Ocidente isso é inaudito. Como quer que seja, aconteceu. Temos a prova. Porém se trata de uma confissão primitiva, surgida em uma era primitiva, em que a diferenciação unilateral da atitude ocidental ainda não existia na proporção em que passou a existir em séculos posteriores. Eu considero isso, ao contrário, como uma coisa muito antiga e original.

Passemos agora para a próxima invocação: "8. *Ne permittas me separari a te*. Não permitas que eu me separe de ti". Nessa invocação se destaca principalmente uma coisa, que também é

---

266. Hávamál, 138 (*The Poetic Edda*, 1936, p. 60 [*Die Edda*, 1892, p. 105]). [Trad. bras. de Elton Medeiros. https://www.livrosvikings.com.br/noticia/havamal-completo-em-portugues-traduzido-diretamente-do-nordico-antigo.] Cf. Jung (1912, § 400; OC 9/1, § 442, n. 72).

enfatizada especialmente por Przywara: o significado irrestrito de Cristo como dominador[267]. É nesses termos que se dirige a palavra a um deus, a um rei. Assim só se pode falar a um dominador absoluto que tem poder sobre vida e morte. Não se trata de: eu não quero me separar ou eu poderia me separar. Nada disso, mas: "*ne permittas* – não permitas". Aqui o poder[268] definitivo também parte, como vocês veem, irrestritamente da figura de Cristo. "O ser humano parece ser um Deus neste mundo" (Przywara, 1938, p. 9). Por causa de seu poder criador e tudo que ele pode empreender neste mundo. Pois ele realmente pode empreender muita coisa. É por isso que muitas pessoas chegam a pensar que somos semelhantes a Deus[269], por exemplo, por causa da nossa técnica. Przywara prossegue: "Porém ele está postado em seu centro, de modo a ver impotente acima de si e abaixo de si o abismo das potências: a infinitude do espírito, a imprevisibilidade da natureza. E ver o embate e ambos através dele, tendo-o como campo de batalha" (Przywara, 1938, p. 9). Przywara chama isso, então, de o sofrimento na cruz. Temos de analisar essa concepção mais detidamente. Aqui ele posta o ser humano no centro entre os opostos, entre espírito e natureza. Podemos dizer também entre espírito e matéria. Essa é a oposição. Na mesma meditação, ele tem outra oposição: o ser humano entre céu e inferno[270]. Daí resulta a seguinte composição:

267. "'Habitar na casa do Senhor' (Sl 27,4), onde o Senhor acolhe e despede, proíbe e permite. Sim, onde até mesmo o estar com Ele se funda inteiramente em sua permissão. Sim, onde de tal modo me é tirada a liberdade de deixar a presença dele quando eu bem entender, que até isso depende de sua permissão. Sim, onde sou tão bem-aventurado nesse cativeiro absoluto, tão bem-aventurado que Ele é Senhor de modo irrestrito, que eu lhe peço que nunca queira me dar essa permissão: não permitas que me afaste de ti!" (Przywara, 1938, p. 9).

268. ES: "a atividade".

269. RS: "uma raça divina".

270. "Esta verdade se mostra no sofrimento: na cruz, impotente entre céu e terra, entre céu e inferno" (Przywara, 1938, p. 9).

(*Oposição moral:*)

Céu

(*Oposição cósmica:*) Espírito + Matéria

Inferno

No centro está o ser humano. O céu está em cima, o inferno embaixo. Essa seria a oposição ético-moral. Com ela se confronta a oposição cósmica: espírito / natureza (= matéria). Não só temos, portanto, em cima e embaixo, mas também direita e esquerda. Esse estado constitui uma suspensão entre opostos, que é o sofrimento na cruz (+).

Por meio dessa concepção de Przywara cintila uma ideia cristã originária, a saber, a de que a cruz, de certo modo, seria um símbolo cósmico postado na fronteira entre céu e inferno, ou seja, precisamente no centro do mundo, por assim dizer. Desse modo, Przywara concebe o ser humano como um ponto central, um ponto de encontro das grandes oposições cósmicas, das oposições espirituais e antropológicas. O próprio ser humano é uma espécie de símbolo unificador, ou seja, que, nessa forma, o ser humano, de certo modo, corresponde a Deus como modelo [*Vorbild*] ou, melhor, como retrato [*Nachbild*], na medida em que também em Deus todas as oposições são unificadas[271]. Assim também quando o si-mesmo vem ao ser humano ou quando podemos entender Cristo como um ser humano que se tornou um si-mesmo, ele se encontra precisamente nessa postura crucificada, sendo, por isso, o símbolo unificador, sendo ele próprio a cruz. É por isso que se houve com tanta frequência dizer que somos salvos em Cristo ou na cruz de Cristo. A cruz é o símbolo da unificação das oposições, e Cristo é um vitorioso sobre as oposições. Nele, as oposições estão superadas. Não se pode usar

271. As transcrições de RS e ES dão a entender que Jung atribuiu esse enunciado a Przywara, o que não está correto. BH omitiu essa frase.

aqui a palavra "resolvidas", por se tratar de um processo doloroso, mas é preciso dizer que, nele, as oposições estão unificadas ou reconciliadas. Ele é o símbolo da reconciliação.

Com essa constatação e com a imagem da *suspensio*, do estar pendurado, com essa *acmé* de sofrimento, suplício e humilhação, a oração da *Anima Christi* atinge, por assim dizer, seu ponto alto.

Tratamos de oito invocações. A primeira parte é composta de

> *Anima Christi, sanctifica me.* Alma de Cristo, santifica-me.
> *Corpus Christi, salva me.* Corpo de Cristo, cura-me.
> *Sanguis Christi, inebria me.* Sangue de Cristo, inebria-me.
> *Aqua lateris Christi, lava me.* Água do lado de Cristo, lava-me.

Essas quatro invocações constituem, por assim dizer, o primeiro verso. É a *praeparatio*, a preparação por meio de santificação, redenção[272], inebriamento e purificação, a *ablutio*. Em seguida, vem a *passio*, a paixão, ou então a *penetratio*, a penetração de Cristo ou então a penetração em Cristo:

> *Passio Christi, conforta me.* Paixão de Cristo, conforta-me.
> *O bone Jesu, exaudi me.* Ó bom Jesus, ouve-me.
> *Intra tua vulnera absconde me.* Dentro das tuas chagas, esconde-me.
> *Ne permittas me separari a te.* Não permitas que me separe de ti.

Trata-se, de certo modo, de dois estágios que levam ao ponto alto. Temos aí um paralelo notável para o que tratamos no semestre passado, a saber, para aquele texto do *Shri Chakra Sambhara Tantra*, onde também alcançamos o ponto alto em duas seções[273]. Mas, então, acontece algo, a saber, a próxima

272. LSM, ES: "iluminação".

273. Cf. *ETH* (vol. 6).

invocação. Isso agora é a terceira parte, a *salvatio* propriamente dita, a salvação e a redenção propriamente ditas, começando com a nona invocação: "*Ab hoste maligno defende me.* Do inimigo maligno defende-me".

Exatamente a mesma coisa encontramos nesse texto oriental: as duas primeiras seções são seguidas da defesa, do rechaço do elemento destruidor. Para refrescar-lhes a memória, vou expor isso novamente de maneira sucinta[274]:

Shri Chakra Sambhara Tantra[275]	*Anima Christi*
1ª fase, tese	I. *Praeparatio*
A. Shrî heruka aham	1. Alma de Cristo, santifica-me
	2. Corpo de Cristo, salva-me
	3. Sangue de Cristo, inebria-me
	4. Água do lado de Cristo, lava-me
B.	II. *Penetratio*
1. Luz e quatro cores	5. Paixão de Cristo, conforta-me
2. Dez direções	6. Ó bom Jesus, ouve-me
3. Assimilação de todos os seres	7. Dentro de tuas chagas esconde-me
4. Emanação, absorvida no si-mesmo	8. Não permitas que eu me separe de ti
2ª fase, antítese[276]	
A. Ameaça e defesa (diaba)	III. *Salvatio*, salvação (diabo)
Sentidos (loucura, ira, avidez, avareza, ciúme)	9. Do inimigo maligno defende-me.
Shakti Maya	10. Na hora da minha morte, chama-me
a. Terra: "Ela que causa a queda"	11. Manda-me ir para ti,
b. Água: "Ela que mata"	12. Para que te louve com os teus santos
c. Fogo: "Ela que exige"	pelos séculos dos séculos. Amém.
d. Ar: "A dona da dança"	
e. Éter: "Ela que possui a rede do lótus"	

274. O diagrama a seguir se encontra só em ES.

275. Cf. o seminário de Jung de 13 de janeiro de 1939 (*ETH*, vol. 6, p. 205-206).

276. Cf. o seminário de Jung de 20 de janeiro de 1939 (*ETH*, vol. 6, p. 220-221).

A primeira seção sofre uma intensificação pela confissão do *Shri heruka aham*: "Eu sou o santo Heruka"[277]. Isso quer dizer simplesmente: eu sou a figura divina. Heruka é o senhor em toda essa meditação.

A segunda seção sofre a intensificação máxima na confissão de que agora todos os raios de luz estão concentrados no si-mesmo, e que esse si-mesmo mais uma vez é precisamente esse Heruka. Porém isso tudo se originou da atividade própria do meditante. Então vêm a ameaça e a defesa. A saber, não há ali um inimigo maligno, mas há ali um ser feminino. Pois consta que o iogue meditante tem de se defender ou rechaçar aquela que causa a queda, que mata, que desafia, que é a dona da dança, que possui a rede do lótus, a saber, a Maia, a ilusão do mundo, na qual se está enredado, e, quanto mais se está enredado nela, tanto mais se é afastado do próprio si-mesmo. Esse enredamento acontece por meio da vinculação dos sentidos aos objetos ilusórios.

O diabo propriamente dito que entra em cena nessa meditação budista é feminino. É aquela Shakti, uma que faz o mundo, que inclusive faz parte do Deus, que é sua companheira, seu aspecto feminino, mas que constrói um mundo fantasmagórico, visando espelhar o Deus. Porém, quando o ser humano, a partir dos seus próprios plenos poderes interiores, evolui para um Atman ou Shiva ou Heruka, ele pode, pelo fato de ainda não estar completo, cair nas armadilhas da ilusão. E quem armou essas armadilhas para ele foi essa Shakti, a Maia.

No Ocidente, o diabo é tipicamente masculino. Ele também tem atributos exageradamente masculinos: cornos, patas de bode ou, pelo menos, um casco de cavalo, e adota no

---

277. Cf. o seminário de Jung de 16 de dezembro de 1938 (*ETH*, vol. 6, p. 189-190).

Blocksberg[278], como vocês sabem, uma atitude pronunciadamente masculina. Sua figura foi tomada de empréstimo dos antigos faunos, que sabidamente não são conhecidos por terem uma reputação especialmente boa.

Então, como é que, no Oriente, o diabo é feminino e, no Ocidente, masculino? Na lenda do Buda, trata-se de Mara, o dono deste mundo. Exatamente como no Novo Testamento, só que sem o ressaibo moralista. Trata-se de um diabo relativamente consciencioso, nem é tão grave assim. O Mara existe para manter em pé a criação do mundo. Por isso, ele tem de fazer tudo para converter o Buda novamente para o mundo. Com esse propósito, ele se faz acompanhar de uma quantidade apreciável de belas *bayadères*[279] para aturdir o Buda. Porém, na meditação em questão, entra em cena a Shakti como a sedutora propriamente dita, a personificação da Maia, que é feminina.

Isso está relacionado com essa curiosa discrepância entre a atitude oriental e a atitude ocidental. No Ocidente, uma atitude masculina consciente em relação ao mundo, no Oriente, uma atitude feminina passiva, tolerante. O mundo é doloroso. O iogue nega o mundo, isto é, ele se retira dele, encerra tudo em si mesmo, desenvolve uma atitude masculina enérgica, que não se preocupa mais com o mundo e passa despretensiosa-

278. Blocksberg, de acordo com crenças supersticiosas, o nome de uma montanha onde se reuniam bruxas na noite de Valpúrgis. A identificação com o Monte Brocken, o pico mais elevado da cordilheira do Harz, é uma invenção posterior, assim como a noite específica de 1º de maio. Provavelmente é a famosa cena de Goethe, na primeira parte do *Fausto*, que liga fortemente nome e data na consciência alemã: "As bruxas ao Brocken acodem, / O restolho está amarelo, a seara, verde. / Junta-se ali todo o bando, / No topo se assenta o senhor Urião. / Aos trancos e barrancos vão as coisas, / Peida a bruxa, fede o bode". [Tradução literal própria [N.T.].] Cf. Peuckert (1956).

279. *Bayadère*, termo francês que designa uma dançarina especialmente associada à dança nos templos do sul da Índia.

mente[280] por cima de seus sofrimentos e suas alegrias, de seus vícios e suas virtudes, de suas seduções e promessas.

No Ocidente, a consciência masculina é submetida a uma postura feminina, a saber, a uma entrega anelante a Cristo. O homem é transformado em um feminino. É por isso que seu diabo é precisamente um diabo masculino. Pois a sua anterior atitude exclusivamente masculina atua agora sobre ele como o diabo. Pois ele o seduz para voltar ao mundo. Exatamente como no Oriente, só que no sentido inverso: a anterior atitude feminina induz o ser humano a recair em seus vínculos com o mundo.

Se quisermos caracterizar isso em termos psicológicos ainda mais exatos, teríamos de dizer que o Ocidente possui uma *anima*, isto é, um inconsciente feminino, ao passo que o Oriente possui um *animus*, um inconsciente de matiz masculino. De fato, o inconsciente oriental também é diferente do consciente ocidental. Na terminologia da filosofia oriental não existe nenhuma expressão para o inconsciente. Em todo o sânscrito não há nenhuma expressão. De início, passei o maior aperto ao conversar com filósofos orientais. Pois seria de se esperar que, no Oriente, onde as pessoas possuem tal introspecção, tal expressão fosse possível. Então me deparei com o fato de que eles denominam a consciência de "*bodh*"[281], mais precisamente a consciência iluminada. O que eles designam como espírito consciente, como espírito altamente iluminado, é para nós o inconsciente. Por isso se chega na ideia de que a suma consciência se encontra em sono profundo, quando dizemos que as pessoas estão totalmente inconscientes. Isso naturalmente só pode estar relacionado com essa inversão ou dicotomia peculiar da atitude oriental.

---

280. RS: "impiedosamente".

281. *Bodh*, termo hindi para "compreensão", deriva do sânscrito *bodha* e também *bodhana*, que significa "despertar" ou "iluminação".

A invocação seguinte tem este teor: "*In hora mortis meae voca me.* Na hora da minha morte, chama-me". Isto não é nenhum "eu quero ir até ti", mas eu devo ser chamado. E a mesma coisa na invocação seguinte: "*Et iube me venire ad te...* Manda-me ir até ti..."[282]. Como se o ser humano não pudesse fazer absolutamente nada por sua iniciativa. Ele existe tão somente em passividade tolerante total, caracterizada por um esperar e desejar anelante e, portanto, absolutamente feminino. Como se a alma masculina, que justamente é feminina, contemplasse Cristo como o grande poderoso na esperança de que Ele agora vá dar a ordem. Ela está disposta a ser repreendida por ter feito algo errado e mal ousa suspirar e propiciar para que o grande rei tenha compreensão e chame para junto de si o pobre verme mortal.

A última frase tem o seguinte teor: "*Ut cum Sanctis tuis laudem te, / In saecula saeculorum. Amen.* Para que te louve com teus santos / pelos séculos dos séculos. Amém". O *Laudare Dominum*, o louvor do Senhor, é para nós uma expressão muito corrente em pregações, hinos eclesiásticos e salmos. Não se costuma pensar muito no que ele quer dizer propriamente.

Trata-se de uma instituição antiquíssima, a saber, um assunto da corte. Temos de imaginar um rei egípcio ou babilônico que, em sua corte, está constantemente rodeado de adeptos que o tempo todo cantam louvores a ele ao som de harpas e outros instrumentos para propiciá-lo. Pois os poderosos desta terra costumam ter dimensão humana. Eles não são gigantes, nem mesmo em seu espírito, mas mortais bem comuns. Eles são alçados a um patamar tão elevado apenas pelo favor ou desfavor das circunstâncias ou pelo simples nascimento, de modo que começam a passar mal e se sentir desconfortáveis naquele lugar, e adquirem sentimentos de inferioridade. Em

282. Jung mudou sua primeira tradução alemã de "E deixa-me ir até ti..." para "E manda-me ir até ti".

consequência disso, muito cedo, já em cortes bem primitivas de chefes tribais africanos, encontram-se cantores que entoavam o louvor do chefe da tribo. Nem mesmo se consegue entrar em contato com tal chefe tribal sem ser propiciado por um guia da caravana ou um mensageiro do rei que apresenta a pessoa: "Este é um grande senhor, o grande lorde, um sábio, e ele é muçulmano e cristão". Isso foi dito de mim por eu conhecer o Alcorão. "E este é o grande Rei Maringa, que possui seiscentas mulheres, três palácios e um poderoso exército etc." Esse é o "*laudare*", que se formou primeiro como costume da corte e gradativamente passou para o culto, na medida em que a divindade era adorada como um príncipe oriental. Foi assim que nossas concepções jesuíticas ganharam existência. Vocês se lembram de inúmeras imagens da divindade majestosa, nas quais se vê, dos dois lados do trono de Deus, dezenas de milhares de harpistas que exercitam permanentemente o "*laudare*". Esse "*laudare dominum*" perdurou por todos os séculos e se converteu, por assim dizer, em uma frase vazia. Antigamente tratou-se de uma tentativa totalmente consciente, uma técnica consciente de propiciação, a saber, de criar uma disposição favorável, obtendo-se por meio do louvor uma elevação da autoestima do monarca para melhorar o seu humor. Pois senhores dessa magnitude geralmente ficam de mau humor quando não são suficientemente entretidos por uma claque colossal. Estou ciente de que falei algo muito herético, mas creio que devemos tornar conscientes essas coisas.

Seminário 7[283]

15 de dezembro de 1939

Da última vez, na verdade já concluímos a discussão do tema da *anima Christi*. Hoje só quero ainda dizer algumas palavras sobre isso em retrospecto.

Desse tratamento do tema vocês puderam depreender o significado psicológico da figura de Cristo, pelo menos nessa oração, do modo como ela é interpretada por um lado autêntico. Eu gostaria de trazer mais uma vez à memória de vocês essas invocações. Trata-se, pois, do "*sanctifica me*", "*salva me*", "*inebria me*", "*lava me*": "santifica-me", "salva-me", "inebria-me", "purifica-me". Em seguida, do "*conforta me*", "*exaudi me*", "*absconde me*", "*ne permittas me separari a te*", "*defende me*", "*iube me*": "conforta-me", "ouve-me", "esconde-me", "não permitas que me separe de ti", "defende-me", "manda-me". Ora, se vocês traduzirem essas invocações como atividades de Cristo, a oração terá o seguinte teor: "*Anima Christi sanctificat me*" – "A alma de Cristo me santifica", "Ele me salva", "Ele me inebria", "Ele me fortalece", "Ele me defende" etc. Trata-se, então, de atributos que mostram claramente o significado ativo que a figura de Cristo possui. Já indiquei várias vezes que a figura de Cristo é propriamente o si-mesmo, isto é, aquela figura supe-

283. O texto deste seminário foi compilado com base em anotações feitas por LSM, ES, RS e OK, bem como na tradução inglesa de BH.

rior que abrange tanto o ser humano individual quanto a totalidade da humanidade no seu *corpus mysticum*, a saber, a Igreja. Pois seu corpo é o corpo de Cristo, o modo de manifestação de Cristo sobre a terra, sua manifestação permanente. Portanto, ele é como diz a expressão inglesa, a *conglomerate soul*, um conglomerado da alma, do mesmo modo que, na Índia, o *hiranyagarbha*[284], o embrião áureo ou a criança áurea, é denominado *conglomerate soul*. Ele também se chama ventre. Do mesmo modo, também o *atman* é definido como uma *conglomerate soul*, como uma atividade que dissolve cada indivíduo dentro de si, pois, quando, por exemplo nessa meditação, nessa invocação, o crente adentra, é escondido, é ocultado nas chagas de Cristo, ele entra no corpo de Cristo. Como diz Przywara: ele, por assim dizer, circula com seu sangue, olha com seus olhos, ouve com seus ouvidos, apalpa com suas mãos[285]. Ele é completamente idêntico ao *corpus mysticum* de Cristo quando sucede esse caso, que naturalmente só pode suceder aproximadamente na vivência mística ou, como é pressuposto, após a morte. Assim, o crente é parte desse dominador absoluto, que defende, manda, permite e não permite, castiga, cura etc. Ele, então, participa de modo absoluto da divindade. Ele próprio é parte da manifestação divina. Essa participação na divindade se contrapõe de maneira talvez curiosa à doutrina eclesiástica

---

284. *Hiranyagarbha*: sânscrito para "germe áureo" ou "útero áureo", o fundador mitológico da tradição da ioga. De acordo com o *Rigveda,* ele é o senhor supremo de todos os seres e o *Mahâbhârata* o chama de mente superior. Ele também é idêntico a Brahma que nasceu de um ovo áureo. O nome também é posto em conexão com um sábio real que escreveu um livro antigo sobre a ioga. A legenda da imagem 59 do *Liber Novus* diz *hiranyagarbha* (Jung, 2010, p. 285). Cf. o seminário de Jung de 17 de fevereiro de 1939 (*ETH*, vol. 7).

285. "Do mesmo modo, reside nisto o principal modo dos exercícios: ir da consideração (*consideración*) para a meditação (*meditación*) e desta para a contemplação (*contemplación*) e o viver com ele nos sentidos (*traer los sentidos*): *sentir e saborear* [...] *a partir de dentro*: ver de dentro de Cristo com seus olhos, sentir com o seu coração, respirar com ele..." (Przywara, 1938, p. 3).

da imortalidade da alma individual. A alma individual é uma totalidade, da qual é difícil pressupor que ela, de alguma maneira, acabe se dissolvendo completamente na divindade, pois, se for assim, ela perderia sua imortalidade individual. Nesse caso, ela já não é mais ela mesma, mas apenas uma parte. Não sei lhes informar como isso é pensado na Igreja. Em todo caso, sabemos que, no Oriente, a alma individual é amplamente negada, mas negada em um sentido bem diferente. No budismo, a alma individual é rejeitada como ilusão. Em contraposição, a essência do Buda, o Buda eterno, é assumido como a única coisa real, a única realidade transcendente efetiva. Ele próprio é o *nirvana*, no qual nos dissolvemos, por assim dizer, para nunca mais ser vistos. Por essa razão, narra-se na sutra da morte do Buda, que ele teria se dissolvido em um completo não ser, do qual não há retorno nem renascimento. A meta máxima da redenção é justamente chegar à condição em que não se é mais. Nesse ponto, fica uma pergunta em aberto do ponto de vista psicológico: O que acontece propriamente com a alma individual e o *corpus mysticum*? Aparentemente a consequência seria que a alma individual passa a fazer parte da divindade e a reinar com Cristo. Isso também combina bem com a nossa psicologia ocidental, que se caracteriza pelo fato de, sempre que possível, lutar com, triunfar com e dominar com.

Agora, em conexão com a discussão da *anima Christi*, eu gostaria de fazer um breve desvio pelo Oriente. Vocês já notaram que, à medida que eu descrevia uma meditação sobre a *anima Christi*, nós, por assim dizer, meditamos juntos sobre a *anima* de Cristo. Claro que não na forma estrita, católica, pois para mim é totalmente impossível fazer isso. Porém eu, pelo menos, expus a meditação, conforme meu melhor conhecimento e consciência, da maneira que, por exemplo, um jesuíta a conceberia. Por conseguinte, vali-me tanto quanto possível de Przywara, que nesse campo é a maior autoridade. Porém inseri aqui e ali certas aclarações ou pontos de vista, como, por exemplo, comparações com o Oriente, que simplesmente não podemos reprimir, caso estejamos seriamente interessados pelo Oriente. Eu acho que um dos pecados capitais do europeu é não se interessar espiritualmente pelo Oriente ou se interessar da maneira errada por ele. Não estamos sozinhos na Terra. Porém naturalmente a prerrogativa daqueles piratas que os europeus são e sempre foram é se sentirem como dominadores da Terra eleitos por Deus e olharem com comiseração de cima para baixo para tudo que é estranho. Certa vez perguntei a um teólogo: "Como o senhor se posiciona em relação ao budismo?" Recebi a espantosa resposta: "Pois, não precisamos nos posicionar em relação a isso; isso não tem nada a ver conosco". Essa resposta naturalmente é compreensível do ponto de vista do cristão convicto de que sua religião é a verdade eterna, mas creio que, de um ponto de vista humano, não se pode chegar a afirmar com certeza: esta é a verdade eterna que me impactou, minha verdade. Podemos até estar imbuídos dela, mas se realmente levarmos outras pessoas a sério, veremos que elas também estão imbuídas de algo e temos que dizer: ouçamos do que elas estão imbuídas. Pois, se não for assim, nem sequer poderemos entrar em relação com elas. Sempre me senti no dever de entrar em discussão, tanto quanto possível, com a psicologia oriental, porque simplesmente não posso me dar ao luxo de passar por cima do testemunho do Oriente como se ele não existisse e restringir-me às nossas constatações ocidentais. Carecemos muito mesmo da crítica e mal conseguimos nos criticar, permanecendo presos em nossa esfera psicológica ocidental. Como poderemos criticar a Europa sem conseguir observá-la de fora? O que sabemos do ser humano ocidental, se nunca o visualizamos a partir de fora, especialmente não por meio de olhos orientais? As religiões dos povos são a expressão clássica de sua psicologia. Um povo é precisamente o que ele crê. E, se nós, seres humanos ocidentais, temos a religião cristã, essa é a nossa confissão psicológica, que naturalmente não encaramos como tal. Esta é uma concepção herética. Pois, que seja. Porém, ela é característica justamente porque nem estamos cientes de que ela expressa o que somos. E, se compararmos nossos pontos de vista religiosos com os do Oriente, veremos que esses enunciados são específicos e os orientais também. É por isso que, quando alguém entre nós se torna budista, isso não expressa quem ele é. É apenas um simulacro. Não é realidade, só etiqueta. Porém, quando um ser humano ocidental é cristão, é claro que "*anima naturaliter christiana* [a alma é naturalmente cristã]"[286]. É isso mesmo, no caso do ser humano ocidental. No Oriente, a psicologia naturalmente ganha expressão por meio de alguma das religiões de lá, e o ser humano oriental é totalmente expresso por sua maneira de ver as coisas. Ora, quando vemos que, no Oriente, há maneiras bem diferentes de ver as coisas, isso significa algo, pois, afinal, todos nós vivemos na mesma Terra, e a Terra é um veículo tão pequeno que moramos na mais estreita cercania do Oriente, que, na verdade, não estamos longe deles. Trata-se de gente como nós. Eles têm um aspecto um pouco diferente, têm outra cor de pele, mas, no fundo, são movidos pelas mesmas emoções e têm concepções morais semelhantes às nossas. Apesar disso, sua confissão religiosa não é compatível conosco. Se tomarmos as coisas literalmente, devemos dizer que o que o Oriente proclama é pura blasfêmia.

Eu gostaria de recitar-lhes uma confissão oriental típica, valendo-me, mais precisamente, de um dos antigos *Upanixades*

---

286. "*O testimonium animae naturaliter christianae!*" ["Oh, testemunho da alma naturalmente cristã!"] Essa frase foi cunhada por Tertuliano (cerca de 155/160-220), em seu *Apologeticus* (17,6; *Patrologia Latina*, vol. 1, p. 377), para argumentar que a alma possui uma conexão natural com o Deus cristão. Daí se deduz a noção de que a possibilidade do conhecimento de Deus e uma lei moral natural são inerentes a toda alma humana.

e de uma passagem do *Atarvaveda*. Devo observar, a respeito disso, que as atuais formas religiosas indianas não se expressam mais diretamente por meio dos *Upanixades* ou de textos védicos. Hoje em dia, essas coisas estão distantes do povo em geral, mas voltaram a ser ensinadas em grande escala em numerosas universidades indianas. Todas essas universidades têm faculdades de sânscrito, nas quais se promove o estudo dos Vedas. Porém, abstraindo totalmente do fato de apenas a mínima parte da população indiana ter lido os *Upanixades*, o espírito da confissão religiosa dos *Upanixades* está disseminado por toda a Índia, pois nesse país não há nada que não tenha sido tocado por eles. Ali tudo está impregnado de tudo. Até o budismo original, que é um autêntico protestantismo contra o imenso panteão do hinduísmo, está inteiramente baseado na filosofia e na prática da ioga.

No Oriente, a filosofia nunca se desprendeu do chão, só entre nós é que ela se converteu em escaramuça de ideias e palavras. Entre nós, ninguém mais pensa que uma filosofia deveria primeiro ser vivida por todos e cada qual. No Oriente, cada qual está convencido disso. Um velho indiano me visitou certa vez vindo de um congresso internacional de filósofos[287]. Era a primeira vez que viera à Europa, com expectativas bastante infladas, e acreditava que encontraria reunida ali a flor do espírito europeu. Ele tinha trazido um belo ensaio sobre o que um indiano entende por verdade[288]. Quando ele leu seu *paper*, deparou-se com gestos de incompreensão generalizada, pois ninguém fazia ideia do que o velho senhor estava falando.

---

287. Jung se refere a V. Subrahmanya Iyer, que participou do Nono Congresso Mundial de Filosofia em 1937 e visitou Jung em companhia de Paul Brunton em Küsnacht, em 1937. Cf. tb. o seminário de Jung de 10 de junho de 1938 (*ETH*, vol. 5).

288. "*Pure Philosophy in India* [Filosofia pura na Índia]" (Subrahmanya Iyer, 1937).

Pus a mão no seu ombro e disse: "O que ocorre, meu caro, é que você não conhece a Europa. Aqui não se sabe nada do que você quer. Você acha que verdade é o que se vive?" – "É que não existe verdade que não seja vivida!" Então eu disse: "Existe sim: a filosofia".

É assim que pensa a Índia em geral. Por isso, quando vocês lerem um texto indiano, jamais esqueçam que quem fala é o sangue. É o ser humano que fala, é o homem da rua que fala, não um pensamento. O indiano não pensa nem um pouco no nosso sentido. Se algo como ideias sucedem a ele, são elas que vêm até ele. São puras evidências que aparecem e que não é ele que faz. Ele não presume que as ideias sejam feitas por ele. Porém, quando entre nós um filósofo escreve um livro, ele não acreditaria se eu lhe dissesse que o livro veio até ele, que não foi ele que o fez. Porém eu nem lhe diria isso, pois o livro não veio até ele, mas ele o elaborou, inventou com grande esforço cerebral. Observem um chinês escrevendo e vocês perceberão algo. O ato se dá sem qualquer contração. Diferentemente do que ocorre entre nós. Entre nós se escreve sob fortes contrações, todo o braço escreve, a respiração é contida, todo o corpo está teso. O chinês de fato movimenta só o pincel com dois dedos e faz movimentos vermiculares, totalmente descontraído. É a mão que faz tudo. Ele não é estúpido a ponto de fazê-lo com a cabeça. É por isso que nós forçamos demais a nossa cabeça. Quando o indiano pensa, ele não faz isso com a cabeça. Ele está descontraído, sentado de pernas cruzadas sob uma árvore em cima de uma pele de gazela. O calor é terrível e as palavras lhe aparecem, depositam-se na sua boca como frutas maduras que caem da árvore.

Nos versos seguintes, a confissão também é extraordinariamente distinta da nossa confissão ocidental. Leio para vocês do *Atarvaveda* 10,8:

12. O sem fim se estende de muitas maneiras,
Sem fim e finito se delimitam;
O guardião celeste muda ambos, separando,
Ele sabe o que houve e o que será.

16. De onde vem o despontar do sol, onde ele volta a se pôr,
Digo que isso é o supremo, que jamais será sobrepujado por ente nenhum.

18. Ele abre as asas sobre mil jornadas,
Quando voa qual pássaro dourado no céu,
No seu seio ele segura todos os deuses,
assim ele passeia, observando todos os seres.

25. O uno, mais fino que um cabelo, invisível de tão fino é o uno,
Ainda assim, mais abrangente do que este universo, – o Deus me é valioso!

27. És a mulher, és o homem,
És a moça e o rapaz,
És gerado em toda parte,
Claudicas qual ancião com seu cajado.

28. És o pai das pessoas e também seu filho,
O mais velho de todos e o mais novo.
O Deus uno que carrego no espírito,
É primogênito e está no útero[289].

Esses textos se encontram em um livrinho de Paul Deussen, *Die Geheimlehre des Veda* [A doutrina secreta do Veda], cuja leitura vale muito a pena.

A outra passagem é um texto filosófico do *Upanixade Bridhad-aranyaka*, primeira *adiaia*, quarta *bramana*[290]:

> 1. No princípio, este mundo era somente o *atman* na forma de um ser humano (*purusha*). Ele olhou em volta:

289. Deussen (1894, p. 320-322); de novo em Deussen (1919). [Trad. bras. a partir da tradução alemã [N.T.].]

290. Nota de Jung: "A tradução é de Deussen".

não viu nada além de si mesmo. Então, ele exclamou de início: "Esse sou Eu"; daí se originou o nome Eu. – Por isso também hoje em dia, quando alguém é chamado, ele diz primeiro: "Sou eu!" e só depois o outro nome que ele tem. – Por ter queimado (*ush*) antes (*purva*) de tudo isso todos os pecados ele se chama *pur-ush-a* (o ser humano, o espírito). Verdadeiramente ele queima aquele que deseja ser antes dele, quem sabe tal coisa.

2. Então ele tem medo; por isso, quem está sozinho tem medo. Então ele pensou: "Do que eu teria medo, se não há nada além de mim?" Assim seu temor se dissipou; pois do que ele teria medo? Pois medo se tem de um segundo.

3. Mas ele tampouco tinha alegria; por isso, quem está sozinho não tem alegria. Então ele desejou um segundo. Pois ele tinha o tamanho de um homem e de uma mulher quando estão abraçados. Esse seu si-mesmo ele cindiu (*apatayat*) em duas partes; daí surgiram o esposo (*pati*) e a esposa (*patni*). Por isso, esse corpo com o si-mesmo é como uma metade; pois foi assim que Ygnavalkya explicou isso. Por isso, esse espaço vazio aqui é preenchido pela mulher. – Ele se abraçou a ela e daí surgiram os humanos.

6. [...] Esta criação aqui é uma supercriação do Brahma. Ela se chama supercriação, por ter criado os deuses como superiores [a ele mesmo] e por ter criado os imortais, sendo ele mortal. – Nessa sua supercriação, é [criador] quem sabe disso.

7. Naquele tempo, o mundo não estava desdobrado; ele mesmo se desdobrou em nomes e formas, a ponto de se dizer: "Quem é chamado por esse e esse nome tem essa e essa forma". Ele mesmo ainda hoje é desdobrado em nomes e formas, a ponto de se dizer: "Quem é chamado por esse e esse nome tem essa e essa forma". Aquele [*atman*, si-mesmo] entrou no mundo até a ponta das unhas, como uma faca se abriga na bainha ou como o [fogo] que tudo conserva é mantido

na [madeira] que preserva o fogo. Por isto não se pode vê-lo: pois ele está repartido; quando respira, ele se chama respiração; quando fala, discurso; quando vê, olho; quando ouve, orelha; quando entende, entendimento; esses são apenas nomes para seus efeitos. Quem cultua apenas um ou outro desses não é sábio; pois ele reside apenas parcialmente em um ou outro deles. Por isso, deve-se cultuar unicamente como o *atman*; pois neste, todos aqueles se tornam um só.

Por isso, a pegada [a ser seguida] do universo é o que aqui [em nós] é o Atman; pois nele se conhece o universo inteiro; pois, de fato, do mesmo modo que se encontra [uma rês] por meio da pegada também [se conhece este mundo por meio do *atman*]. – Fama e honra encontra quem sabe disso!

8. Por isso, ele é mais caro do que um filho, mais precioso do que riquezas, mais precioso do que tudo o mais; ele é mais íntimo porque ele é essa alma [*atman*] [...].

10. Verdadeiramente, no princípio, este mundo era Brahma, e este conhecia unicamente a si mesmo. Ele soube: "*Eu sou Brahma*!" – Assim, ele se torna este universo. E qualquer dos deuses que se deu conta disso (por meio do conhecimento: "Eu sou Brahma") tornou-se esse mesmo; e igualmente qualquer dos rixis, e igualmente qualquer dos humanos. – Ao tomar ciência disso, o rixi Vamadeva exclamou (*Rigveda* 4,26,1): "Outrora eu fui Manu, outrora fui o Sol". [Manu é um antigo legislador indiano; CGJ.]

E também, hoje em dia, quem toma conhecimento de que "eu sou Brahma!" torna-se este universo; nem os deuses têm poder para impedir que ele se torne isso. Pois ele é a alma [*atman*] deles mesmos. [Brahma é o deus do mundo. *Atman* também é deus do mundo. – Isto é um colóquio didático; CGJ.]

Ora, quem cultuar outra divindade [além do *atman*, do si-mesmo] e disser: "Ela é uma e eu sou outro" não é sábio; mas ele é como um animal doméstico dos deuses. Do mesmo modo que muitos animais domésticos são úteis ao homem. Se já é desagradável quando um só animal doméstico é subtraído, tanto mais quando muitos o são! – Por isso, não lhes agrada que os humanos saibam disso (Deussen, 1897, p. 392-396)[291].

E agora outra exposição, um colóquio didático de Ygnavalkya (terceira *adiaia*, sétima *bramana*):

> 2. [...] "É isso mesmo, ó Yajnavalkya; agora fale do timoneiro interior!"
>
> 3. "Aquele que, morando na terra, é diferente da terra, o qual a terra não conhece, cujo corpo é a terra, que governa interiormente a terra, esse é a tua alma, o timoneiro interior, o imortal.
>
> 4. Aquele que, morando nas águas, é diferente das águas, o qual as águas não conhecem, cujo corpo são as águas, que governa interiormente as águas, esse é a tua alma, o timoneiro interior, o imortal.
>
> 5. Aquele que, morando no fogo, é diferente do fogo, o qual o fogo não conhece, cujo corpo é o fogo, que governa interiormente o fogo, esse é a tua alma, o timoneiro interior, o imortal.
>
> 6. Aquele que, morando na atmosfera, é diferente da atmosfera, o qual a atmosfera não conhece, cujo corpo é a atmosfera, que governa interiormente a atmosfera, esse é a tua alma, o timoneiro interior, o imortal.
>
> 8. Aquele que, morando no céu, é diferente do céu, o qual o céu não conhece, cujo corpo é o céu, que governa interiormente o céu, esse é a tua alma, o timoneiro interior, o imortal.
>
> 15. Aquele que, morando em todos os seres, é diferente de todos os seres, o qual todos os seres não conhecem, cujo corpo são todos os seres, que governa inte-

291. Trad. bras. a partir da tradução alemã [N.T.].

riormente todos os seres, esse é a tua alma, o timoneiro interior, o imortal.

23. [...] Vendo, ele não é visto, ouvindo, não é ouvido, entendendo, não é entendido, conhecendo, não é conhecido. Além dele não há um que vê, não há um que ouve, além dele não há um que entende, além dele não há um que conhece. Ele é a tua alma, o timoneiro interior, o imortal. – O que difere dele é sofrimento" (Deussen, 1897, p. 340-443)[292].

E, para terminar, mais uma passagem (quarta *adiaia*, quarta *bramana*):

> 22. Verdadeiramente esse grande si-mesmo não nascido é, entre os órgãos vitais, aquele [espírito autoiluminador] feito de conhecimento! Aqui, dentro do coração, há um espaço em que ele reside, o senhor do universo, o comandante do universo, o príncipe do universo; ele não se torna mais alto por meio de boas obras, ele não se torna mais baixo por meio de más obras; ele é o senhor do universo, ele é o comandante dos entes, ele é o protetor dos entes; ele é a ponte [ou o dique] que mantém esses mundos separados para que não escorram (Deussen, 1897, p. 479)[293].

Esta última passagem mostra que esse grande *atman* que abrange tudo é concebido como um ser pequeno, *purusha*, um homenzinho, um polegarzinho, que mora na cavidade do coração, que está oculto dentro de mim como algo ínfimo. Esse é o *purusha*, o *atman*, o não nascido[294], que ainda está dentro do útero. Ali ele é um embrião, um *hiranyagarbha*. Sendo o ente grandioso que encobre e rege o mundo em toda parte, o timo-

292. Trad. bras. a partir da tradução alemã [N.T.].

293. Trad. bras. a partir da tradução alemã [N.T.].

294. BH traz aqui, em vez disso, "o grande *Self* não nascido".

neiro interior de todos os entes, ele é o primogênito, e, usando a expressão gnóstica para isso: o *monogenés*, o unigênito.

Esses textos conseguem lhes mostrar melhor do que eu como a concepção do Oriente é diferente da ocidental. O mundo é uma vivência interior e não o exterior que se confronta conosco; ele é entendido, no sentido mais profundo possível, como oriundo desse criador interior. Até o mundo dos deuses, até coisas que são maiores do que o criador são oriundos desse que é o menor dos seres dentro de cada indivíduo.

Olhando para isso a partir de uma atitude ocidental, pode-se objetar contra tal modo de ver as coisas, que ele leva a uma megalomania sem tamanho. Temos de responder a isso que há certos enunciados de Cristo que são especialmente esclarecedores nesse aspecto. Ele diz, por exemplo: "Jesus respondeu: 'Eu sou o caminho, a verdade e a vida. Ninguém vem ao Pai senão por mim'" (Jo 14,6). E, em outra passagem: "Quem me viu, viu o Pai" (Jo 14,9). Desse modo, ele expressa algo que corresponde perfeitamente à sabedoria oriental. Porém nós assumimos que um Deus fala. Pelo menos, essa é a concepção ortodoxa. Porém, se aderirmos ao protestantismo liberal que[295] não sustenta mais a divindade de Cristo[296], mas o concebe como um mestre capacitado da moral, que mostra às pessoas o caminho a seguir e como se comportar, como uma espécie de professor de escola dominical, por assim dizer – para esse protestantismo tal *lógion* nem pode ser senão uma megalomania sem tamanho. Não nos ocorre ninguém aqui em nossas terras que, hoje em dia, pudesse dizer seriamente: "Eu sou o caminho, a verdade e a vida..." Isso é chocante demais. Naturalmente é diante desses *lógia* que falha esse protestantismo liberal. Pois quando se chega a ponto de mencionar essas coisas, deve-se também levá-las

295. RS traz aqui: "infelizmente".

296. Esta parte da frase foi reconstruída a partir da tradução de BH.

a sério. Então chega-se inevitavelmente à conclusão de que ou se trata de uma presunção patológica, uma paranoia, ou é Deus falando. Esta é nossa alternativa ocidental.

Porém, não poderíamos dizer que Cristo talvez tenha falado em termos indianos. Trata-se de enunciados que um indiano digere muito bem. Essas são as coisas com as quais um indiano tem completa afinidade, e isto no caso de pessoas, de cuja humanidade ele está plenamente convencido. Quando ele diz de si mesmo: "Eu sou a verdade", "Eu sou a luz do mundo" (Jo 8,12), ele não diz nada de extraordinário. Mas ele diz: a pessoa é isso, e, ao lado disso, ela é uma farsante, uma ladra de cavalos e sabe Deus o que mais. A coisa notável[297] é que vocês encontram esses enunciados na sujeira. As mais preciosas pérolas da sabedoria indiana saem da boca de gente que, entre nós, estariam socialmente impedidas. Isso está de tal maneira arraigado no povo, em toda a linguagem e em todo o gesto, em toda parte há essa confissão fundamental, que quase já não significa mais nada. Nos píncaros do espírito indiano, essas confissões assumem um significado, do qual praticamente não há maneira de se esquivar. Mas para isso é preciso estar na Índia. Nossa atmosfera não se presta para isso. Entre nós não pega bem falar assim. Contudo, Cristo foi alguém que viveu no Oriente. Por que, em vez de aramaico ou grego, Ele não pode, para variar, falar uma língua indiana? Então não seria mais algo tão surpreendente, mas seria a verdade humana que Ocidente e Oriente expressam desta ou daquela maneira. Ora, se assumirmos que, mediante o ingresso no *corpus mysticum*, por assim dizer, também nos assentaremos à direita do Pai e reinaremos com o *Rex gloriae* [Rei da glória], ou se dissermos "Eu sou o *atman*", isso, em última análise, dá no mesmo. Trata-se de um enunciado psicológico dizer que, no íntimo do

297. ES: "a coisa consternadora".

nosso si-mesmo, topamos com um fundamento que sentimos como o fundamento primordial da existência, da personalidade como tal. Não consigo explicar-lhes por que isso é assim; para isso teríamos de recorrer a teólogos. Só posso confirmar o fato psicológico.

Dito isso, eu teria concluído a meditação sobre a *anima Christi*. Apesar disso, ainda quero dizer algumas palavras sobre o que virá a seguir. Ainda teremos de nos ocupar com o assim chamado *Fundamentum*. Ele é de autoria do próprio Santo Inácio. Trata-se, por assim dizer, de uma segunda coluna dos exercícios, a saber, meditar sobre o *Fundamentum* de modo similar a meditar sobre a *anima Christi*[298]. Ele é, por assim dizer, decomposto em palavras e frases. Cada parte é examinada da maneira mais profunda possível, na medida em que nos confrontamos com cada frase e permitimos que a frase tome forma definitiva dentro de nós[299], visando incorporar plenamente o seu sentido. O *Fundamentum* tem o seguinte teor:

> *Creatus est homo ad hunc finem, ut Dominum Deum suum laudet ac reveratur, eique serviens tandem salvus fiat*[300] [MHSI-MI, *Versio vulgata*, p. 164].

O texto todo do *Fundamentum* tem o seguinte teor na tradução:

---

298. A meditação sobre o Princípio e o Fundamento se manteve até o Concílio Vaticano II. Cf. Tetlow (1989, p. 1).

299. RS: "e assim tentamos desafiar a frase"; LSM: "permitimos que ela nos desafie".

300. Jung citou a tradução latina do texto original em espanhol de Inácio. O MHSI-MI apresenta três diferentes versões latinas: a *Versio vulgata* de 1547, a *Versio prima* de 1540 e a *Versio prima* de 1547. Jung parece ter acompanhado a *Versio vulgata*. Na *Versio prima* consta o seguinte nessa passagem: "*Homo est creatus ad laudandum Deum et ei exhibendum obsequium et reverentiam et ad salvandum his mediis animam suam*" ["O ser humano foi criado para louvar a Deus, prestar-lhe obediência e reverência e para salvar a sua alma por esses meios" [MHSI-MI, p. 165]].

> O ser humano é criado para louvar, reverenciar e servir a Deus nosso Senhor e, assim, salvar-se. As outras coisas sobre a face da terra são criadas para o ser humano e para o ajudarem a atingir o fim para o qual é criado. Daí se segue que ele deve usar das coisas tanto quanto o ajudam para atingir seu fim, e deve privar-se delas tanto quanto o impedem. Por isso, é necessário fazer-nos indiferentes a todas as coisas criadas, em tudo o que é permitido à nossa livre-vontade e não lhe é proibido. De tal maneira que, da nossa parte, não queiramos mais saúde que enfermidade, riqueza que pobreza, honra que desonra, vida longa que vida breve, e assim por diante em tudo o mais, desejando e escolhendo somente aquilo que mais nos conduz ao fim para o qual somos criados (Funk, 1913a, p. 135; Loyola, 2000, p. 23).

Desse texto vocês já depreendem que se trata, por um lado, de uma antropologia filosófica e de uma atitude fundamental em relação à existência em geral, e, por outro lado, também é indicado um caminho, um comportamento, uma maneira de posicionar-se em relação ao mundo ou à sua vida, à existência em geral. Isso, então, é uma filosofia altamente concentrada, que é característica dos exercícios e, por ser o fundamento de todo o exercício, deve ser meditada com profundidade.

Voltaremos a ver-nos no dia 12 de janeiro. Até lá não haverá seminários.

Seminário 8[301]

12 de janeiro de 1940

Antes das férias, antecipei que hoje começaria com a discussão propriamente dita do *Fundamentum* dos *Exercitia spiritualia*. Costuma-se meditar sobre o *Fundamentum* na primeira semana dos exercícios. Geralmente, fica a critério do diretor de exercícios propor a meditação sobre ele ou introduzir a meditação no início ou no decurso da semana.

No último seminário li o texto rapidamente para vocês. Como teremos de entrar em detalhes a respeito do gênero da *Anima Christi*, eu gostaria de trazê-lo novamente à lembrança. Ele diz o seguinte em tradução:

> O ser humano é criado para louvar, reverenciar e servir a Deus nosso Senhor e, assim, salvar-se. As outras coisas sobre a face da terra são criadas para o ser humano e para o ajudarem a atingir o fim para o qual é criado. Daí se segue que ele deve usar das coisas tanto quanto o ajudam para atingir o seu fim, e deve privar-se delas tanto quanto o impedem. Por isso, é necessário fazer-nos indiferentes a todas as coisas criadas, em tudo o que é permitido à nossa livre vontade e não lhe é proibido. De tal maneira que, da nossa parte, não queiramos mais saúde que enfermidade, riqueza que pobreza, honra que desonra, vida longa que vida breve, e assim por diante em tudo o mais, desejando e

301. O texto deste seminário foi compilado com base em anotações feitas por LSM, ES, RS e OK, bem como na tradução inglesa de BH.

escolhendo somente aquilo que mais nos conduz ao fim para o qual somos criados (Funk, 1913a, p. 135; Loyola, 2000, p. 23).

O *Fundamentum* começa com uma constatação de importância fundamental. Em uma frase curta, ela descreve todo um posicionamento, a saber: "*Creatus est homo*", "O ser humano é criado". Este é um enunciado antropológico da maior importância em termos psicológicos[302]. Portanto, temos de ponderar por um momento como podemos nos comportar em relação a essa constatação.

Ao tratar da *Anima Christi*, de propósito não usei as *Annotationes* e *Explicationes*, as observações e explicações de Santo Inácio, visto que são redigidas em linguagem medieval, mas preferi um comentarista moderno, a saber, Przywara, que medita sobre os exercícios perfeitamente no sentido do seu mestre, sendo para nós, por isso mesmo, um exemplo brilhante de como esses exercícios são meditados de modo geral. Acompanho Przywara também aqui, na meditação sobre o *Fundamentum*. Porém, antes de entrar em detalhes sobre essas explanações, eu gostaria de trazer, já neste ponto, algumas colocações que talvez nos deixem cientes de como essas antigas constatações estão relacionadas conosco.

Da meditação de Przywara vocês podem ter depreendido como essas coisas estão diretamente ligadas à vida. Elas *são* coisas da vida. Esses exercícios são praticados ainda hoje por muitas pessoas. Eles têm uma importância bem grande na Igreja Católica. Mesmo que não pertençamos a ela, é proveitoso e recomendável voltar a ocupar-nos de algum modo hoje com essas coisas, porque para isso há boas razões, sobre as quais não quero entrar em detalhes agora.

302. Em vez disso, ES traz "em termos filosóficos".

"*Creatus est homo*" quer dizer que o ser humano teria sido criado. Naturalmente, pensamos na narrativa bíblica da criação e, então, abandonamos com um sorriso essa constatação. É claro que isso foi apenas uma bobagem, nada mais. Esse "*creatus est homo*" pretende ser propriamente um enunciado psicológico, mais precisamente, quanto a se o ser humano se sente criado ou não. Vocês sabem que nossa concepção baseada nas ciências naturais vai no sentido de que o ser humano teria se desenvolvido. Não como atividade sua – seria absurdo entender isso dessa maneira –, mas o desenvolver-se como um processo da natureza. Passando por uma longa série de ancestrais animais, teria surgido, por fim, o ser humano. Como isso aconteceu não sabemos, em todo caso, ainda não, e decerto nem saberemos[303].

Mas uma questão extraordinariamente importante é como nós mesmos nos sentimos, entendemos nesse aspecto. Temos a sensação de que criamos a nós mesmos? Ou não fizemos isso? Em geral, não temos essa sensação, mas já nos achamos prontos. Mas, então, como nos encontramos prontos? Num belo dia, tornamo-nos conscientes de nós mesmos. Dizemos que quem se chama dessa ou daquela maneira está presente e diz "eu". Ele simplesmente surgiu dessa maneira ou ele foi feito? Decidir isso é uma questão bem diferente e, ademais, muito difícil. Nossa sensação não nos dá nenhuma informação sobre isso. Não temos nenhuma sensação de ter sido feitos da maneira como somos, mas simplesmente nos achamos prontos, com todas as nossas qualidades, nossos talentos e nossas imperfeições. Porém não temos a sensação de que essas coisas tenham sido feitas para nós ou nos tenham sido dadas – como que intencionalmente –, que por trás disso esteja algo como uma *intelligentia* que tenha escolhido, eleito ou composto intencionalmente esse conglomerado específico, essa mistura. Pode-se do mesmo modo ter a sensação de que nos tornamos assim por

303. RS anotou que a última parte da frase foi "algo nessa linha".

casualidade, um processo natural pelo qual passamos a existir dessa maneira. Nossa ciência natural não nos dá nenhuma orientação segura sobre isso. Essa questão parece ser determinada, em ampla medida, por nossa cosmovisão contingente.

Primeiramente não encontramos em nossa sensação psicológica nenhum indício de que alguma intenção esteja por trás disso. O que está por trás disso é algo bem diferente. Em um primeiro momento, vamos deixar isso um pouco em suspenso e escolher casos individuais de pessoas que dispõem de mais experiência de vida. E quando perguntamos a estas: Você tem a sensação de que tudo o que você é agora veio a existir por acaso ou você tem a sensação de que algo estava operando em você, algo que preparou você a longo prazo, que o criou como você é agora? Então encontraremos muitas pessoas, uma quantidade surpreendentemente grande de pessoas convencidas de que algo está operando e as conduziu dessa maneira. Elas têm a sensação de um sentido interior, de uma orientação interior, que curiosamente as criou como são agora. Trata-se de uma constatação que pura e simplesmente constitui uma fantasia subjetiva ou há provas científicas para isso?

A isso temos de responder: o que existe primeiro é o inconsciente, a psique inconsciente, que é mais antiga do que a consciência. Primeiro a criança é inconsciente e aos poucos ela chega a um estado consciente. Em primeiro lugar, há uma psique inconsciente, uma psique animal, se preferirem. Portanto, a consciência provém de um estado inconsciente. Coisas que saberemos amanhã e que hoje ainda não sabemos talvez já estejam presentes no inconsciente. Isso até se pode provar. Quando se acompanha sonhos durante muitos meses é possível demonstrar neles ideias que ocorrem já bem cedo e que não conseguem assomar à consciência, mas que mais tarde subitamente prorrompem. Nesse caso, pode-se dizer com toda razão: se o inconsciente sabe mesmo de alguma coisa, ele já sabe disso há muito tempo. O inconsciente tem alguma consciência? Nada sabemos sobre isso. Esse é um problema muito difícil que eu não gostaria de tratar hoje.

Porém, em todo caso, sabemos que essas ideias estavam aí há muito tempo. Elas se externaram em sonhos, símbolos, ações e relações com outros, assomaram indicativamente, de modo que muitas vezes se tem vontade de dizer para as pessoas: Você sabe o que está dizendo, o que está fazendo? Não, elas não sabem. Elas simplesmente fazem. Essa consciência só vem mais tarde. Esse é um fato que facilmente podemos demonstrar de muitas formas, a saber, que um estado inconsciente precede um estado consciente, e isto constantemente, não só no início da vida; que conteúdos posteriores, partes da personalidade, opiniões, que talvez venham a desempenhar um papel muito importante na vida, já existiam há muito tempo e podem ser objetivamente vistos, exceto pelo próprio implicado, caso ninguém chame a sua atenção para isso.

Portanto, se esse fato tem razão de ser, e, em conformidade com tudo o que sabemos empiricamente, ele tem razão de ser, podemos dizer: a consciência é antecipada, é criada. Ela procede de um estado inconsciente, mais precisamente de um estado inconsciente bem específico, que prenuncia a consciência, que antecipa o que a consciência mais tarde entenderá e conhecerá claramente. Isso já é pensado previamente. Logo, é perfeitamente compreensível quando muitas pessoas que dispõem de uma profunda experiência de vida nos asseguram que têm a sensação de serem antecipadas, previamente compreendidas ou conduzidas por uma inteligência superior. Não sabemos se de fato existe alguém que sabe disso. É possível que existam certos pensamentos[304] em si, mas ninguém os conhece. Mas, como foi dito, pode-se discutir sobre se algo assim[305] é mesmo possível. Nessas coisas,

304. LSM: "forças".

305. RS: "uma opinião como essa".

eu mesmo não me oriento por pressupostos filosóficos, mas exclusivamente pelo empirismo. Portanto, se eu viesse a descobrir um caso desses de inteligência superior, eu o registraria com todo cuidado. Vocês podem colocar a mão no fogo por isso, como se costuma dizer. Porém um caso desses ainda não me ocorreu com toda a certeza, embora às vezes pareça bastante suspeito.

Esse fato, o de que o inconsciente nos antecipa, nos prepara, de certo modo, o hoje já contém o amanhã psíquico e então, por assim dizer, empurra para cima, de modo que amanhã diremos: isso acabou de me ocorrer bem de repente! De repente isso ficou claro para mim! Esse é o momento no qual o inconsciente foi bem-sucedido em, por assim dizer, fazer assomar à consciência o que estava preparado. E isso não acontece com ideias individuais que nos ocorrem, mas acontece com o ser humano inteiro, com a totalidade do ser humano psíquico. Toda a nossa essencialidade, todo o nosso caráter é uma descoberta. Algo que encontramos pronto. Já estava aí há tempos. Talvez nosso pai e nossa mãe já soubessem, mas nós ainda não. E, então, certo dia, repentinamente ficou claro também para nós. Finalmente entendemos, embora já estivesse aí há tempos. Esse fato psicológico não é prova da sensação de ter sido criado, mas, em todo caso, reside nele uma possibilidade essencial dessa sensação de ter sido criado. Esse, naturalmente, é um ponto de vista impopular e, por assim dizer, um ponto de vista antiquado. Porém ele é verdadeiro.

Se entendermos nesse sentido esse "*creatus est homo*", nossa concepção naturalmente se modifica em considerável medida. Pois, se supusermos que procede da consciência tudo o que somos, temos todo o direito a uma *hýbris* luciferiana. Então proclamaremos: "Havendo uma vontade também haverá um meio" e coisas desse tipo e nos consideraremos os deuses deste mundo. Infelizmente, porém, sempre serão muitos e diversos, não apenas um, e cada qual se empenhará, na medida do possível, por ser o único Deus, do que, então, se originarão todos os possíveis conflitos bem conhecidos. "No meu céu jamais haverá dois sóis, pois eu sou o único sol"[306]. Em contraposição, se entendermos corretamente esse "*creatus est homo*", então nos daremos conta de que somos algo que veio a ser, um produto, que fomos antecipados. Estávamos aí e não sabíamos. Era "sabido", só que não sabemos quem sabia disso. Temos de deixar essa questão em aberto.

Quando passamos a ter essa concepção, não estamos mais muito distantes dessa antiga formulação de que o ser humano é criado, que ele, de certo modo, teria sido antecipado em sua existência psíquica – não estou falando de sua anatomia –, que nós, de certo modo, teríamos sido conhecidos ou pensados antes de sabermos disso. Trata-se de um fato psicológico. Posso subscrever isso inteiramente e comprovar com os dados empíricos necessários. Por essa razão, a constatação "*creatus est homo*" me parece sobremodo significativa[307]. Mas, como já co-

306. "O céu não pode tolerar dois sóis nem a terra dois senhores" é um dito atribuído a Alexandre III da Macedônia, conhecido como Alexandre o Grande, como sua resposta ao Rei Dario III da Pérsia. Em *Tipos psicológicos*, Jung cita uma passagem de *Character as seen in body and parentage* [O caráter como aparece no corpo e na parentagem] (1890) de autoria de [John] Furneaux Jordan (1830-1911), para dar um exemplo de homem extrovertido: "Ele possui uma fórmula incisiva para tudo que lhe é proposto: ou a coisa não é verdadeira ou todo mundo já a conhece. No seu céu não cabem dois sóis. Se outro sol insiste em brilhar, ele tem um curioso senso de martírio" (OC 6, § 248). Trata-se de uma versão levemente abreviada. Jordan de fato escreveu o seguinte: "No mundo do homem ocupado e desapaixonado não cabem dois Alexandres: aqui no seu céu não cabem dois sóis. Em todo caso, ao ver que outros Alexandres não só são trazidos à existência, mas também são notados, e que outros sóis insistem em brilhar, ele tem um curioso senso de martírio" (Jordan, 1890, p. 28).

307. Na sua Conferência Eranos de 1941, Jung citou a primeira linha do *Fundamentum*: "Não sou eu que crio a mim mesmo e, sim, eu aconteço para mim mesmo". Essa percepção é de fundamental importância para a psicologia dos fenômenos religiosos, razão pela qual Inácio de Loyola iniciou seus *Exercícios espirituais* colocando "*Homo creatus est*" como seu "*fundamentum*". Porém, mesmo sendo tão fundamental, só pode se tratar de metade da verdade psicológica. Se isso fosse toda a verdade, seria equivalente ao determinismo, pois se o ser

mentei, ela não pode ser confundida com pontos de vista da ciência natural. Pois trata-se aqui de existência psíquica e não da existência do corpo.

Ora, se de fato houver uma intencionalidade, certa intenção, por trás da existência psíquica, naturalmente se levanta a pergunta: para quê? É por isso que Inácio prossegue com "*ut laudet Deum Dominum nostrum*": ele teria sido criado com a finalidade de "louvar a Deus, nosso Senhor". Em um primeiro momento, vamos abstrair disso e perguntar: Também psicologicamente a sensação de finalidade decorre da sensação de antecipação? Em outras palavras, temos a sensação de que a vida tem um sentido? Nesse ponto, tenho de observar, do ponto de vista psicológico, que a descoberta ou a experiência de que fomos antecipados, de que fomos previamente pensados, sempre já acarreta a sensação do sentido, que, nesse momento, mesmo não conseguindo ter clareza completa sobre o sentido da vida, podemos senti-lo como algo bem vivo.

Quando descubro que fui previamente pensado, isso causa uma forte impressão em mim. Já está contida aí a sensação de sentido, de finalidade, mesmo que não possamos indicar, como eu já disse, o sentido, o fim determinado. Talvez possamos formular isso assim: "Tem de haver um sentido nisso", "Certo, mas que sentido singular há nisso?" Extraordinariamente singular. Passo a ver, em uma série de sonhos, desenvolver-se determinado raciocínio. Fui antecipado. Pois sou um plágio de mim mesmo, uma duplicata de minha antecipação inconsciente. Nesse momento sobrevém a sensação de sentido, de finalidade, como se meu destino tivesse sido secretamente arranjado. Diante disso, ninguém mais fica perguntando qual seria o sentido ou

---

humano fosse meramente uma criatura que veio a existir como resultado de algo já existente inconscientemente, "ele não teria liberdade e a consciência não teria importância" (OC 11/3, § 391).

o motivo de tudo isso, mas somos preenchidos pela sensação desse sentido. Pois vocês sabem que as decisões[308] essenciais não passam por formulações claras, mas por vivências emocionais que têm um alcance muito maior, que exercem uma influência muito maior sobre a vida humana do que nossas ponderações intelectuais. Afinal, para a vida humana importa infinitamente mais se alguém está satisfeito ou é feliz do que se ele dispõe de determinada formulação intelectual. Se alguém não for exatamente um intelectual, isso nem o afetará. Uma única experiência vivenciada significará mais para ele. É nesse fato que uma psicologia tem de se fundamentar e não em formulações intelectuais. Estas podem ser algo sem consistência.

Portanto, Inácio prossegue, tentando formular a finalidade da existência humana, a saber, "*laudare Dominum*". Vocês talvez se lembrem de que, em um seminário anterior, já falei de "*laudare*"[309]. Trata-se de antiquíssima concepção da corte real, da corte imperial oriental, na qual muitos clientes ou cortesãos estavam ocupados com louvar e enaltecer seu senhor, propiciar o príncipe regente. Pois essas pessoas em altos postos, esses monarcas detentores de poder absoluto geralmente padecem de mau humor devido ao seu isolamento psíquico. Por essa razão, tudo o que lhes é dito tem de ser bem-pensado. Pois nada pode ser criticado, mas tudo tem de ser dito em termos de louvação. Daí o bizantinismo[310]. Ele servia para tornar propício o perigoso monarca. Essa concepção já passou, pela via das formas de culto egípcias, para todos os cultos do Oriente Próximo e assim também para o cristianismo. É daí que provém o "*laudare*".

---

308. RS: "descobertas"; LSM: "visões".

309. Cf. o seminário 6, de 8 de dezembro de 1939 (p. 254-255).

310. Bizantinismo ou bizantismo é um termo cunhado no século XIX para denotar um sistema político e cultural hierarquicamente estruturado de modo demasiado aristocrático e burocrático, como era, na época, associado ao Império Bizantino.

Nesse ponto, vem à baila novamente o que já vimos na meditação sobre a "*Anima Christi*": a saber, aquela subserviência e entrega absolutas a alguém absolutamente superior. Ou seja, está contida aí a suposição de que o ser humano teria sido criado por um ente absolutamente superior, que não tem nenhum juiz acima dele, como diz Jó[311], e, por essa razão, pode ser propiciado. Não há o que fazer senão tornar favorável esse ente superior, e isso é formulado, então, por Inácio de três formas diferentes: "*laudare*", louvar; "*revereri*", reverenciar; "*servire*", servir, a exemplo de como um escravo, um servo, serve o senhor. Se isso for traduzido para o psicológico, significará que a atitude proposta por Inácio visa à entrega, à subserviência absoluta diante do inconsciente e, portanto, diante da instância que, na prática, por assim dizer, desconsideramos totalmente. Pensa-se que isso é apenas uma ideia do inconsciente, e nem sequer se cogita que alguém não poderia falar a próxima palavra se o inconsciente não fosse capaz de disponibilizá-la.

Diante desse inconsciente que nos antecipa é proposta aqui uma atitude, e isto, para uma finalidade bem-determinada, porque, por meio dela, acontece uma "*salvatio animae suae*", o ser humano salva sua alma. Se ele não reverenciar de modo absoluto essa origem, da qual provém sua consciência, pela qual sua consciência foi criada, e se não se submeter a ela, ele perde sua alma. Logo, perdendo a conexão com a alma, ele perde a conexão com o seu inconsciente. Ora, imaginem se, hoje em dia, um psicoterapeuta pregasse para o seu paciente: você deve se submeter desse modo à própria alma[312], ao objetivamente psíquico que aparece em sonho, de modo espontâneo. Quem fizesse isso deveria ser mandado para o manicô-

---

311. "Será que alguém pode dar lições a Deus, a Ele, que julga os seres celestiais?" (Jó 21,22).

312. LSM: "ao seu inconsciente"; ES: "às suas ideias".

mio. Isso seria a maneira de ver das pessoas razoáveis. Pois não podemos nos entregar a ideias repentinas. Isso é subjetivismo sem limites. Pois é bem diferente quando dizemos "Deus que nos criou"; nesse caso, a formulação cabe bem em nosso esquema tradicional. Nesse caso, podemos tranquilamente nos expressar em conformidade com a tradição, e não tomaremos o rumo equivocado, embora já tenha havido pessoas com as quais isso sucedeu. Já houve muitos santos esquisitos. Vocês encontrarão isto na história: a maioria dos fundadores de seitas eram santos esquisitos; pessoas piedosas com certeza, mas lhes ocorriam ideias tão estranhas e perigosas que a Igreja Católica proibiu, com razão, que alguém tivesse revelações individuais. A Igreja decide, em última instância, o que é a verdade e a revelação do Espírito Santo. Não sendo assim, ocorreria o que ocorreu com a Reforma. Vieram entusiastas, anabatistas e sectários de todos os tipos, cada um deles proclamando a própria verdade, que levou a uma confusão babilônica de línguas. Pensem na Guerra dos Camponeses[313]. E nos Irmãos do Livre

313. A Guerra dos Camponeses Alemães foi uma revolta dos camponeses em vários territórios do Sacro Império Romano entre 1524 e 1526. Suas demandas por libertação da opressão da aristocracia e do clero se basearam na afirmação de Martinho Lutero de que um cristão não era servo de ninguém, a não ser de Cristo, como expresso em seu panfleto *Da liberdade cristã* (Lutero, 1520/2000). Os primeiros levantes ocorreram no sudoeste da Alemanha durante o verão de 1524. No início, Lutero simpatizou com a causa, embora rejeitasse a violência como meio para cumprir as demandas dos camponeses (Lutero, 1525/1996b), mas, quando o seu pleito por uma solução pacífica foi ignorado, ele mudou de ideia e apoiou a supressão da revolta (Lutero, 1525/1996a). Liderada por líderes carismáticos, como o pregador e teólogo Thomas Müntzer (cerca de 1489-1525), ex-partidário de Lutero, a sublevação teve êxito inicial em vários territórios alemães antes de ser esmagada pelas tropas mais bem equipadas das forças aristocráticas. Enquanto grande quantidade de camponeses foi morta, o outro lado dificilmente sofria baixas. Müntzer e outros líderes sobreviventes foram capturados, torturados e executados. Devido ao apoio dado à aristocracia e às classes governantes durante o conflito, a reputação de Lutero sofreu danos, dos quais nunca se recuperou completamente. Cf. tb. p. 377-378.

Espírito[314]: eram, no período que antecedeu à Reforma, uma espécie de filósofos cínicos que partiam da posição de que o mundo de qualquer modo é apenas mundano e passageiro e que, por isso, tudo deveria ser destruído. Eram uma espécie de comunistas que também viviam às custas de outros. Eles abateram um peregrino inofensivo, tomaram sua bolsa e lhe disseram: "Temos de mandar o seu dinheiro para a eternidade, destroçá-lo, já que ele é mundano e não tem a menor importância". Assim os instintos mais vis foram justificados espiritualmente.

Portanto, na subserviência reside um grande perigo. Quando se fala Deus, considera-se que esse perigo teria sido esconjurado, porque, na medida em que somos cristãos, deixamos completamente de lado o temor a Deus. Esquecemos que Deus é sumamente perigoso. A Igreja Antiga sabia disso. Ela expressou isso nos seus símbolos, e o fez de uma maneira que poderia perfeitamente nos chocar. Por exemplo, um dos símbolos de Deus é o rinoceronte. E por quê? Porque ele é um animal muito perverso, irascível e perigoso. Assim teria sido o Deus do Antigo Testamento: um Deus irascível e violento que teria instaurado o caos no mundo e, dominado pelo amor de uma virgem pura, teria se apaziguado em seu ventre e, assim, se transformado em um Deus do amor. Isso foi dito por um Padre da Igreja[315].

---

314. Os Irmãos do Livre Espírito é o nome dado a várias seitas pouco inter-relacionadas do século XIII até o século XV, condenadas como heréticas pelo Papa Clemente V em sua bula *Ad nostrum* no Concílio de Vienne (1311-1312). A crença dessas seitas estava baseada no ensino de uma revelação pessoal através do Espírito Santo (2Cor 3,17) e a união mística potencial com Deus durante esta vida na terra. O réu mais proeminente acusado dessa heresia foi Mestre Eckhart (1260-1328), que morreu antes de ser processado.

315. Em sua obra principal *Moralia, sive Expositio in Job* [*Moralia ou Exegese de Jó*], o Papa Gregório I (cerca de 540-604), também conhecido como São Gregório Magno, comentou o seguinte sobre o *monoceros* (Septuaginta) ou *rhinoceros* (Vulgata) em Jó 39,9-12: "*Rhinoceros iste, qui etiam Monoceros in Graecis exemplaribus nominator, tantae esse fortitudinis dicitur, ut nulla venantium virtute capiatur; sed sicut hi asserunt, qui describendis naturis animalium laboriosa investi-*

Portanto, havia perfeitamente essa consciência. Só falamos ainda do Deus amoroso, mas a Igreja sempre soube e provavelmente ainda saiba disso, embora hoje em dia se costume pregar em tom muito mais sussurrante sobre isso. Não é exatamente popular falar dos malfeitos de Deus ou, como fez Lutero, do *Deus absconditus*, do Deus oculto[316]. Nesse caso, não se pode falar de quem é o Deus deste ou daquele país nem de quem é o melhor, mas a divindade sempre foi e ainda é um grande perigo para todas as pessoas religiosas. Deus tem um aspecto escuro que constitui um tremendo problema também para o ser humano religioso. Por que Deus tolera, por exemplo, o diabo?

---

gatione sudaverunt, virgo ei puella proponitur, quae ad se venienti sinum aperit, in quo ille omni ferocitate postposita caput deponit, sicque ab eis a quibus capi quaeritur, repente velut inermis invenitur" ["Desse rinoceronte, que também é chamado de 'monoceronte' nas versões gregas, se diz que ele tem tanta força que não há caçadores com suficiente destreza para capturá-lo. Porém, como disseram aqueles que empreenderam laboriosas investigações para descrever a natureza dos animais, quando se põe diante dele uma virgem com seu colo à mostra enquanto ele se aproxima, ele deixa de lado toda a ferocidade e deita nele sua cabeça, e repentinamente ele é encontrado como se estivesse desarmado por aqueles que procuram capturá-lo."] (Gregório Magno, 1878, XXXI, 15.29, p. 589).

316. *Deus absconditus*, expressão latina para "o Deus oculto", que se refere a incognoscibilidade da essência de Deus como expressa em Isaías 45,15: "Na verdade, tu és um Deus escondido, Deus de Israel e Salvador". Em *De servo arbitrio* [*Da vontade cativa*] (Lutero, 1525/1993), uma refutação à obra *De libero arbitrio diatribe sive collatio* [*Da vontade livre: Discursos ou comparações*; conhecida como *Do livre-arbítrio*] (1524) de Erasmo de Rotterdam, Lutero diferencia entre *Deus absconditus* e *Deus revelatus*: "Respondemos, como já dissemos: a respeito do Deus – ou da vontade de Deus – que nos é pregado, revelado, oferecido e cultuado deve-se debater de outra maneira do que a respeito do Deus não pregado, não revelado, não oferecido, não cultuado. Portanto, na medida em que Deus se oculta e quer ser ignorado por nós, ele absolutamente não nos importa. Com efeito, aqui de fato tem validade a palavra que diz: 'O que está acima de nós absolutamente não nos importa'. [...] Com efeito, é disto que trata o Deus pregado: que o pecado e a morte sejam tirados e nós sejamos salvos. Com efeito, 'enviou sua palavra e os sarou' (Sl 107,20). O Deus abscôndito em majestade, porém, não deplora nem abole a morte, mas opera vida, morte e tudo em todos. Pois aí ele não se limitou através de sua palavra, mas se manteve livre sobre todas as coisas" (Lutero, 1525/1823, p. 157-158).

Certo, dele já não falamos. Já não gostamos de falar dele, mas falamos do "bom Deus" e da maneira bela como Ele dispôs o mundo. "*Omne bonum a Deo, omne malum ab homine*"[317]. Então somos nós, então nós nos tornamos o diabo. Isso também é uma altivez luciferiana, quando nós temos permissão para providenciar a outra metade do mundo.

Segundo a antiga doutrina eclesiástica, a contraparte equivalente de Cristo é o diabo. Ele é autônomo e mundano. Isto quer dizer que o princípio do mal é exatamente tão eterno, exatamente tão autônomo como o bem. Na doutrina da Igreja, de fato não se diz que Deus criou o diabo diretamente, por assim dizer, intencionalmente, mas ela admite a existência do diabo, mais precisamente como contraparte equivalente de Cristo. Aliás, essa é uma ideia que já tinha ocorrido ao velho Zaratustra. Ali consta que Ahura Mazda teve uma ideia duvidosa, e dela teria surgido Vohu Manah, a boa palavra, a boa mentalidade, a atitude correta, isto é, o *lógos*, e Angra Mainyu, o diabo – ou seja, a dúvida de Deus[318].

---

317. Expressão latina que significa: "Tudo que é bom procede de Deus, tudo que é ruim procede do ser humano". Jung discute esse pensamento extensamente em *Aion*, onde ele também especula sobre a primeira vez que ele foi expresso: "A mais antiga autoridade para o axioma tardio '*Omne bonum a Deo, omne malum ab homine*' é Taciano (século II), que diz: 'Nada de ruim foi criado por Deus; nós mesmos produzimos toda a perversidade'" (OC 9/2, § 81).

318. Ahura Mazda (Ohrmazd em pahlavi, Ormazd em persa), "o sábio senhor", um deus indo-iraniano; com o surgimento dos ensinamentos de Zaratustra, Ahura Mazda se tornou o único Deus que criou o mundo da ordem perfeita ("mazdaísmo"). Porém o mundo também é o campo de batalha entre o Bom Pensamento ("Vohu Manah") e o Mau Pensamento ("Angra Mainyu" ou "Arimã"), no qual o justo deve escolher o lado do Bem. Jung fez uma introdução à crença zoroástrica no início do seu seminário sobre o Zaratustra de Nietzsche, no dia 2 de maio de 1934 (Jung, 1934-1939/2023, 32-41): "Aqueles dois espíritos, Vohu Manō e Angrō Mainyush, estiveram juntos no Ahura Mazda original, mostrando que, no início, não havia separação entre bom e mau. Porém, depois de algum tempo, eles começaram a se desentender, seguindo-se uma briga, e então a criação do mundo se tornou necessária" (p. 7). E, em carta a Erich

Em um alquimista se encontra o mesmo pensamento, o qual diz que, no segundo dia da criação, Deus teria feito o binário, ou seja, o número dois, a saber, quando Ele separou as águas de cima das águas de baixo[319]. O binário é o diabo porque ele joga algo no meio que separa alguma coisa. O binário separa, ele destrói. Por isso, o segundo dia da criação seria o único em que Deus não disse: tudo é bom. E, de fato, se vocês relerem o Gênesis, verão que, nesse dia, Deus não disse que era bom[320].

Essa cisão entre um bom e um mau é propriamente desfeita no conceito de Deus, pois ele é a *coincidentia oppositorum*, a coincidência dos opostos, a dissolução de todos os antagonismos e o livramento deles. Porém, sendo ele o ente em que os dois estão contidos (*in potentia*), eles também podem surgir dele *in actu*[321]. Por conseguinte, essa concepção cristã é uma réplica da antiga ideia persa.

Neumann, de 12 de agosto de 1934, Jung escreveu isto: "Em Ahura Mazda, estiveram presentes originalmente de forma indivisa Ahura Mazda – a boa palavra ou a boa disposição – e Arimã – a palavra má" (Jung & Neumann, 2015, p. 57).

319. Jung se refere ao alquimista e filósofo Gerhard Dorn (cerca de 1530-1584), também conhecido como Gerardus Dorneus. Nascido em Mechelen (Países Baixos dos Habsburgos), ele viveu em Basileia e Frankfurt. Dorn estudou com Adam von Bodenstein, com o qual imprimiu pela primeira vez muitos manuscritos de Paracelso. Ele editou e traduziu a obra *Aurorae Thesaurusque Philosophorum* (1577), de Paracelso. Entre suas obras figura o *Chymisticum artificium naturae, theoricum et practicum* (1568), que pode ser encontrado no primeiro volume do *Theatrum Chemicum* (1602), o qual Jung estudou durante sua viagem pela Índia em 1937-1938. Jung discutiu Dorn em conexão com o binário também em *Psicologia e religião* (OC 11/1, § 104, n. 48; § 120, n. 105) e em *Interpretação psicológica do Dogma da Trindade* (OC 11/2, § 262). Dorn escreveu sobre o binário em *De tenebris contra naturam et vita brevis*, que pode ser encontrado no *Theatrum Chemicum* (vol. I, p. 527).

320. "Deus disse: 'Faça-se um firmamento entre as águas, separando umas das outras'. E Deus fez o firmamento. Separou as águas que estão debaixo do firmamento das águas que estão por cima do firmamento. E assim se fez. Ao firmamento Deus chamou 'céu'. Fez-se tarde e veio a manhã: o segundo dia" (Gn 1,6-8).

321. "*Actus*" e "*potentia*" são traduções escolásticas para os conceitos aristotélicos da "*enérgeia*" ou "*entelécheia*" e "*dýnamis*". "*Potentia*" se refere à capacidade ou

A ideia da periculosidade de Deus poderia ser formulada assim: onde o perigo é maior, Deus está mais próximo[322]. Vocês encontrarão uma formulação parecida em um dito não canônico do Senhor, no qual Cristo diz: "Quem está próximo de mim está próximo do fogo. Quem está longe de mim está longe do reino"[323]. Uma ideia muito profunda, que também contém justamente essa obscuridade[324]. Pois o fogo é o suprassumo daquilo que consome e que destrói. O diabo é senhor do fogo, habita o fogo, anda em volta como um leão que ruge, procurando a quem devorar[325], exatamente como o fogo. Sobre isso se especulou muito na Idade Média. Essa, por exemplo, é a origem do leão na alquimia.

Por essa razão, trata-se de um problema candente: uma entrega como essa que Inácio exige, essa entrega ao fundamento psíquico do ser seria mesmo possível na prática? No conceito, é perfeitamente possível, como mostra a existência de toda a cristandade. É possível entregar-se a Deus. Pessoas se entrega-

---

potencialidade de mudar, de agir ou de sofrer a ação, ao passo que "*actus*" é a realização dessa capacidade. De acordo com os ensinamentos escolásticos, eles são mutuamente excludentes, mas estão presentes em cada ente. Somente Deus, enquanto "*actus purus*", é a realização completa sem qualquer potencialidade, isto é, Ele é a perfeição.

322. Cf. o poema *Patmos* de Friedrich Hölderlin: "Próximo está Deus, mas é difícil captá-lo. Porém onde há perigo, cresce também o que nos salva" (Hölderlin, 2004, p. 567). Jung comentou esse poema em *Transformações e símbolos da libido* (1912, §§ 656-663). Cf. Shamdasani (2012, p. 12ss.).

323. O dito pode ser encontrado em Orígenes, *Homiliae in Jeremiam* XX, 3, p. 532. A passagem inteira tem o seguinte teor: "Li em algum lugar que o Salvador disse – e eu pergunto se alguém supôs que fosse a pessoa do Salvador que trouxe as palavras à memória ou se o que foi dito é verdadeiro –, porém, *como quer que seja*, o próprio Salvador disse: quem está próximo de mim está próximo do fogo. Quem está longe de mim está longe do reino" (*The Apocryphal New Testament*, p. 35).

324. ES: "duplicidade"; OK: "totalidade".

325. "Estai alerta e vigiai, pois o vosso adversário, o diabo, anda em volta como um leão que ruge, procurando a quem devorar" (1Pd 5,8).

ram a Deus ou a Cristo. Porém foi a uma concepção bem-determinada que as pessoas se entregaram. Elas não se entregaram ao *Deus creator*, ao Deus criador, mas a um Deus já pronto, já formulado, e só o que se pode esperar é que, apesar dessa circunstância, a oração, ainda assim, chegue até Deus. Esse é um ponto sobre o qual ainda haveria muito a dizer, mas prossigamos com o *Fundamentum*.

Ora, se a finalidade da minha existência é entregar-me integralmente ao serviço a Deus e isso é necessário para fins de redenção da minha alma, desses fatos também decorre uma atitude especial em relação a quem é existente comigo, em relação ao mundo no qual vivo. Pois se minha finalidade reside neste mundo, esse serviço ao Senhor não faz nenhum sentido. Porque se a minha finalidade está neste mundo, o que quero cumprir é esta finalidade, a finalidade do mundo. E isso agora é o modo moderno de ver as coisas: estamos aí para funcionar em prol deste e daquele fim, de ser um bom cidadão, exercer uma profissão, fundar uma família, pagar impostos, servir ao Estado de corpo e alma, com tudo que tenho e sou. A pergunta naturalmente é esta: o que é melhor? Vamos nos dedicar ao Estado ou à divindade? Não se pode dizer: não vejo diferença nenhuma. Eu vejo. A pretensão de totalidade do Estado é simplesmente um derivado dessa pretensão de totalidade da divindade.

Seminário 9[326]

19 de janeiro de 1940

No último seminário falamos do início do *Fundamentum* e hoje continuaremos a tratar dele. Vocês se lembram que a ideia principal da primeira frase do *Fundamentum* é expressa pelo "*creatus est homo*". A segunda frase continua assim:

> *Reliqua vero supra terram sita, creata sunt hominis ipsius causa* (MHSI-MI, *Versio vulgata*, p. 164)[327].
>
> As outras coisas sobre a face da Terra são criadas para o ser humano (Funk, 1913a, p. 135; Loyola, 2000, p. 23)[328].

Dessa frase se depreende que, de acordo com essa maneira de ver as coisas, não só o ser humano não é algo que veio a ser e, portanto, é algo que foi criado, mas também todas as outras coisas e todos os outros seres que povoam a terra e se encontram sobre ela foram criados. Trata-se, portanto, de uma constatação que se estende para todo o universo que conhecemos, a saber, que as coisas não se encontram simplesmente prontas porque vieram a ser, mas existem dentro de uma amarração finalista. A saber, elas estão aí para servir, para servir ao ser humano. Desse modo é conferida ao ser humano uma importância bem

326. O texto deste seminário foi compilado com base em anotações feitas por LSM, ES, RS e OK, bem como na tradução inglesa de BH.

327. *Versio prima* (1541, 1547): "*reliqua autem omnia super terram existentia creata sunt ad hoc*" (MHSI-MI, p. 165).

328. Jung traduziu para o alemão assim: "E as demais coisas sobre a face da Terra foram criadas em função do ser humano".

central na criação: ele é, por assim dizer, o ponto alto, a meta da criação, em função do qual toda a criação existe. Então, nesse ponto, é atribuída ao ser humano uma dignidade que ele, de resto, por exemplo, do ponto de vista das ciências naturais, de modo algum experimenta. Do ponto de vista das ciências naturais, podemos dizer: tudo veio a ser, e está aí pronto. De modo algum se consegue entender que deva haver ligação com alguma finalidade, tampouco que esta, de algum modo, esteja direcionada para o ser humano.

O velho modo de ver as coisas foi ridicularizado quando se disse que, da mesma maneira, se poderia muito bem dizer que é maravilhoso que ao lado de toda cidade se encontra um rio. Que isso teria sido um feito maravilhoso do criador. Claro que é fácil ridicularizar uma visão como a do "*creatus est homo*". Ridicularizar sempre é muito fácil; mais difícil é entender corretamente. Não precisamos assumir incondicionalmente que o ser humano foi criado no sentido literal e as demais coisas para favorecê-lo ou servi-lo. Mas esse enunciado descreve uma postura psicológica, um "como se", como se o ser humano tivesse sido criado, como se as coisas da terra o servissem, sendo que desse modo não se enuncia nada sobre a essência das coisas. Apenas dou a ponderar isso.

Mais precisamente, todas as criaturas devem servir ao ser humano para um fim determinado. As coisas teriam sido criadas

> *ut eum ad finem creationis suae prosequendum iuvent* [MHSI-MI, *Versio vulgata*, p. 164][329].
>
> para o ajudarem a atingir o fim para o qual é criado (Funk, 1913a, p. 135; Loyola, 2000, p. 23)[330].

---

329. *Versio prima* (1541, 1547): "*ut hominem iuvent ad prosecutionem finis ad quem conditus est*" (MHSI-MI, p. 165).

330. Jung traduziu para o alemão: "para ajudá-lo na realização do fim para o qual foi criado".

Portanto, não para, de certo modo, possibilitar sua existência terrena, de modo que ele tenha carne e pão e vinho etc., mas para que ele atinja o fim para o qual foi criado. E para que fim o ser humano foi criado de acordo com esse modo de ver as coisas? Já ouvimos isso na primeira frase, a saber, "*ut Dominum Deum suum laudet*", para que ele louve a Deus e lhe preste reverência, isto é, para que ele chegue definitivamente à corte real e ali esteja a serviço do rei. É claro que isso deve ser entendido, em certo sentido, simbolicamente. Por isso, temos de nos enfronhar um pouco naquelas representações que certamente estiveram presentes no espírito de Inácio, ou seja, o que ele imaginou sobre essa corte real.

Temos grande quantidade de material sobre isso referente à Idade Média. A história da arte nos põe muita coisa à disposição. Trata-se das representações do além. Pois a corte real é o reino celestial de Deus ou a Jerusalém celestial, onde está entronizado o *Rex gloriae* [Rei da glória], o Cristo vitorioso, onde, em vez do rei, é a Trindade que ocupa o centro. Há incontáveis imagens que vocês com certeza também já viram. Uma exposição especialmente impressionante pode ser encontrada no "Paraíso" da *Divina comédia* de Dante. Nos cantos 31 e 33 encontra-se um símbolo que expressa essa corte real, essa corte real específica da *Regina coeli* [Rainha dos céus], da mãe graciosa, a saber, o símbolo da rosa branca (cf. *ETH*, vol. 6, p. 326-327). Ali se dispõem, na visão de Dante, por assim dizer, os anjos e os combatentes de Deus, as testemunhas de sangue de Cristo, os Padres da Igreja, os santos etc. em uma grinalda, e eles formam essa flor celestial, em cujo centro Dante por fim também vislumbra aqueles três círculos coloridos que simbolizam a Trindade.

É a imagem da corte real. Ela também pode ser encontrada nos vitrais em forma de rosa da Idade Média, nas igrejas em que se vê o *Rex gloriae* entronizado com os quatro evangelistas, ou então com seus símbolos, em que Cristo está entronizado sobre as quatro colunas dos quatro evangelhos. Essas representações circulares são chamadas de mandalas. E, nesse ponto, topamos com uma analogia peculiar entre o pensamento oriental e o pensamento ocidental: a saber, a intuição de uma flor mítica que constitui a sede da divindade. Já falamos muito disso, a saber, do *padma*, que quer dizer lótus, o assento de lótus do Buda ou de alguma divindade hindu (cf. *ETH*, vol. 6, p. 462). Esse *padma* tem significado feminino. Trata-se propriamente de um ventre feminino, pois *padma* é a palavra hierática que designa precisamente isso. A mesma coisa se encontra e pode ser lida em Dante Alighieri, no canto 33, versos 7-9 [do Paraíso]:

> Em teu seio fulgiu o amor que,
> ardendo pela eternidade,
> germinou essa imensa rosa (Alighieri, 2003, p. 425).

E essa rosa se refere justamente à rosa mítica do canto 31, que diz:

> A meus olhos aparecia, pois, na forma de branca rosa
> a santa milícia dos eleitos,
> que em seu sangue Cristo sagrou esposa (Alighieri, 2003, p. 416).

Aí está representada, portanto, a totalidade da Igreja, da *Ecclesia sanctorum*, a comunhão dos santos, em cujo centro, em cujo ventre, por assim dizer, está contido o santíssimo, a saber, a divindade:

> Na profunda e clara essência de Deus
> três círculos surgiram, parecendo
> de três cores distintas, mas de uma só conformação.
>
> Semelhando íris que fosse reflexo de íris,
> acreditei que de ambos, *por modo igual*,
> derivava a flama do terceiro (Alighieri, 2003, p. 425).

Trata-se de representações da finalidade, da divindade, que provavelmente também estiveram presentes em Inácio. Pois trata-se das representações que podemos comprovar reiteradamente, durante toda a Idade Média, e até os tempos mais recentes. Vocês talvez saibam por meio de Dante que toda a esfera do céu consiste, de modo geral, em uma série de círculos, e, no ponto mais alto ou no ponto mais interior, por assim dizer, encontra-se, então, a rosa branca:

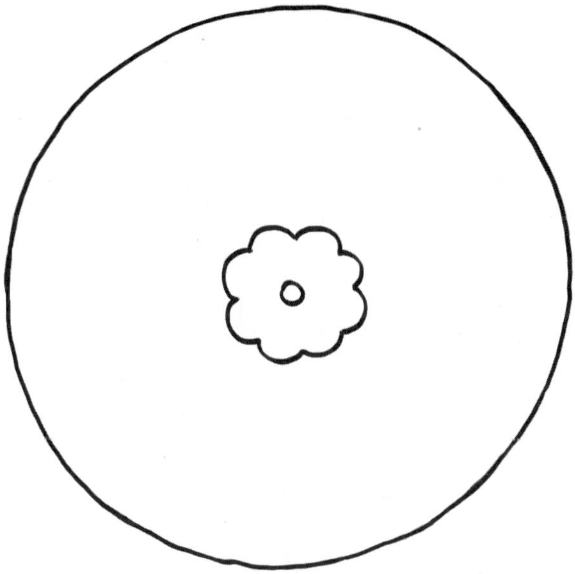

Isso corresponde exatamente à mandala oriental, onde também encontramos o lótus nesse mesmo centro, envolto pelos círculos mágicos. Curiosamente há pouco me apareceu uma imagem. Trata-se de arte católica moderna. Uma descrição do nascimento de Cristo, do mistério natalino. Vê-se ali uma paisagem nevada com montanhas ao fundo e algumas casas. No primeiro plano, brotou do chão em meio à neve uma planta com quatro botões e no centro deles um cálice de flor. De dentro dele surge, então, o Cristo infante. Ele se encontra no lótus.

Tanto quanto sei, esse modo de exposição é algo totalmente novo. Também é provável que se trate de um ensaio sincretista, de incluir a simbologia oriental do lótus na iconologia eclesial:

Em todo caso, sabemos que toda a Idade Média tinha essa representação básica de um arquétipo do *finis*, do fim, a saber, de ingressar nessa corte real, de chegar até essa figura que representa o rei. Pois Cristo é esse rei, e isto por mediação do feminino, a saber, da grande intercessora, da mãe graciosa, da *Mater Dei* [Mãe de Deus]. Portanto, é como se o *Rex gloriae* estivesse envolto pelo amor da mãe graciosa, de tal maneira que quem penetra de fora nos diversos círculos ou nas diversas esferas do céu, a exemplo de Dante na primeira esfera que se encontra em rápida rotação, avança sucessivamente até a visão mais interior. Isso, por sua vez, corresponde exatamente à representação oriental, em cujo centro está o Deus criador, a saber, Shiva, envolto pela Shakti, sua imagem feminina equivalente.

Aqui curiosamente as representações místicas centrais do Oriente coincidem com as do Ocidente. Pelo que sei, não há como demonstrar que tenha havido algum tipo de contato direto nesse ponto, de modo que se pudesse dizer que as antiquíssimas representações indianas tivessem produzido essa representação central no Ocidente. Isso não é provável, já pelo fato de que essas representações não se encontram, por exemplo, só na Índia ou na Europa, mas também na cultura maia. Pois descobriu-se, sob o altar de um templo em Chichén Itzá, um segundo altar, mais antigo, ainda completamente intacto, e, dentro dele, havia um vaso de calcário[331]. Dentro dele havia um maravilhoso objeto em forma de rosa, uma mandala, tendo quatro serpentes como atalaias do horizonte, composto de 3 mil turquesas. Esse evidentemente é o segredo central do templo construído na forma de um *teocalli*, uma pirâmide de degraus. No ponto mais baixo, dentro do santíssimo lugar, está, portanto, de certo modo, uma representação do reino de Deus misterioso, que possui justamente essa estrutura e, em cujo centro, está o objeto com esse formato.

Portanto, se o esforço de quem passa pelos *Exercitia spiritualia* estiver direcionado para esse fim, é mais que evidente

331. Jung também se refere a essa descoberta em seus seminários de 15 de dezembro de 1933 (*ETH*, vol. 1, p. 206) e de 1935 (*ETH*, vol. 4; ES, p. 57-58), bem como em seu seminário sobre a análise dos sonhos de 13 de fevereiro de 1929 (Jung, 1928-1930/2014, p. 126).

que ele almeja mais ou menos a mesma coisa que um tantrista ou lamaísta indiano, a saber, chegar àquela sede do Buda, ao centro da mandala, que é símbolo do *atman*, do si-mesmo. Ora, para atingir esse fim, ou seja, para que se possa chegar a isso, são criadas todas as coisas. Isso quer dizer que tudo deve ser encarado como existindo somente para que esse fruto amadureça, a saber, para que esse si-mesmo venha a ser e chegue ao seu lugar, na medida em que esse chegar até lá justamente também é um processo psíquico de devir. Disso se segue, então, que todas as coisas são criadas para esse fim, e como opina Mestre Eckhart:

> A natureza de todo cereal é trigo,
> a natureza de todo tesouro é ouro,
> toda gestação quer dizer seres humanos[332].

Desse modo, ele expressa a mesma ideia. Disso se conclui, diz Inácio, que o ser humano

> *utendum illis vel abstinendum eatenus esse, quatenus ad prosecutionem finis vel conferunt vel obsunt* (MHSI-MI, *Versio vulgata*, p. 164)[333].
>
> deve usar das coisas tanto quanto o ajudam para atingir o seu fim, e deve privar-se delas tanto quanto o impedem (Funk, 1913a, p. 135; Loyola, 2000, p. 23).

Desse modo, foi deduzido daí um comportamento ético ou, pode-se dizer, um comportamento filosófico em relação ao mundo e às coisas criadas. Pois Inácio diz, em seguida:

---

332. Mestre Eckhart, "Missus est Gabriel angelus (Luc. I, 26)" (Eckhart, 1857, p. 104); trad. inglesa: "The angel Gabriel was sent" (Eckhart, 1924, p. 80). Jung comenta essa passagem em *Tipos psicológicos* (OC 6, §§ 425-426). Cf. tb. o seminário de Jung de 17 de fevereiro de 1939 e 9 de junho de 1939 (*ETH*, vol. 6, p. 291, 424).

333. *Versio prima* (1541, 1547): "*Ex quo fit quod homo eatenus eis uti debet, quatenus eum ad finem suum iuvant; atque ab eis abstinere, quatenus ad eum finem impediunt*" (MHSI-MI, p. 165, 167).

> *Quapropter debemus absque differentia nos habere circa res creatas omnes (prout libertati arbitrii nostri subsectae sunt, et non prohibitae)* (MHSI-MI, *Versio vulgata*, p. 164, 166)[334].
>
> Por isso, é necessário fazer-nos indiferentes a todas as coisas criadas, em tudo o que é permitido à nossa livre-vontade e não lhe é proibido (Funk, 1913a, p. 135; Loyola, 2000, p. 23).

Isso quer dizer, portanto, que da necessidade de o próprio ser humano ter sido criado para um fim se deduz que ele se serve também de todas as coisas para atingir esse fim, e que ele só pode se servir livremente das coisas se ele for indiferente para com as coisas, se as coisas lhe forem propriamente indiferentes. Quase que se poderia supor aqui que isso seria como uma atitude budista em relação ao mundo. De meus seminários anteriores, vocês sabem como é constituída essa atitude[335]: o interesse é abstraído do mundo. O mundo não só é declarado como *Maya*, mas também experimentado como tal, e toda a relação emocional com o mundo é introvertida, é retrovertida para dentro do indivíduo, para ali experimentar a maturação daquele centro. Ora, em Inácio, essa postura não é budista, mas bem mais estoica, a saber, *nihil datur* [não há nada]. Pois não devemos nos deixar impressionar por nada, mas preservar a indiferença, *aequanimitas*[336], a equanimidade. Por isso Inácio também diz – do que podemos depreender que ele não tem intenção budista – que

334. *Versio prima* (1541, 1547): "*Quocirca opus est ut simus indifferentes ad omnia create, quoad concesum est libertati nostrae et non prohibitum*" (MHSI-MI, p. 167).

335. Cf. os seminários de Jung de 1938-1939 (*ETH*, vol. 6).

336. *Aequanimitas*, termo latino para equanimidade, é um conceito central no sistema filosófico do estoicismo. Os estoicos gregos usaram os termos *apátheia* ou *ataraxía* para se referir à ausência de paixões.

ex omnibus ea demum, quae ad finem ducunt, eligere ac desiderare (MHSI-MI, *Versio vulgata*, p. 166)[337].

desejando e escolhendo somente aquilo que mais nos conduz ao fim para o qual somos criados (Funk, 1913a, p. 135; Loyola, 2000, p. 23).

Esta naturalmente não é nenhuma postura budista, pois ela dá preferência para certas coisas, rejeita certas coisas, aferra-se a certas coisas ou pessoas por serem necessárias para chegar ao fim almejado. Na postura budista, em contraposição, nada é necessário porque tudo é ilusão, *Maya*.

Assim, teríamos terminado a meditação prévia sobre o *Fundamentum*. Chegamos agora à meditação jesuítica propriamente dita sobre o *Fundamentum*, ao modo como é feita nos exercícios e da qual Przywara nos dá uma ideia bem precisa em seu livro *Deus Semper Maior* (Przywara, 1938, p. 45-138). Ele também inicia com o "*creatus est homo*", mais precisamente com o "*homo*", e se propõe a tratar da pergunta: O que é o ser humano? Nas meditações, como vocês viram quando tratamos da *Anima Christi*, quase cada palavra é examinada da maneira mais minuciosa possível. Eu gostaria de mostrar-lhes aqui, com base em alguns exemplos, como Przywara procede: ele se detém já no "*homo*". Ele diz para si mesmo que o ser humano é uma união de matéria e espírito, composto propriamente dos polos do mundo[338]. Como Przywara diz, o ser humano é, em certo sentido, um "devir espírito do corpo" (Przywara, 1938, p. 50) e para que o corpo possa se tornar espírito, o espírito tem de descer para dentro da matéria. Por essa razão, o ser humano

337. *Versio prima* (1541, 1547): "*solum optemus et eligamus ea, quae magis conducunt nos ad finem propter quem creati sumus*" (MHSI-MI, p. 167).

338. "A experiência de vida mostra como, a partir disso, o ser humano geralmente é interrogação, como nele se encontram os polos extremos do mundo: matéria e espírito. Sendo corpo e espírito, o ser humano se torna unidade" (Przywara, 1938, p. 50).

também é, em certo sentido, "devir corpo do espírito" (Przywara, 1938, p. 51).

Não podemos assumir, sem mais nem menos, essa análise. Temos de perguntar-nos aqui: Podemos aceitar isso? O que significa isto: devir espírito do corpo? Isso é algo que podemos experimentar? Em algum lugar aconteceu que um corpo se tornou espiritual? É claro que, para a tradição dogmática da Igreja, naturalmente esse é o caso, pois o *corpus Christi* [corpo de Cristo] se tornou espírito, o *corpus Christi* foi transfigurado, tornando-se *corpus glorificationis* [corpo glorificado]. Do mesmo modo, o corpo de Maria – isto não é dogma, mas concepção licenciada da Igreja – foi recebido diretamente no céu como *corpus glorificationis*. Ela é, por assim dizer, a única mortal a quem sucedeu isso[339].

Trata-se de uma concepção muito antiga na Igreja. É a ela que naturalmente se reporta uma concepção como a de Przywara. Porém, quando não se assume esse ponto de vista, é preciso encarar a pergunta: Há alguma experiência psicológica que faça essa concepção parecer possível de alguma maneira? Há alguma experiência que poderia estar na base desse enunciado? E tenho de dizer que não pude constatar diretamente nada que faça essa concepção parecer possível de alguma maneira. Não tenho em mente aqui a possibilidade de um corpo se transformar diretamente em espírito, mas a existência de alguma vivência psíquica ou alguma espécie de experiência da qual se possa dizer que dá a sensação como se um

339. A Constituição Apostólica *Munificentissimus Deus*, de 1º de novembro de 1950, escrita pelo Papa Pio XII, decretou *ex cathedra* o dogma da Assunção da Bem-Aventurada Virgem Maria: "Com a autoridade de nosso Senhor Jesus Cristo, dos bem-aventurados apóstolos São Pedro e São Paulo e com a nossa, pronunciamos, declaramos e definimos ser dogma divinamente revelado que: a imaculada Mãe de Deus, a sempre virgem Maria, terminado o curso da vida terrestre, foi assunta em corpo e alma à glória celestial". Não há, nas Escrituras canônicas, evidência textual sólida para a assunção de Maria em corpo, embora ela tenha sido descrita em vários textos apócrifos, tais como o *Liber Requiei Mariae* (*O livro do repouso de Maria*), do século IV, ou os *Seis livros da dormição de Maria*, do século V.

corpo tivesse se tornado espírito. É certo que estamos falando de um ser humano que se tornou muito espiritualizado. Mas nem estamos nos referindo ao corpo. Ele só tem uma aparência "espiritualizada", um tanto pálida e macilenta, e é tremendamente interessante, mas não estamos levando isso ao pé da letra. Não se trata, portanto, de uma experiência desse tipo.

Em contraposição, o que sabemos cotidiana e diretamente é que o ser humano não representa um devir espírito do corpo, mas um devir consciência do corpo, que o ser humano se torna consciente do seu corpo. Sabemos da experiência na medicina que há muitos humanos que não têm consciência do seu corpo ou a têm em medida muito limitada. Eles não sabem que têm alguma enfermidade ou uma debilidade física, tampouco que aparência têm. Trata-se naturalmente de casos patológicos, mas há humanos[340] que primeiro precisam ver seu rosto no espelho para poderem falar ou que podem negligenciar totalmente o seu corpo, de modo que podem surgir graves danos à saúde: eles nem sabem se estão com frio. Estão com fome e não sabem disso, achando que se trata de um problema psicológico. Ou vivem de modo terrivelmente insensato e não sabem disso porque não se importam. Portanto, não é algo óbvio ter consciência do seu corpo. Na realidade, essas pessoas fora dos eixos ainda não experimentaram de fato seu corpo. Elas apenas sabem teoricamente que possuem um corpo. Portanto, quando eu, de certo modo, tomo consciência do corpo, traduzo o fato físico do corpo em uma vivência psíquica. Tenho uma imagem do meu corpo. Professores de educação física confirmarão que há muitas pessoas que não têm noção de sua musculatura ou de como respiram[341]. E, no entanto, trata-se de funções muito importantes. É claro

340. RS: "tive pacientes".

341. Cf. o seminário de Jung de 4 de novembro de 1938, no qual Jung recomendou Johannes Ludwig Schmitt, *Das Hohelied vom Atem* (1927) (*ETH*, vol. 6, p. 122-123).

que qualquer pessoa sabe que está ofegante, mas não sabe o que está fazendo errado. Ela não sabe que só está respirando com a parte de cima do pulmão. Outras sabem disso. Elas também poderiam lhe dizer como se controlar. Do mesmo modo, muitos grupos musculares são totalmente inapreensíveis para a consciência[342]. Essas pessoas não sabem como inervá-los.

Mas isso não é nenhuma espiritualização, de jeito nenhum, aqui topamos com um mal-entendido muito perigoso: a saber, chamar esse devir consciência do corpo de devir espírito. Pois o que se pensa é que consciência seria espírito, assim como se pensa que uma função da consciência, como, por exemplo, o intelecto, seria espírito. Nada disso. Espírito é algo bem diferente. Nós, porém, assumimos sem verificação, desde tempos antigos, a tripartição "espírito, alma e corpo"[343]. A alma está no centro e faz alguma coisa por aqui. Espírito é aquilo que acontece lá no alto, o corpo é a matéria bruta. Lá em cima temos espírito, como se a consciência fosse espírito. Com cautela, eu diria, num primeiro momento, que o ser humano não é o devir espírito do corpo, mas o devir consciência do corpo, no sentido de saber como ele é constituído, como ele se chama. Nenhum animal sabe isso. Um cão não sabe que é um cão, muito menos os astros sabem como se chamam. Isso foi descoberto pelos astrônomos.

E, inversamente: o enunciado de que o ser humano também seria um devir corpo do espírito é igualmente impreciso. Está correto dizer que a consciência se estende para dentro do corpo, que ela pode ter efeitos corporais, mas só de modo muito limitado. Há toda uma série de funções no corpo que jamais são alcançadas pela consciência sob nenhuma circunstância. Portanto, também esse enunciado só pode ser assinado de maneira restrita.

---

342. RS: "Por isso muitos grupos musculares são totalmente inalcançáveis".

343. Cf. um enfoque histórico dos conceitos de alma e mente em Makari (2016).

Num primeiro momento, não entraremos mais a fundo nesse problema do espírito e da matéria, mas acompanharemos um pouco mais as meditações de Przywara. Ora, ele diz que as duas tendências que se entrecruzam, a do espírito e a da matéria, provocam um conflito, e faz referência a Gálatas 5,17: "Porque a carne tem tendências contrárias aos desejos do espírito e o espírito possui desejos contrários às tendências da carne. Ambos são contrários entre si, a ponto de não fazerdes o que quereis". Trata-se do antiquíssimo antagonismo entre *pneûma* e *sárx*. Ele fala de uma "queda do espírito para dentro do caos do corpo"[344]. Ele diz ser preciso que o corpo seja espírito, e a pergunta que nos fazemos é se, no fim, será preciso que o espírito também seja corpo? Ele prossegue e diz que o espírito se rebela contra o corpo. Ele chega a falar diretamente de uma "rebelião do puro espírito contra a humilhação de estar preso à carne" (Przywara, 1938, p. 54), como se o espírito padecesse de certa *hýbris* ou de alguma presunção e não tolerasse a presença da matéria corporal. Ele de fato passa para a antítese, segundo a qual o corpo também se torna espírito, e diz que a matéria do corpo se torna Deus. Ela obtém divindade ou já a possui, pois, no corpo, a divindade aparece justamente como matéria, de modo que, por meio dessas meditações, o antagonismo é, em grande medida, propriamente suprimido.

Agora, naturalmente temos de nos perguntar novamente: Esse antagonismo tem alguma razão de ser? Podemos comprovar o antagonismo na experiência psíquica? Pois de fato existe esse conflito entre o que é denominado espírito e o que é denominado corpo. Isso é um fato conhecido de longa data. Não

---

344. "Porém a escuridão que coroa o mistério da redenção consuma essa revelação do que é o mais próprio. Foi por isso que a verdade de Deus que se tornou ser humano submergiu no extremo da miséria corporal e foi por isso que o Espírito Santo que preenche a Igreja foi entregue à carnalidade, para assim fazer expiação pela mesma via em que aconteceu o pecado: na queda do espírito para dentro do caos do corpo" (Przywara, 1938, p. 53).

há conflito moral em que não podemos comprová-lo, mas se os pares antagônicos desse conflito podem ser chamados de espírito e matéria é outra questão. Pois não podemos experimentar diretamente o espírito. Em um primeiro momento, trata-se simplesmente de tornar-se consciente. Corpo é algo psíquico, e tampouco conseguimos experimentar diretamente a matéria, mas temos de perguntar primeiramente à física moderna o que seria propriamente matéria. Pois nem isso sabemos assim tão precisamente. Nos jornais vocês podem ler que a matéria consiste em fórmulas matemáticas intermináveis e que são, portanto, extraordinariamente abstratas, sob as quais dificilmente se consegue imaginar alguma coisa. A matéria escapuliu para o inimaginável. Ela nem é a densidade ou o peso do *corpus*. Isso é uma maneira ingênua, antiquada de ver as coisas. A matéria é algo *toto caelo* [completamente] desconhecido. Só podemos chegar mais ou menos próximos dela. Nem sequer sabemos se a física moderna já chegou ao ponto de poder fazer um enunciado que seja aproximadamente válido sobre a essência da matéria.

E assim naturalmente também é com aquilo que denominamos espírito [*Geist*]. De modo algum se trata do que designamos, por exemplo, como intelecto ou consciência. A palavra "*Geist*" tampouco dá conta do que se trata. Logo veremos o que ela designa propriamente. Nós chamamos algo de espiritual [*geistig*] quando um conteúdo psíquico possui certa qualidade que denominamos espírito [*Geist*]. Do mesmo modo, denominamos material ou corporal certa qualidade da experiência psíquica quando ela procede do corpo. O que concebemos como corpo ou matéria e o que experimentamos diretamente dele ou dela é uma imagem psíquica. O que experimentamos são só imagens psíquicas[345]. Não temos nenhuma experiência imediata das

345. "Nada percebemos a não ser imagens, transmitidas a nós indiretamente por um aparato nervoso complexo. Entre as terminações nervosas dos órgãos dos sentidos e a imagem que aparece na consciência foi interpolado um processo inconsciente que transforma o fato físico, por exemplo, da luz na imagem psí-

coisas e por isso precisamos de todos os aparatos possíveis para constatar de algum modo o ser objetivo das coisas. Em tudo, trata-se de experiências psíquicas de certos pressupostos físicos. Vemos cores e ouvimos tons, mas nem sequer há cores e tons. Trata-se de processos físicos. Há o fenômeno psíquico da cor, do tom. Portanto, o que designamos como espiritual [*geistig*] é a tradução de alguns processos, dos quais não estamos suficientemente inteirados, para um fenômeno psíquico.

Pois, para "espírito [*Geist*]" há diversas palavras que designam representações originárias peculiares. Vocês sabem que, no Novo Testamento, a palavra para "espírito" é *pneûma*, sendo usada ali com frequência. Trata-se de uma palavra que originalmente designa simplesmente "soprar", "sopro/alento/hálito", "respiração/fôlego", "ar em movimento", em sentido metafórico também "fôlego de vida". Na *Septuaginta*[346], ele ocorre com bastante frequência, significando ali propriamente apenas vida. Muitas vezes, ele também significa o mesmo que a palavra "*psyché*", alma. Esta tem uma origem semelhante: *psychrós*, "frio", e *psychein*, "esfriar", "ser resfriado por um sopro de ar", mas também "ressecar", visto que, quando o vento é quente, ele também pode secar. O termo também tem afinidade etimológica com o termo alemão "*pusten* [soprar]" ou "*blasen* [soprar]". Ou seja, também se trata de uma representação respiratória. Psíquico é aquilo que resfolega, por assim dizer. Por isso, a tradução da Bíblia para o alto-alemão antigo verteu a

---

quica 'luz'. Porém desse processo complicado e inconsciente de transformação a consciência não pôde perceber nada de material" (OC 8/2, § 745). Sobre a realidade das imagens psíquicas, cf. Liebscher (2012, p. 135-144).

346. *Septuaguinta*, termo latino para "setenta", é a abreviação de *Versio septuaginta interpretum* (*Tradução dos setenta intérpretes*), que é o nome latino dado à tradução mais antiga das Escrituras hebraicas do hebraico para o grego nos séculos III e II a.C. O nome é derivado do suposto número de tradutores envolvidos no processo. A Septuaginta também contém os escritos apócrifos ou deuterocanônicos.

palavra "espírito", por exemplo, o Espírito Santo, com "*Atum*", isto é, respiração/fôlego. Isso está correto. E isso é diretamente a mesma coisa que o *atman* no Oriente. Este também é uma respiração/um fôlego, um sinal de vida.

A palavra latina para *Geist* é *spiritus*. Esta também quer dizer sopro/alento/hálito, respiração/fôlego, e, então, metaforicamente, alma. Ela vem de *spirare*, soprar, bafejar. E há outra palavra para *Geist*, a saber, *animus* e *anima*, ou seja, esta é simplesmente a forma feminina daquela. Essa palavra tem a ver com o termo grego "ánemos", vento. Ela se encontra, então, também em outras línguas, por exemplo, no gótico: *usanan*, expirar; no latim: *anhelare*, expirar, respirar ofegante [*röcheln*], arquejar/estertorar. A palavra alemã *röcheln* é onomatopeica. Ela simplesmente indica um som. Curiosamente trata-se da palavra que designa o estertorar de um moribundo, quando ele exala a alma. Em suaíli, a língua da África Oriental, é *roho*. Trata-se de uma derivação do termo arábico "*ruch*", ou seja, a alma, o espírito. Ela tem ligação com *rich*, ou seja, o vento. Essas designações latinas, gregas e semíticas para *Geist* constituem, em sua totalidade, designações relativas ao vento e à respiração. Com a palavra "*Geist*" é diferente. É o que veremos no próximo encontro.

Seminário 10[347]

26 de janeiro de 1940

No último seminário, iniciamos com as meditações de Przywara, e cheguei a mostrar-lhes pelo menos introdutoriamente como ele procede na meditação sobre o conceito "ser humano", "*homo*". Ao investigar esse termo, topamos com o conceito do espírito [*Geist*], e manifestei para vocês a minha dúvida de que se possa mesmo falar, por exemplo, de consciência como espírito. Pois consciência é justamente um retratar, um representar, e dificilmente se pode designar a consciência como espírito. Também não há como designar o intelecto como espírito. Pois ele é apenas uma capacidade do pensamento. E assim topamos com a pergunta: O que é propriamente espírito [*Geist*]? Ou que experiência psicológica podemos identificar com esse conceito ou expressar por meio dele? Em decorrência disso, fiz, num primeiro momento, a tentativa de transmitir-lhes uma noção da etimologia das palavras que são usadas para expressar a vivência do espírito. Tratamos especificamente da palavra grega "*pneûma*" e das palavras latinas "*spiritus*" e "*animus*". Hoje queremos dizer algumas coisas sobre a palavra alemã.

A palavra alemã "*Geist*" corresponde ao termo inglês "*ghost*". Ela tem relação com a palavra nórdica antiga "*geisa*", isto é,

---

347. O texto deste seminário foi compilado com base em anotações feitas por LSM, ES, RS e OK, bem como na tradução inglesa de BH.

enfurecer-se. Temos aí um novo conceito, que não é necessariamente idêntico ao sopro suave do *spiritus* ou do *pneûma*. "Enfurecer-se" indica paixão, fogo ou coisas desse tipo. Esse termo também é posto em relação com a palavra gótica "*us-gaisjan*", isto é, fazer alguém sair de si, levá-lo a um estado emocional, tirá-lo do sério. Temos um conceito parecido na língua alemã da Suíça: "*'s isch zum Ufgeischte*"[348], algo que se diz quando uma situação ou alguém se torna insuportável, quando se é levado a um estado emocional intolerável. A isso corresponde a palavra inglesa "*aghast*", isto é, estar irado, agastado, fora de si. Essa peculiaridade da origem da palavra "*Geist*" também ganha expressão no uso linguístico comum, no metaforismo desse conceito. Tanto é que se diz, por exemplo: "*geistsprühend* [lançando chispas de espírito, esfuziante]", "*Geistesblitze* [lampejos de espírito]" ou "*Geistesfunke* [faísca do espírito]", ou "*das Feuer des Geistes* [o fogo do espírito]", "*die Flamme des Geistes* [a chama do espírito]". Vocês veem de imediato que o espírito é posto em relação com entusiasmo ou fortes emoções, ou seja, com algo fogoso, faiscante, e também com a luz em geral: "*Licht des Geistes* [luz do espírito]", uma "*Geistesleuchte* [lâmpada do espírito]".

Essas diferentes representações se juntam no simbolismo do milagre de Pentecostes, como vocês devem estar lembrados:

> De repente veio do céu um ruído, como de um vento impetuoso, que encheu toda a casa em que estavam sentados. Viram aparecer, então, uma espécie de línguas de fogo, que se repartiram e foram pousar sobre cada um deles. Todos ficaram cheios do Espírito Santo e começaram a falar em outras línguas, conforme o Espírito Santo lhes concedia que falassem (At 2,2-4).

348. "*Es ist zum Aufgeisten*", significando algo como: "é de exalar o espírito", "é de pedir para morrer".

As pessoas que os viram lá fora disseram: "Eles estão cheios de vinho" (At 2,13), parecem bêbados e, portanto, em um estado que pode ser comparado com uma embriaguez alcoólica. É por isso que, em todas as línguas, o álcool é designado com o termo "*spiritus*", como o espírito do vinho [*Weingeist*]. E ele de fato é um tipo particular de *Geist*. A coisa fugidia, acaloradora, excitante que faz o sangue correr mais rápido quando se bebe álcool: isto é *Geist*. É em virtude disso que, também no simbolismo eclesial, o vinho é designado como *spiritualis sanguis*, como sangue espiritual. O vinho é o símbolo do sangue e também do espírito. Também nessa representação se juntam essas qualidades do conceito de *Geist*.

Então, resumindo, deduzimos do uso linguístico latino e grego, bem como do semita – mencionei o termo arábico "*ruch*", relacionado com vento, correspondendo ao hebraico "*ruach*" –, que esses conceitos sempre significam sopro vivificado ou vivificador, ar em movimento. *Pneûma* é ar em movimento, não o ar puro e simples. Este é designado em grego com *aér*, enquanto o ar em movimento é *pneûma*, assim como *psyché* é um alento movido. É por isso que também o *atum*, o *spiritus sanctus*, o Espírito Santo, não é um *aér*, mas um *pneûma*. É por isso que também se diz que o Espírito Santo respira entre Pai e Filho[349]. Ele é o princípio da vida, a exemplo da respiração. Assim como *spiritus* é um sinal de vida. É por isso que, em representações primitivas, a alma é o suspiro vivo. O último suspiro que sai da boca do moribundo é sua alma.

Esse elemento movido, ventoso, também aparece em primeiro plano no enfurecer-se. Na língua alemã se fala de uma "*wütende Windsbraut* [tormenta em fúria]", poeticamente, "*ein Wind wütet* [um vento se abate com fúria]", "*der Sturm rast* [a tempestade enlouquece]". Este é o termo grego "*maínomai*",

349. Cf., no seminário 9 (p. 293-294), a descrição que Dante faz da Trindade.

o entusiasmo, o êxtase de um entusiasta, que é quando ele enlouquece como o vento, como se estivesse possuído por um demônio do vento que o leva à loucura. Portanto, na verdade, esse enfurecer-se, enlouquecer, está diretamente relacionado com a outra representação do suspiro movido. Só que é expresso de modo muito mais intenso, muito mais emocional.

[350]Não é verdade que o alemão é uma língua curiosamente desvalorizada[351]. Ela está terrivelmente desgastada, razão pela qual, no meu parecer, na língua alemã é mais vantajoso falar de modo simples e despretensioso, porque as palavras fortes já estão desgastadas[352], mas ainda cheias de vida bárbara não domesticada. Assim sendo, a palavra "*Geist*" é propriamente uma palavra de ira, do mesmo modo que Wotan também é um irado (cf. OC 10/2). E precisamente isso é sintomático da mentalidade alemã, que ainda expressa esse estado de espírito bárbaro com considerável talento espiritual. Nesse aspecto, o alemão ainda é uma língua em formação, que ainda não se livrou inteiramente de penduricalhos primitivos, em contraposição à língua latina, que tem significados bem consolidados. Por isso, a língua alemã é a menos adequada para a filosofia, ainda que os alemães sejam os melhores filósofos. Em contrapartida, o alemão é a melhor língua para a psicologia, ainda que os alemães curiosamente sejam os piores entre os psicólogos. Porém é isso que ocorre com frequência, que algo é dado a quem não tem.

Se tomarmos agora esse conceito do espírito [*Geist*], veremos que o espírito é um estado, um estado peculiar do ser humano. Este designa como espírito o estado em que ele está extasiado, comovido, quando ele é levado pelo vento, quando ele

350. O parágrafo seguinte não estava incluído na segunda edição da tradução de Barbara Hannah em 1959.

351. RS: "desvalorizadora".

352. ES: "gastas pelo uso".

foi posto em movimento, ficou animado. Trata-se, portanto, de um incremento de vida, e nada tem a ver com intelecto ou algo desse tipo. Por essa razão, um livro como *O espírito como adversário da alma* de Klages vem a propósito[353]. O espírito não tem absolutamente nada a ver com o intelecto, mas significa um incremento de vida, e até vida maravilhosamente elevada. Em consequência disso, o fenômeno do espírito, nesse sentido, sempre foi também uma possessão pelo espírito. Pois o primitivo nem consegue conceber esse incremento de vida, a não ser mediante a adição à sua alma de outra alma, de um espírito, que se assenta em cima dele; atrás, em cima da sua nuca. Por isso eles portam esses amuletos de nuca, porque ali está o inconsciente que eu não vejo. É ali que esse espírito vem até mim e, em seguida, fala através de mim, a partir de trás, ou também a partir de cima, através da fontanela/moleira, por onde também a alma sai do corpo, segundo a representação tibetana. Razão pela qual alguém com uma fontanela aberta sempre é tido como um tanto estranho, porque o velho canal da alma está aberto, por onde a alma pode entrar e sair. Ou, quando alguém morre, o lama emite, no final da oração pelo moribundo, um tom agudo, que causa a abertura do crânio, e então a alma sai como um *miraculum* pelo furo de ar e se separa do corpo.

Portanto, a possessão por um espírito, um ente que é como um sopro, constitui a representação primitiva de um estado espiritual. Esse é o fenômeno originário. Portanto, quando um primitivo inesperadamente começa a falar de modo mais elevado e es-

---

353. Ludwig Klages (1872-1956) foi um filósofo e psicólogo alemão influente, tendo sido também pioneiro da grafologia. Até 1904, foi membro do Círculo Cósmico de Munique, um grupo de intelectuais reunido em torno de Alfred Schuler (1865-1923), promovendo o retorno às origens pagãs e a rejeição da religião organizada. Entre suas obras, figuram *Vom kosmogonischen Eros* [Do Eros cosmogônico] (1922) e *Der Geist als Widersacher der Seele* [O espírito como adversário da alma] (1929). Cf. Furness (2000, p. 99-124) e Bishop (2017).

tranho, usando palavras incomuns, ele é imediatamente *mana*[354] ou *tabu*, inquietante. Assume-se que, nesse caso, ele seja um feiticeiro ou um possesso, e todo mundo o evita, passando longe dele. Por exemplo, se alguém falar de algum modo paradoxal ou peculiar, se alguém afirmar *partout* que as moscas teriam dançado ou um quadrúpede teria voado pelo ar, isso prova que ele está possesso. Pois um feiticeiro sempre é acometido por espíritos.

Essas representações primitivas mostram claramente que o fenômeno psíquico do espírito é um estado elevado de vida ou, pelo menos, um estado incomum de vida. Se quisermos ser bastante cautelosos na formulação, é uma mudança de personalidade. Vocês estão vendo que essa representação de espírito é algo bem diferente daquilo que o uso moderno costuma associar ao conceito "espírito". Porém estou convencido de que esse é o significado original e próprio de espírito: o *pneûma zoés* do Antigo Testamento, o espírito da vida, é o verdadeiro espírito. Isso é justamente o que sempre foi designado como espírito pelas pessoas. E isso é um estado no ser humano. O que isso é dentro de si mesmo, em si mesmo, podemos tranquilamente relegar ao desconhecido. Não há como responder essa pergunta. O que sabemos é que isso é experimentado assim.

Se aplicarmos agora justificadamente aos conceitos de matéria e corpo a mesma crítica que aplicamos ao conceito de espírito, deveremos dizer, também nesse caso: corpo não tem nada a ver com matéria. Matéria é uma abstração, antigamente

---

354. Em *O eu e o inconsciente*, Jung escreveu sobre a possessão pelo *mana*: "Por isso, denomino tal personalidade simplesmente de personalidade do *mana*. Ela corresponde a um dominante do inconsciente coletivo, a um arquétipo que tomou forma na psique humana durante incontáveis eras exclusivamente desse tipo de experiência. O ser humano primitivo não analisa e não elabora a razão pela qual outro é superior a ele. Se alguém é mais esperto e mais forte do que ele, então é porque ele tem *mana*, ele está possuído por um poder mais forte" (OC 7/2, § 388). Cf. o seminário de Jung de 19 de janeiro de 1934 (*ETH*, vol. 1, p. 226).

um conceito filosófico, hoje em dia um conceito científico, ao passo que corpo é uma experiência psíquica imediata do corpo. Neste ponto, no entanto, não devemos cometer certa confusão. Se vocês perguntarem a um ser humano moderno o que é o corpo, ele descreverá algum aspecto da anatomia ou fisiologia que ele consegue perceber de fora com os olhos. Isso, porém, não é uma experiência psíquica do corpo, mas uma experiência científica do corpo. A experiência psíquica do corpo é o modo como o corpo toma forma na psique. Trata-se de uma questão bem diferente: o modo de vivenciar o corpo a partir de dentro como algo imediatamente dado. Pois estou confinado dentro do corpo. Que aparência tem, a partir de dentro, o corpo dentro do qual estou confinado? Se eu investigar isso com precisão, descobrirei que se trata de representações muito estranhas que ensejaram uma série de símbolos estranhíssimos.

Se vocês quiserem ter uma noção de como o corpo é experimentado psiquicamente, será preciso perguntar ao iogue indiano ou aos nossos filósofos[355] medievais, que também têm o que dizer a respeito disso. Se vocês analisarem psiquicamente o corpo, constatarão uma esfera de consciência aqui em cima, envolta em todo tipo de sensações curiosas. Outro centro está na região do coração, antes dele ainda outro na garganta, e outro ainda mais para baixo, no ventre[356]. Portanto,

---

355. ES: "alquimistas".

356. A ioga tântrica diferencia sete *chakras* ("rodas") que contêm a energia vital ou *prana*. De baixo para cima são estes: o *muladhara-chakra* ("chacra base") no ânus, o *svadishtana-chakra* ("chacra umbilical") nos genitais, o *manipura-chakra* ("chacra plexo solar") no umbigo, o *anahata-chakra* ("chacra cardíaco") no coração, o *vishudha-chakra* ("chacra laríngeo") na garganta, the *ajna-chakra* ("chacra frontal") entre as sobrancelhas e o *sahasrara-chakra* ("chacra coronário"), localizado fora do corpo físico acima do topete da cabeça. Os *chakras* estão conectados por um condutor central ao longo da espinha, isto é, o *sushumna-nadi*. O praticante da ioga visa despertar o *kundalini-shakti* ("o poder da serpente"), que está dormente no *muladhara-chakra*, e elevá-lo ao *sahasrara-chakra*, onde Shiva e Shakti estão unidos. Jakob Wilhelm Hauer deu uma série de seminários sobre a

essas constatações não foram feitas só pelos iogues indianos, mas também por nossos filósofos medievais e meditadas em alto nível na Índia. Vocês também farão a experiência de que seus conhecimentos anatômicos não explicam absolutamente nada sobre como vocês próprios preenchem seu corpo. Pois vocês preenchem seu corpo como que por meio de fluxos interiores e podem fluir para dentro dos seus membros, o que é formulado na doutrina indiana do *prana*[357]. Se vocês seguirem essas representações primitivas, se vocês, por exemplo, disserem "vamos supor que haja algo como um *prana*", vocês poderão obter com isso efeitos dignos de nota, inervar músculos que, de outro modo, não teriam conseguido alcançar com a consciência. Vocês podem, por exemplo, aquecer partes frias do corpo e coisas desse tipo. Trata-se, nesse caso, de artifícios especiais, como os encontramos entre os iogues, que nem são místicos, mas resultam da aplicação da doutrina psicológica do *prana*. Desse modo, vocês obtêm uma imagem do corpo humano que é *toto caelo* distinto do da anatomia. Também por isso o médico europeu não compreende nada do que dizem os médicos orientais. Estes têm a representação do *prana* como um sistema de canais que atravessa o corpo inteiro. Os médicos modernos sabem que isso não é anatômico, que o centro ventral não é nada místico, mas um centro psíquico funcional, exatamente como a região cardíaca e a região respiratória são um campo psíquico. Certas coisas nos cortam a respiração. No caso de certas representações, vocês sentem um aperto no peito. Em outros casos, algo nos pesa no estômago, provoca dores de bar-

ioga kundalini no Clube de Psicologia de Zurique em 1932, que foi acompanhado por um comentário psicológico de Jung (1932/2022). Na ocasião, Jung fez um relato detalhado dos significados psicológicos dos *chakras*. Sobre os *chakras*, cf. Feuerstein (1997, p. 67-69).

357. Cf. nota anterior.

riga. Trata-se, então, dos estados da barriga, da atividade daquele centro psíquico.

Portanto, quando dizemos corpo, temos em mente propriamente esse tipo de experiência corporal. Isso não tem nada a ver com matéria. Isso só tem afinidade muito remota com a anatomia ou fisiologia real. Não há como identificá-lo. Não há como demonstrar um canal *prana*, que vai do alto do crânio até o dedão do pé. Aí se diz no Ocidente: essa doutrina é completamente sem sentido. Porém os estúpidos somos *nós*, por não entendermos isso. Simples assim.

Portanto, o corpo é um estado, um estado psíquico, um tipo peculiar de estado de consciência [*Bewusstheit*]. Quando vocês, por exemplo, pensam com a cabeça – por ora, digamos "pensar"; podemos dizer também "funcionar psiquicamente" –, isso é algo bem diferente de quando vocês fazem isso com o coração. Essas duas coisas são tão díspares que, para muita gente, constitui uma enorme descoberta saber que também se pode entender algo com o coração. A maioria das pessoas funciona só com esta caixa aqui em cima[358] e nem sabe que também se pode entender alguma coisa com o coração. Não quero mencionar nomes, mas um homem muito conhecido e famoso descobriu que a religião não é um assunto só da cabeça, mas também do coração. Pois então, agora se pode ir ainda mais longe: se eu disser a um negro[359] que só se pode compreender o mundo através da barriga, não estou dizendo nada novo para ele. Só o que afetou a barriga foi pensado. É ali que ele tem seus pensamentos e aí embaixo é o lugar em que ele pensa, ao passo que um indígena *pueblo* me disse que os norte-americanos são todos loucos por pensarem com a cabeça. Pois a gente pensa com o coração. Os gregos homéricos pensavam com o diafragma, razão pela qual denomi-

358. LSM acrescenta que Jung apontou para seus olhos.

359. LSM: "indiano".

naram o entendimento *phrén*, ou seja, diafragma. Hoje ainda dizemos "esquizofrênico"[360], quando nos referimos a uma cisão mental da personalidade, considerando que a sede desta se situa na cabeça, ao passo que ela se chama mais propriamente cisão do diafragma[361].

Talvez ainda possamos investigar rapidamente por que, por exemplo, o negro tem um pensamento ventral. Podemos supor que o ventre ou o estômago foi o primeiríssimo centro que demandou atenção consciente, pois o alimento não voava por si mesmo para dentro da boca dessas pessoas. Essa provavelmente também é a razão pela qual o estômago ainda é um órgão psíquico. As mais leves reações psíquicas causam incômodos de todo tipo no estômago.

Um pouco acima da barriga está a função da respiração, e se trata de um dos seguintes sintomas: dificuldades cardíacas e dificuldades respiratórias. Quase todas as pessoas neuróticas têm dificuldades respiratórias, respiração irregular ou demasiado superficial, de modo que precisam interromper a si mesmas para respirar fundo, para dar os assim chamados suspiros. Sua respiração está inibida porque sua alma está nessa região em torno do coração. Ela exerce uma tremenda tensão em torno da caixa torácica. O centro seguinte estaria em torno da boca. Não fica muito claro, mas os indianos fazem essa diferenciação. É o pensamento que tem a ver com a linguagem, e vocês sabem

360. O conceito de esquizofrenia foi formulado por Eugen Bleuler em seu estudo fundamental *Dementia Praecox oder die Gruppe der Schizophrenien* [*Dementia praecox* ou o grupo das esquizofrenias] (1911). Ele o introduziu pela primeira vez em um trabalho intitulado "Die Prognoses der Dementia Praecox [Os prognósticos da *dementia praecox*]", apresentado na Associação Alemã de Psiquiatria, em Berlim, no ano de 1908. Cf. Apelt-Riel (2009) e Bernet (2013).

361. A última frase deste parágrafo e os próximos dois parágrafos só se encontram na transcrição de OK.

como as pessoas podem desenvolver o gaguejar e dificuldades semelhantes. E o centro seguinte está aqui na cabeça.

Desse modo, portanto, "corpo" e "espírito" são estados psíquicos, condicionalidades do funcionamento psíquico. "Corpo" nos diz tão pouco sobre o que é "matéria" quanto "espírito" nos diz sobre o que está por trás do conceito "espírito", por trás do estado. Ele de modo algum nos diz se "espírito" é um espírito ou, quem sabe, um ente divino. O que temos é somente essa experiência que expressamos exatamente desse modo. Temos representações do corpo e vivências do corpo, e temos também representações do espírito e estados do espírito, e percebemos estas com a consciência.

Portanto, assim sendo, a meditação de Przywara, na verdade, está incompleta na medida em que fica presa a certos conceitos pressupostos: ou seja, ao conceito "espírito" e ao conceito "matéria". Na realidade, essa contradição de modo algum existe nessa medida na própria alma. Nós, de certo modo, escancaramos essa contradição ao dizer: aqui espírito, lá embaixo matéria e, entre os dois, uma tremenda tensão. Dentro de nós isso não é *eo ipso* assim, mas o que há dentro de nós é um corpo psiquicamente experimentável, um corpo *prana*, um *subtle body* [corpo sutil], e há estados de sublimidade, de êxtase, de animação, de animação sobrenatural, e isso é espírito. Do mesmo modo que espírito não é espírito, corpo não é matéria, mas trata-se propriamente, nos dois casos, de modalidades psíquicas.

Ora, quando Przywara prossegue dizendo que o ser humano seria propriamente um "*medium formale et materiale*", isto é, um meio-termo de natureza formal e material, podemos voltar a concordar com ele. O formal é o espírito, o material é o corpo. O ser humano é uma unidade psíquica singular de vivência-corpo e vivência-espírito. Ele é um ser-uno indiviso, que só é cindido em duas partes por causa do intelecto em operação. A saber, pensa-se que nossa vivência-espírito é de natureza bem diferente da vivência-corpo e, em consequência disso, entra em cena essa cisão. Não se quer dizer com isso que essa cisão não tenha ocorrido nem que o fato de ela ter ocorrido é bobagem. Se disséssemos isso, negaríamos toda a evolução espiritual da humanidade. Essa contradição teve de acontecer, o fosso teve de ser escancarado, senão nada jamais teria sido conhecido, pois só chegamos a conhecer por meio da diferenciação[362]. Quando as coisas estão juntas, branco e preto sendo a mesma coisa, nada conseguimos conhecer. E, então, Przywara diz que o ser humano, enquanto "*medium formale et materiale*", exatamente por sua natureza una aponta para aquele que seria a unidade de tudo que foi separado na criação, e esse naturalmente é Deus.

Przywara diz, então, literalmente a respeito do ser humano:

> Portanto, sendo ele, enquanto centro, objetivamente metáfora de Deus e estando subjetivamente aí para, desse modo, anunciar Deus como o centro absoluto, sua ação só é possível na medida em que, incapaz de apego a si mesmo, adere completamente a Deus (*adhaerere, inhaerere, cohaerere Deo*) (Przywara, 1938, p. 69).

Ele tirou essa palavra "aderir" das anotações de Inácio. É o "*adhaerere, inhaerere, cohaerere Deo*": "aderir a Deus, inerir a Ele, coerir com Ele". Ele diz: "Ele é ser humano na medida em que está em Deus" (Przywara, 1938, p. 69). Essa unidade, essa

362. Jung já havia cogitado esse pensamento no *Liber Novus*: "Se não diferenciarmos, passamos para além da nossa natureza, para além da criatura e caímos na indistinção, que é a outra qualidade do Pleroma. Caímos dentro do próprio Pleroma e renunciamos a ser criatura. Sucumbimos à dissolução no nada. Isso é a morte da criatura. Portanto, morremos na medida em que não distinguimos. Por isso o empenho natural da criatura dirige-se à distinção, luta contra a igualdade primordial, perigosa. Isto se chama *principium individuationis* [princípio da individuação]" (Jung, 2010, p. 347).

coincidentia oppositorum, a coincidência dos opostos na alma do ser humano, essa essência psíquica do ser humano é uma metáfora, uma alegoria, por assim dizer, ou uma analogia de Deus, pois em Deus os opostos são suprimidos. Daí também procede a destinação do ser humano: por meio de sua unidade, proclamar, expor a unidade de Deus.

E em que estado se encontra, então, o ser humano? Pois, como metáfora de Deus, ele tem essa semelhança com Deus, essa semelhança da unidade. Porém ele é "*creatus*", ele é criado. Pois, enquanto criatura, ele nem é por si mesmo, mas depende de Deus. Deus não só é sua *causa exemplaris*, seu modelo [*Vorbild*], mas também sua *causa efficiens*, sua causa eficiente, da qual o ser humano depende absolutamente. Ele está, por assim dizer, todo contido em Deus, e esse estado é designado por Przywara como um pender. E esse pender aponta – aqui me antecipo – também para o pender na cruz. É um estado não livre, um estado que não depende de si mesmo, mas que depende do efetuador, da causa, ou seja, de Deus mesmo. Pois Deus é "em sua essência, o centro absoluto correspondente" (Przywara, 1938, p. 69).

Ele prossegue: "Corpo e espírito estão 'corretamente' um em relação ao outro na medida em que o ser humano estiver 'corretamente' em Deus" (Przywara, 1938, p. 69). Portanto, se o ser humano estiver corretamente pendurado em Deus, ele também estará corretamente em si mesmo, isto é, então corpo e espírito, os polos em questão, estarão corretamente interconectados. Essa unidade é assegurada pelo *unum*[363], que é Deus. Pois Deus é o único ser em si mesmo, diz Przywara[364]. O ser em si mesmo naturalmente é a quintessência do ser si mesmo.

---

363. RS: "*medium*".

364. "Logo, Deus se revela no ser humano na medida em que é o centro entre matéria e espírito, como aquele que impregna tudo de modo absoluto, na me-

Deus é o ser si mesmo. Deus é o si-mesmo [*Selbst*]. Ele é o si-mesmo propriamente dito e, na medida em que um ser humano é unitário, ele justamente é uma imagem desse si mesmo. Vocês têm aí a doutrina do *atman* em sua forma católica mais pura. Portanto, Deus é *causa efficiens*, ou seja, a causa eficiente, o "é" de toda e qualquer coisa. "*Quod dat esse rei*", aquilo que dá o ser à coisa. Ele é o ser propriamente dito, o fundamento propriamente dito do ser, a asseguração da existência de modo geral. Não há existência fora da existência divina. De modo que, portanto, a confissão indiana "eu sou o *atman*, eu sou o mundo" pode ser aplicada diretamente nesse caso. A representação de que Deus é a *causa exemplaris*, o modelo [*Vorbild*], e o ser humano o retrato [*Abbild*], é uma ideia platônica que todo iogue poderia aceitar facilmente. Pois o *atman* pessoal é o *atman*-polegar que reside no coração, do tamanho de um polegar, que, no entanto, também é simultaneamente o *atman* que abrange o mundo inteiro, que contém tudo. Portanto, até esse ponto, reina completa concordância, com exceção daquela representação de Przywara de que o ser humano pende em Deus. Ele não é livre-efeito[365] vegetativo descomplicado de Deus, mas está presente um estado compulsório, um estado de sofrimento, pois o pender constitui uma *suspensio in Deo* [suspensão em Deus], um ser pendurado – e isto é um estado doloroso, uma verdadeira tortura. Trata-se, de fato, de um retrato, mas de um retrato dolorosamente pendurado.

Curiosamente, em um antigo culto de mistérios, essa representação se tornou realidade, a saber, na medida em que anualmente foi celebrada uma festa, no culto de Átis. Sua mãe Cibele o amava e de repente fez com que ele ficasse louco, o que o

---

dida em que é absolutamente em si mesmo, e é absolutamente em si mesmo na medida em que ele impregna tudo de modo absoluto" (Przywara, 1938, p. 69).

365. RS: "manifestação".

levou a castrar a si mesmo embaixo de um abeto, para o qual seu espírito escapou[366]. Assim, todo ano, na época da festa, um abeto era cortado e levado até a caverna da Cibele. Nesse abeto era afixada a imagem do deus, isto é, a árvore representava o deus. A árvore é um filho da Cibele. A Cibele é a natureza. Se pensarmos em termos indianos, Átis é o abeto e se encontra no seio da natureza, sendo ele a própria natureza inteira. Ele é a expressão mais pura, a imagem mais pura da mãe natureza. Em contraposição, quando essa imagem de um filho de deus[367], ou seja, de Átis, é afixada na árvore, isso é expressão para a *suspensio*, o ser pendurado, e para a morte dolorosa de Átis, que, então, é devolvido como cadáver, por assim dizer, para a sua mãe, a saber, para a ressurreição. O simbolismo da caverna naturalmente é um simbolismo da cova. A vida é enterrada como um grão de trigo no seio da terra e volta a brotar. Pois essa era a ideia mística[368] nos mistérios de Elêusis, no culto a Átis etc.

Porém Przywara deixa isso ainda mais claro. Ele diz: enquanto união de opostos ativos, por exemplo, espírito e matéria, o ser humano é um cruzamento (Przywara, 1938, p. 69). Ele usa o termo "cruzamento [*Kreuzung*]". Isso quer dizer que duas diferentes tendências, a somática e a pneumática, cruzam-se nele como dois trens expressos se cruzam nos trilhos. Isso naturalmente também é um estado de tensão, um ser pendurado entre dois polos. Ou seja, trata-se da antiga descrição, que já encontramos no culto a Mitras, da morte trágica do deus Mitras, que ocorre entre opostos? (cf. OC 11/2, §§ 342-343). Se vocês já viram uma imagem de altar do culto a Mitras, ao Mitras *tauroktónos*, do matador de touros: o touro cai porque Mitras, enquanto matador, corta-lhe a garganta com a es-

366. Essa frase foi registrada somente por LSM.

367. ES anotou "deus Sol".

368. LSM: "cúltica"; ES: "ideia dos mistérios".

pada. Lembro de uma imagem retratando esse fato. No centro, a cena do abate. Ela é ladeada por *dadóphoroi*, carregadores de archotes: de um lado, um homem com o archote erguido, uma espécie de Eros em vestes frígias. Mais adiante outro *dadóphoros* com o archote abaixado. Ascensão e declínio, como no Museu de Heddernheim[369]. Ali se tem, na parte de cima, o nascer do sol, Hélio sobe ao céu com seus corcéis resfolegantes, ao passo que, no outro lado, a Luna volta a descer. Isso é dia e noite. Isso é expressão de que, no auge do meio-dia, ocorre esse sacrifício, e isto no meio entre os opostos. Essa também é a imagem cristã da *crucifixio* [crucificação]: Cristo na cruz entre os dois malfeitores. Um deles estará com Ele no paraíso, o outro no inferno, um deles sobe, o outro desce. Esses são os opostos, entre os quais Cristo está crucificado. Esses opostos, de certo modo, atravessam o ser humano e, por isso, Przywara o denomina de cruzamento. Sua suspensão entre os polos ele denomina ruptura, e esta não é senão um conflito entre os dois opostos.

Ora, isso é algo que vocês absolutamente não encontrarão no pensamento indiano. O conflito reside fora do budismo. Conflito é ilusão. Ele consiste dos antagonismos, dos quais o ser humano deve ficar livre. *Nirdvandva* é ficar livre dos antagonismos. Estes são só *concupiscentia*. Eu desejo mundo, todo constituído de ilusões, e quando deixo de desejar, quando sei, mediante saber absoluto, que o mundo é ilusão, cessa toda a cadeia do *nidana*, a cadeia de causas, que acaba levando à morte e a toda a soma de sofrimento. O budista, de certo modo, rejeita a participação no conflito.

---

369. Heddernheim é um distrito da cidade alemã de Frankfurt, onde historicamente esteve localizado o assentamento romano de Nida. Durante escavações feitas no século XIX foram encontrados restos de três templos de Mitras. Os achados foram guardados no Departamento de Arqueologia do Museu Histórico de Frankfurt até 22 de junho de 1937, quando foram levados para o recém-fundado Museu de Pré-História e História Antiga Nativa (a partir de 2002, Museu Arqueológico de Frankfurt).

Em Przywara, o conflito ocupa um lugar central. Isso, uma vez mais, é expressão da postura totalmente diferente que temos. Nós temos a postura extrovertida em relação ao mundo. O mundo é desejável e belo e se pode fazer algo, conseguir algo com ele. O mundo não é um vale de lágrimas. É claro que reclamamos dele para, no momento seguinte, dizer: então vamos melhorá-lo. Somos esperançosos, convictos, amanhã há de ser melhor. *Reculer pour mieux sauter* [recuar para saltar mais longe]. Enquanto isso, o indiano diz: nada disso. Jamais algo vai mudar. E ele não tem ruptura. Mas nós temos essa ruptura dentro de nós. Ele a tem fora dele e já a descartou há tempos. Nós, porém, já desistimos de fazer algo interiormente com essa ruptura. Por essa razão, precisamos tê-la sempre do lado de fora. Se ouvimos ou lemos a respeito de um criminoso que foi condenado por seu malfeito, alegramo-nos por receber a notícia de que foi outra pessoa que fez aquilo e foi apanhada por causa disso – graças a Deus, não fomos nós.

Seminário 11[370]

2 de fevereiro de 1940

Ocupamo-nos com a meditação de Przywara sobre o início do *Fundamentum* de Santo Inácio, falando mais precisamente da concepção de ser humano de Przywara, de sua posição, por assim dizer, metafísica. Como vocês ouviram, ele concebe o ser humano como um *medium formale et materiale*, como um meio-termo entre o *formale*, significando o espírito, e o *materiale*, significando a matéria. Sendo assim, como diz Przywara, o ser humano é um retrato de Deus, que seria, ele próprio, uma união dos grandes antagonismos cósmicos. Vocês veem, portanto, que, em sua meditação, Przywara concebe Deus como um símbolo unificador. Tratei do conceito do símbolo unificador em outro contexto. Quem se interessar por mais detalhes sobre ele, recomendo o quinto capítulo do meu livro sobre os *Tipos psicológicos*[371]. Trato ali do símbolo, que é um *medium formale et materiale*.

Ora, na medida em que o ser humano também é uma união dos opostos, ele é um retrato de Deus, segundo Przywara. Ele é uma correspondência e, como tal, ele é, em certo sentido, propriamente o mesmo que Deus. No entanto, essa

370. O texto deste seminário foi compilado com base em anotações feitas por LSM, ES, RS e OK, bem como na tradução inglesa de BH.

371. O quinto capítulo de *Tipos psicológicos* contém a seção "O significado do símbolo de união" (OC 6, p. 201-233).

relação peculiar de identidade, caso se possa dizer isso, é muito problemática, pois seu estado, descrito por Przywara, é nada mais nada menos do que uma identidade[372], ele é um estar pendurado em Deus, um *adhaerere*, *inhaerere*, *cohaerere Deo*, e isto no sentido de um pender doloroso. Pois o ser humano é simultaneamente um conflito. Przywara o denomina ruptura, como observei no seminário passado. O ser humano é mais um conflito de opostos do que uma união de opostos. O contato entre os opostos, que ocorre no ser humano, não é nada harmônico, mas algo desarmônico. E, não obstante, o ser humano está completamente contido em Deus, pende em Deus, por assim dizer, e exibe Deus. Ele é um retrato de Deus. Em consequência disso, para ser preciso, sendo ele um retrato de Deus, também seu estado é um retrato de Deus. Quanto a isso, Przywara já não diz mais nada. Esse problema volta a emergir só mais uma vez em uma passagem um pouco posterior. Falaremos dela quando for a hora.

Em todo caso, também o retrato que concomitantemente está pendurado em Deus é, de fato, algo que substancial e essencialmente é o mesmo que a divindade. Pois o ser humano só *é* na medida em que depende de Deus. Deus é sua *causa efficiens* e sua *causa exemplaris*[373]. Sem Deus, o ser humano não existiria, e sua forma depende da forma de Deus; pois Deus é sua *causa exemplaris*. Nesses termos, o próprio ser humano é, de certo modo, em sua essência, de natureza divina. Isso na-

372. LSM: "imagem fiel".

373. A diferenciação aristotélica de quatro diferentes causas foi um pensamento importante no escolasticismo. De acordo com Aristóteles, as coisas mudam devido a uma *causa materialis*, uma *causa formalis*, uma *causa efficiens* ou uma *causa finalis*. A *causa efficiens* se refere a uma mudança ou um movimento iniciado por uma coisa separada da coisa afetada por essa mudança. Santo Tomás de Aquino (1225-1274) adicionou uma quinta causa, a *causa exemplaris*, significando que Deus é a causa exemplar da própria eficácia. Deus é o *summum bonum* (sumo bem) que os humanos almejam. A *causa exemplaris* de todo ser é Jesus Cristo.

turalmente é um ponto extremamente importante. Pois, nele, temos um ponto de contato com a confissão oriental: eu sou o *atman*, eu sou o mundo. Porém essa confissão não está contida na confissão cristã, pois, sendo muito condicionada por cláusulas, é, como foi dito, extraordinariamente problemática. De qualquer modo, temos passagens comprobatórias nas Sagradas Escrituras para a relacionalidade interior do ser humano com a divindade. Lembro uma passagem do Evangelho de João, que diz o seguinte:

> Jesus respondeu: "Não está escrito em vossa Lei: 'Eu disse: vós sois deuses'? Se a Lei chama deuses àqueles a quem se dirigiu a Palavra de Deus – e a Escritura não pode falhar – como podeis dizer que blasfema aquele que o Pai santificou e enviou ao mundo só porque eu disse: 'Sou Filho de Deus'? Se eu não faço as obras do Pai, não acrediteis em mim. Mas se as faço, mesmo que não acrediteis em mim, crede nas obras. Assim sabereis e acreditareis que o Pai está em mim e eu no Pai" (Jo 10,34-38)[374].

Portanto, sem dúvida nenhuma, ele chama todos os humanos de deuses. Ora, essa passagem se refere ao Salmo 82: "Eu declaro: 'Sois deuses, sois todos filhos do Altíssimo'" (Sl 82,6)[375]. Esse salmo inicia com as palavras: "Deus levantou-se na assembleia divina, no meio dos deuses Ele abre o julgamento" (Sl 82,1)[376]. Para entender esse versículo recorri à *Vulgata*, já que não entendo hebraico. Ela acompanha a *Septuaginta*, a tradução greco-judaica do Antigo Testamento. Ali consta: "*Deus stetit in synagoga deorum in medio autem Deus deiudicat*" (Sl 81,1 da *Biblia Sacra Vulgata*). "Deus se pôs de pé

374. Jung citou da Bíblia de Lutero, edição de 1912.

375. Jung citou a tradução de Lutero.

376. Jung citou a tradução de Lutero.

na assembleia dos deuses, e no meio deles Ele julga os deuses." Portanto, avaliar ou julgar alguém. Evidentemente Deus é pensado aqui como aquele que, postado no centro da assembleia dos deuses, julga seus colegas, por assim dizer, seus codeuses.

Portanto, vemos claramente que esse enunciado "Sois deuses" de fato remonta à ideia de deuses e justamente não ao que se costuma dizer, que eles foram juízes. Essa é a explicação habitual, que os juízes em Israel foram chamados de deuses. Isso naturalmente também é verdade. Isso se depreende com clareza do Livro do Êxodo[377], mas Cristo não usa essa palavra nesse sentido. Por isso Ele também pode dizer de si mesmo que é Filho de Deus. Quando Ele diz: "Quem me viu, viu o Pai" (Jo 14,9), Ele, sem sombra de dúvida, quer dizer que possui a mesma essência que a divindade. Quando Ele diz para os discípulos: "Sois deuses", Ele quer dizer exatamente isso. Diante disso, sem dúvida nenhuma, a natureza divina do ser humano é perfeitamente válida[378] na doutrina cristã; no entanto, como eu disse, ela vem acompanhada de cláusulas condicionantes singulares. A saber, Przywara diz que esse "estar pendurado em Deus" poderia levar o ser humano a

---

377. Por exemplo, no caso de Êxodo 22,7-8 a KJV [*King James Version* da Bíblia] traduz "*elohim*" por "juiz": "Se o ladrão não for encontrado, o dono da casa será levado perante os juízes para verificar se ele não se apossou dos bens do próximo. Em qualquer transgressão, em que esteja em jogo um boi, um jumento, uma ovelha, roupa ou qualquer coisa perdida, que alguém reivindique como seu, a questão seja levada perante os juízes; e quem for condenado pelos juízes deverá pagar em dobro ao seu próximo". Compare isso com a Nova Versão Padrão Revisada: "Se o ladrão não for apanhado, o dono da casa será levado diante de Deus para que seja determinado se ele se apossou dos bens do próximo. Em qualquer caso de disputa de propriedade envolvendo boi, burro, ovelha, roupa ou qualquer outra perda da qual uma das partes disser 'isso é meu', a causa das duas partes será trazida perante Deus; aquela que for condenada por Deus deverá pagar em dobro à outra". Na sua tradução para o alemão, Lutero usa o plural "deuses" ("*Götter*").

378. RS: "corrente".

um abuso, a saber, a um abuso luciferiano, à semelhança com Deus[379]. Evidentemente ele pensa que esse estar pendurado em Deus seria justamente uma identidade com Deus que o ser humano também poderia usar mal para arrogar-se uma semelhança com Deus. Ora, se um retrato diz "sou parecido", é claro que ele pode fazer isso, mas naturalmente também pode usar isso mal no sentido psicológico, a saber, como quando a gota d'água no mar diz: "Sou o mar". A gota d'água não é o mar, mas uma parte do mar. De qualquer modo, porém, a natureza dessa parte é essencial e substancialmente a mesma que a do mar. Essa ideia também corresponde a uma passagem de Agostinho a que se recorreu com frequência na Idade Média: "*Deus est circulus cuius centrum est ubique, circumferentia vero nusquam*". "Deus é um círculo, cujo centro está em toda parte, mas sua circunferência não está em lugar nenhum"[380]. E

379. "Trata-se, então, da ruptura consumada, e isto para além de todos os parâmetros da natureza, no mistério supranatural do pecado hereditário: visto que o ser humano, que carrega, no mistério da participação na natureza divina, o centro divino em seu centro da crucificação, abusa desse mais interior e mais íntimo 'estar pendurado em Deus' para apoderar-se avidamente, para 'ser como Deus', e, por essa razão, incorre na ruptura piorada, no ser despedaçado e arrastado pelo demoníaco (pois querer se apoderar de Deus é o propriamente diabólico)" (Przywara, 1938, p. 71).

380. Jung citou essa frase também em cartas a Max Frischknecht (8 de fevereiro de 1946) e Günther Däss (12 de julho de 1947) (*Cartas*, vol. 2, p. 16, 77). Ele equivocadamente a atribuiu a Agostinho. Copenhaver (1992, p. xlvii) e Bishop (2002, p. 81) a identificaram como a segunda máxima de um texto hermético do século XII intitulado *Livro das sentenças ou regras de teologia*, atribuído ao filósofo Trismegistus, também conhecido como o *Livro dos vinte e quatro filósofos*. Marsílio Ficino (1433-1499) deu dez diferentes interpretações a ela no *Tractatus de Deo et anima vulgaris* (1457). Jaffé e Adler comentaram, em *Cartas* (vol. 2, p. 16, n. 8), que a frase "*Deus est sphaera infinita, cuius centrum es ubique, circumferentia vero nusquam*" também se encontra no *Itinerarium Mentis ad Deum* (*A estrada da mente até Deus*), uma obra atribuída ou a Boaventura (1221-1274) ou a Giordano Bruno (1548-1600). No seu ensaio *A esfera de Pascal* (1962), Jorge Luis Borges descreve a história conceitual dessa metáfora de Xenófanes até Bruno. Cf. tb. os seminários de Jung de 12 de maio de 1939 (*ETH*, vol. 6, p. 367) e 23 de fevereiro de 1940 (p. 383-384).

esse centro que está em toda parte naturalmente está em cada ser humano, a circunferência que não está em lugar nenhum é precisamente a circunferência infinita.

Portanto, existindo tal identidade, existe naturalmente também a possibilidade de um abuso luciferiano, a saber, que a gota presume ser o mar e que o grão de areia no Saara presume ser o Saara inteiro. Pois isso é o que sempre se gosta de criticar em tais manifestações. Pois o diabo é o macaco de Deus, *simia Dei*, um imitador de Deus. Evidentemente o estado sumamente imperfeito, doloroso, conflituoso, em que indubitavelmente se encontra o ser humano é o estado específico do ser humano. Se alguém não tem nenhum conflito, é porque ele simplesmente ainda não sabe disso, mas o seu estômago ou seu ventre lhe causam esses sintomas de maneira geral. É claro que ele vai achar que não tem nada disso, mas isso são apenas autoenganos. Na realidade, um ser humano nem é bem certo se não tiver dúvidas a respeito de si mesmo. Nesse caso, ele com toda certeza está no caminho errado. A dúvida é, de modo geral, um estado superior ao da certeza. Pois na dúvida os opostos se juntam, mas na certeza falta a outra perna, e há sempre uma unilateralidade claudicante.

Por ser uma criatura do conflito e da dúvida, o ser humano precisa de um redentor. Por isso, Przywara diz que Deus preenche a cesura mediante a crucificação de Cristo[381]. Digno de nota é que a palavra "crucificação" combina com o cruzamento dos opostos que há no ser humano. Veremos que isso se confirma. Pois, como se sabe, a *crucifixio Christi* possui significado redentor. Tenho de admitir que, apesar da minha educação cristã, nunca entendi como a *crucifixio* poderia ter

---

381. "Porém a resposta de Deus na redenção é que o próprio Deus entra nessa cesura para, nesse ser despedaçado e ser arrastado, derrotar o 'príncipe deste mundo' e libertar o ser humano de sua servidão a ele [...]" (Przywara, 1938, p. 71-72).

um significado redentor. Sempre achei que sou especialmente ignorante, mas nos meus 65 anos de vida encontrei várias pessoas que também não entenderam isso. Com facilidade se diz e com frequência se ouve, mas nunca se compreende muito bem, como o fato de alguma outra pessoa ser pregada na cruz pode trazer propriamente a cura do conflito. Pois é isso que se pensa: por causa de nossa imperfeição Cristo foi pregado na cruz. Przywara diz com todas as letras: o ser humano é a crucificação de Deus. Ele é o estar pendurado na cruz e, portanto, de certo modo, idêntico a esse sofrimento do Filho de Deus, ao sofrimento de Deus. Desse modo, é expresso com toda clareza que esse sofrimento do ser humano não é só a imperfeição que lhe é própria, não é só seu sofrimento, mas esse sofrimento também está contido em Deus. É o sofrimento de Deus que se revela na figura de Cristo. De onde vem o sofrimento? Do conflito. Portanto, o conflito está na divindade. Esse naturalmente é um pensamento que não deve ser dito.

Onde há sofrimento do tipo que exige expiação como a da *crucifixio*, naturalmente se pergunta pela culpa. Qual é a culpa que fez com que tal punição recaísse sobre o Filho de Deus? Evidentemente a pecaminosidade[382] do ser humano, que, de certo modo, é tornada consciente e expiada na morte do Filho. Nossa culpa é paga. Ficamos, então, livres dessa culpa na medida em que o Filho de Deus foi crucificado.

Mas então se diz que Cristo teria sido inocente. Só o culpado sofre a punição. E, nesse caso, o inocente assumiu a punição pelos outros. Porém, se olharmos Cristo pelo aspecto humano e não pelo aspecto dogmático, levanta-se a pergunta: Qual é a culpa psicológica de Cristo que ensejou que Ele fosse punido? O que faltou na sua vida? Onde Ele incorreu em culpa? Podemos dizer isso com uma palavra: Ele não era um

382. ES: "culpabilidade"; RS e LSM: "imperfeição".

animal. Nesse ponto, Ele incorreu em culpa: Ele não viveu o humano animal. Qual é culpa do ser humano? É ser um animal, é ser carnal, é viver o animal que o mantém interiormente inconsciente. Essa é a culpa dos humanos, que deveria ser e é redimida pela morte expiatória de Cristo. Pois o conflito no ser humano é justamente o conflito entre *materiale* e *formale*. O *materiale* é a carne, o *formale* é o espírito. Esses são os antagonismos que se esbaldam dentro do ser humano, a saber, a legalidade do espírito, aquilo que confere forma, em confronto com a ausência de forma e de proporção do mero deixar-se levar [*Treiben*] cego. Esse antagonismo não é resolvido no nível do ser humano instintual na medida em que este existe tão instintivamente quanto um animal que não sente conflitos. Ou o conflito é posto de lado e, desse modo, é posta de lado, ao mesmo tempo, toda a espiritualidade. Quem se vangloria de viver de modo instintivamente correto e não ter nenhum conflito, simplesmente põe de lado a humanidade interior. Porém quem comete o erro inverso: "Vivo unicamente de modo espiritual" – este recebe a punição para isso do outro lado.

Os antagonismos que se encontram no ser humano são denominados por Przywara de as traves da cruz, que, portanto, se encontram no centro, vindos da direita, da esquerda, de cima e de baixo. Esse é, para ele, o símbolo dos antagonismos que se unem no ser humano dolorosamente na forma do conflito e na imagem de Cristo. Por essa razão, frequentemente se diz "a cruz" em vez de Cristo: "A cruz nos redimiu". Desse modo se enuncia um símbolo. Przywara diz que o cruzamento, o encontro dos opostos, seria a redenção. Com outras palavras: não redimido é quem não tem consciência do conflito, quem é somente espiritual ou somente material. Somente quando alguém está no estado dessa dúvida ou desse conflito incômodo, seria redimido.

Nós naturalmente achamos que não estaríamos redimidos quando nos encontramos no estado da dúvida ou do conflito.

Pensamos assim: bem, agora está tudo errado – e justamente aí está tudo certo. Pois nem temos outra possibilidade de chegar a um estado de consciência mais elevado, a não ser quando sentimos dor em algum lugar. O ser humano jamais empreendeu algo[383] enquanto se sentia bem. É preciso que se sinta miserável para que faça algo a respeito. Esse é o grande significado psicológico da glorificação do sofrimento no cristianismo, e é isto que criticamos no budismo, ou seja, que ele omite o conflito[384]. *Nirdvandva* significa que estou livre dos antagonismos, nem direita nem esquerda, nem em cima nem embaixo. Por essa via, o iogue cresce para dentro de um estado de consciência mais elevado que é designado, então, de *bodhi*, iluminação ou estado consciente. Os iogues, dos quais se pensa no Ocidente que teriam sido todos arrebatados para uma esfera de consciência superior, são simplesmente levados a um estado de transe e retornam em estado de graça, como alguém que dormiu bem. Isso absolutamente não é um estado de consciência, mas um estado de inconsciência. E é justo que, quando alguém consegue entrar em um estado inconsciente, receba daí novas energias, como Anteu as recebia do contato com a terra[385]. Lembro aqui o paralelismo com o mito de Anteu, que era um gigante e filho de Poseidon e Gaia. Ele forçou os estrangeiros a lutar contra ele, derrotando e matando todos eles. Durante a luta, toda vez que ele tocava sua mãe, a terra, renovavam-se suas forças. Por fim ele foi derrotado por Hércules, que o manteve suspenso no ar até que morresse sufocado.

Nem se diz que um estado de conflito sempre é o mais desejável, pois às vezes esse estado pode ser tão destrutivo que

383. RS: "O ser humano nunca se transpôs para um outro estado"; ES: "O ser humano jamais mudou alguma coisa".

384. ES: "que ele desconsidera o sofrimento"; OK: "que ele põe de lado o conflito".

385. O restante do parágrafo só se encontra em OK.

o que se deseja é poder se livrar desses antagonismos e voltar a submergir em um estado inconsciente, no qual tudo dá na mesma. Essa é a grandeza dos indianos, que eles aprenderam isso da maneira mais precisa possível. Mas eles deveriam usar palavras que entendemos e dizer que o que eles alcançam é um estado de inconsciência e não de consciência. O budismo já é um pouco diferente nesse aspecto na medida em que Buda também tem consciência de algo que transcende a consciência, e isso não pode ser senão "nenhuma consciência". É algo diferente de consciência.

Portanto, como vocês veem, Przywara concebe o próprio ser humano, sua existência psicológica, que é essencialmente conflituosa, como cruz. O ser humano não só é crucificado, mas ele também é a cruz. Do mesmo modo que, nas antigas representações cristãs, Cristo não está pregado na cruz, mas está postado diante da cruz com os braços abertos, porque Ele próprio é a cruz[386]. Eu próprio vi uma cruz desse tipo. Ela surgiu por volta do século XI e mostra Cristo arrancando os pregos da cruz e afastando-se dela. É algo foram do comum e se encontra no Museu Germânico de Nürnberg.

Przywara diz:

> Na medida em que Deus desce como redentor para dentro do ser humano, sua face aparece no entremeio autenticamente humano, *na alma* enquanto meio-termo entre puro corpo e puro espírito. Porém, descendo como redentor para dentro do ser humano enquanto cesura, sua face aparece na alma na medida em que ela *deve ser salva da perdição* – isto é, Deus aparece na face da "cesura como cruz" (Przywara, 1938, p. 73).

Isso expressa o seguinte: a alma é uma cruz. Isso é verdadeiro no sentido mais pleno da palavra. A alma do ser humano

386. O restante do parágrafo só se encontra em OK.

é uma cruz. Portanto, também no sentido figurado, quando se diz que essa psicologia é uma cruz. Pois *crux* também quer dizer suplício. Não é? Esse tomar consciência, esse dar-se conta da natureza conflituosa do ser humano, é uma cruz. Bem, por isso preferiríamos nem tomar ciência disso. Gostaríamos de nem conhecer nossos erros, senão descobrimos algo desagradável que provoca um conflito, e isso seria uma cruz. Esquecemos totalmente que o antagonismo que carregamos dentro de nós – este também sou eu. O outro em mim também faz parte de mim e, quando o assumo, isso é uma cruz, um estado crucificado, porque estamos pendurados entre os antagonismos. Então ficamos em dúvida e já nem sabemos mais o que fazer. E é justamente isto: ficamos em dúvida e, quando fazemos algo, só podemos esperar que aconteça a partir dos dois lados. Não só espírito, não só matéria, mas algo vivo. E o que está vivo nunca é absolutamente estéril, límpido, mas é um tanto turvo. Assim sendo, Przywara diz, por fim, que o próprio Deus aparece na cruz. Portanto, o próprio Deus também é essa cruz. Portanto, o próprio Deus é um suplício. Deus é uma cruz para nós, uma cruz imposta. E quando percebemos o conflito em nós, isto é, quando assumimos conscientemente o conflito, assumimos a cruz, e essa cruz é Deus mesmo. É como diz Nietzsche: "Procuraste a carga mais pesada: achaste a *ti mesmo*"[387]. Do mesmo modo, ele poderia ter dito: achaste Deus. Esse encontro consigo mesmo é o encontro com Deus. Esse outro sou eu e é Deus ao mesmo tempo. Isso um indiano entende sem mais. O que quer que eu encontre, isso sou eu, isso é *atman*, é minha entidade. Porém o que o indiano não diz é que esse encontro é a coisa mais dolorosa que há, que uma pessoa é para si mesma a

387. Extraído do poema "Entre aves de rapina", de Nietzsche (1891/1984, p. 45). Jung citou esse poema também em *Transformações e símbolos da libido* (1912, § 469) e em *O eu e o inconsciente* (OC 7/2, § 373).

vivência mais dolorosa. Não queremos entender isso aqui e, na Índia, isso é rejeitado para que justamente seja possível livrar-se desse suplício, o que naturalmente tem boas razões de ser na psicologia indiana. Não se pode levar os indianos a mal por quererem se livrar desses antagonismos. Porém entre nós não é assim. Deveríamos tornar conscientes precisamente nossos antagonismos interiores; deveríamos duvidar de nós mesmos.

Se, depois dessas meditações de Przywara, temos de designar a vivência do conflito diretamente como uma vivência de Deus, entenderemos a sua exclamação, mais precisamente com as palavras do Sábado de Aleluia: "Ó bem-aventurada culpa, que fez por merecer para nós tamanho redentor!"[388] Pois não se trata de uma *façon de parler* [figura de linguagem, maneira de falar], quando se diz que o sofrimento é uma cruz. De fato, é um uso linguístico, mas, ao dizer isso, se diz logo também que o sofrimento seria propriamente Deus mesmo. Como diz a lenda de São Cristóvão[389]: Cristóvão se dispõe a carregar a criança através da correnteza do rio e, quando ele entra na água, a criança vai se tornando cada vez mais pesada e ele mal consegue chegar à outra margem. Então ele percebe que havia carregado o próprio Senhor. Esse Senhor, essa criança, também é o próprio Cristóvão. Por conseguinte, Przywara vê o sentido propriamente dito da existência humana em que o ser humano seja, de certo modo, crucificado com Cristo entre céu e inferno. Na realidade, o ser humano está só na cruz. Ele foi criado por Cristo. Cristo faz com que o ser humano só exista realmen-

---

388. "Mas então é dito de modo mais profundo: todo estar postado na realidade da cruz é justificado na medida em que desemboca no louvor a Deus, a exemplo do que acontece no *exsultet* do Sábado de Aleluia, em que pecado hereditário e Sexta-feira Santa se tornam um salmo: 'Ó bem-aventurada culpa, que fez por merecer para nós tamanho redentor!'" (Przywara, 1938, p. 73).

389. São Cristóvão, um mártir morto no século III, é o santo padroeiro dos viajantes.

te na cruz. Para dizer isso, Przywara se reporta a esta passagem da Carta aos Efésios: "Somos obra de Deus, criados em Cristo Jesus, em vista das boas obras que Deus de antemão preparou para que nós as praticássemos" (Ef 2,10)[390]. Pois nós somos seu produto. Somos o produto de Cristo, isto é, com outras palavras: o símbolo de Cristo ensina ao ser humano que ele próprio é uma cruz, que ele próprio é um sofredor, que ele se encontra no estado do conflito e que ele próprio é o que ele teme, a saber, o conflito. E quem teme o conflito teme a si mesmo[391].

Dito isso, queremos concluir as meditações de Przywara sobre o *Fundamentum*. É claro que ainda haveria muita coisa a dizer sobre suas meditações, mas isso nos levaria longe demais. Minha intenção era tocar apenas os pontos principais. O que ainda precisamos fazer é aclarar brevemente a terceira seção do *Fundamentum*:

> Daí se segue que ele deve usar das coisas [das outras coisas criadas] tanto quanto o ajudam para atingir o seu fim, e deve privar-se delas tanto quanto o impedem (Funk, 1913a, p. 135; Loyola, 2000, p. 23).

Desse modo, mais uma vez é expresso um pensamento que já foi indicado no início, com o "*creatus est homo*". A saber, o ser humano está nesse estado de sofrimento, nesse estado de conflito, visando a um fim e objetivo bem-determinados, que uma ética bem-determinada também faz parecer lógicos, e até lhe impõe: a saber, servir-se tão somente daquilo que é necessário para seu fim, e abster-se daquilo que poderia impedir a consecução do fim.

E assim o *Fundamentum* prossegue:

---

390. Przywara formulou isso assim: "Supressão da ilusão do progresso ininterrupto, despontar da verdade da cruz: que 'somos' somente por misericórdia e 'somos' somente na cruz: 'criados em Cristo Jesus'" (Przywara, 1938, p. 76).

391. OK traz aqui "*schaut* = enxerga" em vez de "*scheut* = teme".

> Por isso, é necessário fazer-nos indiferentes a todas as coisas criadas, em tudo o que é permitido à nossa livre-vontade e não lhe é proibido. De tal maneira que, da nossa parte, não queiramos mais saúde do que enfermidade, riqueza do que pobreza, honra do que desonra, vida longa do que vida breve, e assim por diante em tudo o mais, desejando e escolhendo somente aquilo que mais nos conduz ao fim para o qual somos criados (Funk, 1913a, p. 135; Loyola, 2000, p. 23).

A ênfase principal está em "ao fim para o qual somos criados". E que fim é esse? Vocês sabem qual é o fim no simbolismo cristão ou na fé cristã. Em termos psicológicos, sobre essa base que acabamos de abordar, trata-se, em primeiro lugar, da consciência do conflito. A convicção de que o conflito é a nossa verdade deve acarretar que nós também queiramos esse conflito, que possamos dizer "sim" para ele. Quando podemos dizer "sim", também resulta daí o fim: unicamente mediante o conflito alcançamos um plano mais elevado de consciência. A saber, nesse caso, sabemos sobre nós não só uma coisa, mas também a outra.

Pois essa elevação do estado de consciência sempre é o segredo de todas as culturas. Toda cultura é consciência elevada. Toda cultura bárbara, tudo que é primitivo, é caracterizado por um estado de consciência inferior, a saber, por uma consciência que ainda está totalmente pendente da vida instintual, na qual nada se torna consciente, exceto o que for posto diante do nosso nariz pelo instinto, isto é, na qual nós ainda estamos completamente pendentes e presos nas emoções da vida instintual. Porém um estado de consciência superior sempre significa uma abreviação dos instintos, um controle, um domínio do emocional. Não uma opressão completa, mas controle, a saber, um controle que permite ao ser humano existir como humano vivo, apesar de seu mundo instintual e apesar da emotividade. Cultura que não passa de casa de correção não é cultura. A disciplina em função da disciplina não é cultura. Cultura é o possível desenvolvimento da vida instintual e da emotividade do ser humano dentro dos limites do significativo, do ser humano e da humanidade. Cultura não é disciplinamento, ascese, repressão, mas uma liberdade da natureza dentro da proporção humana. Quando o ser humano simplesmente corre atrás de suas emoções, suas ilusões, seus instintos e se pendura na esteira deles, ele poderia do mesmo modo ser o vagão de ferrovia em um trem ou uma ovelha em algum rebanho. Isso não é cultura. Cultura é antes uma consciência que possui certa força, a saber, uma força que está à altura do emocional-cego e do instintual e que, de certo modo, a exemplo de um pai, permite com benevolência que ele faça o que quiser, desde que não passe de certos limites. Porém, se ele passar de certos limites, ele tomará o caminho para o inconsciente, isto é, para dentro de um estado de cultura inferior, de um estado destrutivo, e isso é o diabo. Pois o diabo destrói todas as obras da divindade, e a divindade é, como vocês acabaram de ouvir, o sofrimento, o conflito, a cruz. E assim, por exemplo, o cristianismo foi um momento na história da humanidade em que foi alcançado um nível superior de consciência. Se vocês compararem as outras religiões contemporâneas com o cristianismo, vocês verão nitidamente a diferença.

Na Antiguidade, o elemento dionisíaco foi uma glorificação do emocional, do instintual, do desinibido. Foi, de certo modo, uma imersão, um deixar-se ir até entrar no inconsciente mais irrestrito. Vocês veem isso especialmente no culto a Dionísio, na lenda de Dionísio, no frenesi das mulheres, que dilaceravam animais vivos com os dentes. Trata-se de coisas que de fato ocorreram, não de fábulas. Esses cultos se mantiveram até a nossa época sob roupagem islâmica no Marrocos: dervixes frenéticos constituem restos do antigo culto dionisíaco. É por isso que o séquito de Dionísio é constituído por sátiros, entidades com patas de bode e de cavalo, que querem significar unicamente o ser humano metade animal – e o ser humano da Antiguidade foi isso. Por isso esse ser humano era tão belo. Na realidade, ele nem era tão belo assim, mas, de qualquer modo, ele criou obras imortais e estabeleceu um ideal de beleza, pelo qual apenas podemos invejá-lo. Mas, como vocês sabem, o repolho mais bonito é sempre aquele que cresce em cima do esterco. Em Pompeia, por exemplo, havia um único banheiro, e o resto vocês podem imaginar. O resto vocês mesmos podem pensar[392].

A Antiguidade foi edificada sobre condições sociais realmente sem igual. Naquela época, a situação era tão ruim quanto hoje voltou a ser. Três quintos da população eram constituídos de escravos, uma situação ruim que os antigos romanos conheciam muito bem e que procuravam atenuar com todo tipo de legislação humanizada, alforrias etc. Mas isso de nada adiantou. Até os primeiros bispos cristãos ainda tinham escravos domésticos. O cristianismo foi o primeiro a mudar isso, não por meio de uma legislação exterior nem de medidas sociais, mas de uma mudança a partir de dentro. Toda pessoa recebeu Deus como centro, e não só os imperadores, reis ou nobres. Toda pessoa tem dentro de si a alma divina e a cada qual foi conferida dignidade pelo cristianismo. Foi por essa via que a Antiguidade ruiu.

---

392. Em contraste com a afirmação de Jung, a Pompeia antiga tinha um elaborado sistema de fornecimento de água e a maioria das casas estava equipada com banheiros que eram construídos em cima de uma fossa. Quando era lavada com um balde de água, a descarga caía em uma fossa perto da casa. Sobre o sistema de esgoto de Pompeia, cf. Poehler (2012).

Seminário 12[393]

9 de fevereiro de 1940

No seminário passado, concluímos as modernas meditações jesuíticas de Przywara sobre o *Fundamentum*. Ainda lhes expus a meditação sobre sua antropologia, a saber, sobre sua concepção da essência do ser humano como correspondência a Deus. Segundo sua concepção, Deus é uma união de opostos. A divindade contém os opostos, abrange-os e os uniu dentro de si, ao passo que o ser humano está estendido entre esses opostos. Ele também é esses opostos como *pars totius* [parte do todo]. O ser humano como parte da divindade participa na essência toda, na essência substancial da divindade, consequentemente nos opostos, e esses opostos significam conflitos. Por essa razão, o ser humano é, em primeira linha, um ente do conflito. Ele está, por assim dizer, estendido. Ele está suspenso entre os opostos e, por isso, é uma correspondência ao Deus sofredor que foi exposto ao mundo em Cristo. Pois, como vocês sabem, na teologia católica, Cristo é simultaneamente verdadeiro Deus e verdadeiro ser humano. Em consequência disso, também Cristo é uma representação dos opostos contidos em Deus e, ao mesmo tempo, solução, união dos opostos; em sua verdadeira natureza humana, todavia, Ele também está estendido entre os opostos. Ele está crucificado. Pois a cruz é

393. O texto deste seminário foi compilado com base em anotações feitas por LSM, ES, RS e OK, bem como na tradução inglesa de BH.

a expressão cabal dos pares de opostos que, por assim dizer, se unem em um ponto, e sobre esse ponto estão estendidos Cristo e seu sofrimento. Por conseguinte, Cristo representa Deus em seu estado de sofrimento. Deus também é um sofrimento, mais precisamente um sofrimento no ser humano. Pois Ele é o ser humano sofredor. E assim o ser humano é, por sua vez, propriamente uma correspondência de Cristo na medida em que ele sofre, mas só na medida em que ele sofre. Do mesmo modo que Deus é a *causa exemplaris* do ser humano que está estendido entre os opostos, Cristo não só é a *causa exemplaris*, mas também a *causa efficiens*. Nós somos criados em Cristo[394] e criados através dele[395], mais precisamente, na imagem do ser humano sofredor, do ser humano como ele é propriamente.

Vocês sempre devem ter em mente essa concepção quando prosseguirmos agora para as demais partes dos *Exercitia spiritualia*. Em conexão com o *Fundamentum* e a *Praeparatio*, a preparação e introdução, também se encontra uma oração inaciana que mostra, de modo clássico, a atitude do meditante ou daquele que passa pelos exercícios e se prepara para eles. Mais uma vez se trata de uma oração em latim e inicia assim:

> *Suscipe, Domine, universam meam libertatem. Accipe memoriam, intellectum atque voluntatem omnem. Quicquid habeo vel possideo, mihi largitus est: id tibi totum restituo, ac tuae prorsus voluntati trado gubernandum. Amorem tui solum cum gratia tua mihi dones, et dives sum satis, nec aliud quicquam ultra posco*[396].

394. "Somos obra de Deus, criados em Cristo Jesus, em vista das boas obras que Deus de antemão preparou para que nós as praticássemos" (Ef 2,10).

395. "Porque nele foram criadas todas as coisas nos céus e na terra, as visíveis e as invisíveis: tronos, domínios, principados, autoridades; tudo foi criado por Ele e para Ele" (Cl 1,16).

396. A versão latina usada por Jung aqui é a tradução conhecida como *Versio vulgata* (1547) (MHSI-MI, p. 308).

> Tomai, Senhor, e recebei toda a minha liberdade, minha memória e meu entendimento e toda a minha vontade. Tudo o que tenho ou possuo Vós me destes. A Vós, Senhor, restituo. Tudo é vosso. Disponde segundo a vossa vontade. Dai-me o vosso amor e a vossa graça, pois ela me basta (Funk, 1913a, p. 159; Loyola, 2000, p. 151).

Essa oração mostra a atitude característica não só de quem passa pelos *Exercitia*, mas constitui de modo geral a formulação da religiosidade do ser humano ocidental, a saber, a entrega à figura que ele vê diante de si. O Oriente diria: isso é uma figura do pensamento que você vê diante de si. É uma figura criada a partir da sua meditação, um ente do pensamento, que, não obstante, é real para o ser humano oriental. Pois se trata, na identidade com o *atman*, do ente que cria o mundo, podendo, portanto, postar no espaço a partir de si mesmo figuras que são reais, apesar de serem entes do pensamento. Como ele bem sabe, seus deuses são figuras do seu pensamento e, não obstante, são deuses reais. É claro que o ser humano ocidental não consegue compreender isso, pois ele parte do pensamento que diz: se Cristo não estiver realmente – *vere, realiter et substantialiter*[397] – diante dele, não há nada. Ele justamente não consegue imaginar que também poderia criar tal figura, ainda que sob certas condições. O Oriente não chega a formular essas condições, mas elas decorrem das doutrinas orientais: não se pode simplesmente criar uma figura qualquer, mas tem de ser uma que, de algum modo, está dada na essência do ser humano. Mas o que é essa essência no Oriente? É o *atman*. Posso imaginar o *atman* porque sou o *atman*. O ser humano ocidental não sabe disso; ele não sabe que posta sua essência diante de si. Porém de suas meditações decorre claramente que ele, como *pars totius* [parte do todo], como parte da divindade, tem dentro

397. Expressão latina para “verdadeira, real e substancialmente”.

de si a capacidade de, por assim dizer, postar diante de si esse ente do pensamento. Esse é o sentido da veneração dos ícones na Igreja. É um meio para o fim da concretização, a saber, de conseguir representar com clareza essas figuras. Exatamente como ocorre no Oriente, onde as imagens em si não significam nada, sendo meros *iantras*, ferramentas, com a ajuda das quais se empreende as figurações do pensamento, e essa figuração do pensamento é o real[398].

Portanto, o ser humano ocidental entrega todo o seu ser, toda a sua existência psíquica, por assim dizer, a esse outro ser postado diante dele, e naturalmente nem se pode dizer, sem, de certo modo, cometer uma blasfêmia, que talvez ele seja um ente do pensamento. Para o ser humano oriental isso é óbvio e natural. Ao nosso entendimento isso causa as maiores dificuldades, porque, na nossa opinião, o que criamos com o nosso espírito não é nada, isso simplesmente é ar. Por quê? Porque não é possível comprová-lo por meio de fórmulas químicas ou pesando-o na balança. Não obstante, trata-se de uma realidade, é uma realidade, tanto quanto qualquer outro plano que alguém faz para construir uma ponte ou uma locomotiva. Esta também não é real, só existe na sua cabeça. Só quando ela está em forma metálica diante de nós, dizemos que é real. Para o ser humano oriental, ela é imediatamente real.

Entes do pensamento são perfeitamente reais. Por exemplo, quando vemos que certas pessoas têm ideias singulares, achamos que bastaria dizer-lhes: isso não é lógico, é totalmente irracional! Achamos que bastaria enviar alguém até lá e dizer-lhes isso. E nos admiramos que isso de nada adianta. Só igno-

---

398. Jung obteve seu conhecimento do *iantra* principalmente do livro de Heinrich Zimmer, *Artistic form and yoga in the sacred images of India* [Forma artística e ioga nas imagens sagradas da Índia] (1984). Cf. a introdução de Liebscher ao volume 6 (*ETH*, vol. 6, p. 78-81).

rantes bem-intencionados pensam que se pode converter outras pessoas para o bem só dizendo para elas o que fazer. Isso nem em sonho lhes ocorre. Pois trata-se de possessos e essa possessão é uma realidade. Nós, porém, somos ignorantes a ponto de achar que, quando alguém está possesso, ele está possesso de ar, que seria nada, uma besteira. Possessão é um fato absoluto. Com os recursos costumeiros não se consegue absolutamente nada. Não há como eliminá-la por meio de muita conversa. Com palavrório não se chega a lugar nenhum nesse caso. Trata-se de realidades psíquicas[399], que não podem ser criticadas com os recursos costumeiros. Trata-se de fatos psicológicos; todavia, de fatos que não cabem no nosso esquema factual. Mas quem foi que lhes disse que esse é o único correto? Talvez ainda possamos aprender algo além do que sabemos, se ainda houver tempo.

Essa oração mostra a vocês a entrega absoluta com que se tenta, ao estilo jesuítico, cumprir o itinerário dos exercícios, e vocês podem facilmente imaginar que, quando alguém chega, mesmo que parcialmente, a adotar essa atitude, todo o empreendimento de tal *exercitium* se torna uma coisa bem séria que toma conta do âmago do ser humano. E isso não só porque é preciso dizer para si mesmo o que é desagradável, e porque isso exige esforço, mas porque se trata de símbolos que expressam adequadamente a essência mais íntima do ser humano e que atingem algum ponto do seu íntimo. E isso é, em última análise, a condição, a razão pela qual há tais exercícios e pela qual eles podem exercer a maior influência concebível sobre a mentalidade de um humano.

A ordem dos exercícios individuais é diferente, dependendo do tempo e do lugar. Sobre isso já lhes falei algumas coisas. Esses trechos que já abordamos, que eu tratei como uma espécie de introdução, também podem ser meditados em outro

---

399. Cf. nota 345.

ponto dos exercícios. Como foi dito, o guia dos exercícios pode dispor livremente e também tem a incumbência de proceder individualmente e, dependendo das capacidades de cada um, dar preferência a este ou aquele trecho ou incluí-los só mais tarde. Em consequência disso, portanto, a ordem de modo algum é estrita; porém o que é formulado de modo estrito é o conteúdo global. Portanto, quando os exercícios completos são praticados, todos os trechos vão ocorrer em algum lugar. Via de regra, a introdução aos exercícios propriamente ditos, aos quais, como vocês viram, ainda não chegamos, constitui o *examen generale et particulare*. Esse *examen* é um exame de consciência que cada qual faz de si mesmo para se purificar e preparar. Vou aclarar para vocês alguns pontos dele com base em uma antiga introdução jesuítica (Izquierdo, 1695). Dificilmente poderemos entrar nos mínimos detalhes.

Portanto, a intenção é purificar a alma por meio de um exame minucioso, uma investigação minuciosa do próprio *status* e, portanto, da constituição psíquica com um todo. Trata-se de um tipo de análise que o entendimento efetua em si mesmo. Os critérios naturalmente são as normas tradicionalmente dadas, estabelecidas pela doutrina da Igreja, a respeito do que é pecado e o que é bom etc. Consta, portanto, o seguinte: "A alma é purificada pelo conhecimento das raízes internas dos vícios, para que sejam extirpadas"[400]. Igualmente faz parte disso que se tome escrupulosamente nota dos casos individuais que ocorreram, isto é, nos que apareceram essas qualidades ruins, e principalmente as condições sob as quais ocorrem tais coisas para que possam ser evitadas. Deve-se, portanto, de certo

400. "*Purificatur anima cognoscendo internas radices vitiorum, ut extirpentur; notando externas occasiones casuum, ut caveantur.*" "A alma é purificada pelo conhecimento das raízes internas dos vícios, para que sejam extirpadas; pela anotação dos ensejos externos dos casos, para que sejam tomadas as precauções" (Izquierdo, 1695, p. 23).

modo, repassar toda a vida sob esse ângulo de visão para examinar minuciosamente todos os erros cometidos, tudo o que lhe pareceu pecaminoso, visando à sua erradicação.

A forma sob a qual esse exame de consciência se dá também está prescrita, na medida em que se presta atenção em que o caso individual que ocorrer a alguém é constatado primeiramente do ponto de vista temporal: Quando aconteceu isso? Em que lugar? Em relação a quê? E então é preciso se propor a querer evitar esse pecado, e isso pode ser feito assim: a pessoa se propõe a passar toda uma manhã sem cometer esse pecado, nem mesmo aproximadamente, e, depois do meio-dia, verificar se, durante a manhã, ocorreu algo daquele tipo ou não. Então, se, apesar dessa investigação e desse controle cuidadosos, não houver como extirpar alguma coisa sem mais, segue o *examen particulare*, ou seja, o exame particular da consciência em relação a esse caso. Em relação ao caso particular, se deve examinar precisamente como foi que, naquela manhã, esse pecado conseguiu novamente se aproximar, pelo menos como tentação. Izquierdo diz que muitos dos que querem ser exatos chegam a ponto de carregar um cordão com bolinhas e, toda vez que ocorre o caso de voltarem a cometer uma falta, deslocam uma bolinha para a outra ponta, de modo que fazem, portanto, uma espécie de contabilidade das *défaillances* [falhas] particulares. Ou eles carregam consigo um bloco de notas, no qual sempre indicam, por meio de traços, quantas vezes durante certo dia lhes ocorreram pensamentos perversos ou outros delitos. Tudo isso é feito com a maior minuciosidade possível e, como foi dito, mediante uma autêntica contabilidade.

Esse *examen generale et particulare* é, então, de modo geral, a preparação para o primeiro exercício. Ele se chama o "exercício do pecado triplo". Esse é mais precisamente o exercício do pecado mortal. O que quer dizer pecado mortal? A Igreja diferencia entre *peccatum mortale et veniale*, o pecado mortal e o pecado venial. O primeiro é o pecado muito grave, o segundo pecado é aquele que provém de ignorância, indiferença ou mau humor, ao passo que *peccatum mortale* é um pecado intencional. Neste assume-se, de certo modo, intencionalmente a oposição a Deus. A respeito disso, nosso autor, um jesuíta espanhol do século XVII, diz: "Só existe propriamente um único pecado mortal, que consiste em colocar seu fim último na criatura e não em Deus"[401]. O fim último é aquele fim conhecido, do qual já falamos em relação ao *Fundamentum*. Isso quer dizer, com outras palavras, que quem coloca seu fim humano acima daquele fim espiritual, a saber, chegar até Deus ou se reintegrar na divindade, comete um pecado mortal. "Ora, não há Deus, nem céu, nem salvação que possa ajudar o ser humano que se encontra nesse pecado mortal, razão pela qual devemos voltar nosso ódio e nossa guerra contra esse inimigo"[402]. A esse fim servem, portanto, nossos exercícios.

Vocês veem, portanto, que, segundo essa concepção, a esmagadora maioria da humanidade ocidental estaria, por assim dizer, nesse estado de *pecatum mortale*. Bem, isso não é motivo para riso. Suponhamos que se trata de uma visão que se possa ventilar, que, portanto, há uma doutrina que tem tantos e tantos milhões de adeptos, mas que é desmentida dessa maneira pelo comportamento e a atitude de incontáveis milhões de outras pessoas. Isso naturalmente representa uma diferença psíquica enorme entre as pessoas, o fato de umas estarem direcionadas de certa maneira ou serem instadas a pensar dessa maneira e, ao lado dessas, outras que expressamente não têm essa tendência, que não têm a mínima noção de algo assim.

401. "*Est autem unicum dum taxat, scilicet peccatum mortale: nam hoc point ultimum finem in creatura, & non in Deo*" (Izquierdo, 1695, p. 33).

402. "*Atque adeo, vel unico stante in homine peccato mortali, nec Deus, nec Coelum, nec Salutatio pro illo est. Quapropter contra hunc inimicum totum nostrum odium, & bellum est impendendum*" (Izquierdo, 1695, p. 33).

Portanto, na medida em que essa concepção de fato é a cristã, e desde sempre foi a cristã, a saber, que a finalidade do ser humano está em Deus e não na criatura, podemos constatar sem mais que a grande maioria da humanidade ocidental não entra em cogitação[403]. Na verdade, todos os seres humanos são candidatos a queimar no inferno. São ou não são? Viveremos para ver. Por exemplo, se a Rússia visse a única finalidade na graça, não teríamos a guerra da Finlândia e outras barbaridades[404]. Portanto, se aplicarmos estritamente o que é a concepção cristã propriamente dita, somente poderemos dizer que o cristianismo de fato deixou de ser uma religião mundial. Muito simples. Não há o que discutir.

Essa meditação do *pecatum mortale* ocorre em três estágios. É por isso que se chama de pecado mortal triplo: em primeiro lugar, medita-se sobre o pecado dos anjos. Começa-se no espaço metafísico. Portanto, o pecado dos anjos se refere à revolta de Lúcifer contra a *monarchia Dei*, a monarquia de Deus, e à subsequente queda dos anjos. Em seguida vem a meditação sobre o pecado do primeiro pai e da primeira mãe, ou seja, de Adão e Eva. E então vem o terceiro estágio: a meditação sobre a própria pecaminosidade. A esta se segue o *colloquium*, a saber,

---

403. "*Aus Abschied und Traktanden fallen*": expressão do alemão suíço para "não entrar em cogitação".

404. No dia 30 de novembro de 1939 o exército soviético invadiu o território finlandês, marcando o início do que ficou conhecido como a Guerra de Inverno entre a URSS e a Finlândia. O conflito durou até 13 de março de 1940, quando foi assinado o Tratado de Paz de Moscou. Inicialmente, o exército finlandês conseguiu infligir perdas consideráveis às tropas soviéticas. Foi só depois que aumentou sua capacidade e mudou de tática que o exército soviético foi capaz de penetrar nas linhas de defesa finlandesas. A ofensiva exitosa foi deflagrada em 1º de fevereiro de 1940. A guerra terminou com pesadas perdas de território de parte da Finlândia, embora esta tenha mantido sua soberania, e com uma mostra humilhante do suposto poder militar da URSS. A invasão de um Estado soberano pela União Soviética levou à condenação internacional e à expulsão da URSS da Liga das Nações em 14 de dezembro de 1939.

a conversa com a figura divina à livre-escolha de cada um. Já falamos sobre isso.

Queremos agora, recorrendo ao texto antigo, examinar mais de perto essa meditação. Portanto, o primeiro pecado é um pecado pré-temporal, um pecado que aconteceu ainda antes da criação de todo ser humano, e esse foi o pecado dos anjos caídos.

> Deus criou todos os anjos, adornados com incontáveis perfeições, tanto por sua natureza quanto pela graça. [...] Porém grande parte deles se rebelou [isto é, por soberba (*superbia*, *hýbris*); CGJ] e incorreu em pecado mortal. [...] Então Deus transformou esses anjos em demônios. As mais belas criaturas Ele transformou nas mais malcheirosas e os amigos amorosos de Deus deram origem aos inimigos mais odiosos[405].

Também nesse ponto temos de nos perguntar: O que isso quer dizer? Como o ser humano chega a fazer tal enunciado? Isso é apenas fabulação ou se refere a alguma coisa psicológica? Se reduzirmos isso a relações psíquicas, quer dizer que, ainda antes de ter surgido a consciência humana, ocorreu uma cisão entre aquelas potências que eram pré-conscientes, que, portanto, residem na disposição, que residem no inconsciente. Portanto, já na disposição inconsciente teria ocorrido uma oposição mundial absoluta, ou seja, algo como o ocorrido entre anjos e demônios. É digno de nota que os anjos sempre estão no plural, como, por exemplo, os coros de anjos. Não existe o anjo como indivíduo. Trata-se do começo ao fim de entes coletivos. Por essa razão, também não pode haver monges individuais, mas há tão somente o mosteiro. Pois os monges fazem parte da ordem angelical. Eles representam os coros angelicais

---

405. "*Creavit Deus omnes Angelos ornatos innumeris perfectionibus tum naturae, tum gratiae.* [...] *Superbit magna pars eorum, & in peccatum mortale ceciderunt.* [...] *Ex Angelis convertit in Daemones. Ex pulcherrimis creaturis fecit foedissimas. Ex charissimis amicis Dei odiosissimos inimicos*" (Izquierdo, 1695, p. 34).

na terra. Isso quer dizer, portanto, que essas unidades psíquicas são de natureza coletiva. E isso indica que, antes de ter consciência do eu, o ser humano necessariamente é um coletivo. Ele ainda não se tornou consciente de si mesmo como existência psíquica. Ele é um ser instintual. Ele ainda tem a psicologia de pai e mãe, família, tribo e entorno. Ele ainda não tem psicologia própria, do mesmo modo que uma criança pequena ainda não tem nenhuma, mas ainda tem uma psicologia coletiva, o que vocês podem ver claramente em alguns sonhos da primeira infância, que não são nada infantis por consistirem em material mitológico. É impossível que crianças possam saber essas coisas, mas elas brotam ao natural do espírito humano, sendo, de certo modo, um magma que brota das profundezas da natureza e também corresponde a toda a constituição do cérebro. O funcionamento natural de uma função cerebral natural, uma função psíquica ainda não consciente, que produz essas formas, exatamente do mesmo modo que da semente de certa planta brota certa flor, ou como certos cristais obedecem a suas leis de cristais, ou como o pinto pica a casca do ovo para sair, os patinhos pulam na água etc. E assim o espírito humano começa a funcionar em conformidade com sua disposição[406], e essa disposição é coletiva. Isso se pode ver em sonhos da primeira infância, mas também depois disso, a saber, em grande medida em doentes mentais, nos quais toda a psique jorra para a superfície, da qual o mortal comum, graças a Deus, nada sabe. Daí advêm as mais espantosas formações mitológicas que se encontram na literatura de todos os povos[407] e de todas as épocas. Trata-se efetivamente das mesmas ideias e dos mesmos contextos, às vezes até literalmente.

---

406. RS: "constituição".

407. RS: "países".

A criança pequena sob nenhuma circunstância é *tabula rasa*[408] ou uma folha completamente em branco. Ela está escrita, só que com tinta invisível. Essa tinta só se torna visível quando vocês lhe aplicam aquela substância que torna aquela escrita visível. Então, quando na vida acontece alguma coisa que combina com ela, ela incide e o caractere tipográfico se torna visível.

Nesse material teria ocorrido uma cisão em tempos primitivos. Isso não é senão o caráter antagônico que se revela no ser humano, que surge já antes de se estabelecer uma consciência. Ou seja, o caráter antagônico entre em cima e embaixo, anjos e diabos, já estaria contido na criança de antemão. Essa é, portanto, a declaração cristã. Esse é, então, o sentido propriamente psicológico de um mito como o da queda dos anjos, que não é senão a natureza divina, que, em seu desdobramento no ser humano, necessariamente revela esse caráter antagônico, exatamente do mesmo modo que, na lenda cristã, esse caráter antagônico se revelou em Cristo, de modo que, portanto, sua imagem, a imagem do crucificado, a imagem que é *exemplum* para o ser humano, que ele tem de imitar, de certo modo, na *imitatio Christi*, porque só assim ele é inteiro e unifica os opostos de sua natureza, o que leva, então, à redenção. Porém ainda não falamos disso.

---

408. Cf. tb. os seminários de Jung de 3 de novembro de 1933 (*ETH*, vol. 1, p. 128-129), e de 17 de novembro de 1933 (*ETH*, vol. 1, p. 159): "Nossa consciência percebe o mundo exterior; é um órgão de percepção. Mas por trás da nossa consciência há um sujeito percipiente, e que não é nenhuma *tabula rasa*. Esse sujeito não é simplesmente outro exterior, mas ao invés disso ele vem dotado de um *background*, com cuja ajuda ele se torna capaz de interpretar percepções. As crianças não nascem com cápsulas cerebrais vazias, mas sim com um cérebro completo, criado eras atrás. Consequentemente, toda criança nasce com uma premissa predeterminada do mundo, da qual não é consciente, mas que está em funcionamento. À falta desta opinião inata, seríamos completamente incapazes de apreender o mundo. Não há escapatória deste *background* psíquico com o qual ingressamos na vida, ele só pode ser aceito. Dotado dele, porém, devemos absorver o mundo de acordo com esta disposição.".

Quando digo que Deus é o próprio caráter antagônico, formulo apenas o teor da meditação de Przywara. Mas Przywara também está ciente do outro lado, pois Deus também é o que unifica. Agora, portanto, vem esse conflito existente *a priori* no ser humano, que é o pecado hereditário. Esse é o pecado que já estava aí antes do princípio do tempo. Essa já é, portanto, a *privatio iustitiae originalis*, a privação da justiça original do ser humano, que, então, se tornou perceptível em nosso primeiro pai e nossa primeira mãe mediante a expulsão do paraíso. No pecado de nosso primeiro pai e de nossa primeira mãe, repete-se a queda dos anjos. Pode-se dizer, de certo modo: apesar de Deus ter criado os primeiros humanos, de acordo com a doutrina da Igreja, no estado da *iustitia originalis*, da justiça original, aquele acontecimento metafísico voltou a se desenrolar, de modo que eles caíram, seguindo-se a exclusão do paraíso.

O texto fala aqui, portanto, primeiramente da queda dos anjos e do terrível castigo que alcança esses anjos caídos. O autor diz:

> Portanto, se Deus puniu tais criaturas com um castigo tão monstruoso e que não cessa por toda a eternidade por causa de um único pecado mortal, o que poderá o mortal esperar para o seu pecado mortal, para a sua culpa?[409]

Essa meditação tem de ser efetuada com a participação dos cinco sentidos, a saber, imaginando, nos mínimos detalhes, o estado dos anjos e trazendo para o presente todo esse acontecimento portentoso com absoluta clareza, e imaginando principalmente também, nos mínimos detalhes, as punições infernais daí decorrentes.

---

409. "*Si igitur talis Deus creaturas tales tam ingenti, & nunquam in aeternum finienda poena punivit propter unicum peccatum mortale; quis non hinc mortales culpae perspicit infinitam malitiam?*" (Izquierdo, 1695, p. 34).

A isso se segue a meditação sobre o segundo pecado, o segundo caso do pecado, a saber, o pecado do primeiro pai e da primeira mãe. Ou seja:

> Deus também criou Adão e Eva em sua graça e amizade e os adornou com a graça da *iustitia originalis* [justiça original], e eles se encontravam em um estado livre da morte e de todo o mal do castigo. Ele os colocou *in Paradiso voluptatis*, no paraíso da volúpia[410].

Mas, como vocês sabem, eles não conseguiram resistir à persuasão da serpente e acabaram comendo da árvore do conhecimento. Desse modo, eles se opuseram conscientemente à ordem de Deus:

> E assim Adão e Eva foram privados da *iustitia originalis* para si mesmos e para seus descendentes, e condenados à morte, expostos a dores, debilidades e demais misérias deste mundo, e foram expulsos do Paraíso[411].

Isso tem de ser imaginado, uma vez mais, nos mínimos detalhes e, portanto, deve ser novamente gerada uma composição ideal desse acontecimento.

Em seguida, vem a terceira punição, a saber, aquela com a qual Deus pune os humanos que se encontram no estado do pecado mortal.

> Pois basta que morra um humano com um único pecado mortal, que ele seja lançado às chamas devoradoras, em que ele, portanto, é queimado, enquanto

---

410. "*Creavit Deus Adam & Evam in gratia, & amicitia tua, ornatos dono Iustitiae originalis, & a morte omnia malo penae exemptos. Posuit eos in Paradiso voluptatis*" (Izquierdo, 1695, p. 35).

411. "*Adam, & Eva pro se, & pro suis descendentibus Iustitia originali privati sunt: damnati ad mortem: expositi doloribus, infirmitatibus, caeterisque huius Mundi miseriis: eiectie Paradiso*" (Izquierdo, 1695, p. 35).

> Deus existir, como ensina a fé [ou a doutrina da Igreja; CGJ][412].

Isso quer dizer, portanto, eternamente. Trata-se do castigo eterno no inferno:

> Aquele imenso mar da misericórdia (*pelagus misericordiae*). Ora, para aquelas criaturas pelas quais ele pendurou seu unigênito Filho na cruz, ele destinou o fogo com o qual elas deverão ser queimadas e o acendeu para a eternidade, sem qualquer comiseração, antes com alegria, por ainda poder ver como sua infinita justiça é exercida por toda eternidade. [Então ele exclama: (CGJ)] Que horrível maldade é o pecado mortal, que é digno de tal suplício[413].

Essa é uma manifestação um tanto incomum para a figura do bom Deus, não é? Quase não se pode mais falar de um bom Deus. Ele vê "antes com alegria" como todos queimam no inferno, e isto por toda eternidade. Aqui se desvela um *Deus absconditus*[414], um Deus terrível. Revela-se aí a natureza antagônica de Deus, que é um pai amoroso enquanto ainda se pode esperar algo desses criminosos, dos humanos. Ai deles, porém, se não obedecerem; nesse caso, ele é um Deus terrível que é capaz de lançar os humanos na condenação eterna e ainda se alegrar quando eles estão queimando no fogo. Trata-se de uma concepção que de modo algum se coaduna com a nossa concepção protestante.

---

412. "*Licet enim cum uno solo moriatur homo, tandiu in penam eius intra voraces illas flammas arsurus est, quadiu Deus est extiturus, ut Fides docet*" (Izquierdo, 1695, p. 36).

413. "*Illudque immensum misericordiae Pelagus creaturae a se facte, tamquam dilectae, ut pro ea unigenitum suum Filium e Cruce suspenderit, ignem, quo comburitur, flatu suo est accensurus in eternum, ut ait Isaias, absque ulla commiseratione, potius cum Gaudio, quod ibi videat exerceri suam infinitam Iustitiam. O peccati mortalis horribilissima malitia, qua tanto supplicio digna est!*" (Izquierdo, 1695, p. 36).

414. Cf. nota 316. RS traz "*Deus terribilis*".

Seminário 13[415]

16 de fevereiro de 1940

No último seminário eu lhes expus a meditação sobre o *peccatum mortale*. Hoje eu gostaria de lhes apresentar um panorama das meditações da primeira semana e, depois disso, ainda retomar o *peccatum veniale*.

O primeiro exercício contém aquela meditação sobre os pecados dos anjos, do primeiro pai e da primeira mãe e, por fim, sobre o pecado pessoal. Essa meditação é seguida de um *colloquium*, um diálogo, como é acrescentado a cada exercício na *Regra*, dirigido, mais precisamente, a alguma das pessoas divinas. A finalidade desse colóquio é tornar a presença divina nos exercícios especialmente impactante para quem medita. Quando, de certo modo, dirige-se a palavra a um interlocutor, isso naturalmente tem um significado vivo muito distinto do que quando só se medita para dentro de si mesmo. A isso se soma que esse colóquio ocorre não só diante da pessoa divina, mas também diante do mentor dos exercícios, um guia d'almas que supervisiona os exercícios e dá as instruções necessárias, que conversa sobre a meditação com o meditante, chama a atenção dele para algum erro e também escuta sua confissão, de modo que se cuida de muitas maneiras para que a meditação

415. O texto deste seminário foi compilado com base em anotações feitas por LSM, ES, RS e OK, bem como na tradução inglesa de BH.

sobre o pecado ocorra dentro de um quadro absolutamente apropriado a causar uma impressão profunda no meditante. A finalidade disso naturalmente é fazer com que a meditação chegue o mais próximo possível do ser humano, de modo que ele não esteja, talvez, sonhando, mas escute falar a si próprio, e ademais diante de uma testemunha, o que intensifica o caráter incisivo e impactante de todo o exercício.

O segundo exercício diz respeito, então, ao *examen generale*, ou seja, ao exame geral do próprio pecado, mais precisamente; essa meditação é subdividida, como de costume, em pontos:

O primeiro ponto diz respeito ao tratamento, por assim dizer, dos mais diferentes pecados que ocorreram durante todo o curso da vida. Isso deve ser imaginado na forma de uma sessão de tribunal, para conferir a forma mais realista possível à coisa. Imagina-se estar diante de um juiz ou de um colegiado de juízes e ter de confessar seus malfeitos. Esses devem ser enumerados com todas as minúcias desejáveis, com data, lugar e cada uma das circunstâncias.

O segundo ponto diz respeito a uma ponderação exata de cada malfeito, nos aspectos morais e em todos os aspectos possíveis, e naturalmente também em relação às verdades da fé.

O terceiro ponto é uma comparação da própria pecaminosidade e da perversão da humanidade em geral com a vida dos santos, com a inocência e pureza dos anjos, cujo mérito especial é o de não cometerem pecados. Sua peculiaridade é o "*non posse peccare*"[416]. Os anjos maus fizeram isso uma única

---

416. Santo Agostinho diferencia quatro estados da relação do ser humano com o pecado: 1) o ser humano antes da exclusão do paraíso: capaz de pecar, capaz de não pecar (*posse peccare, posse non peccare*); 2) o ser humano após a exclusão: incapaz de não pecar (*non posse non peccare*); 3) o ser humano renascido: capaz de não pecar (*posse non peccare*); 4) o ser humano glorificado: incapaz de pecar (*non posse peccare*). De acordo com Santo Agostinho, os bons anjos detêm o mesmo estado que os santos no céu e são incapazes de pecar, isto é, *non posse peccare*.

vez e para valer, e, naquela ocasião, a turma toda foi lançada de imediato no inferno. Naquela vez, eles foram transformados em demônios malignos, de modo que eles próprios nada mais podiam fazer além de pecar.

Em seguida, faz parte da meditação uma comparação com a pureza de Deus mesmo e, ao lado disso, a percepção da própria detestabilidade. Nesse ato, devemos imaginar ponto por ponto como é o Deus contra o qual pecamos e devemos nos admirar de que Deus tenha tolerado até agora os anjos, a humanidade e a própria natureza, apesar de toda sua pecaminosidade[417].

Para terminar, segue-se novamente um colóquio, no qual, como é de costume, só o meditante fala. Não se trata propriamente de um colóquio, mas de uma alocução dirigida pelo meditante a alguma pessoa divina, na qual ele apresenta uma louvação da misericórdia divina e enumera uma série de bons propósitos, prometendo cumpri-los.

Agora vem o terceiro exercício. Esse consiste em que primeiramente são repetidos os colóquios que ocorreram nos dois exercícios precedentes. Segue-se, então, um novo colóquio, mais precisamente, com a "nossa amada senhora", a quem se roga a intercessão junto a Cristo. A "*Beata Virgo*", a "Virgem Bem-aventurada" é uma intercessora dos pecadores, e isto por uma razão bem-determinada: segundo a concepção da Igreja, ela foi recebida no céu depois de sua morte. Logo, ela é a primeira dentre os mortos a ser arrebatada corporalmente ao céu e, por essa via, ela naturalmente tem uma relação especial com os humanos mortais, carnais, e, por essa razão, entende especialmente bem os pecadores. Não haveria como formular outra interconexão. Em todo caso, essa é a concepção geral. Em consequência disso, ela é a intercessora *par excellence*. Diante

417. RS traz "reprovação" em vez de "pecaminosidade".

disso, é preciso rogar a ela a obtenção de conhecimento dos próprios pecados, em que medida a atual organização da vida foi equivocada e, por fim, também o conhecimento da vaidade, transitoriedade e caducidade do mundo.

Segue-se, então, um colóquio com Cristo, a quem se suplica essencialmente a intercessão junto ao Pai – vocês veem que as coisas seguem uma hierarquia – e então um colóquio diretamente com a divindade, com o Pai, do qual se pede essencialmente a graça tripla: a obtenção do conhecimento da própria pecaminosidade e reprovação, o conhecimento da equivocidade da atitude adotada até aquele momento e o conhecimento cabal da caducidade e nulidade do mundo.

O quarto exercício, que segue a este, consiste em uma repetição do terceiro exercício. Vocês veem, portanto, que, nesses exercícios, a ideia do pecado é recapitulada sob todas as formas possíveis, para tornar essa ideia especialmente impactante para o meditante em questão. Trata-se aí da representação da própria infâmia[418], perversão, reprovação, detestabilidade, que se carrega dentro de si e na qual se está *eo ipso* perdido, caso a graça de Deus não possa ser alcançada.

Para levar essa meditação à culminância, segue o quinto exercício. Este é a meditação sobre o inferno, que detém uma posição muito especial, por assim dizer. Ela é feita com extraordinária minudência. Deve-se imaginar de modo bem preciso e bem concreto qual é o comprimento, a largura e a profundidade do inferno. É preciso até mesmo pedir a Deus na *oratio*, na oração, que ele conceda um senso bem preciso e aguçado para a qualidade dos castigos infernais.

---

418. RS: "perdição".

O primeiro ponto a ser meditado é a representação bem precisa e concreta do lago de fogo e dos múltiplos sofrimentos dos condenados.

O segundo ponto é uma representação igualmente sensorial da choradeira e das blasfêmias dos condenados, ou seja, da barulheira que enche o inferno.

O terceiro ponto é perceber com o nariz a fumaça, o enxofre, a podridão, o fedor de excrementos e carniça, dado que se trata de cadáveres.

O quarto ponto é a vívida representação de uma sensação amarga ao paladar, que representa a má consciência ou o amargor que se sentiria, caso alguém fosse pessoalmente condenado a estar para sempre no inferno e então pudesse fazer um retrospecto da sua vida e tivesse de dizer: eu pus tudo a perder por meio desta e daquela bobagem e agora estou perdido para sempre.

E, por último, ainda a sensação tátil de como o fogo queima a pessoa. Mais adiante ainda destacaremos mais alguns pontos da meditação sobre o inferno do velho jesuíta Izquierdo.

A meditação, mais uma vez, é concluída com um colóquio com Cristo, dessa vez sobre a terrível impressão que se tem do inferno, sobre o destino da condenação eterna, e o meditante expressa seu agradecimento por ainda não se encontrar nesse ponto, embora há muito já tivesse merecido esse destino por causa de sua perversão e reprovação.

Esse é o conteúdo da primeira semana. Talvez não seja supérfluo dizer-lhes ainda quais são as circunstâncias gerais dessa semana de exercícios. Durante o período dos exercícios deve-se excluir, se possível, todos os pensamentos que não têm relação direta com os exercícios[419]. Mais precisamente, deve-se reprimir imediatamente, desde o despertar até que se volte a dormir, todos

419. RS traz aqui "examina" e "examen".

os pensamentos que possam se referir a alguma coisa mundana e só escolher e deixar aflorar à consciência o que está direcionado para a finalidade dos exercícios, cumprindo a prescrição inaciana de que só devemos escolher o que é útil ao nosso objetivo. É um treinamento da concentração e um disciplinamento de nossa natureza impulsiva, instintual, caprichosa.

Quando se reza durante os exercícios[420], isso sempre deve ser feito com a representação de que Cristo, Deus Pai ou a Virgem está assistindo, isto é, que sempre se tenha a sensação da presença, que, por assim dizer, nunca se esteja sozinho, mas seja permanentemente controlado pelo olho eternamente vigilante da divindade. Isso é executado *in concreto* deste modo: o mentor dos exercícios vai atrás de cada um, examinando-o e exigindo que preste contas.

As meditações em si podem ser feitas em diversas posições, dependendo de como cada um achar melhor. Ele pode ficar sentado, deitado ou em pé, andar de um lado para outro ou se ajoelhar. Após cada exercício, deve-se verificar novamente se sua execução foi bem-sucedida, se tudo correu *rite*, exatamente de acordo com a prescrição, e *lege artis* [de acordo com as normas do ofício], ou se algum ponto foi omitido. Para reforçar a concentração, o exercício deve acontecer em quartos escurecidos. As cortinas das janelas devem ser fechadas ou as janelas trancadas. Rir não é permitido. Naturalmente também ocorre o encontro com outros, embora as meditações ocorram de modo individual. Quando sucede o encontro com outros, não se pode encará-los, exceto durante a saudação, e, se possível, tampouco falar com eles para que não ocorram outros pensamentos.

O necessário sentimento de arrependimento deve ser reforçado por autodisciplinamento, ou seja, por jejum, privação

420. RS: "examina".

artificial do sono e flagelação. É facultativo, relegado à decisão voluntária de cada qual, se quiser proceder à flagelação. Há casos em que a flagelação é aplicada. Há muitos, entre eles também clérigos, que acompanham os pequenos exercícios e simplesmente não aguentam psiquicamente os grandes exercícios. Vi alguns clérigos católicos dizerem que não tinham podido realizá-los até o fim porque teriam se desgastado com esses exercícios de tal maneira que teriam caído em estado de depressão profunda e que até fisicamente teriam ficado extremamente abalados. Isso é fácil de imaginar, porque se trata de algo terrivelmente agressivo. É claro que, quando só se escuta um relato dessas coisas e nunca se participou delas pessoalmente, é difícil compor um quadro delas. Não é possível transportar-se para um estado de espírito em que realmente se estaria levando o próprio pecado a sério. Devo dizer que não pratiquei esses exercícios, mas eu próprio fui abençoado com uma boa dose de imaginação e consigo fazer uma ideia de como é isso. Porém eu também já presenciei o estado de ânimo de alguém que leva essas coisas a sério. Pois essas pessoas querem levar isso a sério e também é coisa séria para elas, caso contrário não se submeteriam a isso, e, quando o fazem, está absolutamente claro que isso as move da maneira mais profunda possível.

Espero ter conseguido transmitir-lhes uma noção dessa maneira extraordinariamente impactante de acercar-se da pecaminosidade. Eu ainda gostaria de reforçar isso com alguns pontos do livro de Izquierdo sobre a meditação, mais precisamente sobre o *peccatum veniale* – já traduzi alguns trechos sobre o *peccatum mortale*:

> Entende-se por pecados veniais os que são cometidos por negligência, por *imbecilitas* [fraqueza de espírito] ou por falta de atenção, e nem mesmo pessoas perfeitas estão totalmente imunes a esse pecado. Outros *peccata veniale* são cometidos por pura maldade. [...] O pri-

meiro ponto na meditação seja que se sinta profundamente o rigor com que Deus castiga também os pecados veniais. Pois para esses castigos ele tem à disposição aquela terrível prisão chamada *purgatorium*. [...] O segundo ponto medita sobre os terrores que propriamente se deveria ter diante dos pecados veniais [...]. Eles são punidos por Deus com terrível castigo, e não só com sofrimento físico e perseguições, mas principalmente também com castigos espirituais, e estes seriam, mais precisamente, o ficar exposto a tentações, que causam no implicado terríveis incômodos, bem como inquietação, transtornos da consciência, sensação de abandono, escuridão, sequidão [por exemplo, como um animal sedento necessitado de água, isto é, da graça de Deus; CGJ], além da privação da paz e da tranquilidade que sempre são frutos da boa consciência[421].

Estes são, portanto, os castigos sagrados impostos por Deus.

Considere-se, então, como é grande propriamente a maldade também do pecado venial, e isto porque acaba tendo consequências parecidas com as do *peccatum mortale*. [...] Por isso, é preciso considerar da maneira mais profunda possível quais são as consequências do pecado venial. Pois a consequência é uma doença espiritual da alma [*spiritualis aegritudo animae*], que tem as mesmas afecções de uma doença física no corpo. Pois ela gera uma fraqueza de espírito e uma falta

421. "*Duplex est genus peccatorum venialum. Alia enim committuntur ex negligentia, imbecillitate, aut parva advertentia: a quibus ne Perfecti quidem immunes sunt. Alia committuntur ex malitia* [...]. *Primum punctum erit. Considerare rigorem Deus punit peccata venialia. Siquidem ad illa praecipue punienda horribilem carcerem Purgatorii paratum habet.* [...] *Secundo ponderabo, quantum horrorem de peccatis venialibus debeo concipere:* [...] *Punit praeterea Deus peccata venialia saepe in hac vita multis modis. Iam poenis corporalibus infirmitatum, dolorum, persecutionum, &c. Iam spiritualibus maioribus; ut sunt permissiones tentationum, quae valde affligunt, inquietudines, turbationes conscientiae, desolationes obscuritates, siccitates, demum privationes, illius pacis, ac tranquilitates, quae fructus est bonae conscientia*" (Izquierdo, 1695, p. 43-46).

de energia para resistir a tentações. Do mesmo modo, ela gera um tédio em relação a coisas espirituais, não há mais vontade, uma resistência à oração e ao colóquio com Deus ou à *conversatio* [conversa] com Deus, uma fraqueza, caducidade e preguiça de andar no caminho do espírito etc. [...] E assim essa doença espiritual do pecado é uma disposição para a morte da alma, a saber, para o pecado mortal [*peccatum mortale*]. Isso é o que devemos temer ao máximo no pecado venial [que ele leve ao *peccatum mortale*, CGJ][422].

Na meditação sobre o inferno também há alguns pontos dignos de menção. Pois ele escreve, de modo similar ao que lhes disse anteriormente, que, ao meditar sobre o inferno, deve-se proceder a uma cuidadosa visualização do lugar:

> É preciso imaginar uma grande cavidade que se vislumbra em espírito, situada, na realidade, no centro do mundo [supostamente da Terra; CGJ], cheia de fogo sulfúrico, na qual os condenados foram submersos como os peixes nas profundezas do mar. E deve-se pronunciar a oração, pedindo que Deus conceda um temor vívido de despencar para dentro daquele lugar. E, se o amor não intimidar suficientemente diante de tal queda, que ao menos o temor a ela possa preservar dela. Os castigos no inferno consistem, em princípio,

---

422. "*Secundum punctum erit. Animadverte, quam magna est malitia peccati venalis considerati secundum fe; quamvis ea dicatur, & fit parva comparata cum malitia peccati mortalis.* [...] *Tertium punctum erit, considerare, quomodo peccatum veniale spiritualis aegritudo animae est: ficque illi eos propotionaliter praestat effectus, quos aegritudo corporalis solet praestare corpori: nimirum imbecillitatem, defectumque virim ad exercendas virtutes, & ad vincendas tentationes: taedium rerum spiritualium, orationis, & conversationis cum Deo: debilitatem, lassitudinem, & pigritiam ad deambulandum per viam spiritus:* [...] *ita aegritudo spiritualis peccati venialis est dispositio ad mortem animae, scilicet ad peccatum mortale. Et hoc est, quod in illo debemus plus timere, & horrere*" (Izquierdo, 1695, p. 46-48).

da privação da glória [*privatio gloriae*], da qual carecem os condenados[423].

Isso naturalmente é a *gloria Dei*. A glória é a emanação de Deus, seu fogo gracioso, de que carecem os condenados.

Como ensina Santo Tomás, o castigo é infinito porque ele priva do bem infinito que é precisamente Deus e com cuja posse se alegram os bem-aventurados. É por isso que também São Crisóstomo diz que milhares de chamas infernais juntas não se comparam com aquele castigo dos condenados que é a *privatio Dei* [ou seja, a privação de Deus; CGJ], e isto porque Deus é o centro da alma e, portanto, o ponto mais íntimo para o qual a alma pode se voltar, pelo qual ela tem uma atração que é infinitamente maior do que a que outras coisas têm pelo seu centro, como, por exemplo, os membros do mesmo corpo de aderir ao corpo. Portanto, braços, pernas, cabeça teriam menos atração pelo corpo do que a alma por aquele centro que ela carrega dentro dela. E, por isso, a separação eterna desse centro provoca uma dor que é incomparavelmente maior do que se um ser humano vivo tivesse os membros arrancados do corpo[424].

---

423. "*In quo Oration praeparatoria erit folita Compositio loci. Magna concavitas mente conspecta, quae revera es in centro Mundi, plena igne sulphuris, quo Damnati submersi sunt uti in profundo maris pisces submersi sunt aqua. Petitio autem. Postulare a Deo vividum cadendi in eum locum timorem; ut quando a cadendo in peccatum non me deterreat amor, dettereat timor. In primo puncto considerabo peonam Damni, quae consistit in privatione Gloriae, qua Damnati carent*" (Izquierdo, 1695, p. 73).

424. "*Et, ut docet S. Thomas, est paena infinita: quia privat bono infinito, quale Deus est, & possessione, qua ipsum possident Beati. Unde ait Chrysostomus, mille ignes Inferni simul iunctos, non fore tantae ponae Damnatis, quantae est privatio Dei. Quoniam Deus est centrum animae, ad quem ea habet post hanc vitam inclinationem incomparabiliter maiorem, quam habent ceterae res ad suum centrum, & membra eiusdem corporis ad mutuam unionem. Atque ita non potest non illa pati violentiam, ac dolorem de sui a tali centro aeterna avulsione incomparabiliter maiorem, quam patiuntur membra euisdem corporis, quando ab se invicem avelluntur* […]" (Izquierdo, 1695, p. 73-74).

Esse ponto é bem essencial. Ora, *in puncto* inferno, Izquierdo é bastante plástico. Exatamente na época em que surgiu esse livro, ou seja, no século XVII, a prédica e a missão jesuíticas desempenharam um papel bem especial, mais precisamente, como já lhes falei na introdução histórica, na forma dos exercícios menores que eram providos essencialmente pelos pregadores itinerantes, enquanto os exercícios maiores eram reservados a clérigos ou a homens especialmente piedosos. Izquierdo diz, pois, sobre a meditação sensorial das manifestações infernais:

> A visão é atormentada por aquela luz maligna do fogo infernal. [...] A visão é atormentada por figuras de natureza demoníaca e que assumem a forma de leões, tigres, ursos, serpentes, dragões e outras bestas temíveis, que também representam o corpo fétido dos condenados e ainda outras coisas terríveis e horrorosas que se encontram naquele cárcere. A audição é atormentada por aquele estrépito constante dos marteladores infernais, pela gritaria raivosa, por queixas, lamentações, gritos dos amaldiçoados, por desavenças, blasfêmias, maldições e todo tipo de outros sons temíveis e inauditos. [...] O olfato é atormentado por um mau cheiro insuportável, pela fumaça do fogo e por vapores sulfurosos, bem como pelo fedor horrível de tantos corpos de condenados, que é pior do que o fedor da mesma quantidade de cadáveres de cães em decomposição. E todos esses cadáveres estão reunidos em um só lugar sem ventilação. O paladar é atormentado pela fome permanente e sede braba para as quais se dá como lenitivo por comida o absinto [isso é, pois, o amargor; CGJ] e por bebida a bile. [...] O tato, que reside no corpo inteiro, é atormentado por aquele fogo de enxofre, no qual os condenados foram completamente submersos. Ó pecador ofuscado, se não consegues suportar pôr o dedo por um instante que seja na chama de uma vela, como suportarás lá ser submerso da cabeça aos pés na chama infernal [...]? / O sentido

interior é atormentado por uma percepção aguda da dor e por fantasias de natureza triste e temível que são sempre imaginadas. [...] O *appetitus sensitivus* [este é o impulso pensante, o cobiçar do ser humano; CGJ] consiste num anseio tormentoso que jamais é satisfeito. São aflições e angústias. O intelecto está cheio de equívocos. Ele é imbecil e ofuscado, não vê outra coisa e só está direcionado para perceber o tamanho dos castigos infernais. [...] A vontade está fixada obstinadamente no mal com medo de alcançar o bem que não se pode alcançar e com medo do mal que não se pode evitar. [...] A memória é atormentada por gerar, nutrir e ruminar permanentemente representações que procedem do verme da consciência [aquele verme voraz da consciência; remorsos; CGJ]. Sobre esse verme a Sagrada Escritura diz que ele nunca morrerá. [...] Como diz São Gregório: no inferno está preparada para os miseráveis uma morte sem morte, um fim sem fim, porque a morte vive para sempre e o fim sempre começa. [...] Pelo fato de esses condenados serem eternos, também seu cárcere é eterno, seu fogo é eterno[425].

---

425. "*Senus visus torquebitur luce illa maligna ignis Infernalis.* [...] *figuras scilicet, quas Demonia assument Leonum, Tigrium, Ursorum, Serpentum, Draconum, aliarumque ignearum bestiarum: sedissima iamtum omnia corpora Damnatorum: & alia, quae in eo carcare teterrimo horribilissima. / Auditus torquebitur continuo illo Infernalium Malleatorum strepitu: rabiosis fletibus, planctis, lamentis, clamoribusque Damnatorum: querelis, blasfemiis, maledictionibus: alliique ingratissimis, ac inordinarissimis sonibus.* [...] / *Olfactus torquebitur intolerabili foetore tanti ignis, & fumi sulphuris: foetore horribili tot corporum Damnatorum, qui totidem canum mortuorum fetore longe gravior erit; eorumque stricte coniunctorum in loco nullam habente respirationem. / Gustus torquebitur perpetua fame, sitique rabiosa, in quarum levamentum dabitur miseris Damnatis pro cybo absynthium, pro potu autem aqua fellis* [...] / *Tactus, qui in toto corpore residet, torquebitur ab igne illo sulphureo, quo Damnatus totus submersus erit. O amens peccator! Si hic non potes sufferre, ut vel unum digitum tuum tangat flamma lucernae per breve tempus; quomodo ibi sufferes, ut te totum a capite ad pedes tangat flamma Inferni, tanto crude delior, per intergram aeternitatem?* [...] / *Senus internus torquebitur vehemente appraehaensione dolorum, qua fixa in illis graviores faciet; tristissimisque, & horribilibus phantasmatibus, quae semper imaginabitur* [...]. *Appetitus sensi-*

Estas são, portanto, as meditações sobre o inferno de autoria de Izquierdo, nosso padre jesuíta do século XVII.

Antes de passar a tratar das meditações da segunda semana, temos de fazer aqui, de uma distância histórica e psicológica, a pergunta referente ao que representa propriamente esse pecado. Por que é preciso incutir dessa maneira tal pecaminosidade? Provavelmente há razões históricas para isso. Pois, com essa forma dos exercícios, que não é moderna, mas medieval, ainda nos encontramos na psicologia medieval, na qual a Igreja se tornou culpada de muitas coisas, só na Espanha da incineração de milhares de hereges. Um período cruel e perverso devido, em grande medida, à barbárie e falta de consciência daquele tempo, uma barbárie em relação à qual até há pouco tempo julgávamos estar imunes. Mas, graças a Deus, fizemos algumas descobertas quanto a esse aspecto. Talvez as coisas ainda melhorem, mas tivemos algum esclarecimento quanto a esse aspecto. Antes disso, olhávamos para a Idade Média com pesar de cima para baixo: uma época terrível, pessoas temivelmente incultas e ofuscadas. Até foi bom para eles que tenha vindo um missionário que avivou o fogo do inferno para eles, deixando-os um tanto assustados quanto a si mesmos e ao seu destino.

Essa forma de meditação sobre o inferno naturalmente tem muito de medieval e nossa tendência é pôr tudo de lado sem examinar e com um sorriso desdenhoso. Porém tenho de enfatizar que também na forma mais moderna dos exercícios a

---

tivus erit mare quodam tempestorum desideriorum non implendorum, merorum, afflictionum, & angustiarum. Intellectus erit plenus erroribus; hebes pro caeteris, & solum perspicax ad percipiendam magnitude tum penae Inferni susceptae iam [...] *Voluntas erit obstinata in malo: anxia semper pro bonis, quae non potest consequi, & a malis, quae non potest vitare* [...] / *Memoria, etsi aliis poentiis simplicior fit, erit orige maioris Damnatorum penae: siquidem in ea gignendus, nutriendus, & fovendus est edax ille conscientiae vermis, de quo dicit Scriptura facram quod non morietur.*[...] / *Nam ut Gregorius dixit. In Gehenna miseris erit mors sine morte, & finis sine fine: quia mors semper vivit, & finis semper incipit.* [...] *Quia ii sunt aeterni, carcer est aeternus, ignis est aeternus* [...]" (Izquierdo, 1695, p. 76-79).

pecaminosidade desempenha um papel importante. Temos de perguntar: Por que se quer transmitir dessa maneira ao ser humano a sensação da própria pecaminosidade? Pois já sabemos que infelizmente não somos deuses e que é terrível quando se diz para as crianças que elas terão de queimar no inferno se não obedecerem ao papai. Desse modo se planta um complexo de inferioridade, razão pela qual se deve preferir dizer para elas que elas são boas. "*Tout est bien, sortant des mains de l'Auteur des choses*"[426]. Seria preciso apenas dizer-lhes isso e elas seriam pessoas queridas, acessíveis e compreensivas. Experimentem fazer isso. Essas ideias que surgiram com a Revolução Francesa, com o nosso bem-aventurado Rousseau, ainda circulam. Certamente é muito bom ir ao encontro das pessoas primeiro com gentileza. Também é melhor tratar o outro como cavalheiro antes de lhe desferir uma patada. Porém é preciso perguntar-se: Isso serve para algo? Isso é mesmo verdadeiro? Recentemente ouvimos do jornal que o ser humano também tem bastidores bem diferentes.

Todo ser humano, por mais primitivo que seja, é tremendamente gentil quando o abordamos da maneira correta e em circunstâncias normais. Estive certa vez com uma tribo primitiva[427], a noite inteira dançaram com alegria em torno do fogo. Eram extraordinariamente agradáveis. Eles nos acharam pessoas muito gentis. Nós também achamos. Dois dias depois veio um inglês até eles. Ele os abordou da maneira errada e ralhou com eles. Então eles o espetaram numa lança. Isso também poderia ter acontecido conosco. Éramos apenas três brancos[428] e tínhamos só um revólver. É por isso que os juí-

426. O primeiro capítulo do tratado pedagógico *Emílio, ou Da educação* (1762) de autoria do filósofo genebrino Jean-Jacques Rousseau (1712-1778) começa com esta sentença: "Tudo é certo saindo das mãos do Autor das coisas, tudo degenera nas mãos do homem" (Rousseau, 1762/1995, p. 9).

427. Cf. nota 98.

428. OK: "europeus".

zos a respeito dos primitivos são muito contraditórios. Alguns dizem que os papuas[429] seriam os cães mais ardilosos que existem, nem sinal de lealdade e fé ou alguma coisa boa; outros dizem que eles seriam as crianças mais queridas do mundo, exato, crianças, e eles são assim mesmo. São tremendamente gentis, mas também são diabólicos, maltratam animais e fazem todo tipo de coisas. Quando se educa equivocadamente uma criança, deslocando-a para uma atmosfera de maus-tratos, o que é o caso de muitas famílias, se descobrirá que essa criança maltratará outros. Só quem foi maltratado se torna praticante de maus-tratos. Então elas passam a maltratar animais e pessoas, e as queridas crianças ficam perversas. Isso é um fato da natureza: o ser humano não é só bom, ele também é mau. E, se quisermos saber a verdade, temos de saber que não somos capazes só da benevolência, de não fazer mal nenhum ao outro e conviver comodamente com ele. Por um lado, somos capazes de grandes virtudes, admiráveis na abnegação quando corretamente educados, mas, por outro lado, também podemos praticar as coisas mais terríveis, as coisas mais inacreditáveis, metralhar pessoas, inclusive mulheres e crianças, como lemos precisamente em nosso tempo com frequência. Aqueles que fazem isso não são pessoas ruins, mas pessoas bem comuns, como vocês que estão sentados aqui diante de mim. Eles apenas transcenderam a si mesmos, foram além de si mesmos, exatamente do mesmo modo que aqueles que exibem virtudes supremas são pessoas que transcenderam a si mesmas. É algo que precisamos registrar para nós mesmos: não existimos simplesmente, mas temos um pano de fundo de alcance muito maior do que conseguimos perceber na consciência normal.

429. Somente em RS.

Seminário 14[430]

23 de fevereiro de 1940

No último seminário, ocupamo-nos com a ideia do pecado, ao modo como nos deparamos com ela nos exercícios inacianos. Pois, nessa meditação da primeira semana, o pecado desempenha o papel determinante, o pecado e sua terrível punição. Os exercícios dessa semana tentam transmitir a quem os pratica um conceito de pecado e de suas consequências que não pode mais ser superado. Mencionei a vocês que, para muitas pessoas que praticam esses exercícios, a execução é quase insuportável e com frequência pode realmente causar danos. Não é de se admirar que, quando tais meditações são praticadas – e com essa intensidade –, ânimos mais sensíveis sejam impactados da maneira mais profunda e duradoura possível, e eventualmente também da maneira mais danosa possível. Porém o que deve nos preocupar aqui não são esses efeitos colaterais, mas essencialmente o teor da ideia.

Quando se vê com que intensidade é incutida a ideia de pecado e de castigo que decorre dele, realmente é de se perguntar para que se faz esse esforço inaudito. Se partirmos do ponto de vista dogmático, da ideia do pecado hereditário, a qual diz que nós, por assim dizer, já fomos corrompidos desde o em-

430. O texto deste seminário foi compilado com base em anotações feitas por LSM, ES, RS e OK, bem como na tradução inglesa de BH.

brião, podemos entender tal exercício. Nesse caso, é, por assim dizer, lógico, mas quando abordamos a questão psicológica, a saber, para que serve tal inculcação do pecado, trata-se de um problema diferente. Pois quando a pecaminosidade tem de ser inculcada com essa intensidade, isso pressupõe que, do outro lado, existe no ser humano uma inclinação igualmente grande para pecar, isto é, certa presunção antidivina, luciferiana, do ser humano, certa semelhança com o divino, que constantemente o leva a fazer aquilo que ele não deveria. Mais precisamente, não devemos achar que ele estaria, de certo modo, propenso a transgredir os mandamentos apenas de alguma forma não intencional, mas deve tratar-se de uma tendência, por assim dizer, quase orgânica para a presunção, para a *hýbris*.

Porém qual é a consequência dessa forma de inculcação da pecaminosidade? É uma aniquilação do indivíduo, uma opressão do ser humano, uma desvalorização de sua existência e, por assim dizer, de sua dignidade. Ele fica impregnado da maneira mais profunda possível da convicção de que, desde o princípio, ele está corrompido e perdido, que ele está constantemente tentado a se desviar do caminho correto para o sem sentido e absurdo, e que só fazendo um terrível esforço ele terá condições de chegar a um estado digno da graça.

A essa opressão ou desvalorização do ser humano se contrapõe uma tendência igualmente forte de sobrevalorização. Não se deve supor que se trata aqui, de certo modo, de resoluções ponderadas, como, por exemplo, "eu quero pecar", "eu escolho pecar", "eu gostaria de ser semelhante a Deus" ou "eu sou semelhante a Deus". Não se trata de juízos desse tipo, mas de um fenômeno psicológico. A saber, se o ser humano não for rebaixado em sua substância, ele incorre na semelhança a Deus, mas sem saber disso. Isso tem a ver com uma falta de domesticação do ser humano, com um barbarismo original, de modo que ele incorre em uma ou na outra destas tendências: autodesvalorização ou autossobrevalorização[431]. Não que ele quisesse; simplesmente lhe sucede sucumbir à presunção ou à extrema e mais indigna autodesvalorização.

Aqui nesses exercícios e, de modo geral, em toda essa etapa histórica do desenvolvimento do cristianismo, trata-se de um fenômeno temporal, isto é, de um fenômeno vinculado a certa época. Poder-se-ia dizer que esses exercícios caracterizam de modo especialmente nítido uma época em que a autoexaltação, a soberba espiritual, a semelhança a Deus do ser humano começaram a se tornar ameaçadoras. A exemplo de outra fase da história do espírito, um pouco anterior a essa época, dos séculos XIV e XV, aquele período em que a Igreja perseguiu os que tinham outra crença, da caça às bruxas etc., no qual se começou a queimar pessoas vivas em massa. Esse foi um tempo em que afloraram dúvidas, em que a presunção se manifestou na forma de contestações religiosas de todo tipo. Todo tipo de especulações teve início com a ampliação do conhecimento do mundo. É a época das grandes viagens de descobrimento, em que, com a expansão da imagem do mundo, infiltrou-se a ideia de que o mundo não é tão plano como se pensava, de que não é o Sol que gira em torno da Terra, mas a Terra em torno do Sol. Esses primórdios da ciência natural tiveram o condão de despertar certas dúvidas religiosas, e foi então que teve início essa incineração dos hereges etc., muito antes da Reforma. A Reforma foi, então, um movimento herético que, por assim dizer, consumou essa época, e, desse modo, fundou um cisma, uma divisão da Igreja, que perdura até nossos dias. Isso significou, portanto, um enfraquecimento do cristianismo em sentido próprio.

Essa tendência, essa prepotência da razão humana, tornou-se ensejo para essa intensa opressão, e os exercícios inacianos são, a exemplo da Ordem Jesuíta como tal, simplesmente outra

431. OK: "autoaniquilação ou presunção".

decorrência da desagregação cismática da Igreja. Pois eles são os *milites Christi* [soldados de Cristo], convocados para exterminar ou dominar os inimigos de Cristo. Os exercícios também foram inventados para promover mais disciplina nas fileiras dos adeptos da Igreja – um verdadeiro contragolpe contra o cisma da Reforma. A própria Reforma foi precisamente um levante contra a autoridade absoluta da Igreja, uma acentuação intensa da razão humana diante da pura autoridade. Desse modo, aflorou um pouco daquela *hýbris*, daquela presunção do ser humano, sendo logo seguida de um ânimo revolucionário que penetrou profundamente na população. Pensem nas terríveis revoltas dos camponeses[432] da época de Lutero, que tiveram de ser reprimidas com extrema crueldade. Esses são simplesmente efeitos decorrentes. Enquanto o ser humano não estiver suficientemente domesticado, isto é, padecer de uma falta bárbara de autodomínio, ele infalivelmente se desagregará em pares antagônicos. Se for crente, ele se perderá totalmente na crença, o que será, então, denominado ser virtuoso. Ou, então, ele se perderá na autoaniquilação completa, de modo que não será mais absolutamente nada. Ou ele joga toda essa problemática para o alto e se entrega a suas pulsões infantis, a exemplo de um Thomas Müntzer[433] e pessoas como ele, as revoltas dos anabatistas etc.

Fato é que um poder obscuro, uma energia pulsional, sempre, por assim dizer, se apodera do ser humano, e então ele é simplesmente arrastado pela torrente e então naturalmente tudo passa a ser sem sentido. O ser humano nem pode subsistir com base em uma ideia racional enquanto estiver em um estado de barbárie; nesse estado, tudo tem de ser levado às últimas consequências. Disso resulta, então, a cada vez uma catástrofe

432. Cf. nota 313.

433. Cf. nota 313.

e se pensa, então, que, depois de reprimir esta, tudo ficará melhor. Porém a mesma história simplesmente se repete, só que agora na cor verde onde antes tinha sido na cor azul. Pode-se duvidar de que os humanos algum dia serão mesmo regidos pela razão, de que algum dia conseguirão ser inteiramente racionais. Eu não levaria ninguém a mal por pensar que as coisas simplesmente continuarão sempre do mesmo jeito. Porém, caso se queira ser mais otimista, pode-se ter esperança de que, após uma bobagem muito grande, as coisas melhorem.

Porém o que vemos historicamente é o oposto disso. As coisas vão de um extremo ao outro e, quando o ciclo está completo, começa tudo de novo. Isso se sabe da história e se sabe também que a consciência humana se expandiu e se ampliou significativamente. Porém não há nenhuma dúvida quanto a se com isso as coisas melhoraram moralmente. Moralmente não houve melhora. As melhores invenções, recursos e ideias são usados de modo francamente diabólico para a destruição, o que não constitui um prognóstico exatamente agradável para o futuro. Porém estou convencido de que pensar nesses termos é propriamente pensar equivocadamente. Deveríamos aprender a pensar de outro modo. Cada qual deveria se ocupar mais com o seu problema do que com o problema das 11 mil virgens que, na verdade, não lhe diz respeito[434]. Não deveríamos perguntar,

434. Jung se refere à lenda de Santa Úrsula, uma santa cristã romano-britânica do século IV. De acordo com uma narrativa medieval, Úrsula viajou da Britânia para casar-se com o governador pagão Conan Meriadoc de Armórica (Bretanha), levando com ela 11 mil donzelas, com as quais fez uma peregrinação a Roma antes do seu casamento. Mas elas só chegaram até Colônia, que, naquele período, era sitiada pelos hunos, que capturaram e decapitaram as virgens, ao passo que Úrsula foi morta por um tiro de flecha. O lugar central de veneração da Santa Úrsula é Köln (Colônia), onde se encontra sua sepultura. Mas também há uma tradição de veneração da Santa Úrsula em Basileia, onde Jung passou sua juventude. Diz-se que Úrsula e as 11 mil virgens passaram pela cidade no caminho para Roma. Uma homenagem a esse evento lendário é o *Elftausendjungfern-Gässlein* (Beco das Onze Mil Virgens).

estatisticamente: Como será daqui a 20 anos? Naquele tempo viverão outras pessoas. Hoje vivemos nós e é de nós que se trata. Esse tipo de meditação que pensa em termos de centenas de milhares e de milhões equivale a uma neurose na medida em que a pessoa simplesmente se distancia de sua problemática. Porém, se alguém se ocupasse com sua problemática, teria o que fazer durante toda a vida e não precisaria se ocupar em como estarão os outros daqui a 20 ou 50 anos.

Portanto, esses conflitos enormes, esse vai e vem entre presunção e desvalorização do ser humano, são propriamente sintomas de uma domesticação falha. Na verdade, não precisamos de tais extremos, como ainda veremos. Mais adiante ainda lhes apresentarei uma citação indiana a respeito disso.

O pecado, como é concebido historicamente, é, em primeira linha, desvio de uma lei, de um mandamento divino. Isso coincide mais ou menos com a posição veterotestamentária. Antes dessa posição não havia pecado propriamente dito. A Antiguidade, por exemplo, não tinha ciência de nenhum pecado propriamente dito, mas tão somente de falta de habilidade e burrice ou muita presunção, o que talvez tenha ofendido este ou aquele deus. Portanto, imprudências diante de poderosos. Mas isso não era sentido como um pecado. No Antigo Egito, tampouco havia o conceito de pecado no nosso sentido; o que havia era a assim chamada confissão negativa dos pecados, que o moribundo tinha de fazer: "Não roubei os bens da viúva, não menti nem enganei. Não roubei gado". Portanto, apenas "não fiz..." Naturalmente a ideia por trás disso é: "Não cometi nenhuma bobagem que pudesse ter ofendido esta ou aquela divindade ou corporação". Porém nem se fala de que isso poderia significar um conflito moral.

O conceito de pecado é essencialmente veterotestamentário e é transgressão do mandamento. No cristianismo propriamente dito, não se trata mais da lei, isto é, de transgredir leis – isso voltou a surgir recentemente no protestantismo –, mas de agir contra o amor de Deus e contra o próximo. E, como vocês ouviram, nossa fonte de informação, o espanhol Izquierdo, deu uma boa definição de pecado: só há um pecado e este é o pecado mortal, "que coloca seu fim último na criatura e não em Deus"[435]. Portanto, quem vê seu fim, o conhecido *finis* de Inácio, no que foi criado – seja pelo ser humano seja por Deus e, portanto, no que é sensorialmente perceptível, natural etc. –, quem tem seu fim nisso comete o pecado mortal. Pois ele é justificado única e exclusivamente por ter seu fim em Deus, isto é, que toda a vida teria de ser pensada propriamente como direcionada para Deus e não para alguma criatura. Portanto, segundo essa concepção, o pecado é um divergir de Deus; ele não é transgressão de algum mandamento, por exemplo, do mandamento do amor, mas o afastar-se da divindade.

O que é a divindade segundo a concepção jesuíta? Vimos isso em Przywara e falamos extensamente sobre isso: a divindade é uma união dos opostos, a unidade dos cindidos. O cindido, quando se desdobra, constitui um conflito, e, por essa razão, a unificação acontece na cruz. É por isso que Przywara diz que Deus aparece na cruz. Ele se manifesta através do Cristo pendurado na cruz. Portanto, quem quiser se tornar uno com Deus, só conseguirá isso pela *imitatio Christi*, pelo seguimento de Cristo[436], tomando, ele próprio, a cruz sobre si, tomando sobre si o conflito dos antagonismos mundiais, e postando-se, de certo modo, no centro, diante da cruz. Ou quando, acompanhando Przywara, pensarmos a partir de Cristo, diremos que somos postados com Cristo diante da cruz (Przywara, 1938,

435. "*nam hoc point ultimum finem in creatura, & non in Deo*" (Izquierdo, 1695, p. 33).

436. Cf. nota 44.

p. 72). Isso é uma tradução literal do texto original em espanhol de Inácio[437]. Assim, Deus aparece, de certa forma, empiricamente. Desse modo, Ele se revelou ao mundo como a cruz, como o instrumento do martírio, como um sofrimento, e, na medida em que Cristo assume seu sofrimento, Ele manifesta Deus, Ele torna Deus visível. Vocês veem, portanto, que, segundo essa concepção, o sofrimento entre os opostos, a colisão dos opostos, realmente é a manifestação de Deus. Mas é claro que a cruz, tanto quanto a divindade, não é só sofrimento, o sofrimento de Cristo ou daquele que se submete à *imitatio Christi*, mas a cruz também é símbolo da redenção. Pois o sangue de Cristo derramado por nós é uma bebida salvífica, a *medicina catholica*, o remédio universal. Ele é a água da ablução, a água da lavagem pela qual somos purificados do pretume do nosso pecado e curados da doença de nosso distanciamento de Deus. Assim, na cruz também está a salvação, a saber, quem for postado dentro dessa cruz ou assumir o conflito, quem estiver no centro dos grandes antagonismos mundiais, esse, por isso mesmo, já tem a salvação. Por essa razão, a separação de Deus é uma separação da cruz e a separação da cruz é desviar-se de Deus. Com outras palavras: se alguém conseguir uma maneira de sair desse conflito, não mais sofrê-lo, separou-se de Deus e está no estado do *peccatum mortale*.

Ora, claramente o Deus sofredor que apareceu em Cristo é um espelhamento da própria essência humana. Na *imitatio Christi* tento me identificar com os sofrimentos de Cristo. Sendo bem-sucedido, sou, por assim dizer, o Cristo sofredor, todavia no sentido de que me entrego a Cristo de tal maneira que

---

437. Jung provavelmente se refere ao parágrafo 53, um colóquio no fim do primeiro exercício durante a primeira semana: "Imaginando Cristo, nosso Senhor, diante de mim e posto na cruz, fazer um colóquio" [Loyola, 2000, p. 35]. O manuscrito espanhol original tem o seguinte teor: "*Ymaginando a Xpo nuestro Señor delante y puesto en cruz, hacer un coloquio*" (MHSI-MI, p. 192).

abstraio totalmente de mim, desfaço-me completamente desse eu indigno e o entrego a Cristo, de modo que o meu eu entra no corpo de Cristo através de suas chagas, sendo absorvido por seu corpo, de tal modo que não sou eu que vivo, mas Cristo vive em mim (cf. Gl 2,20). Assim passo a estar em Cristo mediante autoaniquilação. Não sou o Cristo, mas certa vez havia um eu que era o meu eu, e este eu entrou em Cristo, e quem agora vive é o Cristo. É isso que significa propriamente Cristo. E, por ser a segunda pessoa da divindade, Ele é propriamente o íntimo, a experiência íntima do ser humano. Quando está completamente rendido, quando não consegue mais se iludir a respeito de nada, Ele se encontra em meio a esse conflito e então Ele é Deus. Certa vez um místico disse com muito acerto sobre as palavras de Cristo na cruz: "Meu Deus, meu Deus, por que me abandonaste?"[438] que, naquele momento, Ele teria sido verdadeiro Deus, pois Deus o abandonara, não havia mais Deus além dele. Vocês veem que se trata da mesma ideia.

É digno de nota que, pouco depois de Inácio, quase na mesma época, viveu um místico alemão que expressou essas ideias de uma forma maravilhosa: trata-se de Ângelo Silésio[439]. Eu gostaria de ler alguns de seus versos que se referem justamente a esse problema: "I, 5 Não sei o que sou, não sou o que sei, / Uma coisa e não uma coisa, um pontinho e um círculo".

438. "Pelas três da tarde Jesus gritou com voz forte: '*Eloí, Eloí, lemá sabachthani*?' O que quer dizer: 'Meu Deus, meu Deus, por que me abandonaste?'" (Mc 15,34; Mt 27,46). Nessa passagem, Jesus dirige a palavra a Deus com as palavras do Salmo 22,2: "Meu Deus, meu Deus, por que me abandonaste? Minha salvação fica longe, apesar das palavras do meu lamento".

439. Johann Angelus Silesius (1624-1677), nascido como Johann Scheffler numa família luterana, converteu-se para o catolicismo romano em 1653 e provavelmente adotou o nome Angelus Silesius de um místico espanhol do século XVI. Em 1661, Silesius foi ordenado sacerdote e, nos anos seguintes, tornou-se um destacado defensor da Contrarreforma. Sua mais famosa coletânea de poemas é conhecida pelo título da segunda edição como *O peregrino querubínico* (1657/1924). Cf. o seminário de Jung de 9 de junho de 1939 (*ETH*, vol. 6, p. 425).

E assim ele usa o símbolo agostiniano da divindade[440]. Deus é um círculo cujo centro está em toda parte e cuja periferia está em lugar algum. Portanto, em sua modéstia e humildade infantis, Ângelo Silésio se tornou o próprio Deus, sendo um pontinho dentro de um círculo. E em outro verso ele diz:

> I, 10 Sou grande como Deus, ele é pequeno como eu;
> ele não pode estar acima de mim, eu não posso estar abaixo dele.
>
> I, 6 Para encontrar meu derradeiro fim e meu primeiro começo,
> tenho de me perscrutar em Deus e Deus em mim
> e tornar-me o que ele é, ser um brilho no brilho,
> tenho de ser palavra na palavra, um deus em Deus.
>
> I, 204 Nada me parece alto, eu sou a coisa mais alta,
> por Deus também ser sem mim, a ele também
> parece pequeno.
>
> III, 135 Pois imensurável é o Altíssimo, como sabemos,
> e, não obstante, um coração humano pode
> contê-lo inteiro.

E, por fim, ele diz: "V, 354 Cristo, não fujas da cruz, tens de estar crucificado, / caso contrário, jamais entrarás no reino celestial" (Ângelo Silésio, 1657/1924)[441].

Nesses versos, Ângelo Silésio expressa, de modo mais simples e completo, tudo o que dissemos sobre Przywara e sobre as meditações de Inácio. Vocês veem nitidamente nessas palavras que Cristo não é senão o si-mesmo projetado do ser humano; de certo modo, aquilo que é maior no ser humano, aquilo em

---

440. Cf. os seminários de Jung de 12 de maio de 1939 (*ETH*, vol. 6, p. 362) e 23 de fevereiro de 1940 (p. 331).

441. Os aforismos são citados segundo a edição alemã de 1924: I, 10 (p. 12). Cf. tb. Jung (OC 6, § 477). Para a edição BH, Mary Mellon traduziu os versos para o inglês (BH, p. 24). [Trad. bras. com base na citação em alemão [N.T.].]

que está contido esse eu, aquilo em que esse eu pode se dissolver. A finalidade dos exercícios é justamente dissolver esse eu nessa figura maior. Pois, e nisso vemos o outro lado do simbolismo da cruz, por essa via, o eu chega àquele estado de soltura ou redenção, isto é, ao estado em que os opostos coincidem. Como já enfatizei várias vezes, para o Ocidente é absolutamente característico que esse desenvolvimento passe por um processo vital intenso, enquanto, no Oriente, esse não é o caso. Lá o processo de desenvolvimento se dá de modo bem diferente, a saber, mediante a recusa do sofrimento, evitando o que é doloroso, ou seja, pela via diametralmente oposta, como se poderia dizer. Porém as ideias subjacentes são propriamente as mesmas e, a esse respeito, eu gostaria de ler uma passagem do *Dhamma-Kakka-PPavattana Sutta*, do volume 11 dos *Sacred books of the East* [Livros sagrados do Oriente], traduzida do inglês[442]:

> 1. Reverência ao Bendito, ao Iluminado. Ouvi dizer que o Bendito esteve outrora em Benares, no eremitério chamado Migadâya, e ali o Bendito se dirigiu à reunião dos cinco *bhikkhus* e falou:
>
> 2. "Há dois extremos, ó *Bhikkhus*, que o ser humano que renunciou ao mundo não deveria seguir (a saber, na prática habitual): de um lado, aquelas coisas, cuja atração se baseia nas paixões e especialmente na sensualidade. Uma via vil e pagã de buscar satisfação, indigna, imprestável e adequada àqueles que têm uma mentalidade mundana, que é a prática habitual; do outro lado, a prática da ascese ou da automortificação, que é dolorosa, indigna e imprestável.
>
> 3. Há uma via intermediária, ó *Bhikkhus*, que evita esses dois extremos: a senda descoberta pelo *Tathâgata*. Uma senda que abre os olhos e confere entendimento,

---

442. *Dhamma-Kakka-PPavattana Sutta* (*Fundação do reino da justiça*) (*SBE*, vol. 11, p. 146-159). Jung também citou e interpretou essa passagem em seu seminário de 11 de novembro de 1938 (*ETH*, vol. 6, p. 130ss.).

que leva à paz da alma, à sabedoria superior, à iluminação completa, ao Nirvana.

4. O que é essa via intermediária, ó *Bhikkhus*, que evita os dois extremos, descoberta pelo *Tathâgata*, aquela senda que abre os olhos e confere entendimento, que leva à paz da alma, à sabedoria superior, à iluminação completa, ao Nirvana? Verdadeiramente se trata da senda nobre, óctupla, a saber:

1. as maneiras corretas de ver as coisas;
2. as aspirações corretas;
3. a maneira correta de falar;
4. a atitude correta;
5. a vida correta;
6. os esforços corretos;
7. a mentalidade correta;
8. a meditação (ou a concentração) correta.

Esta, ó *Bhikkhus*, é a via intermediária, que evita os dois extremos, descoberta pelo *Tathâgata*, aquela senda que abre os olhos e confere entendimento, que leva à paz da alma, à sabedoria superior, à iluminação completa, ao Nirvana.

5. Esta, ó *Bhikkhus*, é a nobre verdade concernente ao sofrimento.

Nascimento é dor, decomposição é dolorosa, doença é dolorosa, união com o desagradável é dolorida. Dolorida é a separação do agradável, e todo anseio não cumprido também é doloroso. Em suma, os cinco estados que se originam desse apego a coisas do mundo são doloridos.

Esta, ó *Bhikkhus*, é a nobre verdade concernente ao sofrimento.

6. E esta, ó *Bhikkhus*, é a nobre verdade concernente à origem do sofrimento.

Verdadeiramente é aquela sede que efetua a renovação da existência, acompanhada de prazer sensual, que busca satisfação ora aqui ora ali, a saber, aquele anseio por satisfação das paixões, por uma vida futura ou a ânsia de sucesso nesta vida.

Esta, ó *Bhikkhus*, é a nobre verdade concernente à origem do sofrimento [...]."

24. Assim falou o Bendito. A sociedade dos cinco *Bhikkhus*, de coração alegre, elogiou as palavras do Bendito. E, concluída a fala, levantou-se o venerável *Kondañña*, o olho da verdade, sem erros nem máculas, (e ele reconheceu) que a tudo que tem um começo também é inerente a necessidade de chegar a um fim.

25. E, depois que a roda real da verdade foi posta em movimento desse modo pelo Bendito, os deuses da terra exclamaram:

"Em Benâres, no eremitério de Migadâya, foi posta em movimento pelo Bendito a suprema roda do reino da verdade, aquela roda que não pode ser girada para trás por nenhum *samana* ou *brâhman*, por nenhum deus, por nenhum *Brahma* ou *Mâra*, por ninguém no universo!"

26. E quando os deuses dos quatro grandes reis (os deuses dos quatro quadrantes do horizonte) ouviram essa exclamação dos deuses da terra, exclamaram:

"Em Benâres, no eremitério de Migadâya, foi posta em movimento pelo Bendito a suprema roda do reino da verdade, aquela roda que não pode ser girada para trás por nenhum *samana* ou *brâhman*, por nenhum deus, por nenhum *Brahma* ou *Mâra*, por ninguém no universo!"[443].

Quis mencionar isso ainda para que vocês vejam que aqui igualmente é introduzida a ideia da quaternidade, e isto sem sequência inversa. A cruz é caracterizada pela quaternidade. É a forma cristã da antiquíssima *quaternitas*. O ser humano

443. *Dhamma-Kakka-PPavattana Sutta* (*SBE*, vol. 11, p. 146-149, 153-154). O texto consta em ES e OK.

ocidental vem, de certo modo, de fora, da quaternidade, para dentro da unidade de Deus, ao passo que o ser humano oriental desce da unidade do ser divino para dentro da quaternidade. A verdade do Buda é desvelada a partir da unidade, sendo acolhida, então, pelos deuses da terra, pelos centros psíquicos inferiores, e, por fim, transferida para a quaternidade inferior, que equivale à terra. É assim que o reino da verdade desce para dentro do mundo da aparência e do sofrimento, ao passo que o ser humano ocidental vem do mundo da aparência e do sofrimento e ascende à cruz, à quaternidade e à unidade. O Oriente tem uma posição completamente contrária. A via oriental é diferente da ocidental na medida em que nós procedemos do mundo exterior e ingressamos no mundo interior, enquanto o saber[444] oriental, por assim dizer, desce da unidade do espírito para dentro do mundo. Pois a roda que é posta em movimento, que vocês podem ver em todos os templos budistas, a roda do *dharma*, representa o ensinamento do Buda que passou a rolar sobre o mundo e que traz, de certo modo, a redenção de um mundo de aparência e sofrimento. Porém as ideias básicas e o simbolismo são essencialmente os mesmos. Trata-se aqui, portanto, decididamente de ideias humanas universais.

Com essas reflexões e correspondendo ao significado de Cristo como a ponte, o *mediator* com a divindade, inicia-se também a segunda semana dos exercícios com a meditação sobre o reino de Cristo. Ela se ocupa essencialmente com o destino de Cristo, e a finalidade do exercício é esta: aproximar do meditante a figura de Cristo como o Salvador, a tal ponto ou exatamente como se procedeu com o pecado, a condenação e o suplício eterno do inferno. Cristo como o Salvador, como aquele que cura, que, em virtude de sua crucificação, constitui um exemplo para a união dos pares antagônicos.

444. RS: "a gnose".

Seminário 15[445]

1º de março de 1940

No último seminário, concluímos a meditação da primeira semana dos exercícios e chegamos agora à segunda semana. Procederemos de um modo mais sumário daqui por diante, visto que muitas das ideias que seguem já foram tratadas nas partes introdutórias.

Na segunda semana, trata-se da meditação sobre o reino de Cristo e de Cristo como o Senhor do mundo. Trata-se, pois, da meditação sobre a pessoa de Cristo e seu significado salvífico para os seres humanos e o mundo inteiro. Essa meditação resulta logicamente do que falamos até agora. Certamente já ficou claro para vocês que, na meditação sobre a *Anima Christi* e o *Fundamentum*, bem como nas meditações da primeira semana, aflora de modo cada vez mais nítido a ideia de que o ser humano se encontra em uma relação peculiar com Deus, a saber, com o Deus que se tornou humano, que aparece, por assim dizer, como um reflexo do ser humano, mas que naturalmente, numa compreensão dogmática, não é nada disso. Talvez fosse melhor dizer que o ser humano é, de certo modo, um reflexo distorcido desse ser humano universal ou eterno. Daí decorre, na segunda semana, logicamente a meditação sobre essa imagem, a imagem do Deus que se tornou humano e de sua existência terrena, isto é, sua existência histórica, por assim dizer.

---

445. O texto deste seminário foi compilado com base em anotações feitas por LSM, ES, RS e OK, bem como na tradução inglesa de BH.

Assim, a primeira meditação ou exercício começa com representar com exatidão, ou seja, imaginar ativamente, como Cristo veio a ser. Mais precisamente, esse devir humano não começa com o nascimento, mas com os acontecimentos no πλήρωμα, isto é, na plenitude. Esta é uma expressão que vocês encontrarão ocasionalmente em Paulo[446]. Trata-se daquela esfera espiritual, caso se possa dizer isso assim, na qual o mundo ainda não veio a ser. É uma existência das possibilidades, das possibilidades espiritualmente preexistentes do mundo, da qual se originaram os embriões do mundo. Poderíamos dizer, portanto, que se trata, de certo modo, de uma representação do tipo que se encontra entre os primitivos, entre os quais vigora a mesma ideia de um mundo dos ancestrais, ou seja, o mundo do qual procederam os ancestrais, no qual eles estão em casa, do qual eles vieram criando o mundo, a saber, transformando a si mesmos nas coisas. Eles não criaram as coisas, mas transformaram a si próprios, de modo singular, nas próprias coisas.

446. São Paulo usa a palavra "πλήρωμα" (*pléroma*, termo grego para "plenitude") para descrever a perfeição de Deus, a plenitude do seu ser, como em Colossenses 1,19: "Foi do agrado de Deus fazer habitar nele a plenitude" ou Efésios 3,19: "E conhecer o amor de Cristo, que supera todo conhecimento, para que sejais cheios de toda a plenitude de Deus". Ele também é aplicado a Jesus Cristo, como em Efésios 4,13: "Até que todos nós cheguemos à unidade da fé e do conhecimento do Filho de Deus, ao estado de homem perfeito, de acordo com a maturidade da plenitude de Cristo" ou Colossenses 2,9: "Pois nele habita toda a plenitude da divindade em forma corporal". Em Efésios 1,23, Paulo fala da Igreja como "seu corpo, a plenitude daquele que preenche tudo em todos". O significado do termo muda no gnosticismo, devido à sua afinidade com a filosofia grega, para aquele "estado de completude em contraste com o de deficiência ou de plenitude da existência real em contraste com a vacuidade e irrealidade dos meros fenômenos" (Lock, 1902, p. 2). Jung oferece uma explicação detalhada de sua compreensão de "*pléroma*" no primeiro dos *Septem Sermones ad Mortuos* [*Sete sermões aos mortos*] (1916), um tratado gnóstico publicado sob o nome de Basilides de Alexandria, e que foi registrado pela primeira vez nos livros negros em janeiro de 1916 (cf. Jung, 2010, p. 509-514).

Dou-lhes um exemplo: o ancestral que representa a chuva. Este é um ente, cuja cabeça é representada pelas nuvens, cujos cabelos são representados pela chuva, cujo corpo é representado pelas massas de chuva em queda. Os pés são os pontos em que os aguaceiros tocam o chão. Trata-se, nesse caso, de representações australianas. Esse ente se transformou nesse fenômeno. Ele é propriamente invisível, metade animal, metade humano, nuvem ou chuva. Portanto, ele não criou as coisas mundanas que aparecem a nós, as coisas visíveis, palpáveis, mas se transformou nelas por meio da transformação de si mesmo. Foi assim que surgiu, por exemplo, o arco de atirar flechas, a saber, o ancestral do arco se transformou com sua mulher em um arco de atirar flechas, preservando, porém, seu formato original. Nem seria possível fazer um arco desses se não houvesse o ancestral do arco de atirar flechas, que tem em cima uma cabeça, que é a ponta do arco, e da corda se levantam essas fibras que são seus cabelos, embaixo está o pé, e a corda que pende do arco é sua mulher pendurada no seu pescoço. Esse par é o ancestral que se transformou precisamente no arco de atirar flechas, e foi assim que animais e humanos e todos os seres em geral vieram a existir. A doutrina secreta consiste em que se indiquem todas as regiões da terra em que moraram os ancestrais, onde eles migraram, o que fizeram neste ou naquele lugar. Trata-se de inumeráveis lendas, conhecidas de uns e de outros não. Por exemplo, o totem da chuva: os anciãos que pertencem ao totem da chuva conhecem todas as histórias referentes ao que fez o ancestral da chuva, todos os seus feitos, onde ele viveu etc. E o mesmo se dá com os demais ancestrais singulares que são, portanto, de um tipo inimaginável. Trata-se, na verdade, de ideias platônicas preexistentes que se transformaram nas coisas experimentáveis. Portanto, é uma representação primitiva.

Os primitivos chamam esse mundo preexistente de *altjira*[447]. Isso também significa sonho. Pode-se dizer, portanto: esse *altjira*, esse reino dos ancestrais, é idêntico ao mundo onírico e, portanto, àquilo que designaríamos como inconsciente. Assim deve ser entendido também esse *pléroma*, essa plenitude, que é entendida como precursora da existência do mundo, na qual tudo está contido, só que *in potentia*, como possibilidade. Daí pode resultar tudo.

E assim, a meditação sobre o devir humano começa com imaginar nitidamente como as três pessoas da Trindade olham lá de cima, do céu, para a terra, e a terra está cheia de gente que se encontra na iminência de ir diretamente para o inferno. Elas olham para baixo e deliberam o que poderia ser feito para de algum modo retardar esse fato lamentável, e resolvem que a segunda pessoa da divindade deve se encarnar como ser humano para pôr fim ao estado ruim que reina na terra.

Essa representação que soa muito simplória é confeccionada segundo um modelo dos mais antigos, não é mesmo? Ela é pensada mais ou menos como pensam os primitivos. Ou seja, quando o arroz não está querendo crescer como deveria e, portanto, quando o arroz está numa constituição ruim, busca-se um homem, um especialista em totem de arroz que conhece

447. *Altjiranga mitjina*, "o tempo-sonho eterno" ou "o sonhar", refere-se, na mitologia de alguns aborígenes australianos, a um conceito de tempo sagrado ou pertencente aos deuses. O antropólogo francês Lucien Lévy-Bruhl (1857-1939) traduziu *altjiranga mitjina* ou *churinga* por "*les éternels incréés* [os eternos incriados]" (Lévi-Bruhl, 1935, p. 48-49). Jung se deparou com o conceito ao ler *As funções mentais nas sociedades inferiores* (1910), de Lévy-Bruhl, como preparação para escrever *Transformações e símbolos da libido* (1912). Lévy-Bruhl toma o conceito emprestado de *The central tribes of Northern Australia* [As tribos centrais do norte da Austrália] (1899) de Spencer e Gillen, e *Die Aranda- und Loritja--Stämme in Zentral-Australien* [As tribos aranda e loritja na Austrália Central] (1907) de Strehlow. Jung discutiu esse conceito em seu *Seminários sobre sonhos de crianças* (1936-1940/2011, p. 154). Cf. tb. seu seminário de 13 de janeiro de 1939 (*ETH*, vol. 6, p. 217). Cf. Shamdasani (2003, p. 295-297).

todas as lendas do arroz, que sabe como o ancestral do arroz se transformou originalmente em arroz, que sabe como o arroz veio a ser. Existe uma grande quantidade de lendas curiosas. E então se constrói uma cabana para o especialista em arroz no meio da plantação de arroz e ali ele conta para o arroz como foi que o ancestral do arroz teria feito originalmente o arroz, para que o arroz se lembre de como originalmente veio a existir e cresceu tão viçoso. Quando o arroz voltar a ter ciência disso, ele voltará a crescer direito. Assim uma colheita ruim de arroz é, por assim dizer, detida quando se diz claramente para o arroz como foi mesmo que ele veio a existir.

Essa representação reaparece nos primórdios do cristianismo na medida em que nele havia a concepção de que o homem Jesus sempre teria existido e que ainda se lembrava do *pléroma*, do estado em que ainda costumara ter conversas com Deus. Ele ainda se lembrava, de certo modo, de suas conversas com Deus. E ele vem até os humanos e, por sua figura, lembra-lhes o que o ser humano originalmente foi e quis vir a ser. Pois o ser humano esqueceu de onde ele veio propriamente. Ele esqueceu o "*homo creatus* [ser humano criado]", esqueceu seu criador, e acha que faz tudo a partir de si e não a partir de seus ancestrais, e, por essa razão, tudo vai mal.

Assim foi explicado o sentido da aparição de Cristo, como alguém que traz a rememoração do que o ser humano era originalmente e outrora, quando ainda morava no céu como ser humano, como *ánthropos*. Nos escritos gnósticos é aclarado, então, de maneira muito complexa e com múltiplas variações como esse ser humano original veio a existir, quando os eventos que precederam toda a existência do mundo ainda se encontravam no *pléroma*, ou seja, na plenitude. Portanto, Cristo relembra o ser humano do que ele foi originalmente, para que ele conheça a si mesmo nessa imagem.

Assim, portanto, na meditação inaciana se imagina que o devir de Cristo teve um início que corresponde ao início do Evangelho de João, onde diz que o Logos sempre existiu e sempre esteve com Deus, e que todas as coisas teriam sido feitas pelo Logos, e que sem ele nada do que foi feito se fez[448]. Ele é concebido, portanto, de certo modo, como um órgão executivo da divindade. É preciso que se imagine, isto é, que o meditante imagine esse devir de modo vívido, como a divindade deliberando sobre o destino do mundo.

A existência humana de Cristo começa, portanto, ao imaginar Gabriel descendo até a *beata virgo* [virgem bem-aventurada], ela morando numa casinha nas cercanias de Nazaré, ele entrando pela porta. Isso também tem de ser representado geograficamente, ou seja, por assim dizer, com todos os detalhes locais. Isso vai a tal ponto que é preciso imaginar que o local está situado na província da Galileia. Todos os conhecimentos que o meditante possui têm de ser reunidos para que possa visualizar essa imagem da maneira mais concreta e clara possível. Então seguem todos os eventos que vocês conhecem da lenda sagrada.

Segue o segundo exercício: a meditação sobre o nascimento de Cristo, esta também com todos os detalhes desejáveis. Pois a história do nascimento começa quando a *beata virgo* deixa Nazaré em companhia de José para ir a Belém em função do censo. É preciso imaginar, mais precisamente, como Maria, em estado avançado de gravidez, no nono mês da gestação, é alçada no lombo de um jumento. E, por precaução, ela também se faz acompanhar de uma criada, como se costuma fazer, e também de uma vaca, para ter leite suficiente quando a criança nascer. Isso tem de ser meditado com esses detalhes incríveis. Então é preciso imaginar o percurso passo a passo. Quanto

---

448. "No princípio, ela [a Palavra = Logos] estava com Deus. Todas as coisas foram feitas por meio dela e sem ela nada se fez do que foi feito" (Jo 1,2-3).

dura o percurso. Qual a distância em quilômetros entre Nazaré e Jerusalém. É preciso imaginar como são ultrapassadas as diferentes colinas da Judeia – pois Jerusalém está situada a mais ou menos mil metros acima do nível do mar –, o quanto o caminho é íngreme; intercorrências que podem suceder. E então se chega cansado naquela caverna em Belém, onde, segundo a tradição, teve lugar o nascimento de Cristo. Portanto, não se trata simplesmente de um estábulo, mas de uma caverna, como as que de fato existem em Belém. Hoje em dia elas ainda são usadas como estábulos de cabras. Belém é constituída por uma boa quantidade dessas cavernas, mas em cima da assim chamada caverna da natividade está localizada agora a Igreja da Natividade, um antigo edifício bizantino, que ocupa o lugar em que se encontrava um templo de Adônis, como comprovaram escavações mais recentes. O coro da igreja provém do século IV. Adônis também foi um dos filhos de Deus que morreu e ressuscitou[449].

Em seguida, o meditante também deve, de certo modo, entrar nessa caverna e presenciar toda a ocorrência do nascimento e perceber tudo o que acontece ali com o jumento, a vaca e as pessoas. E, quando isso tudo tiver sido meditado em detalhes, o exercício consiste em que a) a encarnação, o devir humano de Cristo anterior ao tempo, e b) o nascimento real de Cristo são repetidos mais uma vez para que residam em cada detalhe.

E, tendo isso acontecido, segue-se uma repetição geral e, depois desta, segue um exercício em que toda a meditação precedente é repassada mais uma vez, e isto com os cinco sentidos.

---

449. São Jerônimo afirmou em sua epístola 58 que, antes da construção da Igreja da Natividade, o mesmo terreno tinha sido consagrado ao culto de Adônis, que foi realizado após o nascimento de Cristo. James Frazer contestou a afirmação de São Jerônimo no capítulo 33 de *The golden bough* [*O ramo de ouro*], alegando a existência de um culto pagão mais antigo naquele local. De acordo com Ricciotti (1941, p. 276), o culto a Adônis em Belém provavelmente foi incentivado por Adriano no século II para eliminar o culto cristão.

Ou seja, todo esse acontecimento é exercitado com cada um dos sentidos: visão, audição, tato, paladar e olfato. Vocês veem, portanto, que mediante esse enorme esforço da imaginação se visa alcançar que o implicado seja envolvido de tal maneira na situação que ela se torna para ele pura e simplesmente uma realidade, porque ele próprio fez dela uma realidade e, desse modo, tornou a si mesmo real dentro dessa situação. Com outras palavras, ele se transforma nesse acontecimento de tal modo que este adere a ele como se fosse sua história, ou seja, como se ele fosse José, Maria ou a criada. Ele é toda essa situação. Ele se transforma diretamente na situação por meio de tal meditação.

No segundo dia da segunda semana, segue-se, então, a meditação da apresentação no templo, depois a da fuga para o Egito. A isso se seguem duas repetições e, uma vez mais, a percepção pelos cinco sentidos.

No terceiro dia, medita-se sobre a história da juventude de Cristo. Como se sabe, não sabemos nada determinado a respeito da história de sua juventude. Em consequência disso, ela é complementada pela imaginação ativa, mais precisamente com a conclamação específica de imaginar a obediência absoluta de Cristo como criança. Ou seja, ele é um menino extremamente obediente ao seu pai e à sua mãe, porque mais tarde ele cumpriria a vontade de Deus, quando obedeceu a Deus na mesma medida. Dessa meditação resulta obviamente, uma vez mais, um alto grau de identificação com a obediência de Cristo, com a figura de Cristo. Trata-se da assimilação direta da figura de Cristo.

Em curiosa contraposição a isso, encontra-se, então, aquele dramático ponto de virada na vida de Jesus em que ele sobe, na condição de criança obediente, a Jerusalém para a festa com seu pai e sua mãe e não é mais achado por estar discutindo no templo com os escribas. Quando sua mãe vem buscá-lo e se torna um tanto impaciente, ele diz: “Por que me procuráveis?

Não sabíeis que eu devia estar na casa de meu Pai?" (Lc 2,49), ou seja, com outras palavras: "Mulher, o que tenho eu a ver contigo?" (Jo 2,4)[450]. Aqui ele, de certo modo, renega a mãe. Nesse caso, a obediência a Deus ocupa o lugar da obediência à mãe, ao pai, e isto de uma maneira que é ofensiva ao sentimento. Essa falta de reverência ao pai e à mãe, à própria mãe, é um sacrilégio contra o mandamento de honrar pai e mãe. Naquele caso, ele evidentemente não os honrou, mas contrapôs a própria vocação à obediência ao pai e à mãe. Esse é justamente um momento contundente, também na vida de um indivíduo que não tem aspirações mais elevadas. Essa desvinculação da autoridade absoluta de pai e mãe é algo que acontece com cada um de nós. Também esses dois momentos que são, portanto, antagônicos, esses momentos críticos, devem ser repetidos duas vezes e, em seguida, exercitados pelos cinco sentidos.

Chegamos, então, ao quarto dia. Essa é a meditação das duas bandeiras. Esta é a designação clássica. Trata-se, mais precisamente, de dois exércitos que são caracterizados por duas bandeiras: de um lado, o exército de Cristo e, do outro, o exército de Lúcifer, o anjo desertor, que por arrogância apostatou de Deus e foi banido para o inferno. Esses dois vultos são imaginados lado a lado como comandantes de dois exércitos inimigos. Aqui se manifesta o oficial em Inácio. Ele representou para si mesmo a luta contra os poderes malignos em formato militar. Trata-se dos *milites ecclesiae*, dos soldados de Deus, da Igreja. Cristo é, então, apresentado como general do seu exército, que se reúne em campo aberto nas imediações de Jerusalém, ao passo que Lúcifer reúne seu exército na região da Babilônia. Ali Lúcifer está assentado como general sobre um trono de fogo e fumaça, envolto pelas brumas do inferno. Ele está cercado de seus oficiais, os diabos

---

450. Cristo disse essas palavras no início do seu ministério para Maria, nas bodas de Caná.

superiores, que ele envia ao mundo inteiro para recrutar soldados. E, nesse momento, Lúcifer profere uma fala. Ele discursa[451] para seus suboficiais e, nesse discurso, lhes diz como deveriam corromper os humanos para ganhá-los para a legião estrangeira do diabo. Como não temos documentos a respeito disso nas Sagradas Escrituras, isso obviamente precisa ser representado pela imaginação livre do meditante.

Em contraposição, Cristo está sentado nas proximidades de Jerusalém, em um lugar aprazível, sobre uma colina, cercado de seus oficiais, seu estado-maior. Ali estão, em primeiro lugar, os 12 discípulos. Eles são os oficiais superiores. Ele igualmente os envia para recrutar soldados no mundo, e igualmente profere uma fala. Nesse caso, como vocês sabem, há alguma base nas Sagradas Escrituras, que servirão de suporte para a meditação. Porém, em termos gerais, também nesse caso é concedido amplo espaço de manobra à imaginação criativa do meditante.

Quando se medita sobre tudo isso, essa preparação para a guerra final é relacionada com o próprio eu. Pois nós mesmos estamos lá, nas proximidades da Babilônia e no campo em Jerusalém, como espectadores, e notamos que também estamos sendo convocados para participar dessa luta. Diante disso, travamos um colóquio com a *beata virgo*, a grande intercessora. Nós lhe rogamos que interceda junto ao Senhor, para sermos chamados a lutar por sua bandeira. Oferecemo-nos como *milites Christi* [soldados de Cristo]. Poderia ocorrer, e esta é a razão pela qual tantas pessoas vão parar no inferno, que muitas delas não têm clareza sobre que lado devem escolher. Não há como ficar neutro nessa guerra – peço que não façam aqui paralelos históricos; por essa razão, vem agora uma meditação sobre que tipos de humanos existem. Há três tipos e estes são caracterizados de maneira muito banal: cada um deles tem 10 mil duca-

451. Do francês *haranguer*, "arengar, discursar".

dos. É o exemplo antigo. Eles devem tomar uma decisão. Ou: Que decisão eles tomarão quando forem chamados por esses generais? O primeiro até que gostaria de deixar seu apego aos 10 mil ducados, mas não faz nada até a sua morte. O segundo até que gostaria de deixar seu apego ao dinheiro, mas, ao mesmo tempo, também gostaria de ficar com o dinheiro. Ele nunca chega a concluir sua ponderação. O terceiro também quer deixar o apego. Ele também está disposto a renunciar às suas posses de maneira geral, não só ao apego, mas efetivamente às posses, a saber, se isso corresponder a Deus e à razão. Portanto, com outras palavras, se ele acreditar que tem uma instrução clara de Deus, ele renunciará, e se a razão ordenar que o faça, ele também o fará. Isso é especificamente inaciano: se corresponder a Deus *e* à razão. Pois ele é um extraordinário racionalista. Em todas as suas decisões devem ser levadas em conta, de um lado, a vontade de Deus e, do outro, a razão humana. As decisões precisam ser pensadas com precisão, com exatidão jesuítica, para não se deixarem determinar só pela vontade de Deus, mas também pela razão, para que vejamos com clareza por que permitir que a vontade de Deus nos sugestione. Portanto, não pode ser só um sugestionamento ou uma imaginação, mas é preciso verificar se também está em consonância com a razão. Trata-se de uma decisão que é absolutamente necessária em tal caso, porque, do contrário, não se teria critério para o que Deus decide fazer com alguém. Pois a interiorização da vontade divina é um ato intuitivo que acomete o ser humano. Sentimo-nos pressionados a decidir algo. Essa intuição vem de Deus ou do diabo, ou de onde ela procede?

Isso é exatamente igual ao problema que ocupou os mestres mais antigos da Igreja: os sonhos são enviados por Deus, sussurrados pelos demônios ou, no fim das contas, provêm da digestão do ser humano, de sua fisiologia. Naturalmente não se tinha, de início, nenhum critério além da razão, ou seja, por exemplo, o critério da Igreja admitindo que os sonhos poderiam ser "*a Deo missa*" [enviados por Deus]. A Igreja, então, diz: se os conteúdos desses sonhos estiverem em consonância com a doutrina e a lei moral da Igreja, eles podem ser aceitos como enviados por Deus. Porém se o sonho não estiver em consonância com a doutrina da Igreja, é claro que ele é do diabo.

Diante disso, há casos em que se poderia estar em dúvida se um sonho foi enviado por Deus ou pelo diabo. Há uma história divertida do santo egípcio Antônio[452], por cuja autenticidade eu não poria a mão no fogo. Ela é contada por Anatole France: depois de passar 20 anos no deserto, Santo Antônio já se tornara um homem muito santo. Certa noite, alguém bateu à sua porta. Um estranho estava parado lá fora e Antônio lhe perguntou o que ele queria. Então o estranho disse: "Antônio, és um grande santo, angariaste grandes méritos, mas eu conheço um homem em Alexandria que é ainda mais santo do que tu". Diante disso, Santo Antônio ficou muito decepcionado, fez imediatamente sua maleta de viagem para deslocar-se até Alexandria e ter com aquele santo, para aprender os exercícios, a prática desse santo e angariar méritos ainda maiores. Os santos também têm certa ambição no que se refere à santidade. Ele chegou a Alexandria. Ali investigou o paradeiro de um sapateiro chamado Armônio. Esse era o santo, mas ele não conseguia encontrá-lo em lugar algum. No terceiro dia, por fim, alguém disse: "Ele está ali embaixo no porão". Então ele encontrou um sapateiro comum. Ele lhe disse: "O anjo do Senhor me disse que você seria alguém mais santo do que eu". O outro respondeu: "Não sei nada sobre isso". Antônio pergunta: "Que exercícios você pratica?" O outro negou que praticasse e disse: "Tenho nove crianças e preciso ganhar a vida por elas. É isso

---

452. Santo Antônio (cerca de 251-356), com frequência referido como o Grande, um eremita cristão do Egito, tido como o pai do monasticismo.

que eu faço". Santo Antônio não quis acreditar. Por fim, ele pôs as mãos na cabeça e disse para si mesmo: "Só pode ter sido o diabo"[453].

Esse caso serve de ilustração para vocês verem como, apesar de toda a razão humana, as coisas eventualmente podem ficar problemáticas. Então se deve dizer: ela é muito boa, essa doutrina da Igreja. Há muita coisa certa nela, mas o que aconteceria se Deus resolvesse fazer alguma coisa que não está prevista na doutrina, como, por exemplo, fazer uma nova publicação. Faz 2 mil anos que Ele não publica nada. Por exemplo, um testamento ainda mais novo. Nesse caso, em que situação ficaríamos? Segundo que doutrina poderíamos julgar? Essa é uma pergunta séria. Ela só soa um tanto escolástica, mas se pensarem um pouco no assunto em termos psicológicos, vocês notarão que há algo aí.

Ora, essas meditações se ocupam até o 12º dia com a vida de Cristo, do batismo até o Domingo de Ramos. E são concluídas com um exercício sobre a humildade, a saber, sobre Cristo como servo de Deus, que tomou sobre si o ônus do mundo e de seus pecados e não teve dúvidas em se humilhar ou, melhor, ser humilhado até o pó. Desse modo, a meditação leva – quase teríamos de dizer de modo inesperado, mas lógico – à meditação sobre a escolha profissional. Isto é, a divindade não só admitiu nascer e aparecer no corpo humano, mas também foi humilhada até no pó, deixou que zombassem dela e a supliciassem, levou uma vida miserável no pó da terra. Deus se tornou

453. Anatole France (1844-1924), pseudônimo de François-Anatole Thibault, escritor e jornalista francês, contemplado com o Prêmio Nobel de Literatura em 1921. A biblioteca de Jung contém boa quantidade de livros de autoria de France. Embora a figura de Santo Antônio apareça em textos como a novela *Taís* (1890), a adaptação específica do famoso motivo de Santo Antônio e do sapateiro, que Jung recontou no seminário, não pôde ser localizada em nenhuma das obras de France. Sobre France, cf. Bancquart (1994).

perfeitamente humano, ou seja, como eu próprio. O que faço eu então? Qual é a minha profissão? Como eu vivo? Essa é, pois, a pergunta que leva diretamente à própria conduta de vida, mais precisamente a uma meditação sobre a própria profissão que se exerce, por exemplo, como seleiro, carpinteiro ou soldado. E daí provém a meditação sobre a própria conduta de vida, a saber, como se exerce essa profissão, com que finalidade, com que objetivo se é soldado? Ela é exercida tendo como referência a criatura ou tendo em vista a divindade e, portanto, *ad finem*, voltado para o fim?

Segue a meditação sobre a própria vida sob o ângulo de visão da humildade absoluta e da obediência absoluta. Com outras palavras: preenchemos nossa vida com a mesma humildade, a mesma obediência, a mesma submissão com que Cristo preencheu a sua? Por essa via nos deparamos com muitas armadilhas em nós mesmos: onde nos esquivamos, escolhemos o caminho mais fácil, negligenciamos nossos deveres, preferimos a rotina, enganamos o outro, mentimos para nós mesmos sobre algo, o que, na verdade, é exercício diário. Desse modo, nossa vida é lavrada com a comparação com Cristo. Disso obviamente resulta a fusão mais íntima possível da vida de Cristo com a vida do indivíduo, de modo que a intenção é colocá-lo, de certo modo, pelos exercícios, em condições de viver a vida com a mesma totalidade com que Cristo viveu a sua. Isso agora se aproxima muito da ideia de que Cristo é propriamente um modelo da vida, que Ele seria uma imagem mostrada ao ser humano para que ele se lembre de sua real natureza. Pois a real natureza do ser humano jamais aparecerá, se ele não viver na totalidade. Pois quando ele se esquiva num ponto, comete uma fraude em outro e engana em outro, ele patina através da existência e permanece um tanto invisível. Não se sabe ao certo como ele é constituído. Ele é suficientemente inteligente para não chocar ninguém. Ele evitará isso e aquilo, não porque é especialmente moral ou decente, mas simplesmente por ser um tanto covarde. Também é cômodo ser decente, tremendamente cômodo, ou é bom para esquivar-se por causa de alguma representação. Então as pessoas dizem: "Ele foi uma pessoa decente". Nesse caso, ainda se tem um belo necrológio, e, não obstante, tudo foi propriamente uma fraude. Aqui as meditações vão bem fundo, não é mesmo?

Seminário 16[454]

8 de março de 1940

No último seminário, falamos da segunda semana. Eu lhes disse que ela se ocupa principalmente com a vida de Cristo até o Domingo de Ramos, e que essa meditação constitui uma transição para a meditação sobre a própria conduta de vida e, em primeira linha, sobre a própria escolha profissional. Mais precisamente, da meditação sobre a vida de Jesus, que ruma de modo coerente para um fim trágico, resulta uma autorreflexão. Pois não há como se ocupar com a vida de um ser humano da maneira profunda como acontece na meditação, sem que a própria vida seja implicada de algum modo. Sempre medimos as coisas pela própria experiência. Sem que se queira ou tenha intenção de fazer isso, a própria vida é implicada na meditação. Por essa razão, é apenas lógico que, no fim da meditação, sejam incluídas nela de repente a própria conduta de vida, as próprias decisões, planos e intenções.

Se, pois, do ponto de vista da vida de Cristo é levada em conta a própria vida, isso só pode ocorrer em um sentido, a saber, no sentido da totalidade. Pois a intenção da meditação é uma identificação completa com a vida e a pessoa de Cristo, uma execução e uma investigação cabais da própria vida

454. O texto deste seminário foi compilado com base em anotações feitas por LSM, ES, RS e OK, bem como na tradução inglesa de BH.

no sentido da *imitatio Christi* [imitação de Cristo]. Este é um ponto crítico: a questão da *imitatio Christi*. Trata-se de uma imitação, uma *imitatio* da vida de Cristo, no sentido de que a pessoa passa a ter até mesmo os *stigmata* [as cicatrizes] de Cristo, como São Francisco, ou a ideia seria que cada qual viva totalmente à sua maneira até o amargo fim, como Cristo fez? Trata-se de dois caminhos bem diferentes. É claro que, para o cristianismo medieval e o mais recente, trata-se, com toda certeza, da *imitatio Christi*, e não da própria conduta de vida *sine imitatione* (sem imitação).

Em todo caso, quando se vive no sentido da *imitatio Christi* e a vida é conduzida de uma maneira que justamente corresponde à vida de Cristo no sentido da *imitatio*, trata-se de tomar sobre si a cruz, seja no sentido quase literal da cruz de Cristo ou no outro caso de assumir a minha cruz, a cruz do conflito que me é próprio. Se a cruz é assumida no sentido da *imitatio*, resulta daí o conflito que vocês encontram descrito profusamente no Novo Testamento. É o conflito de Cristo com o mundo e a carne. Em contraposição, se for a minha cruz, falta-nos, num primeiro momento, uma definição, pois, nesse caso, trata-se de um conflito individual. Se a vida for vivida de maneira total em um ou no outro sentido, disso resultará sofrimento devido ao conflito. Em todos os casos, quando o conflito é assumido, se a vida for vivida de maneira total em um ou no outro sentido, disso resultará um sofrimento devido ao conflito e daí surgirá uma reforma correspondente da minha conduta de vida, na qual, dali por diante, será assumido o fator do conflito que me é próprio. Pois, num primeiro momento, cada qual procura viver sua vida tanto quanto possível isenta de conflitos. Há certa concepção liberal, que se expressa também no "cristianismo feliz", no qual a pessoa é amável com todo mundo, sempre animada, sempre sorridente e pairando acima de qualquer conflito, pois o Senhor Jesus Cristo tomou sobre si todos os conflitos e, portanto, eu não tenho mais nenhum. Isso naturalmente não é nenhuma *imitatio Christi*, mas um esquivar-se de enfrentar o próprio conflito.

É bem lógico que a terceira semana dos exercícios seja dedicada justamente à meditação sobre o sofrimento de Cristo[455]. A primeira meditação engloba o seguinte: como Cristo enviou dois discípulos de Betânia a Jerusalém para preparar a ceia e, em seguida, foi até o local com os demais discípulos, e como Ele, depois de ter comido o cordeiro pascal e saboreado a ceia, lavou-lhes os pés, oferecendo-lhes, em seguida, sua carne e seu sangue, e lhes dirigiu a palavra, depois de Judas ter se retirado para vender Jesus.

A segunda meditação versa sobre como Cristo desceu em companhia dos seus discípulos do Monte Sião, onde havia tomado a ceia, até o Vale de Josafá, deixando oito deles em um local do vale e os outros três em um ponto do Jardim das Oliveiras, e se retirou para rezar e rezou ao Pai, depois despertou seus três discípulos do sono; sobre como, depois disso, os inimigos caíram por terra ao som de sua voz, como Judas lhe deu o beijo da paz, como São Pedro cortou a orelha de Malco e como Cristo a repôs no seu lugar, como Cristo, depois disso, foi preso e levado embora.

Não queremos entrar em detalhes aqui. Já dissemos tudo o que é essencial e fundamental quando tratamos da *Anima Christi*. Ali antecipamos boa parte desta meditação. Porém vocês não devem imaginar que, nos exercícios, também se fazem essas abreviações; na terceira semana, cada detalhe do sofrimento é repassado. Para influenciar ainda mais o ânimo, é preciso jejuar nesse período. Os preceitos exortam a ter cuidados especiais quanto à comida e à bebida. O pão é encarado como

455. O restante deste parágrafo e o próximo parágrafo só se encontram em OK.

alimento sem risco, mas tudo o mais deve ser bastante restringido. Deve-se meditar até durante a refeição, mais precisamente, aquela cena em que Cristo janta com os discípulos em Emaús. Esse é, pois, o conteúdo essencial da terceira semana.

A quarta semana diz respeito a tudo que aconteceu após a morte de Cristo, mais precisamente, encontra-se em primeiro plano a meditação do encontro de Cristo com sua mãe após a ressurreição. Esses exercícios são designados "*exercitia de amore Dei*", "exercícios do amor de Deus", mais precisamente, trata-se de uma designação que vale somente para leigos. Porém, nessa última semana também há uma segunda meditação, ou um segundo aspecto dessas meditações, que se destina aos membros da Ordem Jesuíta.

Eu gostaria de tratar primeiramente, de acordo com as antigas prescrições do monge espanhol Izquierdo, a meditação simples que também é feita pelos leigos. Nesse último *exercitium*, trata-se, portanto, do amor de Deus. Ele está justamente relacionado com a meditação do encontro de Cristo com sua mãe, no qual se trata do amor materno, de um lado, e do amor filial, de outro. Essa meditação é feita a fim de despertar o amor, em primeira linha, o amor de Deus. Deve-se meditar sobre os seguintes pontos:

> Que, em primeira linha, eu faça memória de todos os benefícios que Deus me proporcionou. Antes de tudo, o benefício da criação. [...] [Em seguida] o benefício da conservação [o fato de Deus ter me conservado até o dia de hoje; CGJ]. Faz parte disso a influência contínua da onipotência divina que me mantém vivo [pois se essa influência não fosse contínua, eu não teria nem um momento de vida; CGJ] [Em seguida, vem] o benefício da redenção. Disso faz parte o descenso do Filho de Deus ao mundo [...]. [Além disso,] os meios da graça, dos quais somos partícipes [através da Igreja]. [...] Ademais lembramos todos os benefícios particu-

> lares do tipo individual que Deus me proporcionou [no decurso da minha vida]. [...] Da mesma forma, tenho de meditar sobre a excelência do doador, a quantidade e grandeza dos benefícios e a infinita intensidade do amor do qual fluem até mim os benefícios[456].

O segundo ponto da meditação é:

> O modo como Deus armou a sua tenda em todas as criaturas, como Ele [mora ou] vive nos elementos, como Ele vive nas árvores e lhes concede a vida, nos animais, como lhes concede a faculdade da percepção, e nos humanos, aos quais ainda deu o intelecto, isto é, o entendimento, e também em mim, ao conceder-me o existir, a vida, o sentir e o entender. E, além disso, como Ele, em seu templo, que foi criado conforme sua imagem, adornou tudo com dons sobrenaturais, através dos quais se crê, ama, venera e adora Deus no culto[457].

Vocês veem aqui, uma vez mais, essa concepção da dependência absoluta em que o ser humano se encontra do fundamento criador originário, da divindade; ou seja, propriamente uma constatação psicológica que podemos entender, em termos totalmente científicos, da seguinte maneira: nós dependemos do funcionamento correto do nosso inconsciente, de toda

---

456. "*In primo puncto ad memoriam traham beneficia mihi facta a Deo. Nimirum beneficium Creationis.* [...] *Beneficium Conservationis. Ad quod pertinent influxus continuatus Omnipotentiae divinae* [...]. *Beneficium Redemptionis. Ad quod pertinent Adventus Filii Dei in Mundum* [...]. *Auxillia gratiae, quae nobis comparavit.* [...] *Beneficia denique omnia particularia, quae mihi paticulatim contulit Deus* [...]. *Ponderabo excellentiam Datoris: multitudinem, ac magnitudinem beneficiorum: intentionem infinitam amoris, a quo illa manarunt*" (Izquierdo, 1695, p. 112-113).

457. "*Considerare, quomodo Deus habitat in omnibus creaturis. In elementis dando eis vivere in arboribus dando eis vivere: in animalibus, dando eis sentire: & in hominibus, dando eis praeterea intelligere: atque ita in me, dando mihi ese, vivere, sentire, & intelligere. Et insuper, ut in templo suo ad suam similitudinem facto; ornatoque supernaturalibus donis. Quibus creditor, amatur, venerator, & colitur*" (Izquierdo, 1695, p. 114).

a nossa vida e das nossas disposições, sem as quais não podemos fazer absolutamente nada. Portanto, se um cristão crente ou um católico entender essas coisas literalmente, ele tem uma concepção que coincide absolutamente com a verdade natural. Essa é uma grande vantagem, pois, nesse caso, assumimos uma postura essencialmente correta. Porém quando alguém presume que vive de sua consciência ou do seu entendimento, ele vive daqui de cima para baixo, e não está correto, pois isso é contra a natureza. A consciência é o resultado exitoso da vida natural, mas hoje em dia essa verdade fundamental eterna facilmente é invertida. É pensamento corrente que se pode tudo que se quer, que se pode impor a cabeça contra a natureza. Mas isso é pura e simplesmente prejudicial à saúde da nossa fisiologia e insalubre para a nossa condição nervosa. Portanto, permito-me analisar essas coisas metafísicas quanto ao aspecto da medicina. A partir daí fica claro, por exemplo, que, quando humanos conseguem fazer as pazes com seu Deus, sentem-se bem melhor, e isto quanto a suas funções nervosas e fisiológicas. Então eles funcionam corretamente. Quando somos contra a natureza, o corpo tampouco consegue se desenvolver.

O terceiro ponto é: "De que modo Deus se esforça, como Ele trabalha (*laborat*) em todas as criaturas, [...] nos céus, nos elementos, nas árvores, nos animais, nos frutos e também em mim"[458]. Trata-se, portanto, de uma observação e percepção precisas das obras de Deus no ente individual e também em mim. E isto deve ser entendido no sentido de que todas as coisas que me sucedem sejam entendidas como efeitos daquele Outro do qual justamente eu procedo. Esse modo de ver as coisas é sobremaneira correto também no sentido psicológico.

---

458. "*Considerare, quomodo Deus laborat (hoc est gerit, ac si laborarit) in omnibus creaturis. In Coelis, elementis, arboribus, animalibus, fructibus, &c & in me ipso*" (Izquierdo, 1695, p. 115).

Pois se meu inconsciente não coopera comigo, não posso, por exemplo, nem enunciar a próxima frase, pois todas as frases que eu falo já foram formuladas no meu pré-consciente e fluem para dentro da fala. Portanto, se o funcionamento[459] pré-consciente do inconsciente estiver transtornado, simplesmente nada me ocorre, como, por exemplo, quando o inconsciente prefere me obnubilar, não encontro mais um nome que eu talvez até tenha registrado nas minhas anotações. Expressando isso em linguagem metafísica, dependo completamente de o inconsciente ser operativo em mim ou não. Se isso for corretamente entendido, analisar as coisas dessa maneira também será, por sua vez, uma espécie de postura simplesmente prática, uma *mental hygiene* [higiene mental]. Pois então presto muito mais atenção no meu inconsciente, como ele funciona, se ele vai comigo ou o que ele produz propriamente. Por isso, o neurologista também tem de perguntar: O que você pensou? O que lhe ocorre a respeito disso? O paciente há muito tinha recebido sinais do inconsciente, talvez tenha tido sonhos. E veja só! Todos eles estavam aí, só que o paciente não era de prestar atenção em como Deus laborou, trabalhou nele, mas ele acreditou que poderia passar tudo isso por alto com a sua cabeça, e acabou dando nisso.

Essas verdades em formato metafísico são um tanto difíceis de digerir para o ser humano moderno, mas se as digerirmos, apesar da metafísica, temos de perguntar se, por trás delas, talvez não esteja uma psicologia totalmente saudável. Poderíamos, então, fazer descobertas.

No quarto ponto, deve-se considerar "como todos os bens criados se originam dos incriados"[460]. Portanto, tudo que é obra

459. RS: "cooperação".

460. "*Considerare, quomodo omnia bona create descendunt ab increatis*" (Izquierdo, 1695, p. 116).

humana, o que o ser humano realiza de bom, belo e grandioso, como isso descende propriamente do incriado. Essa é simplesmente uma continuação da outra meditação. Na medida em que estou convicto de que todos os meus conteúdos se originam do inconsciente, também posso supor que todas as realizações do ser humano se originam, em última análise, de modelos inconscientes. Trata-se de um platonismo que, no entanto, foi formulado precisamente a partir da estrutura psíquica.

E, no fim, consta que ele fala do amor a Deus e diz: "Quem ama desse modo não encontra nada que ele pudesse amar desse modo, a não ser Deus"[461]. Portanto, se seguir essa crença e essa noção, ele entenderá que o fim supremo do ser humano reside em amar ao máximo aquela força que o carrega inteiramente. Aqui terminam as meditações para os leigos.

Chegamos à segunda parte, a saber, às meditações que dizem respeito aos *milites ecclesiae*, aos soldados da Igreja, aos membros da *Societas Jesu*. Esse encontro de Cristo com sua mãe acontece após sua morte. Trata-se, de certo modo, de um acontecimento que tem lugar no além, mesmo que a mãe ainda esteja viva. Porém Cristo já se tornara um espírito, um ente incorpóreo, que se encontra com sua mãe após a ressurreição. Trata-se de um acontecimento que, de certo modo, é um pouco sobrenatural. Em termos psicológicos, isso sempre significa que se trata de um acontecimento que se dá propriamente no inconsciente. Isso tem a ver com o fato de que a mãe possui um significado duplo.

Não foi em vão que o velho Izquierdo encaixou aqui uma meditação para o leigo com a finalidade de torná-lo consciente de tudo que ele deve à divindade, isto é, àquele pano de fundo metafísico. Com isso, ele expressou uma ideia que está

---

461. "*Ita quod, qui sic amat, nihil iam invenit, quod amet, nisi Deum*" (Izquierdo, 1695, p. 117).

indicada no símbolo da mãe. Pois a confrontação com a mãe é um retorno à origem. A mãe de Cristo é a origem de Cristo. Foi dela que ele procedeu. Ela é o solo fértil do qual ele cresceu. Como origem é símbolo de onde Cristo sempre se origina, o solo sobre o qual Cristo sempre está postado. E esse solo no qual alguém se encontra postado é justamente, em termos psicológicos, a alma inconsciente. Sobre ela estamos postados, nela repousamos. Ela flui para dentro de nós. Ela é a criadora de nossa consciência, e nesse sentido Cristo é confrontado com sua mãe, com sua origem. Essa ideia foi tomada pela meditação para leigos e colocou a divindade no lugar da mãe.

Isso também acontece na meditação jesuítica, só que ela vai mais longe, a saber, na medida em que a meditação sobre o pano de fundo é executada no sentido de considerar não só quais foram os benefícios que Deus me proporcionou, mas de considerar o pano de fundo com precisão ainda maior no sentido materno. É como se, nesse ponto, a meditação quisesse avançar para uma meditação psicológica, procurando entender esse pano de fundo também de outra maneira, não só como Deus criador com vontade ativa, mas também como uma entidade nutriz maternal. Isso tem a ver com a peculiaridade da imagem de Cristo, com aquela androginia, masculinidade-feminilidade, da qual falei anteriormente em outro contexto. Essa duplicidade de gênero está relacionada com a natureza do inconsciente. O inconsciente não é nem masculino nem feminino, mas algo acima disso. Ele rutila nessas qualidades. É por isso que, via de regra, os antigos deuses criadores de natureza não cristã são hermafroditas. Todos esses deuses da especulação gnóstica, grega ou indiana geralmente são hermafroditas, porque precisamente o pano de fundo psicológico, que constitui nosso único modelo para a especulação cosmogônica, possui caráter hermafrodita na medida em que o ser humano é hermafrodita por natureza. É a maioria dos genes que decide se uma criança é menino ou menina. Mas os genes opostos não desaparecem. Eles estão sempre presentes. Daí advém que todo homem possui um aspecto feminino e toda mulher um aspecto masculino. Pois há casos em que a proporção da mistura é quase igual. Desse modo se compreende bem onde as mulheres acentuadamente masculinas e os homens acentuadamente femininos têm seu fundamento. Essas coisas também condicionam a homossexualidade na medida em que ela não é apenas um *développement arrêté* [desenvolvimento detido][462]. Mas, além disso, também há hermafroditas reais.

Ora, essa natureza hermafrodita desempenha um papel considerável na meditação jesuítica, embora ela justamente não seja contemplada com essa determinação sólida, pois por cautela essas coisas nem sempre são pensadas até as últimas consequências. Isso é muito *shocking* [chocante]. Não há como se permitir tais coisas incondicionalmente, e por isso também hesito em qualificá-las com esses *termini* [termos].

Essa confrontação de Cristo com a mãe significa, em termos psicológicos, que a imagem do ser humano inteiro, assim como ele é, passa a ser confrontada com sua mãe, com seu inconsciente: seja na forma divina, tratando-se, então, dos *exercitia de amore Dei* [exercícios no amor de Deus], seja na forma feminina, quando se trata da meditação sobre o aspecto feminino, o aspecto maternal. Os exercícios teriam de dizer propriamente que, nesse caso, trata-se do aspecto feminino, que, de fato, corresponde à natureza de Cristo. Pois ele não poderia ter se refletido sobre o pano de fundo como ente andrógino,

462. Em “O casamento como relacionamento psíquico”, Jung escreveu: “O ser humano normal é uma ficção, embora existam certas leis universalmente válidas. A vida psíquica é um desenvolvimento que facilmente pode ser detido nos níveis mais baixos. É como se cada indivíduo tivesse uma gravidade específica, de acordo com a qual ele sobe ou desce ao nível em que ele chega ao seu limite. Suas visões e convicções serão determinadas de acordo” (OC 17, § 343).

se esse pano de fundo não tivesse justamente essa qualidade. A imagem de Cristo não a teria, se não a tivesse obtido precisamente de sua *matrix*, ou seja, do par divino, pai e mãe, como diz a gnose.

Daí provém a androginia de Cristo. Porém a meditação jesuítica nada diz sobre esse aspecto, pois a mãe é a Igreja, *ecclesia mater*. Por essa razão, a segunda parte profissional dessa meditação é sobre a Igreja. E ela é prescrita por Inácio em sua *Regulae ascendium cum ecclesia – Regras para sentir com a Igreja* ou *A mentalidade que corresponde à Igreja*.

Examinaremos juntos aqui o regulamento inaciano de exercícios – são as regras estabelecidas nas *Annotationes*, que dizem como os exercícios devem ser executados. Algumas partes terei de traduzir para vocês[463]. Elas são características do espírito da *Societas Jesu*:

> Para o verdadeiro sentido que devemos ter na *ecclesia militans* [Igreja militante], sejam observadas as seguintes regras [portanto, sentir ou pensar de acordo com a Igreja; CGJ]:
>
> 1ª regra – Deixando de lado todo o juízo próprio, devemos ter o ânimo preparado e pronto para obedecer em tudo à verdadeira Esposa de Cristo, nosso Senhor, que é a nossa santa mãe, a Igreja hierárquica.
>
> 2ª regra – Louvar a confissão feita ao sacerdote e a recepção do Santíssimo Sacramento uma vez ao ano e, muito mais, cada mês, e, ainda muito melhor, de oito em oito dias, nas condições requeridas e devidas.
>
> 3ª regra – Louvar a participação frequente da missa. Do mesmo modo, os cantos, salmos e longas orações na igreja e fora dela. E também as horas ordenadas para o tempo destinado a todo o ofício divino, para toda a oração e todas as horas canônicas.

---

463. BH registra que Jung traduziu do latim para o alemão.

4ª regra – Louvar muito a vida consagrada, a virgindade e continência, e o matrimônio nem tanto como elas.

5ª regra – Louvar os votos religiosos de obediência, pobreza e castidade, e de outras perfeições livremente assumidas. É de se observar que, como o voto se faz de coisas que se aproximam da perfeição evangélica, nas coisas que dela se afastam não se deve fazer voto, como de ser comerciante ou se casar etc.

6ª regra – Louvar as relíquias dos santos, venerando-as e rezando a eles. Louvar as estações, peregrinações, indulgências, perdões, cruzadas e velas acesas nas igrejas.

7ª regra – Louvar as determinações acerca de jejuns e abstinências, como as da Quaresma, quatro têmporas, vigílias, sextas-feiras e sábados. Do mesmo modo, as penitências, não só internas, mas também externas.

8ª regra – Louvar os ornamentos e edifícios das igrejas. Do mesmo modo, as imagens. Venerá-las segundo o que representam.

9ª regra – Enfim, louvar finalmente todos os mandamentos da Igreja, tendo sempre o ânimo pronto para buscar razões em sua defesa, e, de nenhum modo, para ofendê-la.

10ª regra – Devemos ser mais prontos para, desta maneira, apoiar e louvar as determinações, recomendações e costumes dos que nos precederam, pois, ainda que não sejam ou não fossem dignos de louvor, falar contra eles – quer pregando publicamente, quer conversando diante do povo simples – geraria mais murmuração e escândalo do que proveito. Desse modo, o povo simples se indignaria contra seus superiores, quer temporais, quer espirituais. E também, como causa dano falar mal na ausência dos superiores às pessoas simples, assim pode aproveitar falar dos maus costumes às próprias pessoas que podem remediá-los.

11ª regra – Louvar a doutrina positiva e escolástica (Loyola, 2000, p. 132-134).

[Segue tradução da tradução de Jung para o alemão, conforme reconstrução com base nos registros de RS, LSM e ES [N.T.].]

Devemos manter nosso espírito preparado para ser obediente em todas as coisas à noiva de Cristo, nosso Senhor, que é nossa santa mãe, a Igreja hierárquica.

Devemos louvar [no sentido de recomendar; CGJ] a confissão ao sacerdote, bem como a recepção do Santíssimo Sacramento.

Devemos louvar a participação frequente da santa missa, bem como os cânticos, salmos e longas orações dentro e fora da igreja.

Devemos louvar o sacerdócio e o celibato, bem como a virgindade, e devemos preferi-los ao matrimônio.

Devemos recomendar os votos de religião, obediência, pobreza, castidade e outros meios para chegar à perfeição.

Devemos louvar também as relíquias dos santos, prestando-lhes reverência e dirigindo a eles nossa oração. Do mesmo modo, devemos recomendar as estações [de uma via-crúcis em que se ora; CGJ], as peregrinações, as indulgências, os jubileus etc.

Do mesmo modo, devemos recomendar as resoluções e constituições da Igreja sobre o jejum e a abstinência nas diferentes estações do ano.

Do mesmo modo, devemos louvar os ornamentos, adornos eclesiais e os edifícios da igreja, bem como as imagens, reverenciando-os de modo correspondente ao que significam.

Devemos louvar todos os preceitos da Igreja e ter o espírito sempre pronto para reunir todas as razões que possam servir à sua defesa, mas jamais para combatê-la.

Do mesmo modo, devemos estar prontos para aprovar e louvar todas as constituições, todas as recomendações da Igreja e também nossos superiores, ou seja, os bispos, arcebispos etc., mesmo que não sejam como

> gostaríamos que fossem, porque, do contrário, haveria mais murmuração e escândalo do que proveito, e o povo se indignaria contra seus superiores, sejam eles seculares ou eclesiais.
>
> Devemos louvar a doutrina positiva e a escolástica da Igreja.

Em seguida é preciso exibir a unanimidade (*unanimitas*) com a Igreja. Devemos estar em conformidade com ela.

> 13ª regra – Devemos sempre manter – para acertar em tudo – que o branco que eu vejo é preto, se a Igreja hierárquica assim o determina, crendo que, entre Cristo nosso Senhor, o esposo, e a Igreja, sua esposa, é o mesmo espírito que nos governa e dirige para a salvação nossa. Pois o mesmo Espírito e Senhor nosso, que deu os Dez Mandamentos, rege e governa a nossa santa mãe, a Igreja (Loyola, 2000, p. 135).

Portanto, pelo fato de Cristo ser o Senhor da Igreja e porque a Igreja, a *sponsa*, sua noiva, é conduzida pelo mesmo Espírito Santo que rege também a nós, devemos crer no que a Igreja diz; mesmo que vejamos branco, devemos crer que é preto.

A 14ª regra diz:

> Embora seja verdade que ninguém pode salvar-se sem ser predestinado, e sem ter fé e graça, deve-se ter muita atenção no modo de falar e comunicar a respeito desses assuntos todos (Loyola, 2000, p. 135).

Pois:

> 15ª regra – Não devemos falar muito de predestinação, como por hábito. [...] para que não se leve o povo simples a algum erro, como às vezes costuma acontecer, dizendo: "Se tenho de ser salvo ou condenado já está determinado. Faça eu bem ou mal não pode ser diferente" (Loyola, 2000, p. 135).

Portanto, é por isso que não se deve falar demais da predestinação.

> 17ª regra – Do mesmo modo, não devemos nos demorar insistindo tanto sobre a graça... (Loyola, 2000, p. 135).

E isto, para que não se produza um veneno que paralisa a liberdade da vontade humana, quando se diz: "Então, o que posso fazer? De nada adianta eu me decidir por isso ou por aquilo, se a graça não vier de cima".

A 18ª regra, a última, diz respeito ao amor a Deus, a saber, que servimos a Deus pelo mais puro amor, mas que também devemos temer a majestade divina, porque isso é de grande ajuda para sair do pecado mortal. Mais precisamente, deve-se ter diante de Deus o mesmo temor do Filho, ou seja, um temor infantil. Portanto, é interessante notar que não consta *amor filialis*, mais *timor filialis*, o que, por sua vez, aponta para a natureza dupla da divindade. Ela não é só para ser amada, mas também para ser temida. Portanto, ao ser o *summum bonum*, Deus é só amor, mas é evidente que Deus tem ainda um outro aspecto, a ser temido.

Vocês veem nessas *regulae* aquelas coisas de que são acusados os jesuítas, ou seja, que eles têm um jeito um tanto habilidoso de lidar com a verdade. Trata-se precisamente dos *milites ecclesiae* [soldados da Igreja], que só podem dizer e fazer justamente o que corresponde ao bem da Igreja. E, na medida em que é uma instituição jurídica, uma instituição mundana e não só uma instituição mística – ela se estende para dentro deste mundo, por isso também a importância do Estado eclesial –, a Igreja participa da política do mundo, e, como se sabe, não há como fazer política sem mentir.

Um estudioso protestante dos *Exercícios* diz, concluindo:

> Ao método de Inácio não falta perspicácia psicológica nem calculação pedagógica, que às vezes chega a ter ares de ardilosidade; o que lhe falta é sobretudo a qualidade da "*discretio*", a capacidade refinada de escolha e de adaptação aos espíritos a serem conduzidos – melhor dizendo: a serem educados –, aquela "*discretio*" que o sábio educador Benedito de Núrsia coloca como exigência principal ao abade, isto é, ao pai das almas (Funk, 1913a, p. 35).

Nesse aspecto, a ordem beneditina foi educada com muito mais tato e um caráter não tão "militarizado".

> De fato, a consequência da intolerância inaciana, que só conhece e admite o próprio método, é uma rigidez esquemática que se estende sobre toda a vida católica edificante, a assim chamada ascese interior. Nesse campo, que anteriormente era dominado por uma variedade de místicas individualistas, também definhou e foi erradicada, desde a predominância do sistema jesuítico, toda e qualquer individualidade. Em toda parte reina a aridez, que se estende ao sistema de pregação e ao ensino cristão. O catolicismo deve isso a Inácio, que certamente não teve essa intenção (Funk, 1913a, p. 35).

De fato, também há, no interior da Igreja Católica, uma considerável oposição ao sistema jesuítico. Porém, por ser uma prática ensinável, um método que, no final das contas, pode ser ensinado a qualquer pessoa – e por se tratar de um método eficaz –, esse sistema naturalmente é elogiado porque é possível aplicá-lo esquematicamente. Porém, no processo, a *discretio* beneditina desaparece completamente e, desse modo, também o individual. E isso já começa onde se traduz mãe por Igreja, e Inácio não pode ser criticado por isso, mas é a Ordem Jesuíta que se detém em um estágio medieval, não refletindo sobre essa questão. Isso é compreensível, tendo em vista a debilidade da natureza humana.

Porém nós veremos que, na Idade Média e já antes dela, despontou um movimento que deu valor justamente ao que reside no ser humano, a saber, aquele ponto agostiniano[464], que é o retrato em forma de ponto da plenitude da divindade, e tentou encontrar o caminho individual diante da tentativa da Igreja de, de certo modo, absorver toda a alma do ser humano em sua instituição.

464. Cf. nota 380. RS traz aqui: "individual vivo".

Semestre de inverno de 1940-1941

Seminário 3[465]

22 de novembro de 1940

Hoje recapitularemos os *Exercitia spiritualia* de Santo Inácio. Os exercícios foram inventados por Santo Inácio, mas, não obstante, têm sua história. Eles têm precursores na história. Procederam de duas fontes, a saber, dos exercícios de devoção e meditação dos assim chamados *devoti*[466], que, séculos antes, já se entregavam a exercícios espirituais nos mosteiros. Essa é uma das fontes. A outra fonte é o islamismo. Ali houve, no fim do século XI, um grande teólogo e erudito, Algazali, que morreu em 1111[467]. Esse teólogo é o padre da igreja propriamente dito do islamismo. Dele se originou todo o desenvolvimento místico no interior do islamismo. Ele inventou esse tipo de exercícios que se estendiam por três ou quatro semanas, visando ao treinamento e ao aprofundamento da vida mística dos crentes.

Inácio deu aos seus exercícios a estrutura de um regulamento para exercitar-se. Ele próprio foi originalmente oficial militar e tomou conhecimento de livros espirituais quando foi

---

465. Jung usou o terceiro seminário do semestre de inverno de 1940-1941 para uma recapitulação de sua série de seminários sobre os *Exercitia spiritualia*. O editor decidiu acrescentar esse seminário ao volume 7 da série de seminários de Jung para conferir a cada volume uma temática coerente. Anotações por RS, ES, LSM, OK em conjunto com Louise Tanner [LT] e tradução inglesa de BH.

466. Cf. nota 50.

467. Cf. p. 169-170.

parar num leito de hospital em consequência de um ferimento e extraiu deles os estímulos para um exercício. Esses exercícios se estendem por quatro semanas. Esses são os assim chamados grandes exercícios. Ao lado desses, também há os exercícios menores, de três dias, que, no entanto, não passam de prédicas da missão interna, ao passo que os grandes exercícios são meditações reais e verdadeiras.

Os exercícios propriamente ditos são precedidos pela *praeparatio*, a preparação. Nesta, medita-se principalmente sobre dois textos: a *Anima Christi* [Alma de Cristo] e o *Fundamentum* [Princípio e fundamento]. A *Anima Christi* é uma antiga oração da Igreja dirigida à alma de Cristo e tem o seguinte teor na língua latina:

Anima Christi, sanctifica me.
Corpus Christi, salva me.
Sanguis Christi, inebria me.
Aqua lateris Christi, lava me.
Passio Christi, conforta me.
O bone Jesu, exaudi me.
Intra tua vulnera absconde me.
Ne permittas me separari a te.
Ab hoste maligno defende me.
In hora mortis meae voca me.
Et iube me venire ad te,
Ut cum Sanctis tuis laudem te,
In saecula saeculorum. Amen.

[Tradução inglesa:]

Soul of Christ, sanctify me.
Body of Christ, save me.
Blood of Christ, inebriate me.
Water from the side of Christ, wash me.
Passion of Christ, strengthen me.
O Good Jesus, hear me.
Within your wounds hide me.
Permit me not to be separated from you.

From the wicked foe, defend me.
At the hour of my death, call me
and bid me come to you
That with your saints I may praise you
For ever and ever. Amen[468].

Alma de Cristo, santifica-me.
Corpo de Cristo, salva-me.
Sangue de Cristo, inebria-me.
Água do lado de Cristo, lava-me.
Paixão de Cristo, conforta-me.
Ó bom Jesus, ouve-me.
Dentro das tuas chagas, esconde-me.
Não permitas que eu me separe de ti.
Do inimigo maligno defende-me.
Na hora da minha morte, chama-me.
Manda-me ir para ti,
Para que te louve com os teus santos
Pelos séculos dos séculos. Amém[469].

Essa oração é meditada frase por frase, e, em seminários anteriores, apresentei a vocês os detalhes de como é feita essa meditação. Temos um exemplo excelente e aclarações em uma obra moderna do teólogo católico e jesuíta Erich Przywara (1938). Até agora foram publicados três volumes. Nela, vocês podem obter uma impressão da precisão incomum com que essas frases são meditadas. Suas exposições sobre a *Anima Christi* e o *Fundamentum* figuram propriamente como a melhor parte de toda a obra. Vocês podem obter ali todas as impressões necessárias sobre a teologia de Przywara e, em última análise, também de Inácio na medida em que ele, por assim dizer, pondera cada palavra quanto ao seu sentido.

---

468. Tradução inglesa de *Finding God in all things: A marquette prayer book* (p. 90-91) foi feita por John Henry Newman.

469. A tradução para o alemão provavelmente foi feita por Jung. [A tradução para o português se baseia na tradução de Jung para o alemão [N.T.].]

A finalidade dessa meditação é que a ideia e a forma de Cristo – isto é, a *anima* – sejam compostas por meio de imaginações ativas de maneira tão corpórea que a pessoa é, de certo modo, transposta para a presença dessa imagem realmente existente, e, por fim, por assim dizer, recebida nela. Isto é, o crente – aqui não podemos mais dizer o iogue – desaparece, por assim dizer, completamente na figura que ele criou, que naturalmente, de acordo com a concepção oficial ou ortodoxa, não é algo criado por ele. Pois Cristo é uma presença eterna que ele apenas aclara para si mesmo por meio da imaginação. Ele apenas dá suporte, de certo modo, à convicção já existente do ser absoluto de Cristo, e, mediante esse exercício de ocupação mais íntima e mais esforçada com essa figura, gradativamente sua essência, sua alma, passa a assumir a ideia e a forma de Cristo. E, por essa via, surge a elevação da essência humana, que é a finalidade dessa meditação de modo geral.

Como diz Przywara: "Assim se trata da sã totalidade", a saber, a totalidade desse humano-Deus perfeito, a unidade de "espírito e carne, Deus e criatura" (Przywara, 1938, p. 5). Estas são as palavras do próprio Przywara. Cristo aparece nessa meditação como uma totalidade, não só do ser humano, mas também da divindade, na medida em que, segundo a fórmula eclesial, Ele é "*verus Deus*" e "*verus homo*" ao mesmo tempo. Ou seja, verdadeiro Deus e verdadeiro ser humano ao mesmo tempo, uma figura que abrange tudo, no sentido mais completo da palavra, a saber, ela abrange o ente humano e o inclui inteiramente em si.

Ora, essa figura tem sua correspondência no Oriente, como vocês já ouviram, na figura do *purusha*, *atman* ou Mahâsukha, cujo exemplo discutimos no último encontro, o do Buda místico. É a ideia de um ente que envolve totalmente o ser humano consciente, que, ao mesmo tempo, também eleva e intensifica o ser humano à condição de totalidade, algo que ele não seria capaz de fazer por si mesmo. Esse ente elevado e maior que comporta o ser humano dentro de si é, de acordo com a definição indiana, o assim chamado si-mesmo transcendente do ser humano, não um eu, mas um além do eu, um sujeito transcendente. Na mística cristã, não na mística jesuítica, ou seja, no sentido paulino ou joanino, trata-se do Cristo que está em nós, o "Cristo interior", com o qual nos relacionamos "como uvas com a videira"[470]. Como partes desse todo, somos, de certo modo, percorridos pelo sangue de Cristo. Temos parte em sua vida que flui através de nós. Respiramos, por assim dizer, com o seu fôlego e, em consequência disso, somos Cristo inteiramente, apesar de sermos partes.

Isso naturalmente se diferencia da concepção oriental. Na concepção oriental é o iogue que se torna Buda. Aqui é o exato oposto. O ser humano se torna Cristo na medida em que Cristo o recebe dentro de si. Cristo é o *agens* que se confronta com ele, apreende-o e se apropria dele. Não é o crente que se apropria de Cristo. Mesmo que apareçam expressões desse tipo (como a do "Cristo interior"), elas não têm esse sentido. Só no Oriente elas têm esse sentido. Pois lá não existe outro sujeito além do iogue. O Buda já não vive mais. No Oriente é blasfêmia dizer que haveria mais um Buda. O Buda entrou no *nirvana*, no não ser, e manifestou sua perfeição pelo fato de

470. "Eu sou a videira verdadeira e meu Pai é o agricultor. Ele corta todo ramo que em mim não dá fruto, e poda todo aquele que dá fruto, para que produza mais. Vós já estais limpos por causa da palavra que vos tenho anunciado. Permanecei em mim e eu permanecerei em vós. O ramo não pode dar fruto por si mesmo se não permanecer na videira. Assim também vós, se não permanecerdes em mim. Eu sou a videira, vós os ramos. Quem permanece em mim, e eu nele, dá muito fruto; porque sem mim nada podeis fazer. Se alguém não permanecer em mim, será lançado fora como o ramo e secará; será ajuntado, jogado no fogo e queimado. Se permanecerdes em mim e minhas palavras permanecerem em vós, pedireis tudo o que quiserdes, e vos será dado. Meu Pai será glorificado, se derdes muito fruto e vos tornardes meus discípulos" (Jo 15,1-8).

ter conseguido produzir a própria dissolução[471] completa. Está redondamente enganado quem achar que o culto que acontece no budismo, diante de uma estátua do Buda, é dirigido a esse Buda. O Buda não existe mais, ao passo que no cristianismo é o inverso. Cristo justamente existe e, por isso, nesses exercícios, o ser humano passa, por assim dizer, para a forma, para a totalidade desse sujeito transcendente e desaparece como ser humano. Essa também é a finalidade desses exercícios, a saber, fazer desaparecer o humano-eu subjetivo, pois é ele que sempre se rebela teimosamente contra a disciplina da Igreja.

Ora, essa concepção que tentei aclarar para vocês não é nenhuma realização de Santo Inácio, mas trata-se de ideias que estão presentes na Igreja desde tempos antigos, e não só na Igreja, mas também em tendências paraeclesiais antigas. Eu gostaria de ler para vocês uma passagem dos *Philosophoumena* de Hipólito. Ele foi um dos Padres da Igreja e morreu como mártir no ano de 235 d.C. Foi presbítero em Roma e, mais tarde, bispo de um partido cismático que se separou da Igreja maior por causa de polêmicas sobre a divindade de Cristo e sobre a disciplina arcana eclesial. Ele redigiu grande quantidade de escritos teológicos, comentários (conservou-se o comentário a Daniel, o mais antigo comentário bíblico conservado), escritos contra os gnósticos, um escrito sobre o cálculo da data da Páscoa, uma crônica de obras de direito eclesiástico e dogmáticas. Seus escritos foram amplamente difundidos na Antiguidade[472]. Ele era adversário do Papa Calixto[473]. Isso consta na *chronique scandaleuse* [crônica de

471. RS: “o absoluto não ser”.

472. As últimas três linhas só constam no registro de OK.

473. Calixto (ou Calisto) I foi bispo de Roma de cerca de 218 até sua morte como mártir em 222. Durante seu papado ele estendeu o perdão de pecados a todos os tipos de transgressões, incluindo adultério e assassinato, razão pela qual foi ferozmente atacado por Hipólito (cerca de 170-235 d.C.): “E ele primeiro inventou o artifício da conivência com os homens referente à indulgência des-

escândalos] da Igreja. Ambos tinham assuntos deletérios entre si. Nesse caso, um introvertido e um extrovertido se atritaram, o que o torna interessante. Hipólito foi silenciado pela Igreja romana, mas seus escritos foram conservados em língua grega. Um grego os redescobriu no Monte Atos na década de 1840[474]. Hipólito é uma das principais fontes do nosso conhecimento dos sistemas gnósticos paracristãos, todos eles originários de todo aquele movimento espiritual, do qual também proveio originalmente o cristianismo. Hipólito diz:

> Tu receberás o Reino dos Céus, tu, que, durante esta tua vida, soubeste do rei celestial. E tu serás um companheiro da divindade e um coerdeiro com Cristo, não mais um escravo do desejo e da paixão nem da doença, porque serás Deus. Deus te prometeu toda a bem-aventurança, porque te tornaste Deus. É isso que significa a expressão "conhece a ti mesmo". Descobre Deus em ti; Ele te criou conforme a sua imagem. Em virtude do conhecimento restante também és objeto do conhecimento de Deus. Deus te fez o seu "conhece a ti mesmo", conhece Deus em ti. Em virtude do autoconhecimento também és objeto do conhecimento de Deus, pois foste chamado por Ele. Deus alçou a ti, o ser humano, ao seu nível e te fez Deus, para sua glória (Hipólito, *A refutação de todas as heresias*, X/30).

Trata-se de uma formulação muito perigosa, como vocês veem, capaz de ensejar todas as possíveis representações singu-

---

tes em prazeres *sensuais*, dizendo que todos têm seus pecados perdoados por si mesmos. Pois aquele que tem o hábito de frequentar a congregação de qualquer outra pessoa e é chamado de cristão, caso cometa alguma transgressão, o pecado, dizem eles, não lhe é imputado, desde que se apresse e se junte à escola de Calisto" (*A refutação de todas as heresias*, vol. I, livro IX/7). A controvérsia terminou com Hipólito sendo declarado bispo rival de Roma, o primeiro antipapa.

474. Minoides Minas descobriu uma boa quantidade de manuscritos no Monte Atos em 1842, entre os quais *A refutação de todas as heresias*, que foi amplamente reconhecido como sendo de autoria de Hipólito.

lares. Mas trata-se de uma confissão bem típica das primeiras concepções cristãs. Vocês encontrarão algo parecido também em Paulo, razão pela qual Hipólito se reporta aqui também a 1Coríntios 13,12, onde diz: "No presente vemos por um espelho e obscuramente; então veremos face a face. No presente conheço só em parte; então conhecerei como sou conhecido". Hipólito usa essa passagem, por assim dizer, literalmente. Essa afinidade interior com Deus, essa relação recíproca mediante parentesco, foi uma ideia originária do cristianismo e, na verdade, só se perdeu muito tempo depois.

Eu ainda gostaria de ler-lhes uma passagem, que não é cristã, mas gnóstica, igualmente um documento sumamente valioso que Hipólito nos transmitiu: a carta de Monoímo, o árabe, a Teofrasto. Monoímo não é conhecido de outro lugar, exceto pela tradição de Hipólito. Nessa carta, Monoímo escreve:

> Busca Deus em ti mesmo e conhece quem é aquele que torna suas todas as coisas que há em ti, e fala "meu Deus, meu espírito, meu entendimento, minha alma, meu corpo" e toma ciência de onde procedem sofrimento e alegria, amor e ódio, vigília involuntária e sonolência involuntária, contrariedade involuntária e amor involuntário, e, se investigares tudo isso com a maior exatidão possível, tu o descobrirás em ti como unidade e pluralidade, e tu ficarás sabendo que a origem disso tudo está em ti mesmo (Hipólito, *A refutação de todas as heresias*, VIII/8).

Esta é, pois, uma concepção absolutamente psicológica do fenômeno religioso. Ele chega mesmo a dizer que o próprio Deus tem sua origem na essência do ser humano. Isso naturalmente está em contradição estrita à verdade eclesiástica de que Ele é um interlocutor, um autêntico tu. Aqui Deus não é propriamente um tu, mas Ele é minha essência mais íntima. Trata-se, portanto, de uma doutrina que já faz a transição para o Oriente. Monoímo era um árabe. Não está excluído que, em torno dessa época, ou seja, talvez no século I, já tenham chegado influências do Oriente, que são prováveis também por outras razões. Pois no século II a.C. já havia na Pérsia mosteiros budistas. Também na literatura egípcio-helenista houve representações bastante chamativas que provavelmente têm algo a ver com a Índia. Na Índia também há algumas coisas que apontam para uma conexão com o Ocidente, mas não se sabe exatamente a idade dessas influências. Toda essa questão ainda é muito fluida, já que ainda não se conseguiu obter a necessária segurança na avaliação dessas mediações.

O mais interessante nesse texto é que, nele, a divindade é responsabilizada por todos os fenômenos psíquicos involuntários. Portanto, quando alguém, por exemplo, adormece sem querer ou não adormece mesmo que queira, tem acessos de contrariedade sem querer ou de tristeza, isso não é o seu fazer, mas "*a Deo missum*", enviado por Deus. Nós dizemos: "Não seja preguiçoso! Não durmas! Controle-se!", como se pudéssemos dar ordens a Deus, segundo Monoímo. Há nisso um ponto de vista muito importante, principalmente para a avaliação das emoções humanas. Pois todos vocês sabem que é extraordinariamente difícil controlar emoções ou, como se diz, dominar-se de maneira absoluta. Nem é possível fazer isso sem acabar se prejudicando. Dependendo das circunstâncias, a repressão habitual das emoções pode ser perigosa e, pode-se dizer, até fatal. Isso não provoca na pessoa só um bócio, como se diz, mas daí pode se desenvolver uma enfermidade propriamente dita, porque estamos interiormente tão pressionados pelas afecções que nunca podem vir à tona que, no fim, poder extravasar torna-se um ato libertador. E esse superpoder do fenômeno psíquico, esse poder de todas as experiências psíquicas que nos tocam torna-se critério dessa divindade interior, dessa divindade com vontade própria.

Passemos ao *Fundamentum*. O *Fundamentum* é um texto que Inácio antepõe aos seus exercícios. Citarei para vocês a tradução alemã desse texto:

> O ser humano é criado para louvar, reverenciar e servir a Deus nosso Senhor e, assim, salvar-se. As outras coisas sobre a face da terra são criadas para o ser humano e para o ajudarem a atingir o fim para o qual é criado. Daí se segue que ele deve usar das coisas tanto quanto o ajudam para atingir o seu fim, e deve privar-se delas tanto quanto o impedem. Por isso é necessário fazer-nos indiferentes a todas as coisas criadas, em tudo o que é permitido à nossa livre-vontade e não lhe é proibido. De tal maneira que, da nossa parte, não queiramos mais saúde que enfermidade, riqueza que pobreza, honra que desonra, vida longa que vida breve, e assim por diante em tudo o mais, desejando e escolhendo somente aquilo que mais nos conduz ao fim para o qual somos criados (Funk, 1913a, p. 135; Loyola, 2000, p. 23).

O *Fundamentum* tem esse nome porque constitui a base ideológica e psicológica[475] dos exercícios, a saber, a conscientização da finalidade da vida humana. Ou seja, em contraposição à nossa concepção biológica de que o ser humano tem seu fim em si mesmo, aqui ele foi criado para determinado fim e meta. Trata-se desse "*laudare Dominum*", ou seja, louvar a Deus na corte do rei, segundo o modelo da corte real oriental, pertencer ao círculo que envolve o Senhor, ser parte do mundo que é o mundo de Deus, um cacho de uva na videira que tem de retornar à videira. Essa é a finalidade da vida humana e do ser humano, também é o fundamento de toda a moralidade cristã, quero dizer, dessa moralidade jesuítica, a saber, usar o que foi criado somente na medida em que serve justamente à consecução dessa meta.

---

475. ES: "filosófica".

Nesse ponto, Przywara apresenta uma extensa meditação sobre a essência de Deus e a relação entre ser humano e Deus. Pois ele fala aqui de Deus como *unio oppositorum*, a união dos opostos. Em Deus, todos os opostos estão unidos, ao passo que, no ser humano, eles divergem. O ser humano é conflito. Por isso ele se encontra em um estado deplorável, necessitado de redenção. O que redime é a unidade, e esta é justamente Deus. Przywara diz que o símbolo da cruz entra no conflito, preenche a ruptura. Trata-se, pois, dessa figura, a saber, do cruzamento: [símbolo da cruz: †]. O símbolo da união dos opostos. E a divindade é o que une, é a própria unidade. Assim, o ser humano se encontra com a divindade, por assim dizer, no centro da cruz, como diz Przywara, na medida em que o ser humano é oposição manifesta, mas Deus é a unidade dos opostos. No ato redentor ele se torna uno, do mesmo modo que Deus é uno. O símbolo da cruz é para Przywara bem propriamente o símbolo de Deus, da essência de Deus. Deus é uma cruz. Trata-se de uma formulação de sentido muito profundo na medida em que Deus mesmo é o sofrimento imposto ao ser humano, no sentido de que o ser humano justamente não é Deus, não está unido, mas dividido, padecendo do anseio e da necessidade de reencontrar sua unidade. Isso confere à cisão da alma humana um significado ineditamente novo e importante. Porém isso tampouco é novo, pois felizmente temos, oriundo da Antiguidade, um texto muito interessante, a saber, as "Memórias que São João tem de Jesus", extraído da coletânea *Neutestamentliche Apokryphen* [Apócrifos neotestamentários] de Hennecke. Esse texto também pode ser encontrado em *Dokumente der Gnosis* [Documentos da gnose] de Schultz[476]:

---

476. Jung cita de "*Erinnerungen des Heiligen Johannes an Jesum* [Memórias que São João tem de Jesus]", em Wolfgang Schultz (1910, p. 202-213; aqui p. 207-208). A tradução dos *Acta S. Johannis* por Edgar Hennecke (1904) diverge significativamente da de Schultz.

> E o Senhor estava parado no centro da caverna diante de mim, iluminando-a, e falou: "João! Para a multidão lá embaixo em Jerusalém estou sendo crucificado e cutucado com lanças e bastões, bebendo vinagre e fel. Porém para ti eu digo e escuta o que eu digo: eu te prometi subir a este monte para que escutes o que o discípulo tem de aprender do mestre; o ser humano, de Deus" (Schultz, 1910, p. 207-208).

É que essa cena acontece durante a crucificação no Gólgota. Naquele momento João é arrebatado para o alto do monte em que acontece essa revelação. Vocês reencontram aqui também o símbolo do monte: "Queres ver Cristo transfigurado? Sobe neste monte; aprende a conhecer a ti mesmo" [tradução do inglês [N.T.]] / "Se quiseres achar Cristo, conhece a ti mesmo, sobe no monte" [tradução do alemão [N.T.]] (Ricardo de São Vítor, 1979, p. 136)[477].

> E com essas palavras ele me mostrou uma cruz confeccionada de luz, e, em torno dessa cruz, uma grande multidão que se entremeava mudando de figura. E ela tinha um único formato e uma só aparência (Schultz, 1910, p. 208).

Essa multidão se refere à pluralidade das unidades psicológicas no ser humano e, neste, ela tem um único formato, a saber, o formato humano. No ser humano estão unidas muitas coisas e estas compõem uma pluralidade. Por isso, o poeta Carl Spitteler falou certa vez dos "povos de sua alma" para dizer "pluralidade da sua alma"[478].

---

477. Cf. o seminário de Jung de 15 de novembro de 1940 (*ETH*, vol. 6, p. 480-484).

478. Na sua novela *Imago* (1906), o autor suíço Nobel de Literatura Carl Spitteler (1845-1924) escreveu: "Em casa, diante da porta da casa, ele se voltou na direção da casa dela e abriu os braços: 'Imago', gritou o nome dela. 'Não, mais do que Imago, pois tua alteza é enobrecida com o *páthos* da corporalidade. Teuda

> Mas em cima da cruz ["Por favor, atentem para o fato de constar *em cima* [*ober*] da cruz"; CGJ] vi o Senhor informe, meramente como uma voz, não como aquela a que estávamos habituados, mas como uma voz suave e promissora, uma verdadeira voz de Deus, que falou para mim: "João! Alguém tem de ouvir isso de mim, pois preciso de alguém que escute. Essa cruz de luz é chamada por mim, em função de vocês, ora de palavra, ora de espírito, ora de Jesus, ora de ungido, ora de porta, ora de caminho, ora de pão, ora de semente, ora de ressurreição, ora de filho, ora de pai, ora de sopro do espírito, ora de vida, ora de verdade, ora de fé, ora de graça. E ela tem esse nome em função dos humanos; na realidade, contudo, trata-se da limitação de todas as coisas, pensada em si e para si e proclamada a nós, e para o que foi consolidado é a libertação confiável de todas as amarras e a consonância da sabedoria. Pois da consonância da sabedoria participam forças destras e sinistras, poderes, domínios, demônios, potências, ameaças, acessos de ira, caluniadores, Satanás e a raiz mais baixa da qual procede a entidade do surgido (Schultz, 1910, p. 208).

Essa é o *rizoma*, a raiz, os elementos, o caos, do qual tudo surgiu, a matéria, a *hýle*[479].

---

e Imago unidas numa só pessoa'. Então ele correu para dentro do seu quarto e reuniu todos *os povos de sua alma*. 'Crianças! Uma notícia deliciosa. Vocês têm permissão para amá-la; amá-la incondicionalmente e sem ressalvas, sem medida nem restrições, quanto mais intensamente, quanto mais intimamente, tanto melhor. Pois ela é nobre e ela é boa.' Um estrepitoso júbilo de alegria ressoou como agradecimento pela permissão dada; toda a arca de Noé bailou à sua volta. E uma série de novos grupos, de cuja existência ele nada sabia, assomaram jubilosos do pano de fundo; brandiam tochas com as mãos e traziam grinaldas na cabeça. Sorrindo, ele assistiu à festa, ele próprio sentindo a ventura da permissão dada por ele; igual a um rei que, depois de anos de forte relutância, acabou concedendo uma constituição e é dominado pela gratidão inopinada do povo" (Spitteler, 1906/1945, p. 371-372).

479. O termo "*hýle*", de origem grega para "madeira", foi usado por Aristóteles para denotar a substância básica subjacente a tudo o que é físico. A *hýle* só vem

Essa cruz (poste) que consolidou tudo por intermédio do Logos e que separou as coisas da gênese das coisas inferiores, mas depois disso transbordou para dentro do universo, não é aquela cruz de madeira que verás quando desceres daqui [a visão foi no Monte Gólgota; CGJ]. E eu, aquele que aqui não estás vendo, mas do qual só ouves a voz, não sou aquele que está na cruz; fui tido como aquele que não sou sem ser aquele que fui para muitos. Pelo contrário, o que dirão de mim é baixo e indigno de mim. E, se já o lugar de repouso [isto é, o paraíso; CGJ] não é visto nem descrito, quanto menos se poderá ver a mim, que sou Senhor dele (Schultz, 1910, p. 208-209).

A multidão homogênea em torno da cruz é a entidade mais baixa do ser humano [isto é, o lado carente de redenção do ser humano; CGJ]. E é ela que vês na cruz, mesmo que não em forma homogênea; e de modo algum ela foi totalmente abrangida pelo Logos vindo do alto. Contudo, se a essência do ser humano e a multidão que vem do alto tiverem sido totalmente abrangidas pelo Logos, persuadidas pelo poder da minha voz, como a escutas agora, então não mais serei aquele que sou agora. Pois enquanto não te denominares meu, não sou o que sou. Pois, quando me escutares, persevera como eu mesmo, assim que tiveres me escutado; e eu serei aquele que fui, assim que tu estiveres comigo como eu mesmo. Pois isso é contigo. Contudo, despreza os muitos e sobretudo aqueles que, desse modo, estão fora do mistério, e conhece a mim que estou inteiramente com o Pai e o Pai comigo (Schultz, 1910, p. 209).

Portanto, nada do que dirão a meu respeito eu sofri. Mas também aquele sofrimento que mostrei para ti e para os outros ao dançar, quero que seja chamado de

a existir quando a forma é anexada a ela. Os filósofos romanos usaram, em vez disso, o conceito de "*materia*".

> mistério. Pois já te mostrei quem sou quando olhas para mim. Mas só eu sei e ninguém mais sabe o que eu realmente sou. Deixa, pois, que eu preserve o que é meu e contenta-te com contemplar o teu através de mim. Contemplar a mim de verdade é, como já te disse, impossível (Schultz, 1910, p. 209).
>
> Ouves dizer que sofri; mas eu não sofri. E ouves dizer que não sofri; mas eu sofri sim! Fui chicoteado e nenhum golpe me atingiu; enforcado, não fui pendurado. O sangue que escorreu de mim não escorreu; e, de modo geral: o que aqueles dizem de mim não está certo, e o que eles não dizem foi o que sofri. Porém quero indicar em segredo do que se trata: pois sei que entenderás. Pensa-me, portanto, como a palavra "louvação", a palavra "flagelação", a palavra "sangue", a palavra "chaga", a palavra "conexão", a palavra "sofrimento", a palavra "consolidação", a palavra "morte". E, por meio dessas definições, descrevo o SER HUMANO. Reflete apenas de acordo com a palavra, e também entenderás seu Senhor, e o SER HUMANO em terceiro, e o que Ele sofreu (Schultz, 1910, p. 209-210).

Esse texto sumamente digno de nota pode lhes mostrar como já se pensou nessas coisas desde o tempo do cristianismo primitivo. Przywara naturalmente não se refere a esse texto, pois não se trata de um texto canônico. Não sei se ele de algum modo o levou em conta no seu pensamento, mas ele contém todas as ideias que também Przywara nos propôs em sua meditação.

No que se refere ao andamento dos exercícios inacianos, eu já disse a vocês que se subdividem em quatro semanas.

Na primeira semana se medita sobre o pecado triplo: sobre o pecado dos anjos e a revolta luciferiana contra Deus, sobre a desobediência de Adão e sobre o pecado próprio da pessoa. A isso costuma seguir um assim chamado *colloquium*, isto é, um diálogo entre quem se exercita, o meditante, e a divindade.

Trata-se, no entanto, de uma conversa unilateral. Só o crente fala; Deus não fala. A respeito disso nada se diz. Em seguida vem uma meditação minuciosa sobre o pecado pessoal e, então, repetições desse colóquio, em seguida também repetição dos exercícios, e, por fim, ainda a meditação sobre o inferno, na qual o inferno é representado com todos os detalhes possíveis. O sofrimento infernal precisa ser, como diz Inácio, experimentado com todos os sentidos, visto, ouvido – os gritos dos condenados –, cheirado – fedor de enxofre, fumaça. O fogo ardendo precisa, por fim, ser sentido, e isto durante dias inteiros.

Na segunda semana ocorre a meditação sobre o reino de Cristo, sua encarnação, o nascimento, e isso também precisa ser meditado com os sentidos, para que impregne cada sentido; precisa ser apalpado, visto, ouvido, cheirado, degustado. A isso segue a meditação sobre as demais circunstâncias da vida de Cristo, especificamente a grande batalha do princípio bom, cuja personificação é Cristo, contra Satanás. Há modelos persas para isso: Gayomard[480], o homem-deus persa, que caiu em poder das trevas. Ele naturalmente é de longe pré-cristão. Ali são travadas justamente essas lutas contra *Ahriman*[481], o deus das trevas e do sofrimento. Trata-se da luta eterna entre escuridão e luz. Isso deve ser, portanto, meditado extensamente, para que se instaure uma consciência disso no ser humano.

Na terceira semana segue-se logicamente a meditação sobre o sofrimento de Cristo. Esse é, uma vez mais, o sofrimento

---

480. De acordo com a tradição zoroastriana, Gayomard é o ser humano primevo. Criado por Ahura Mazda ("O sábio senhor"), ele foi o primeiro a aceitar sua doutrina religiosa. Ele viveu durante 3 mil anos em paz, antes de sofrer o ataque do mal (*Ahriman*). Enquanto seu companheiro, o único boi criado, morreu instantaneamente após o ataque de *Ahriman*, Gayomard continuou a viver por mais 30 anos. Do líquido seminal do gigante moribundo se originou, 40 anos depois, o primeiro par humano, *Mašya* e *Mašyāne*. Após a morte de Gayomard, *Ahriman* atacou o fogo, iniciando a batalha cósmica entre o bem e o mal.

481. Cf. nota 230.

que resulta da experiência do conflito. Essa semana está associada a jejum e mortificação.

Na quarta semana segue o *exercitium de amore Dei*, o exercício do amor de Deus, no qual Deus interfere de modo redentor nesse conflito e, de certo modo, retoma o ser humano amorosamente dentro de si. Em seguida, vem a meditação sobre o aparecimento de Cristo após a morte, o que, portanto, sublinha a transcendência desse sujeito e, de certo modo, alça o ser humano, em sua identificação com esse Cristo, para além e acima do temporal na eternidade. Em primeiríssimo lugar vêm as famosas *Regulae ad sentiendum cum ecclesia*, regras sobre o sentir e pensar na Igreja, sobre a harmonização do evento psíquico próprio da pessoa com as intenções da Igreja. Nesse tocante, Inácio chega a ponto de dizer que, quando eu vejo algo branco e a Igreja diz que é preto, devo crer que é preto. E essa é a concepção que se critica no jesuitismo, ou seja, de que ele, de certo modo, acaba com o juízo pessoal.

Abreviaturas

BH	Hannah, B. (ed.). (1959). *Modern psychology: Notes on lectures given at the Eidgenössische Technische Hochschule, Zürich, by Prof. Dr. C.G. Jung* (outubro de 1933 a julho de 1941; 3 vols.; compiladas e traduzidas por Elizabeth Welsh e Barbara Hannah; publicação privada).
BSV	Bíblia Sagrada (51. ed.). (2012). Vozes.
ES	Eduard Sidler
ETH	Falzeder, E., Liebscher, M., & Shamdasani, S. (eds.). (2020ss.). *Seminários de Jung no ETH de Zurique* (8 vols.). Vozes.
IPW	Loyola, I. (1996). *Personal writings: Reminiscences, spiritual diary, select letters including the text of the spiritual exercises* (J.A. Munitiz & P. Endean, trad. com introdução e notas). Penguin Books.
JA	C.G. Jung Papers Collection, ETH-Bibliothek, Arquivos Universitários da ETH Zurique
JL	Jung Library Küsnacht [Biblioteca de Jung em Küsnacht]
JLN	Jung's Lecture Notes from JA [Notas da JA das conferências de Jung]
KJV	King James Version of the Bible [Versão Rei James da Bíblia]
KSA	Nietzsche, F. (1988 [1967-1977]). *Sämtliche Werke: Kritische Studienausgabe* (G. Colli & M. Montinari, eds.; 2. ed. rev., 15 vols.). De Gruyter.
LSM	Lucie Stutz-Meyer
LT	Louise Tanner
MHSI	Monumenta Historica Societatis Iesu
MHSI-MI	Loyola, I. (1969). *Exercitia spiritualia: Textuum Antiquissimorum Nova Editio Lexicon Textus Hispani* (J. Calveras & C. Dalmases, eds.). Monumenta Historica Societatis Iesu, vol. 100. Monumenta Ignatiana, Serie Secunda. Exercitia Spiritualia. S. Ignatii de Loyola et eorum directoria. Societas Iesu.
OK	Otto Karthaus
RE	Loyola, I. *Reminiscences or autobiography of Ignatius Loyola* (ouvido e registrado por Luis Gonçalves de Câmara, trad.; Philip Endean, introdução e notas). In *IPW*, p. 1-64.
RS	Rivkah Schärf, depois Schärf-Kluger
SBE	Müller, M. (ed.). (1879-1910). *Sacred books of the East* (50 vols.). Clarendon Press.

Referências

Aldama, A. (1990). *The constitutions of the Society of Jesus: The formula of the institute, notes for a commentary* (I. Echániz, trad.). The Institute of Jesuit Sources.

Ângelo Silésio (1924). *Cherubinischer Wandersmann. Sinnliche Beschreibung der vier letzten Dinge* (Sämtliche poetischer Werke, vol. 3; H.L. Held, ed.). Allgemeine Verlagsanstalt. (Obra original publicada em 1657)

Apelt-Riel, S. (2009). *Der Briefwechsel zwischen Ludwig Binswanger und Eugen Bleuler von 1907-1939 im Spannungsfeld von Psychoanalyse und Psychiatrie in der ersten Hälfte des 20. Jahrhunderts* [Dissertação].

Avalon, A. [Sir John Woodroffe] (ed.). (1919). *Shrî-chakra--sambhâra Tantra* (K. Dawa-Samdup, trad.) (Tantrik Texts 7). Luzac & Co.; Thacker, Spink & Co.

Bailey, R. (1969-1970). *Unpublished oral interviews with Miss Ruth Bailey* (G.F. Nameche, entrevistador). Arquivado no C.G. Jung Biographical Archive [Arquivo Bibliográfico C.G. Jung] na Biblioteca de Medicina do Condado na Universidade de Harvard.

Bancquart, M.-C. (1994). *Anatole France*. Éditions Julliard.

Becker, K.L. (2001). *Unlikely companions: C.G. Jung on the Spiritual Exercises of Ignatius of Loyola*. Gracewing & Inigo.

Bernet, B. (2013). *Schizophrenie. Entstehung und Entwicklung eines psychiatrischen Krankheitsbildes um 1900*. Chronos.

Bishop, P. (2002). *Jung's answer to job: A commentary*. Brunner--Routledge.

Bishop, P. (2017). *Ludwig Klages and the philosophy of life: A vitalist toolkit.* Routledge.

Böminghaus, E. (1927). *Die Aszese der Ignatianischen Exerzitien. Ihr Sinn und Wert im Lichte heutiger Fragen und Bedürfnisse.* Herder.

Brinktrine, J. (1931). *Die Heilige Messe in ihrem Werden und Wesen.* Ferdinand Schöningh.

Buonaiuti, E. (1908). *The programme of modernism* (A.L. Lilley, trad.). T. Fisher Unwin. (Obra original publicada cm 1907)

Buonaiuti, E. (1936). Die Exerzitien des Hl. Ignatius von Loyola. In *Westöstliche Seelenführung* (Eranos Yearbook 1935; p. 304-322). Rhein Verlag.

Buonaiuti, E. (1939). Maria und die jungfräuliche Geburt Jesu. In *Gestalt und Kult der Großen Mutter* (Eranos Yearbook 1938; p. 325-363). Rhein Verlag.

Buonaiuti, E. (2008). *Pellegrino di Roma: La Generazione dell'esodo.* Alberto Gaffi. (Obra original publicada em 1945)

Burkert, W. (1962). *Weisheit und Wissenschaft. Studien zu Pythagoras, Philolaos und Platon.* Hans Carl.

Burleson, B. (2005). *Jung in Africa.* Continuum.

Burnet, J. (1892). *Early Greek Philosophy.* Adam and Charles Black.

Busch, J. (1886). *Des Augustinerpropstes Johannes Busch Chronicon Windeshemenses e Liber de Reformatione Monasteriorum* (K. Grube, ed.). Otto Hendel.

Câmara, L.G. (2004). *Remembering Iñigo. Glimpses of the life of Saint Ignatius of Loyola. The memoriale of Luís Gonçalves da Câmara* (A. Eaglestone & J.A. Munitiz, tradução, introdução, notas e índices). The Institute of Jesuit Sources. (Obra original publicada em 1904)

Cisneros, G.X. (1876). *Book of exercises for the spiritual life*. Burns and Oates. (Obra original publicada em 1500)

Concílio de Trento (1848). *The canons and decrees of the sacred and oecumenical Council of Trent* (J. Waterworth, ed. e trad.). Dolman.

Copenhaver, B.P. (ed.). (1992). *Hermetica. The Greek Corpus Hermeticum and the Latin Asclepius in a new English translation, with notes and introduction*. Cambridge University Press.

Creuzer, G.F. (1810-1812). *Symbolik und Mythologie der alten Völker, besonders der Griechen* (4 vols.). Leske [vols. 1 e 2]; Heyer und Leske [vols. 3 e 4] (2. ed. rev., a partir do vol. 5 por Franz Joseph Mone, 1819-1823).

Cumont, F. (1894-1899). *Textes et monuments figurés relatifs aux mystères de Mithra*. H. Lamertin; trad. inglesa: (1903). *The mysteries of Mithra* (T.J. McCormack, trad.). Open Court Publishing; Kegan Paul, Trench, Trübner.

Dante Alighieri (2003). *A divina comédia* (F.M. Alberti, trad.). Nova Cultural.

Das Neue Testament (C.H. Weizsäcker, trad.). (1875). Laupp'sche Bunchhandlung.

De Quincey, T. (2013). *Confessions of an English opium eater, and other writings*. Oxford University Press. (Obra original publicada em 1821)

Deussen, P. (1894). *Allgemeine Geschichte der Philosophie mit besonderer Berücksichtigung der Religionen*. Vol. I/1: Allgemeine Einleitung und Philosophie des Veda bis auf die Upanishad's. F.A. Brockhaus.

Deussen, P. (1897). *Sechzig Upanishad's des Veda*. F.A. Brockhaus.

Deussen, P. (1919). *Die Geheimlehre des Veda. Ausgewählte Texte der Upanishad's*. F.A. Brockhaus.

Dieterich, A. (1903). *Eine Mithrasliturgie*. B.G. Teubner.

Eusébio de Cesareia (1999). *The Church history: A new translation with commentary* (P.L. Maier, ed. e trad.). Kregel.

Evans-Pritchard, E.E. (1965). *Theories of primitive religion*. Oxford University Press.

Exposcit debitum. (1937). MHSI. Constitutiones Societatis Jesu (vol. 1, p. xxiii-xxxiii). Societas Iesu. (Obra original publicada em 1550)

Feuerstein, G. (1997). *The Shambhala Encyclopedia of Yoga*. Shambhala.

Fílon de Alexandria (1941). *Every good man is free; The contemplative life; The eternity of the world; Against Flaccus; Apology for the Jews; On providence* (The works of Philo in 10 volumes and two supplements, vol. IX, p. 112-170; F.H. Colson, trad.; Loeb Classical Library, vol. 363). Harvard University Press.

Finding God in all things: A Marquette prayer book. (2005). Marquette University Press.

Fludd, R. (1629). *Medicina Catholica. Seu Mysticvm Artis Medicandi Sacrarivm* (2 vols.). Fitzer.

Franz, M.-L. (1959). *Die Visionen des Niklaus von Flüe*. Studien aus dem C.G. Jung Institut (vol. 9). Rascher.

Franz, M.-L. (1970). *A psychological interpretation of the Golden Ass of Apuleius*. Spring Publication.

Freud, S. (2010). Massenpsychologie und Ich-Analyse. In *Gesammelte Werke* (vol. 13, p. 71-162; 11. ed.). Fischer. (Obra original publicada em 1921)

Funk, P. (1913a). *Ignatius von Loyola*. Protestantischer Schriftvertrieb.

Funk, P. (1913b). *Von der Kirche des Geistes: Religiöse Essays im Sinne eines modernen Katholizismus*. Verlag der Krausgesellschaft.

Furness, R. (2000). *Zarathustra's children: A study of a lost generation of German writers*. Camden House.

Gandhi, M.K. (Mahatma) (1962). *The essential Gandhi: An anthology of his writings on his life, work, and ideas* (L. Fisher, ed.; E. Easwaran, prefácio). Vintage Books.

Gandhi, M.K. (Mahatma) (1993). *An autobiography: The story of my experiments with truth*. Beacon Press.

Geiger, W. (ed.). (1922). Nidâna-Samyutta. In *Samyutta Nikâya. Die in Gruppen geordnete Sammlung aus dem Pâli-Kanon der Buddhisten, zum ersten Mal ins Deutsche übertragen von Wilhelm Geiger*, II, 1. Oskar Schloss Verlag.

Goethe, J.W. (2015). *Faust*. Parte I e II (A.S. Kline, trad.). Poetry in Translation.

Gregório Magno (1878). Liber Moralium sive Expositio in Librum B. Job. In *Patrologiae Latinae*. Tomo LXXVI (J.-P. Migne, ed.; p. 1-781). Garnier Fratres.

Grenfell, B.P., & Hunt, A.S. (1898). *The Oxyrhynchus Papyri* (parte I). Kegan Paul, Trench & Hübner.

Guyon, J.-M.B.M. (2007). *A short and easy method of prayer* (T.D. Brook, trad.). Cosimo Classics. (Obra original publicada em 1685)

Harlan, E. (2004). *George Sand*. Yale University Press.

Hegardt, B. (1937). *Religion och självträning. En studie i jesuiternas andliga övningar*. Natur och Kultur.

Hegel, G.W.F. (1977). *Faith and knowledge* (W. Cerf & H.S. Harris, eds. e trads.). State University of New York Press. (Obra original publicada em 1802)

Heine, H. (2007). *On the history and philosophy in Germany* (T. Pinkard, ed.; H. Pollack-Milgate, trad.). Cambridge University Press. (Obra original publicada em 1834)

Hennecke, E. (ed.). (1904). *Neutestamentliche Apokryphen*. J.C.B. Mohr.

Hilliard, K. (2011). *Freethinkers, Libertines and Schwärmer. Heterodoxy in German Literature, 1750-1800* (M. Liebscher, ed.; Igrs Books, vol. 1). Institute of Germanic & Romance Studies.

Hipólito (1886). *The refutation of all heresies* (Ante-Nicene Fathers, vol. 5: Fathers of the Third Century. Hippolytus, Cyprian, Caius, Novatian, Appendix, p. 9-163; A.C. Coxe, ed.; J.H. MacMahon, trad.). Christian Literature Publishing Co.

Hoerni, U. (2019). Foreword. C.G. Jung's activities at ETH Zurich. In *C.G. Jung: History of Modern Psychology. Lectures delivered at ETH Zurich* (vol. 1: 1933-1934; E. Falzeder, ed.). Princeton University Press.

Hölderlin, F. (2004). *Poems and fragments* (M. Hamburger, trad.). Anvil Press Poetry.

Hostie, R. (1955). *Du mythe à la religion: La Psychologie Analytique de C.G. Jung*. Desclée de Brouwer.

Izquierdo, S. (1695). *Praxis exercitiorum spiritualium*. Typis Ioannis Francisci Buagni.

Jordan, F. (1890). *Character as seen in body and parentage*. Kegan Paul, Trench and Trubner.

Jung, C.G. (1912). *Wandlungen und Symbole der Libido. Beiträge zur Entwicklungsgeschichte des Denkens* (Jahrbuch für psychoanalytische und psychopathologische Forschungen III-IV). F. Deuticke.

Jung, C.G. (1916). *Septem Sermones ad Mortuos*. Impressão privada; trad. inglesa: (1925). *The seven sermons to the dead written by Basilides in Alexandria, the city where the East toucheth the West* (H.G. Baynes, trad.). Impressão privada; reimpressão 1967, Stewart and Watkins.

Jung, C.G. (1931). O homem arcaico. In *Civilização em transição* (L.M.E. Orth, trad.; OC 10/3). Vozes.

Jung, C.G. (1933). Editorial. *Zentralblatt für Psychotherapie und ihre Grenzgebiete*, *4*(3), 139-140.

Jung, C.G. (1934). Rejoinder to Dr. Bally (Zeitgenössisches). *Neue Zürcher Zeitung, 437*(443).

Jung, C.G. (1962). *Memories, dreams, reflections* (A. Jaffé, gravação e edição; R. Winston & C. Winston, trads.). Pantheon Books.

Jung, C.G. (1987). *C.G. Jung speaking: Interviews and encounters* (W. McGuire & R.F.C. Hull, trads.). Princeton University Press.

Jung, C.G. (1997). *Visions: Notes of the seminar given in 1930-1934* (C. Douglas, ed.). Princeton University Press. (Obra original publicada em 1930-1934)

Jung, C.G. (2002-2003). *Cartas* (A. Jaffé & G. Adler, seleção e edição; vol. 1: 1906-1945; vol. 2: 1946-1955; vol. 3: 1956-1961). Vozes.

Jung, C.G. (2010). *O livro vermelho: Liber novus* (S. Shamdasani, ed.) Vozes.

Jung, C.G. (2011). *Seminários sobre sonhos de crianças: Sobre o Método da interpretação dos sonhos; interpretação psicológica de sonhos de crianças* (L. Jung & M. Meyer-Grass, eds.). Vozes.

Jung, C.G. (2012). *Mysterium coniunctionis* (3 vols.; OC 14). Vozes.

Jung, C.G. (2013). A mulher na Europa. In *Civilização em transição* (L.M.E. Orth, trad.; OC 10/3). Vozes.

Jung, C.G. (2013). *Aspectos do drama contemporâneo* (M.C.S. Cavalcante, trad.; OC 10/2). Vozes.

Jung, C.G. (2013). Bruder Klaus. In *Escritos diversos* (M.R. Rocha & L. Orth, trads.; OC 11/6). Vozes.

Jung, C.G. (2013). *Interpretação psicológica do Dogma da Trindade* (M.R. Rocha, trad.; OC 11/2). Vozes.

Jung, C.G. (2013). O problema psíquico do homem moderno. In *Civilização em transição* (L.M.E. Orth, trad.; OC 10/3). Vozes.

Jung, C.G. (2013). *O símbolo da transformação na missa* (OC 11/3). Vozes.

Jung, C.G. (2013). *Psicologia e religião* (M.R. Rocha, trad.; OC 11/1). Vozes.

Jung, C.G. (2013). Sobre fenômenos espíritas. In *A vida simbólica: Escritos diversos* (A. Elman & E. Orth, trad.; OC 18/1). Vozes.

Jung, C.G. (2013). Ulisses, um monólogo. In *O espírito na arte e na ciência* (OC 15). Vozes.

Jung, C.G. (2013). Wotan. In *Aspectos do drama contemporâneo* (M.C.S. Cavalcante, trad.; OC 10/2). Vozes.

Jung, C.G. (2014). A alma e a morte. In *A natureza da psique* (M.R. Rocha, trad.; OC 8/2). Vozes.

Jung, C.G. (2014). A estrutura da alma. In *A natureza da psique* (M.R. Rocha, trad.; OC 8/2). Vozes.

Jung, C.G. (2014). O casamento como relacionamento psíquico. In *O desenvolvimento da personalidade* (V. Amaral, trad.; OC 17). Vozes.

Jung, C.G. (2014). *O eu e o inconsciente* (D.F. Silva, trad.; OC 7/2). Vozes.

Jung, C.G. (2014). O problema fundamental da psicologia contemporânea. In *A natureza da psique* (M.R. Rocha, trad.; OC 8/2). Vozes.

Jung, C.G. (2014). O real e o suprarreal. In *A natureza da psique* (M.R. Rocha, trad.; OC 8/2). Vozes.

Jung, C.G. (2014). *Seminários sobre análise dos sonhos: Notas do seminário dado em 1928-1930 por C.G. Jung* (W. McGuire, org.). Vozes.

Jung, C.G. (2014). *Seminários sobre Psicologia Analítica (1925)* (W. McGuire & S. Shamdasani, eds.). Vozes.

Jung, C.G. (2015). *Aion: Estudo sobre o simbolismo do si-mesmo* (M.R. Rocha, trad.; OC 9/2). Vozes.

Jung, C.G. (2015). *Tipos psicológicos* (L.M.E. Orth, trad.; OC 6). Vozes.

Jung, C.G. (2016). A árvore filosófica. In *Estudos alquímicos* (D.M.R.F. Silva & M.L. Appy, trads.; OC 13). Vozes.

Jung, C.G. (2016). As visões de Zósimo. In *Estudos alquímicos* (D.M.R.F. Silva & M.L. Appy, trads.; OC 13). Vozes.

Jung, C.G. (2016). Comentário a *O segredo da flor de ouro*. In *Estudos alquímicos* (D.M.R.F. Silva & M.L. Appy, trads.; OC 13). Vozes.

Jung, C.G. (2016). O espírito no conto de fadas. In *Os arquétipos e o inconsciente coletivo* (M.L. Appy & D.M.R.F. Silva, trads.; OC 9/1). Vozes.

Jung, C.G. (2016). *Os arquétipos e o inconsciente coletivo* (M.L. Appy & D.M.R.F. Silva, trads.; OC 9/1). Vozes.

Jung, C.G. (2016). *Psicologia e alquimia* (OC 12). Vozes.

Jung, C.G. (2016). *Sincronicidade* (M.R. Rocha, trad.; OC 8/3). Vozes.

Jung, C.G. (2016). Sobre o renascimento. In *Os arquétipos e o inconsciente coletivo* (M.L. Appy & D.M.R.F. Silva, trads.; OC 9/1). Vozes.

Jung, C.G. (2018). A ioga e o Ocidente. In *Psicologia e religião oriental* (OC 11/5). Vozes.

Jung, C.G. (2018). Prefácio à obra de Suzuki: A grande libertação. In *Psicologia e religião oriental* (OC 11/5). Vozes.

Jung, C.G. (2021). *Os livros negros 1913-1 932: Cadernos de transformação* (S. Shamdasani, ed.). Vozes.

Jung, C.G. (2022). *A psicologia da ioga kundalini: Notas do seminário realizado em 1932 por C.G. Jung* (S. Shamdasani, ed.). Vozes.

Jung, C.G. (2023). *O Zaratustra de Nietzsche: I. Notas do seminário dado entre 1934 e 1935* (James L. Jarrett, ed.). Vozes.

Jung, C.G. (2024). *O Zaratustra de Nietzsche: II. Notas do seminário dado entre 1936 e 1939* (James L. Jarrett, ed.). Vozes.

Jung, C.G., & Jaffé, A. (1963). *The original protocols for Memories, Dreams and Reflections* (S. Shamdasani, ed.; Philemon Series). Princeton University Press.

Jung, C.G., & Kerényi, K. (2011). *A criança divina: Uma introdução à ciência da mitologia* (Reflexões Junguianas). Vozes.

Jung, C.G., & Neumann, E. (2015). *Analytical psychology in exile: The correspondence of C.G. Jung & Erich Neumann* (M. Liebscher, ed.; H. McCartney, trad.; Philemon Series). Princeton University Press.

Jung, C.G., & Wilhelm, R. (1929a). *Das Geheimnis der Goldenen Blüte. Ein chinesisches Lebensbuch. Übersetzt und erläutert von Richard Wilhelm, mit einem europäischen Kommentar von C.G. Jung*. Dornverlag.

Jung, C.G., & Wilhelm, R. (1929b). Einleitung zu Tschang Schen Schu. Die Kunst, das menschliche Leben zu verlängern. *Europäische Revue*, *5*, 530-556.

Kant, I. (1838). Träume eines Geistersehers, erläutert durch Träume der Metaphysik. In *Sämmtliche Werke* (K. Rosenkranz & F.W. Schubert, eds.; parte 7, seção 1: Kleine anthropologisch-praktische Schriften). Leopold Voss. (Obra original publicada em 1766)

Kautzsch, E. (ed.). (1899). *Textbibel des Alten und Neuen Testament.* J.C.B. Mohr.

Klages, L. (1922). *Vom kosmogonischen Eros.* Georg Müller.

Klages, L. (1929). *Der Geist als Widersacher der Seele* (3 vols.). Barth.

Koepgen, G. (1939). *Die Gnosis des Christentums*. Otto Müller.

Le Bon, C.-M.G. (1895). *Psychologie des Foules*. Félix Alcan; trad. bras.: (2019). *Psicologia das multidões* (M.S. Cunha, trad.). Martins Fontes.

Leisegang, H. (1924). *Die Gnosis*. Alfred Kröner.

Leisegang, H. (1940). *Das Mysterium der Schlange* (Eranos Yearbook 1939; p. 151-250). Rhein Verlag.

Leppin, V., Enns, F., & Stroh, R. (2011, abr. 1º). Enthusiasts (Schwärmer). *Religion Past and Present*. http://dx.doi.org/10.1163/1877-5888_rpp_COM_024772.

Lévi-Bruhl, L. (1935). *La mythologie primitive: Le monde mythique des Australiens et des Papous*. Felix Alcan.

Liebscher, M. (2012). *Libido und Wille zur Macht. C.G. Jungs Auseinandersetzung mit Nietzsche*. Schwabe.

Liebscher, M. (2020). C.G. Jung and the Berneuchen Movement. Meditation and Active Imagination in Jungian Psychotherapy and Protestant Spiritual Practice in the 1930s. In M.P. Davies & S. Shamdasani (eds.), *Medical humanity and inhumanity in the German-speaking world* (Fringe Series; p. 85-113). UCL Press.

Lock, W. (1902). Pleroma. In J. Hastings (ed.), *A dictionary of the Bible, dealing with its language, literature and contents* (vol. 4: Pleroma-Zuzim, p. 1-2). Charles Scribner's Sons & T&T Clark.

Loyola, I. (2000). *Exercícios espirituais* (R. Paiva, S.J., trad.). Loyola.

Ludolfo de Saxônia (1374). *De Vita Christi*; trad. inglesa: *The life of Jesus Christ* (M.T. Walsh, trad.). Cistercian Publications.

Lutero, M. (1823). *On the bondage of the will: Written in answer to the diatribe of Erasmus on free will* (H. Cole, trad.). Bensley for Simpkin and Marshall; trad. bras.: (1993). Da vontade cativa

(L.H. Dreher, L.M. Sander & I. Kayser, trad.). In *Obras selecionadas* (vol. 4: Debates e controvérsias II, p. 11-216). Sinodal e Concórdia. (Obra original publicada em 1525)

Lutero, M. (1996a). Adendo: Contra as hordas salteadoras e assassinas dos camponeses (H. Michel, trad.). In *Obras selecionadas* (vol. 6: Ética, p. 330-336). Sinodal e Concórdia. (Obra original publicada em 1525)

Lutero, M. (1996b). Exortação à paz: Resposta aos doze artigos do campesinato da Suábia (H. Michel, trad.). In *Obras selecionadas* (vol. 6: Ética, p. 304-329). Sinodal e Concórdia. (Obra original publicada em 1525)

Lutero, M. (2000). Da liberdade cristã (I. Kayser, trad.). In *Obras selecionadas* (2. ed., vol. 2: O programa da Reforma, p. 435-460). Sinodal e Concórdia. (Obra original publicada em 1520)

Maier, M. (1617). *Symbola aureae mensae duodecim nationum*. Lucas Jennis.

Makari, G. (2016). *Soul machine: The invention of the modern mind*. W.W. Norton.

Mauburnus, J. (1494). *Rosetum exercitiorum spiritualium et sacrarum meditationum*. Peter van Os.

Mead, G.R.S. (1919). *The doctrine of the subtle body in Western tradition: An outline of what the philosophers thought and Christians taught on the subject*. J.M. Watkins.

Mertens, M. (2006). Greco-Egyptian alchemy in Byzantium. In P. Magadalino & M. Mavroudi (eds.), *The occult sciences in Byzantium* (p. 205-230). La Pomme d'Or.

Mestre Eckhart (1857). Deutsche Mystiker des vierzehnten Jahrhunderts (vol. 2: *Meister Eckhart*; F. Pfeiffer, ed.). Göschen; trad. inglesa: (1924). *Meister Eckhart* (C.B. Evans, trad.). Watkins.

Müller, H. (1898). *Origines de la Compagnie de Jésus*. Fischbacker.

Neumann, E. (1952). Eros und Psyche. Ein Beitrag zur seelischen Entwicklung des Weiblichen. In Apuleio, *Amor und Psyche* (p. 75-217). Rascher.

Nietzsche, F. (1984). *Dithyrambs of Dionysus* (R.J. Hollingdale, trad.). Anvil Press. (Obra original publicada em 1891)

Nietzsche, F. (1988). *Also sprach Zarathustra* (Kritische Studienausgabe, vol. 4; G. Colli & M. Montinari, eds.). Walter de Gruyter; trad. bras.: (2003). *Assim falou Zaratustra* (A. Marins, trad.). Martin Claret. (Obra original publicada em 1883-1885)

Nietzsche, F. (1998). *Genealogia da moral: Uma polêmica* (P.C. Souza, trad.). Companhia das Letras. (Obra original publicada em 1887)

Nietzsche, F. (2003). *A gaia ciência* (J. Melville, trad.). Martin Claret. (Obra original publicada em 1882)

Nietzsche, F. (2005). Twilight of the idols, or how to philosophize with a hammer. In *The Anti-Christ, Ecce Homo, Twilight of the idols and other writings* (p. 153-230; A. Ridley & J. Norman, eds.; J. Norman, trad.). Cambridge University Press. (Obra original publicada em 1889)

Orígenes (1862). Homiliae in Jeremiam. In *Origenis Opera Omnia* (Patrologiae Graece Tomus XIII, p. 253-513; J.-P. Migne, ed.). Imprimerie Catholique.

Ostler, H. (1906). *Die Psychologie des Hugo von St. Viktor. Ein Beitrag zur Geschichte der Psychologie in der Frühscholastik*. Aschendorffsche Buchhandlung.

Paul, J. (Johann Paul Friedrich Richter) (1987). *Blumen-, Frucht- und Dornenstücke oder Ehestand, Tod und Hochzeit des Armenadvokaten F. St. Siebenkäs im Reichsmarktflecken Kuhschappel*. Insel. (Obra original publicada em 1796-1797)

Pedro de Alcântara (1917). *Tratado de la oración y meditación*. Hijos de Gregorio de Amo; trad. alemã: (1900). *Das goldene Büchlein über die Betrachtung und das innerliche Gebet* (P. Seeböck, trad.). Würzburg. (Obra original publicada em 1556)

Peuckert, W.-E. (1956). Der Blocksberg. *Zeitschrift für Deutsche Philologie*, *75*, 347-355.

Pio XII (1950). *Constituição Apostólica Munificentissimus Deus* – Sobre a definição do dogma da Assunção de Nossa Senhora em corpo e alma ao céu. Libreria Editrice Vaticana. https://www.vatican.va/content/pius-xii/pt/apost_constitutions/documents/hf_p-xii_apc_19501101_munificentissimus-deus.html

Plutarco (1878). *Plutarch's morals* (trad. do grego por vários tradutores; W.W. Goodwin, correção e revisão; R.W. Emerson, introdução; 5 vols.). Little, Brown, and Co.

Poehler, E. (2012). The drainage system at Pompeii: Mechanisms, operation and design. *Journal of Roman Archeology*, *25*(1), 95-120.

Preisendanz, K. (ed.) (1928-1931). *Papyri Graecae Magicae. Die griechischen Zauberpapyri* (2 vols.). Teubner; trad. inglesa: (1986). *The Greek magical papyri in translation: Including the Demotic texts* (H.D. Betz et al., trads.). University of Chicago Press.

Przywara, E. (1932). Jude, Heide, Christ. *Europäische Revue*, *8*, 470-476.

Przywara, E. (1938). *Deus Semper Maior. Theologie der Exerzitien* (3 vols.; vol 1: Anima Christi, Annotationen, Fundament, Erste Woche). Herder.

Przywara, E. (1964). *Logos. Abendland, Reich, Commercium.* Patmos.

Purcell, M. (1970). *The quiet companion: The life of Peter Faber, S.J., 1506-1546.* Gill and Macmillan.

Rahner, K. (1968). Laudatio auf Erich Przywara. In *Gnade als Freiheit. Kleine theologische Beiträge* (p. 266-273). Herder.

Regimini Militantis Ecclesiae (1938). In *MHSI. Constitutiones Societatis Jesu* (vol. 1, p. 24-32). Societas Iesu. (Obra original publicada em 1540)

Ribadeneira, P. (2014). *The life of Ignatius of Loyola* (C. Pavur, trad.). The Institute of Jesuit Sources. (Obra original publicada em 1572)

Ricardo de São Vítor (1979). *The twelve patriarchs, The mystical ark, Book three of the Trinity* (G.A. Zinn, trad. do latim e introdução; J. Châtillon, prefácio). S.P.C.K.

Ricciotti, G. (1941). *Vita di Gesù Cristo.* Tipografia Poliglotta Vaticana.

Rohan, A.K.P. (1923). *Europa. Streiflichter.* Der Neue Geist Verlag.

Rohan, A.K.P. (1932a). Einige Bemerkungen zum Italienischen Faschismus. *Europäische Revue*, *8*, 665-668.

Rohan, A.K.P. (1932b). Einige Bemerkungen zur Judenfrage. *Europäische Revue*, *8*, 453-459.

Rosignoli, C.G. (1737). *Guldener Denck-Ring. Das ist. Merckwürdige Begebenheiten und wunderbarliche Würkungen der vortrefflichen Exerzitien des Heil. Ignatii. Joh.* Caspar Bencard.

Rousseau, J.-J. (1995). *Emílio ou Da educação* (S. Millet, trad.; 3. ed.). Bertrand Brasil. (Obra original publicada em 1762)

Schelling, F.W.J. (1815). *Über die Gottheiten von Samothrake.* Cotta.

Schultz, W. (1910). *Dokumente der Gnosis.* Eugen Diederichs.

Schulz, M. (2010, dez. 3). Der Europäische Kulturbund. *Europäische Geschichte Online.* Institut für Europäische Geschichte. http://www.ieg-ego.eu/schulzm-2010c-de

Serina, F. (2017). *Carl Gustav Jung en France au XXe siècle: Histoire d'une reception* [Tese de doutoramento]. Universidade de Lausana.

Shamdasani, S. (1990). A woman called Frank. *Spring Journal of Archetype and Culture*, *50*, 26-56.

Shamdasani, S. (2003). *Jung and the making of modern psychology: The dream of a science.* Cambridge University Press.

Shamdasani, S. (2012). *C.G. Jung: A biography in books*. Norton.

Sherry, J. (2010). *Carl Gustav Jung: The avant-garde conservative*. Palgrave Macmillan.

Sourvinou-Inwood, C. (2003). Festival and mysteries: Aspects of the Eleusinian cult. In M.B. Cosmopoulos (ed.), *Greek mysteries: The archaeology and ritual of ancient Greek secret cults* (p. 25-49). Routledge.

Spitteler, C. (1945). *Imago* (Gesammelte Werke, vol. 4, p. 267-435). Artemis. (Obra original publicada em 1906)

Stegmaier, W. (2013). Oh Mensch! Gieb Acht! Kontextuelle Interpretation des Mitternachts-Lieds aus Also sprach Zarathustra. *Nietzsche Studien*, *42*(1), 85-115.

Stöckli, A. (ed.). (1933). *Die Visionen des seligen Bruder Klaus*. Benzinger.

Subrahmanya Iyer, V. (1937). *Pure philosophy in India*. Travaux du IXe Congrès International de Philosophie, vol. 9: Analyse reflexive et transcendance II. Hermann et Cie.

Suzuki, D.T. (1927). *Essays in Zen Buddhism*. First Series. Luzac and Company.

Suzuki, D.T. (1933). *Essays in Zen Buddhism*. Second Series. Luzac and Company.

Suzuki, D.T. (1934a). *Essays in Zen Buddhism*. Third Series. Luzac and Company.

Suzuki, D.T. (1934b). *Introduction to Zen Buddhism*. Eastern Buddhist Society; trad. alemã: (1939). *Die große Befreiung* (C.G. Jung, introdução). Curt Weller & Co.

Swedenborg, E. (2001). *Heaven and its wonders and hell from things heard and seen* (G.F. Dole, trad.). Swedenborg Foundation. (Obra original publicada em 1758)

Tassi, I. (1952). *Ludovico Barbo (1381-1443)*. Edizioni di Storia y Letteratura.

Tertuliano (1844). *Apologeticus adversus Gentes pro Christianis* (Patrologia Latina, vol. 1, p. 257-536; J.-P. Migne, ed.). Imprimerie Catholique.

The Apocryphal New Testament (1924). (M.R. James, trad.). Clarendon Press.

The Connected Discourses of the Buddha: A new translation of the Samyutta Nikâya. (2000). (vol. 1; B. Bodhi, trad.). Wisdom Publications.

The Early Christian Fathers: A selection from the writings of the Fathers from St. Clement of Rome to St. Athanasius. (1956). (H. Bettenson, ed. e trad.). Oxford University Press.

The Poetic Edda. (1936). (H.A. Bellows, trad.). Princeton University Press; trad. alemã: (1892). *Die Edda. Die Lieder der sogenannten älteren Edda* (H. Gering, trad.). Bibliographisches Institut.

Tetlow, J.A. (1989). *The Fundamentum: Creation in the Principle and Foundation* (Studies in the Spirituality of the Jesuits, vol. 21/4). The Seminar on Jesuit Spirituality.

Thiede, W. (2001). *Wer ist der kosmische Christus? Karriere und Bedeutungswandel einer modernen Metapher* (Kirche – Konfession – Religion, vol. 44). Vandenhoeck & Ruprecht.

Uhsadel, W. (1966). *Evangelische Seelsorge*. Quelle & Meyer.

Voragine, J. (2012). *The golden legend: Readings on the saints* (E. Duffy, introdução; W.G. Ryan, trad.). Princeton University Press. (Obra original publicada em 1260)

Volz (Schmücker), P.D. (1990). *Nietzsche im Labyrinth seiner Krankheit: Eine medizinisch-biographische Untersuchung*. Königshausen & Neumann.

Widengren, G. (1974). Einige Bemerkungen über die Methoden der Phänomenologie der Religion. In G. Lanczkowski (ed.),

Selbstverständnis und Wesen der Religionswissenschaft. Wissenschaftliche Buchgesellschaft.

Zimmer, H. (1984). *Artistic form and yoga in the sacred images of India* (G. Chapple & J.B. Lawson, eds. e trads.). Princeton University Press.

Zutphen, G.Z. (1908). *The spiritual ascent: A devotional treatise, with a life of the author by Thomas à Kempis* (J.P. Arthur, trad.). Burns & Oates.

Índice

C

D

E

F

G

H

I

J

Q

R

S

Conecte-se conosco:

facebook.com/editoravozes

@editoravozes

@editora_vozes

youtube.com/editoravozes

+55 24 2233-9033

www.vozes.com.br

Conheça nossas lojas:

www.livrariavozes.com.br

Belo Horizonte – Brasília – Campinas – Cuiabá – Curitiba
Fortaleza – Juiz de Fora – Petrópolis – Recife – São Paulo

EDITORA VOZES LTDA.
Rua Frei Luís, 100 – Centro – Cep 25689-900 – Petrópolis, RJ
Tel.: (24) 2233-9000 – E-mail: vendas@vozes.com.br